RAVENSBURGER NATURFÜHRER

TAG - UND
NACHTFALTER

RAVENSBURGER NATURFÜHRER

TAG- UND NACHTFALTER

David Carter

Aus dem Englischen von
Dr. Randall Cassada

Fotografien von
Frank Greenaway

Ravensburger Buchverlag

Die Deutsche Bibliothek –
CIP-Einheitsaufnahme

Tag- und Nachtfalter /
David J. Carter.
Aus dem Engl. von Randall Cassada.
Fotogr. von Frank Greenaway. –
Ravensburg: Maier, 1994
(Ravensburger Naturführer)
Einheitssacht.: Butterflies and moths <dt.>
ISBN 3-473-46078-8
NE: Carter, David J.; Greenaway, Franck;
Cassada, Randall [Übers.]; EST

EIN DORLING KINDERSLEY BUCH

Originaltitel: Eyewitness Handbooks:
Butterflies and Moths
Copyright © 1992 by
Dorling Kindersley Limited, London
Text Copyright © 1992 David J. Carter
Fotos von Frank Greenaway
(The Natural History Museum, London)
Illustrationen der Raupen
von John Still

Copyright © der deutschen Ausgabe:
Ravensburger Buchverlag Otto Maier GmbH, 1994
Alle Rechte vorbehalten

Übersetzung: Dr. Randall Cassada
Fachlektorat: Arnold Tovornik
Umschlaggestaltung: Ekkehard Drechsel BDG
unter Verwendung des Umschlags
der Originalausgabe
Gesamtherstellung: Kyodo Printing, Singapore
Printed in Singapore

1   2   3   4   97   96   95   94

ISBN 3-473-46078-8

Inhalt

GELEITWORT DES AUTORS

Unter den Insekten erfreuen sich die Schmetterlinge wohl der größten Beliebtheit, besonders freilich – wegen ihrer prächtigen Farben und ihres spielerisch graziösen Fluges – die Tagfalter, während die große Zahl der Nachtfalter den meisten Menschen weniger reizvoll erscheint; aber in ihrer Formen-, Größen- und Farbenvielfalt stehen sie den Tagfaltern keineswegs nach.

Tag- und Nachtfalter werden unter dem wissenschaftlichen Namen Lepidoptera (Schuppenflügler) zusammengefaßt, weil ihre Flügel mit Tausenden winziger, schindelartig überlappender Schuppen bedeckt sind.

Diese sind oft recht bunt gefärbt und erzeugen die ausgeprägten Muster der Schmetterlingsflügel. Es gibt etwa 170 000 bekannte Lepidopterenarten: etwa ein Zehntel davon Tagfalter, die anderen Nachtfalter und Kleinschmetterlinge. Sie alle zeigen eine erstaunliche Vielfalt in Größe, Form und Farbe. Ihre immense Vielfalt und Anpassungsfähigkeit an fast jegliches Klima haben sie zu einer der erfolgreichsten

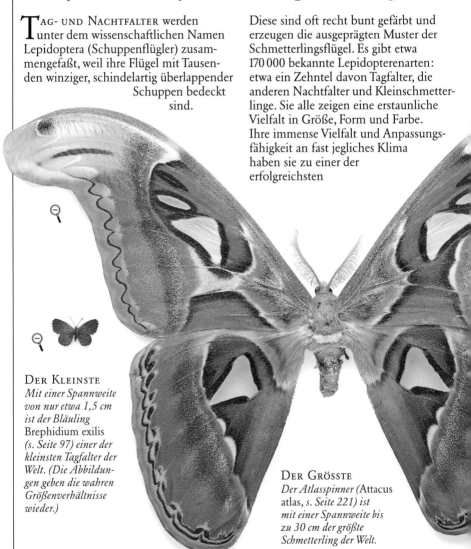

DER KLEINSTE
Mit einer Spannweite von nur etwa 1,5 cm ist der Bläuling Brephidium exilis *(s. Seite 97) einer der kleinsten Tagfalter der Welt. (Die Abbildungen geben die wahren Größenverhältnisse wieder.)*

DER GRÖSSTE
Der Atlasspinner (Attacus atlas, *s. Seite 221) ist mit einer Spannweite bis zu 30 cm der größte Schmetterling der Welt.*

Tiergruppen werden lassen. Sie sind in der arktischen Tundra ebenso zu Hause wie im Hochgebirge, in tropischen Regenwäldern ebenso wie in den Mangrovesümpfen tropischer Küsten.

Assoziation mit Blumen

Erwachsene Schmetterlinge können nur flüssige Nahrung aufnehmen. Darum ist Blütennektar die Hauptnahrungsquelle für die meisten von ihnen, seltener auch gärende Pflanzensäfte oder aus Kot und Aas austretende nährstoffreiche Flüssigkeit. Nicht nur den Schmetterlingen, auch den Pflanzen bietet diese Lebensgemeinschaft Vorteile; denn blütenbesuchende Insekten übertragen Pollen von einer Pflanze zur anderen. Zum Saugen des Nektars besitzen die Schmetterlinge einen langen Saugrüssel (Proboscis). Gewöhnlich ist er unter dem Kopf zusammengerollt; ausgerollt jedoch reicht er bis tief in den Grund selbst langer Blütenröhren, um dort den Nektar aufzunehmen. Die Länge des Saugrüssels ist bei den einzelnen Schmetterlingsarten sehr verschieden, je nachdem, an welche Pflanzen sie sich angepaßt haben.

LEBENSRÄUME
Schmetterlinge in ihren natürlichen Lebensräumen zu beobachten, lohnt sich für den engagierten Liebhaber immer. Er bekommt nach und nach eine lebendige Vorstellung von ihrer Flugzeit, ihren typischen Gewohnheiten und Nahrungspflanzen.

Die Auswahl der Arten

Die mehr als 500 in diesem Buch abgebildeten und beschriebenen Arten wurden so ausgewählt, daß sie ein möglichst breites Spektrum an Tag- und Nachtfaltertypen vorstellen. Häufiger vorkommende Arten oder solche mit interessanten Eigenschaften wurden bevorzugt berücksichtigt, um dem Leser ein Bild von der Mannigfaltigkeit dieser Insektengruppe zu vermitteln.

HAUSMOTTE

Mit einer Spannweite von etwa 2 cm ist die Samenmotte oder braune Hausmotte *(Hofmannophila pseudospretella)* ein Vertreter der unübersehbaren Zahl kleiner Motten, die – einschließlich der berüchtigten Kleidermotte – alle zu den Kleinschmetterlingen gehören. Die kleinsten unter ihnen haben eine Spannweite von nur wenigen Millimetern.
Trotz ihrer geringen Größe sind viele Kleinschmetterlinge beträchtliche Schädlinge. Zwei der häufigsten sind *Cydia pomonella*, der sogenannte Apfelwickler, und die Kohlmotte (auch Kohlschabe oder Schleiermotte), *Plutella xylostella*, deren Raupen auf vielen Gemüsepflanzen leben. All diese Kleinschmetterlinge bleiben, trotz ihrer ungeheuren Artenzahl, in diesem Buch unberücksichtigt, auch wenn sie zuweilen in Form und Färbung ihren größeren Vettern nicht nachstehen.

DIE EVOLUTION DER LEPIDOPTERA

Die ältesten Fossilfunde von Kleinschmetterlingen haben etwa ein Alter von 100 bis 140 Millionen Jahren; Tagfalter traten dagegen erst vor ca. 40 Millionen Jahren auf der Erde auf. Die Entfaltung der Lepidopteren ist eng mit der Entwicklung der Blütenpflanzen verbunden. Die nächstverwandte Insektengruppe, die Köcherfliegen (Trichoptera), ähnlich den Schmetterlingen mit dichtbehaarten Flügeln, entstanden früher, schätzungsweise vor 250 Millionen Jahren. Übergangsformen zwischen beiden Gruppen sind bisher nicht bekannt.

EIN FOSSILER NACHTFALTER
Dieser frühe Kleinschmetterling wurde in Bernstein (fossiles Pflanzenharz) konserviert.

TAGFALTER ODER NACHTFALTER?

Bis vor kurzem wurden die urtümlichen südamerikanischen Hedyliden der Familie Geometridae angegliedert. Ihre eingehende Untersuchung hat aber gezeigt, daß sie anatomisch den Tagfaltern weit näher verwandt sind und ihre Ähnlichkeit mit Nachtfaltern nur oberflächlich ist.

HEDYLIDE

DIE WISSENSCHAFTLICHEN NAMEN

Volkstümliche Tiernamen unterscheiden sich von Land zu Land. Daher bedient sich die Wissenschaft eines Namenssystems, das im 18. Jahrhundert von dem schwedischen Naturforscher Carl von Linné geschaffen wurde. Zuerst steht der Gattungsname. Dieser weist die betreffende Art aus als einer Gruppe von nah verwandten Formen zugehörig. An zweiter Stelle steht der Artname; er unterscheidet die betreffende Art von allen anderen Mitgliedern der gleichen Gattung. Bis heute sind etwa 170 000 verschiedene Schmetterlingsarten beschrieben worden, aber ebenso viele mögen noch unbeschrieben sein.

Die Beschreibung einer neu entdeckten Art basiert in der Regel auf mehreren typischen Exemplaren; aber eines von ihnen wird als sogenannter Typus ausgewählt, der die Identität der Art für alle Zeiten festlegt.

TAGORA PALLIDA

HYLES LINEATA

SAMMLUNGSEXEMPLAR
Typusexemplare werden mit einem roten Punkt versehen.

LINNAEUS
Eine von vielen Arten, die Linné benannt hat.

Wie man dieses Buch benutzt

Dieses Buch wurde so angelegt, daß die fünf Familien der Tagfalter zuerst angeführt sind, danach folgen 21 der wichtigsten Familien der Nachtfalter. Zu jeder dieser Familien sind eingangs deren charakteristische Merkmale beschrieben. Dann werden wichtige Arten dieser Gruppe einzeln in Wort und Bild vorgestellt. Folgendes Beispiel mag das verdeutlichen.

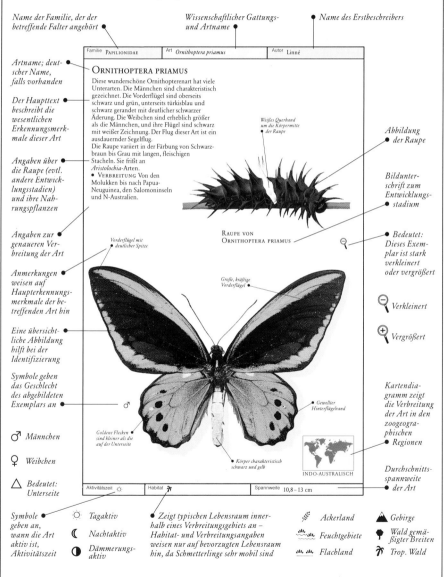

Name der Familie, der der betreffende Falter angehört •

Wissenschaftlicher Gattungs- und Artname •

• Name des Erstbeschreibers

Familie PAPILIONIDAE — Art Ornithoptera priamus — Autor Linné

Artname; deutscher Name, falls vorhanden •

Der Haupttext • beschreibt die wesentlichen Erkennungsmerkmale dieser Art

Angaben über • die Raupe (evtl. andere Entwicklungsstadien) und ihre Nahrungspflanzen

Angaben zur • genaueren Verbreitung der Art

Anmerkungen • weisen auf Haupterkennungsmerkmale der betreffenden Art hin

Eine übersichtliche Abbildung hilft bei der Identifizierung

Symbole geben das Geschlecht des abgebildeten Exemplars an •

♂ Männchen

♀ Weibchen

△ Bedeutet: Unterseite

Ornithoptera priamus

Diese wunderschöne Ornithopterenart hat viele Unterarten. Die Männchen sind charakteristisch gezeichnet. Die Vorderflügel sind oberseits schwarz und grün, unterseits türkisblau und schwarz gerandet mit deutlicher schwarzer Äderung. Die Weibchen sind erheblich größer als die Männchen, und ihre Flügel sind schwarz mit weißer Zeichnung. Der Flug dieser Art ist ein ausdauernder Segelflug.
Die Raupe variiert in der Färbung von Schwarzbraun bis Grau mit langen, fleischigen Stacheln. Sie frißt an Aristolochia-Arten.
• VERBREITUNG Von den Molukken bis nach Papua-Neuguinea, den Salomoninseln und N-Australien.

Weißes Querband um die Körpermitte der Raupe •

• Abbildung der Raupe

Bilduntersschrift zum Entwicklungsstadium •

RAUPE VON ORNITHOPTERA PRIAMUS

🔍⊖ • Bedeutet: Dieses Exemplar ist stark verkleinert oder vergrößert

Vorderflügel mit deutlicher Spitze •

Große, kräftige Vorderflügel •

🔍⊖ Verkleinert

🔍⊕ Vergrößert

Goldene Flecken sind kleiner als die auf der Unterseite •

Gewellter Hinterflügelrand •

Körper charakteristisch schwarz und gelb •

Kartendiagramm zeigt die Verbreitung der Art in den zoogeographischen Regionen •

INDO-AUSTRALISCH

Durchschnittsspannweite • der Art

| Aktivitätszeit ☉ | Habitat 🌴 | Spannweite 10,8–13 cm |

Symbole • geben an, wann die Art aktiv ist, Aktivitätszeit

☼ Tagaktiv

☾ Nachtaktiv

◐ Dämmerungsaktiv

• Zeigt typischen Lebensraum innerhalb eines Verbreitungsgebiets an – Habitat- und Verbreitungsangaben weisen nur auf bevorzugten Lebensraum hin, da Schmetterlinge sehr mobil sind

🌾 Ackerland

〰 Feuchtgebiete

〰 Flachland

⛰ Gebirge

♣ Wald gemäßigter Breiten

🌴 Trop. Wald

TAGFALTER ODER NACHTFALTER?

KENNZEICHEN DER TAGFALTER

Tagfalter sind spezialisierte, ausschließlich tagaktive Schmetterlinge. Meist erkennt man sie an ihren hellen Farben und keulenförmigen Fühlern und ihrer typischen Ruhehaltung mit über dem Rücken zusammengelegten Flügeln. Die Hinterflügel sind an der Basis verbreitert und verstärkt. So können sie beim Flug besser mit den Vorderflügeln zusammenarbeiten.

Typische schuppenbedeckte Flügel eines Tagfalters

AURORAFALTER

FLÜGELFORM
Tagfalter zeichnen sich durch die große Vielfalt ihrer Flügelformen aus, wie diese beiden Beispiele zeigen.

JALMENUS EVAGORUS

Fühlerenden keulenförmig verdickt

Leuchtende Farben eines typischen Tagfalters

ANATOMIE EINES TAGFALTERS
Phoebis philea *(rechts) zeigt alle Merkmale eines typischen Tagfalters.*

Charakteristische große, abgerundete Flügel

PHOEBIS PHILEA

TAGFALTER IN RUHEHALTUNG
Dieser Falter aus der Familie Nymphalidae ist in der typischen Ruhestellung eines Tagfalters abgebildet: die Flügel über dem Rücken zusammengelegt (links).

HINTERFLÜGEL-KOPPELUNG
Die von nahem betrachtete Unterseite eines Bläulings (Polyommatus icarus, rechts) zeigt die verbreiterte Basis des Hinterflügels.

KENNZEICHEN DER NACHTFALTER

Nachtfalter sind so vielgestaltig, daß sich keine allgemeine Beschreibung geben läßt. Es gibt sogar zahlreiche tagaktive Arten. Typisch ist allenfalls die Form der Fühler: Sie sind nie kolbenförmig verdickt, sondern häufig fadenförmig oder gefiedert. Der Koppelungsapparat zwischen den Flügeln besteht aus Borsten am Vorderrand des Hinterflügels, die mit einem Borstenbüschel (Weibchen) oder einem Chitinhaken (Männchen) an der Unterseite des Vorderflügels verhakt sind.

Die meisten Nachtfalter haben gefiederte Fühler •

CAMPYLOTES DESGODINSI

EULENFALTER

• *Länglichschmale Flügel sind typisch für Nachtfalter*

FLÜGELFORM
Die Flügel von Nachtfaltern variieren stark in Größe, Form und Farbe.

• *Haken und Borsten des Koppelungsapparats zwischen Vorder- und Hinterflügel sind unter den Flügeln versteckt*

EIN TYPISCHER NACHTFALTER
Xyleutes eucalypti *ist ein ganz typischer Nachtfalter mit unauffälliger düsterer Färbung und einem kräftigen Körper.*

• *Charakteristischer gedrungener Körper eines Nachtfalters*

XYLEUTES EUCALYPTI

NACHTFALTER IN RUHESTELLUNG
Spilosoma lubricipeda *ruht in einer für Nachtfalter typischen Haltung: die Flügel dachförmig über dem Körper zusammengelegt (links).*

FLÜGEL-KOPPELUNG
Bei näherem Hinsehen erkennt man an der Flügelunterseite von Euplagia quadripunctaria *(Russischer Bär) den für einen Nachtfalter typischen Koppelungsapparat.*

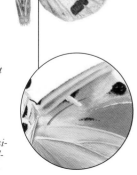

ENTWICKLUNGSZYKLUS

SCHMETTERLINGE durchlaufen in ihrer komplexen Entwicklung vier Stadien: Ei, Raupe (Larve), Puppe und Imago (erwachsenes Tier). Nach der Entwicklung in der schützenden Eihülle schlüpft die Raupe. Sie nimmt große Mengen an Nahrung auf und muß sich während dieser Wachstumszeit mehrmals häuten.

Im Puppenstadium werden die inneren Organe großenteils abgebaut, und der Körper des Falters bildet sich neu heraus. Diesen Lebenszyklus bezeichnet man als vollständige Metamorphose.

1 DAS EI Kurz vor dem Schlüpfen wird das Ei dunkler, und man kann erkennen, wie sich im Inneren die junge Raupe bewegt. Zuerst schneidet sie einen kreisrunden „Deckel" aus der zähen Eischale, dem Chorion *(A)*, danach zwängt sie sich unter schlängelnden Bewegungen aus der Eischale *(B und C)*. Dies ist einer der empfindlichsten Augenblicke. Nach dem Schlüpfen *(D)* frißt die Raupe normalerweise das leere Chorion auf *(E)*. Diese Nahrung reicht ihr, bis sie ihre Nahrungspflanze aufgesucht hat.

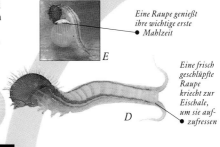

Eine Raupe genießt ihre wichtige erste
● *Mahlzeit*

E

Eine frisch geschlüpfte Raupe kriecht zur Eischale, um sie auf-
D ● *zufressen*

SÜDAMERIKANISCHER EULENFALTER

C ● *Endlich hat sich die Raupe aus der Eischale befreit*

A

B

PAPILIO DEMOLEUS

4 DIE IMAGO Manche Schmetterlinge bevorzugen die Blattoberseite *(O)* zur Eiablage, während andere die Unterseite auswählen, was den Eiern möglicherweise besseren Schutz bietet. Einige Arten legen die Eier in Rindenspalten oder in pflanzliche Gewebe. Weibchen meiden solche Pflanzen, auf denen sich bereits Gelege befinden. So sichern sie, daß die Nährstoffe nur ihren Nachkommen zugute kommen. Normalerweise klebt das Weibchen seine Eier mittels eines Körpersekrets auf die Unterlage. Manche Falter legen ihre Eier einzeln ab, andere in großen Eipaketen. Falter, deren Raupen auf verschiedenen Wirtspflanzen leben können, streuen ihre Eier oft im Fluge aus.

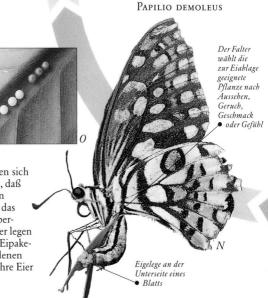

Der Falter wählt die zur Eiablage geeignete Pflanze nach Aussehen, Geruch, Geschmack
● *oder Gefühl*

O

N

Eigelege an der Unterseite eines
● *Blatts*

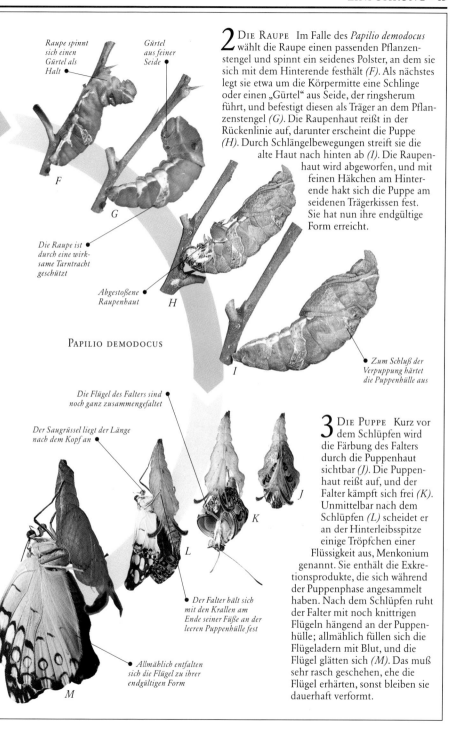

Raupe spinnt
sich einen
Gürtel als
Halt •

Gürtel
aus feiner
Seide •

F

G

Die Raupe ist •
durch eine wirk-
same Tarntracht
geschützt

Abgestoßene •
Raupenhaut *H*

PAPILIO DEMODOCUS

I

• Zum Schluß der
Verpuppung härtet
die Puppenhülle aus

Die Flügel des Falters sind •
noch ganz zusammengefaltet

Der Saugrüssel liegt der Länge •
nach dem Kopf an

J

K

L

• Der Falter hält sich
mit den Krallen am
Ende seiner Füße an der
leeren Puppenhülle fest

• Allmählich entfalten
sich die Flügel zu ihrer
endgültigen Form

M

2 DIE RAUPE Im Falle des *Papilio demodocus* wählt die Raupe einen passenden Pflanzenstengel und spinnt ein seidenes Polster, an dem sie sich mit dem Hinterende festhält *(F)*. Als nächstes legt sie etwa um die Körpermitte eine Schlinge oder einen „Gürtel" aus Seide, der ringsherum führt, und befestigt diesen als Träger an dem Pflanzenstengel *(G)*. Die Raupenhaut reißt in der Rückenlinie auf, darunter erscheint die Puppe *(H)*. Durch Schlängelbewegungen streift sie die alte Haut nach hinten ab *(I)*. Die Raupenhaut wird abgeworfen, und mit feinen Häkchen am Hinterende hakt sich die Puppe am seidenen Trägerkissen fest. Sie hat nun ihre endgültige Form erreicht.

3 DIE PUPPE Kurz vor dem Schlüpfen wird die Färbung des Falters durch die Puppenhaut sichtbar *(J)*. Die Puppenhaut reißt auf, und der Falter kämpft sich frei *(K)*. Unmittelbar nach dem Schlüpfen *(L)* scheidet er an der Hinterleibsspitze einige Tröpfchen einer Flüssigkeit aus, Menkonium genannt. Sie enthält die Exkretionsprodukte, die sich während der Puppenphase angesammelt haben. Nach dem Schlüpfen ruht der Falter mit noch knittrigen Flügeln hängend an der Puppenhülle; allmählich füllen sich die Flügeladern mit Blut, und die Flügel glätten sich *(M)*. Das muß sehr rasch geschehen, ehe die Flügel erhärten, sonst bleiben sie dauerhaft verformt.

ENTWICKLUNGSSTADIEN

JEDES ENTWICKLUNGSSTADIUM eines Schmetterlings ist an die besonderen Erfordernisse seines Lebensraums angepaßt. Da viele Arten die meiste Zeit ihres Lebens als weichhäutige Raupen verbringen, wurde ein breites Spektrum von Schutzmechanismen gegen Feinde entwickelt. Noch gefährdeter ist das Puppenstadium in seiner Bewegungslosigkeit.

RAUPEN

Viele Raupen tarnen sich durch farbliche Anpassung an ihren Lebensraum, andere, indem sie Gegenstände ihrer Umwelt nachahmen, etwa ein trockenes Blatt. Manche Spannerraupen der Geometridae täuschen in der Ruhehaltung Ästchen vor. Andere Raupen sind dicht behaart oder bestachelt – ein unangenehmer Happen für einen Vogel oder kleinen Säuger. (Der Kuckuck gehört zu den wenigen Vögeln, die solche haarigen Raupen fressen.) Bei manchen Arten sind die Haare sogar giftig und können Entzündungen verursachen. Solche giftigen oder übelschmeckenden Raupen „plakatieren" geradezu ihre Gefährlichkeit durch ein buntes, auffallendes Farbkleid.

ÄSTCHEN-MIMESE
Die Raupe des Spanners Selenia tetralunaria *kann man kaum von einem Ästchen unterscheiden, eine vortreffliche Tarnung.*

• *Sogar Unregelmäßigkeiten der Rinde werden genau nachgemacht*

STACHELIGE RAUPE
*Das bunte Muster dieser Sattelraupe (*Sibine sp.*) warnt vor ihren spitzen Stacheln.*

EIN GIFTIGER HAPPEN
Die meisten Beutejäger meiden die Raupe von Dendrolimus pini *(Kiefernspinner), denn ihre Haare rufen Hautreizungen hervor.*

BLATTMIMESE
*Diese grüne Lycaenidenraupe (*Castalius rosimon*) paßt sich verblüffend dem Blatt ihrer Futterpflanze an.*

WARNMUSTER
*Diese stark gemusterte Raupe (*Abraxas grossulariata, *Stachelbeerspanner o. Harlekin) hat für Vögel einen üblen Geschmack.*

WARNVERHALTEN
*Aufgeschreckt erhebt die Raupe des Buchenspinners (*Stauropus fagi*) ihren Kopf und das Hinterende mit zwei beweglichen Fortsätzen.*

• *Diese Raupe braucht keine weitere Tarnung, denn sie wirkt erschreckend genug*

DIE PUPPE

Schmetterlingspuppen – auch Chrysalis genannt vom griechischen chrysos, Gold – tragen oft metallisch glänzende Flecken. Obwohl Puppen einen harten äußeren Panzer besitzen, sind sie immer noch verletzlich. Vögel, Mäuse und andere Räuber, für die sie für ein Leckerbissen sind, werden ihnen gefährlich. Wie Raupen, so finden auch sie Schutz durch Anpassung an die Umgebung, manche sogar durch aktive Farbanpassung an den jeweiligen Untergrund. Andere ähneln trockenen Blättern oder Ästchen, während giftige Puppen sich normalerweise auffallend in schillernden Farben zeigen. Viele Nachtfalterpuppen spinnen sich in eine Schutzhülle aus Seidenfäden, einen Kokon, ein.

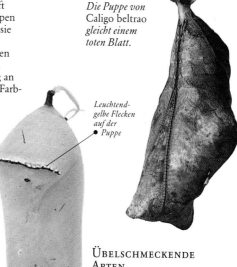

BLATTMIMESE
Die Puppe von Caligo beltrao *gleicht einem toten Blatt.*

Leuchtend-gelbe Flecken auf der ● Puppe

FRUCHTMIMESE
Die beerenähnliche Puppe eines blauen Morphofalters (Morpho *sp.).*

ÜBELSCHMECKENDE ARTEN
Die Puppe von Danaus gilippus *ist für Freßfeinde giftig.*

● Das Gift dieser Puppe stammt aus ihrer Futterpflanze

FLÜGELGEÄDER
In der Puppe von Phoebis sennae *erkennt man die Entwicklung des Flügelgeäders des späteren Falters.*

Das Kopfende der Puppe ●

Bereits ● entwickeltes Flügelgeäder des späteren Falters

SEIDENE HALTERUNG
Die Puppe von Papilio crese-phontes *wird von einem seidenen Gürtel getragen, den sie sich als Raupe umgelegt hat.*

STRAHLENDES GRÜN
Die Puppen von Graphium sarpedon *zeigen verschiedene Grün- und Brauntöne.*

ÜBERLEBENSSTRATEGIEN

SCHMETTERLINGE werden immer als leicht verletzliche Schönheiten dargestellt, und als solche müssen sie in einer feindlichen Welt überleben. Im Gegensatz zu vielen anderen Insekten besitzen sie keine Waffen, um sich zu wehren, etwa Giftstacheln oder Beißzangen. Zum Schutz vor ihren Feinden mußten sie andere wirksame Verteidigungsweisen entwickeln.

TARNUNG

Häufigste Schutzmaßnahme der Falter ist die perfekte Tarnung, und diese erreichen sie auf verschiedene Weise: Tagfalter klappen in Ruhehaltung die Flügel zusammen, so daß nur deren wenig farbenprächtige Unterseite sichtbar bleibt. Ein noch so farbenprächtiger Tagfalter verschwimmt völlig mit seiner Umgebung, wenn er auf einer Hecke landet und die Flügel schließt. Nachtfalter entgehen den Vögeln durch ihre nächtliche Flugzeit, aber in den Fledermäusen erwachsen ihnen neue Feinde. Viele Arten können jedoch die Ortungstöne der Fledermäuse wahrnehmen und ihnen entkommen. Die meisten Nachtfalter haben graubraun gefärbte Flügel, eine gute Tarnung während der Tagesruhe an Baumstämmen. Andere tragen Muster, die die Körperform bis zur Unkenntlichkeit auflösen. Vor allem Nachtfalter zeigen die Bandbreite der Imitationen von toten Objekten wie Ästchen und dürren Blättern bis hin zu Tieren wie Wespen und Spinnen.

RINDENMIMESE

Die Flügel dieser Cossidenart sind gemustert wie die Baumrinde, auf der sie ruht, typisch für viele Nachtfalter.

BLATTSCHMETTERLING

So wird Kallima inachus genannt wegen seiner merkwürdigen Tarntracht; sogar die Blattadern und Flecken auf dem Blatt sind imitiert.

Flügelunterseite gleicht einem abgestorbenen Blatt

Hinterflügelspitze ist gerade noch zu erkennen

WARNFARBEN

Während die meisten Schmetterlinge ihr Heil in der Tarnung suchen, machen giftige Arten mit auffälliger Warnfärbung geradezu auf sich aufmerksam. Unerfahrene Beutejäger lernen sehr schnell, solche auffällig gefärbten Insekten in Ruhe zu lassen. Manche Nachtfalter haben düster gefärbte Vorderflügel, eine vortreffliche Tarnkappe in Ruhehaltung. Werden sie bedroht, zeigen sie plötzlich ihre grellen Hinterflügel. Das wirkt wie ein Warnsignal. Manche Arten tragen zusätzlich noch Augenzeichnungen auf den Hinterflügeln; solch ein plötzlich erscheinendes Augenpaar schreckt Angreifer ab.

SCHRECKFARBEN

Catocala ilia *schreckt mögliche Angreifer ab, indem sie durch Entblößen ihrer Hinterflügel ein grelles „Warnlicht" aufblitzen läßt.*

Vorderflügel matt gefärbt im Vergleich zu den Hinterflügeln

CATOCALA ILIA

Das Gelb der Hinterflügel wirkt wie ein Warnlicht

AUGENFLECKEN

Smerinthus jamaicensis *hat große Augenflecken auf den leuchtendbunten Hinterflügeln, die Feinde abschrecken sollen.*

Doppelte, schwarz gerandete und metallischblau glänzende Augenflecken auf den Hinterflügeln

Vorderflügel mit bizarr geschwungenem Rand

SMERINTHUS JAMAICENSIS

MIMIKRY

Giftige Tagfalter derselben Art finden sich oft zu Schwärmen zusammen. So werden ihre Warnfarben leichter erkannt. Einige giftige Arten benutzen sogar ein gemeinsames Warnmuster. So reicht es, wenn ein Vogel nur eine Art als giftig erkannt hat; dann meidet er die anderen Arten auch. Manche harmlosen Arten imitieren die Färbung giftiger Arten. So genießen auch sie den Schutz dieser Warntracht. In der Vergangenheit haben solche Mimikrygesellschaften Entomologen verwirrt: Sie glaubten, nur eine Art vor sich zu haben, es waren aber deren mehrere.

MIMIKRY-GESELLSCHAFTEN

Durch die gemeinsame Warnfärbung tragen beide Arten zum gegenseitigen Schutz bei.

Auffälliges Rot am inneren Flügelrand schreckt mögliche Angreifer ab

HELICONIUS MELPOMENE

Diese beiden Falter sind kaum zu unterscheiden, ihre Warntracht schreckt die meisten Vögel ab

HELICONIUS ERATO

NATURSCHUTZ

IN WEITEN TEILEN unserer Erde ist die Zahl der Schmetterlinge in den letzten Jahren drastisch zurückgegangen, und zahlreiche Arten wurden ausgerottet. So ist es dringend notwendig herauszufinden, worauf dieser Artenrückgang zurückzuführen ist, ehe es zu spät ist, diese faszinierenden Lebewesen für kommende Generationen zu retten. Im vorigen Jahrhundert konnten Verluste durch Sammeln durch die hohe Vermehrungsrate ausgeglichen werden. Heute ist aber bei einigen Arten die Individuendichte so gering geworden, daß das Sammeln von nur wenigen Tieren bereits ausreichen könnte, ihr Überleben zu gefährden. Naturschutzorganisationen empfehlen, bestimmte Arten sollten strikt vor dem Sammeln geschützt werden. Aber wir können zur Erhaltung unserer Schmetterlinge kaum etwas tun, wenn ihr Lebensraum zerstört wird. Erstes Gebot ist es also, mit unserer Umwelt so umzugehen, daß weitere gravierende Schäden am Gleichgewicht der Natur verhindert werden.

APOLLOFALTER

GROSSER AMPFERFEUERFALTER

AUSROTTUNG

Diese beiden Falter sind durch Veränderungen ihrer Habitate gefährdet: der Große Ampferfeuerfalter durch Trockenlegung von Feuchtgebieten, der Apollofalter durch den Tourismus.

SCHMETTERLINGE UND DER MENSCH

Schmetterlinge können sowohl Freunde als auch Feinde des Menschen sein. Durch den Anbau von Monokulturen schaffen wir ideale Bedingungen für eine ungezügelte Zunahme bestimmter Arten. Diese werden dann zu Schädlingen. Häufig werden Insekten in eine neue Gegend eingeschleppt, wo ihnen natürliche Feinde und Konkurrenten fehlen. Ungehemmte Vermehrung läßt sie dann zu Schädlingen werden. Andererseits sind Schmetterlinge wertvolle Bestäuber, wenn sie beim Nektarsammeln von Pflanze zu Pflanze fliegen. Manche Raupen leben von bestimmten Unkräutern und erhalten dadurch das biologische Gleichgewicht. Andere Arten werden seit Jahrhunderten zur Seidenproduktion gezüchtet.

TAGPFAUENAUGE

SCHWAMMSPINNER

FREUND ODER FEIND?

Das Tagpfauenauge überträgt Pollen und hilft uns dadurch indirekt. Der Schwammspinner ist ein häufiger Schädling in Obstplantagen.

SKABIOSEN-
SCHECKEN-
FALTER

Heute gestaltet der Mensch die Landschaft. Viele Lebensräume von Schmetterlingen werden durch Rodung und Trockenlegung zerstört. Der Skabiosen-Scheckenfalter ist durch Trockenlegung bedroht.

PESTIZIDE
Die Anwendung einer Vielzahl von Insekten- und Pflanzenvernichtungsmitteln ist zu einer der großen Gefahren für den Lebensraum von Schmetterlingen geworden. Aber nicht nur Insekten, auch andere Tiere fallen diesen Giften zum Opfer, jedes Gleichgewicht der Natur wird so zerstört.

ZUCHT
Durch die Zucht bedrohter Vogelfalterarten wird versucht, ihr Überleben zu sichern.

ORNITHOPTERA
ALEXANDRAE,
ein Vogelfalter

Die tropischen Regenwälder mit ihrer Vielfalt an Pflanzen und ihrer wundervollen Fauna bieten die reichsten Lebensräume für Schmetterlinge. Darunter sind die schönsten und größten Formen, die wir überhaupt kennen. Die fortschreitende Abholzung dieser Waldgebiete gefährdet gerade solche Arten. Vieles müssen wir noch über die komplexen Insektengesellschaften der tropischen Regenwälder lernen. Schmetterlinge stehen im Zentrum dieser ökologischen Forschung, weil sie relativ leicht zu identifizieren sind und ihr Artenbestand verhältnismäßig gut bekannt ist.

BEOBACHTUNG

ES LOHNT SICH immer, Schmetterlinge in der freien Natur zu beobachten. Schaut man sich einen Falter einmal unter der Lupe an, so bietet das viel mehr als die Betrachtung von toten Sammlungspräparaten. Ein Schmetterling sitzt selten ruhig. Beim Nektarsaugen oder Trinken läßt er sich am ehesten beobachten. Ein Garten voller blühender Blumen ist der geeignete Ort dafür. Am besten wartet man in der Nähe einer Gruppe nektarreicher Blumen, bis ein Schmetterling sie besucht. Erst wenn er ruhig sitzt und saugt, kann man sich nähern, ohne ihn aufzuscheuchen. Man denke immer daran: Besonders Tagfalter lassen sich durch die kleinste Bewegung aufscheuchen. Mit etwas Erfahrung

lernt man rasch, gute Stellen zur Schmetterlingsbeobachtung zu erkennen: Hecken, Waldränder, jeder windgeschützte, sonnige Platz. Feuchte Stellen am Ufer von Gewässern sind beliebte Trinkstellen für Schmetterlinge, besonders in den Tropen.

WO MAN SUCHEN SOLL
Schmetterlinge sammeln sich oft zum Trinken an Pfützen und feuchten Erdstellen, und hier bieten sich ideale Möglichkeiten, diese hübschen Tiere zu beobachten.

● *Auf diesen Blättern sitzen die Raupen mehrerer Papilionidenarten; aber in solch frühem Entwicklungsstadium sind sie noch schwer zu bestimmen*

● *Diese Raupen sehen aus wie Vogelkot, so erregen sie nicht die Aufmerksamkeit von Vögeln oder anderen Feinden*

Dies sind alles Raupen tropischer
● *Arten*

WIE MAN SIE FINDET
Auf der Suche nach Raupen soll man bedenken, wie gut ihre Tarnung ist. Diese Schwalbenschwanzraupen sehen wie Vogelkot aus.

Gärendes Obst oder aus Rindenverletzungen an Bäumen austretender Saft zieht viele Schmetterlinge an. Bei der Jagd auf Nachtfalter kann man sich dies zunutze machen. Um sie anzulocken, bereitet man eine Mischung aus Rübensirup, Rum und Bier und streicht hier und dort einen Klecks davon auf Baumstämme und Zaunpfosten. Die Nacht über kontrolliert man stündlich die Lockplätze. Mit der Taschenlampe kann man die Nachtfalter beobachten, während sie sich an dieser süßen, alkoholischen Mischung gütlich tun.

Nachtfalter werden von Lichtquellen geblendet und desorientiert, aber nicht – wie viele glauben – angezogen. Jedenfalls fliegen sie auf Lichtquellen zu, und nach diesem Prinzip wurde

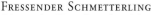

LICHTFALLEN

Jede gewöhnliche Lampe zieht nachts viele Nachtfalter an, aber das UV-Licht einer Quecksilberdampflampe wirkt bei weitem am besten.

Eine solche ● Petroleumlampe ist leicht zu transportieren

Ein flacher Boden macht die Lampe standfest und vermindert das Brandrisiko ●

FRESSENDER SCHMETTERLING
Dieser Falter (Hamadryas feronia) *saugt an einem saftigen Fruchtstückchen. Fast alle Schmetterlinge lieben den Saft von Früchten.*

eine Vielzahl von Lichtfallen entwickelt, vor allem zum wissenschaftlichen Sammeln von Nachtfaltern und zu ihrer quantitativen Erfassung nach Individuen- und Artenzahl. Eine einfache Lampe oder Glühbirne vor einem Blatt weißen Papiers genügt, um viele Arten anzuziehen.

EINE FELDAUSRÜSTUNG

Eine der besten Methoden, beobachtete Schmetterlinge zu protokollieren, ist natürlich eine fotografische Nahaufnahme. Dazu braucht man allerdings Übung und Geduld. An technischer Ausrüstung empfiehlt sich eine gute Spiegelreflexkamera. Beim Dokumentieren von Lebensräumen kann schon eine Pocketkamera gute Dienste leisten. Flugzeiten, Verteilung, Paarungsverhalten und Nahrungspflanzen notiert man genau, um ein Gesamtbild der Gewohnheiten einer Art zu gewinnen. Viele Schmetterlingsliebhaber haben auf diese Weise schon wichtige Entdeckungen gemacht.

● Taschendiktiergerät

● Notizheft und Bestimmungsbuch

Taschenfernrohr ●

● Kamera

AUFZUCHT

AM BESTEN lernt man Schmetterlinge kennen, wenn man sie vom Ei auf züchtet. Bis zum Schlüpfen lassen sich die Eier gewöhnlich in kleinen, durchsichtigen Kunststoffdöschen halten. Ist der Behälter zu groß, besteht die Gefahr, daß die Eier austrocknen und absterben. Gleich nach dem Schlüpfen setzt man die Räupchen mit ein wenig frischem Laub ihrer Futterpflanze in einen größeren Behälter um. Solange die Raupen noch klein sind, legt man das Zuchtgefäß mit Zellstofftüchern aus; denn Kondenswasser gefährdet die kleinen Raupen. Man versorgt die Tiere regelmäßig mit frischem Laub. Lüftungslöcher im Deckel des Zuchtgefäßes sind in diesem Stadium noch nicht notwendig; sie führen zur raschen Austrocknung der Futterpflanze. Sind die Raupen herangewachsen, so muß man sie in größere Käfige umsetzen. Bestimmte Raupen benötigen wachsende Pflanzen. Man stellt einfach eine Topfpflanze in den

Auf Eichenlaub läßt sich z. B. Antheraea harti gut züchten

Seidenraupe

Futterpflanzen regelmäßig auswechseln, denn die Raupen brauchen immer frisches Futter

Einzelne Zweige reichen bis zum Boden hinab, damit heruntergefallene Raupen wieder hochkriechen können

HALTUNG VON RAUPEN

Züchtet man Raupen auf geschnittenen Zweigen, so sollte man diese in eine enghalsige Wasserflasche stellen und deren Hals mit Watte verstopfen, sonst kriechen die Raupen leicht in das Wassergefäß und ertrinken.

Käfig oder schafft einen Käfig, indem man einen Schlauch aus Netzgaze über einen Ast des Futterstrauchs zieht und ihn an beiden Enden zubindet.

DAS PUPPENSTADIUM

Viele Schmetterlingsarten verpuppen sich einfach an ihrer Futterpflanze; einige Nachtfalter verpuppen sich im Erdboden oder in Spalten von Baumrinde. Solchen Arten bietet man eine dicke Schicht leicht angefeuchteten Torfs auf dem Käfigboden. Manche Puppen müssen überwintern, und die Imagines schlüpfen erst im folgenden Jahr.

GEEIGNETE KÄFIGE
Im Handel werden verschiedene Käfige zur Raupenzucht angeboten. Man kann sie aber auch selbst herstellen, etwa aus einem Schuhkarton, über dessen Öffnung man ein Gazenetz zieht.

Puppen solcher Arten sollte man im Frühling in einen großen Schlupfkäfig umsetzen und gelegentlich mit einem Wasserzerstäuber besprühen. Der richtige Feuchtigkeitsgrad ist während der ganzen Entwicklung überaus wichtig. Zu feucht gehaltene Tiere verschimmeln leicht. Die Käfige sollte man regelmäßig säubern und den frisch geschlüpften Faltern einige Zweige in den Käfig geben, auf denen sie ihre Flügel entfalten können. Als Nahrung bietet man den Faltern frische nektarreiche Blumen, verdünnten Honig oder eine Zuckerlösung.

KÄFIGFORMEN
Käfige zur Raupenzucht sollen möglichst hell, luftig und vor allem leicht zu reinigen sein.

Ein Reißverschluß erlaubt bequemen Zugriff in den Käfig

Topfpflanzen oder frisch geschnittene Zweige sind ein geeignetes Raupenfutter

DER UMGANG MIT RAUPEN

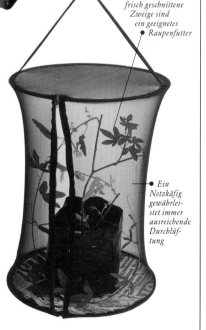

Man vermeidet alles Hantieren mit den Raupen, notfalls können kleine Räupchen mit einem feinen Pinsel umgesetzt werden. Manche Raupen haben unangenehm brennende Haare – solche behandelt man mit Vorsicht! Kurz vor einer Häutung wirken Raupen gewöhnlich matt gefärbt und schrumpelig. In diesem Stadium sollte man sie nie stören, sonst gefährdet man den erfolgreichen Ausgang der Häutung.

Ein Netzkäfig gewährleistet immer ausreichende Durchlüftung

EIN SCHMETTERLINGSGARTEN

EIN WEG, wirksamen Naturschutz zu betreiben, ist es, den eigenen Garten für Tag- und Nachtfalter so attraktiv wie möglich zu machen. Auch eine Vielfalt anderer Tiere profitiert davon, und man selbst hat noch mehr Freude am eigenen Garten. Zuerst einmal sollte man möglichst viele reichblühende Blumen als reichhaltige Nektarquellen pflanzen. Nachts duftende Blüten, ganz besonders das Geißblatt, werden besonders gern von Nachtfaltern besucht. Man sollte die Gartenbepflanzung so auswählen, daß es zu jeder Jahreszeit viele Blüten und somit ein immer reiches Angebot an Nahrung gibt.

Wünschenswert ist es auch, Futterpflanzen für Raupen anzupflanzen; sie bringen die Schmetterlingsweibchen dazu, ihre Eier im Garten abzulegen. Mit ein wenig Geduld und Mühe findet man allmählich heraus, welche Tagfalter- und Nachtfalterarten rund um den eigenen Wohnort vorkommen und welche Pflanzen für sie am geeignetsten sind. Am allerwichtigsten aber ist es, will man sich einen reichen Schmetterlingsgarten anlegen, auf jegliche Verwendung von Insektiziden zu verzichten.

BATTUS PHILENOR

BUDDLEIA
Auch Schmetterlingsstrauch oder Sommerflieder genannt, seine Blüten ziehen viele Tag- und Nachtfalter an, so z. B. in Nordamerika Battus philenor.

Honigduftende Blüten des Sommerflieders •

FETTHENNE
(Sedum spectabile)
Der Kleine Fuchs (Aglais urticae) *saugt begierig ihren Nektar (links).*

GEISS-BLATT *(Lonicera spp.)*
Lockt langrüsselige Falter an,
z. B. das Taubenschwänzchen
(Macroglossum stellatarum).

APFELBAUM
Nachtfalterraupen mögen
das Laub dieses Baums;
seine abgefallenen Früchte
ziehen Schmetterlinge wie den
Trauermantel (Nym-
phalis antiopa) *an.*

**TAUBEN-
SCHWÄNZCHEN**

**MAJORAN
ODER DOST**
(Origanum)
Dieses Gewürz-
kraut wird gerne
von Tagfaltern wie dem
Ochsenauge (Maniola
jurtina) *besucht.*

TRAUERMANTEL

STRAUCHVERONIKA
(Hebe speciosa)
Eine gute Futterquelle
für verschiedene Tag-
falter wie
das Tag-
pfauenauge
(Inachis io).

**OCHSEN-
AUGE**

**TAG-
PFAUENAUGE**

**WILDE
BLUMEN**
Eine Gartenecke
sollte Wildkräutern
und Gräsern vor-
behalten sein, die
allerlei weitere
Schmetterlinge
anlocken.

Diese Pflanze wird gerne
von einer ganzen Reihe
von Insekten besucht

DIE PALÄARKTISCHE REGION

DIE PALÄARKTIS, die größte zoo-geographische Region der Erde, erstreckt sich über einen Großteil der nördlichen Erdhalbkugel, von Europa bis China und Japan und südlich bis Nordafrika und in die Sahara hinein. Das Klima dieser Region ist überwiegend gemäßigt, reicht aber von arktischen bis zu subtropischen Temperaturen. Temperatur und Klima dieser Region werden streng durch die Jahreszeiten bestimmt; so haben die Schmet-

PALÄARKTISCHE REGION

terlinge normalerweise eine konstante Anzahl von Generationen pro Jahr, und ihre Flugperioden können mit einer gewissen Genauigkeit vorausgesagt werden. Die Schmetterlingswelt der paläarktischen Region, vor allem die Europas, ist viel besser erforscht als die der anderen Faunenregionen der Welt.

LANDWIRTSCHAFT
Viele Gebiete der paläarktischen Region wurden seit Jahrhunderten intensiv landwirtschaftlich genutzt. Das hat natürlich tiefgreifende Auswirkungen auf die Faunenentwicklung dort gehabt.

Maniola jurtina
(Nymphalidae)

Sphinx ligustri
(Sphingidae)

Cerura vinula
(Notodontidae)

Orgyia antiqua
(Lymantriidae)

Arctia caja
(Arctiidae)

Parnassius apollo
(Papilionidae)

Argynnis lathonia
(Nymphalidae)

Ochlodes venatus
(Hesperiidae)

Inachis io
(Nymphalidae)

*Polyommatus
icarus*
(Lycaenidae)

Pieris brassicae
(Pieridae)

Boarmia roboraria
(Geometridae)

Zygaena filipendulae
(Zygaenidae)

Papilio machaon
(Papilionidae)

Bombyx mori
(Bombycidae)

Noctua pronuba
(Noctuidae)

Saturnia pyri
(Saturniidae)

*Anthocharis
cardamines*
(Pieridae)

*Lasiocampa
quercus*
(Lasiocampidae)

Lycaena dispar
(Lycaenidae)

DIE AFROTROPISCHE REGION

DIE AFROTROPISCHE REGION umfaßt ganz Afrika südlich der Sahara. Normalerweise wird Madagaskar zwar als eigenständige zoogeographische Region eingestuft, weil dort sehr viele endemische Arten leben, aber für unsere Zwecke läßt es sich auch der afrotropischen Region zurechnen. Für diese Faunenregion sind mehr als 2 500 Arten von Tagfaltern beschrieben und noch viel mehr Nachtfalter. Dabei sind viele Arten noch unbekannt. Die reichste Schmetterlingsfauna

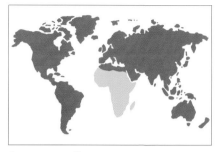

AFROTROPISCHE REGION

lebt in den Regenwäldern der Flußniederungen, wobei in Westafrika die Artenzahl am größten ist. Ein weiterer großer Lebensraum für Lepidopteren sind die Savannen, in denen sich eine ganz eigenständige Schmetterlingsfauna herausgebildet hat.

SAVANNE
Die Baum- und Buschsteppe ist nur einer der vielen Lebensräume für Schmetterlinge auf dem afrikanischen Kontinent.

Lampides boeticus
(Lycaenidae)

Papilio demodocus
(Papilionidae)

Colotis danae
(Pieridae)

Anaphe panda
(Notodontidae)

Dactylocerus swanzii
(Brahmaeidae)

Poecilmitis thysbe
(Lycaenidae)

Dasychira pyrosoma
(Lymantriidae)

Bunaea alcinoe
(Saturniidae)

Eurytela dryope
(Nymphalidae)

Grammodora
nigrolineata
(Lasiocampidae)

Coeliades forestan
(Hesperiidae)

Anaphe panda
(Notodontidae)

Omphax
planetaria
(Geometridae)

Catopsilia florella
(Pieridae)

Chrysiridia
rhiphearia
(Uraniidae)

Danaus chrysippus
(Nymphalidae)

Acherontia atropos
(Sphingidae)

DIE INDO-AUSTRALISCHE REGION

DIE INDO-AUSTRALISCHE Region schließt zwei zoogeographische Regionen ein, die sonst als Orientalische und Australische Region bekannt sind. Sie erstreckt sich von Pakistan und Indien bis nach Australien und Neuseeland. Es gibt tiefgreifende Unterschiede zwischen den Faunen dieser beiden Regionen, aber weil gerade viele Schmetterlingsarten sich über beide Regionen ausgebreitet haben, hielt ich es für sinnvoll, beide gemeinsam zu behandeln.

INDO-AUSTRALISCHE REGION

Dies ist eine der artenreichsten Regionen der Erde an Tagfaltern wie an Nachtfaltern. Fast die ganze Region liegt in den Tropen, mit Ausnahme von Neuseeland und Teilen Australiens.

REISFELDER
Dies ist eine typische Kulturlandschaft in der Orientalischen Region.

Danis danis
(Lycaenidae)

Papilio paris
(Papilionidae)

Cethosia biblis
(Nymphalidae)

Danima banksiae
(Notodontidae)

Crypsiphona ocultaria
(Geometridae)

Ogyris genoveva
(Lycaenidae)

Gangara thyrsis
(Hesperiidae)

Teia anartoides
(Lymantriidae)

Tisiphone abeone
(Nymphalidae)

Actias selene
(Saturniidae)

Utetheisa pulchella
(Arctiidae)

Appias nero
(Pieridae)

Digglesia australasiae
(Lasiocampidae)

Achaea janata
(Noctuidae)

Coequosa triangularis
(Sphingidae)

*Delias
mysis*
(Pieridae)

DIE NEARKTISCHE REGION

DIE NEARKTISCHE REGION erstreckt sich hauptsächlich über die gemäßigten Breiten, reicht jedoch vom arktischen Kanada und Alaska bis zum subtropischen Florida und südlichen Kalifornien. In Klima und Fauna weist sie viele Ähnlichkeiten mit der paläarktischen Region auf, und einige Arten gehören ihnen gemeinsam an. Insekten, die in beiden Regionen vorkommen, werden holarktisch genannt. Etwa 700 Tagfalterarten sind in der nearktischen

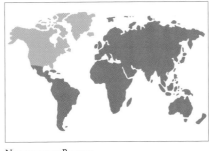

NEARKTISCHE REGION

Region bekannt, Nachtfalterarten gibt es noch viel mehr. Der bekannteste Schmetterling dieser Region ist wahrscheinlich der Monarch *(Danaus plexippus)* wegen seiner jährlichen Wanderungen von Kanada nach Mexiko.

WALD
Viele Arten dieser Region bewohnen gemäßigte Wälder oder Gebiete am Rande von Kulturland.

Schizura ipomoeae
(Notodontidae)

Prochoerodes transversata
(Geometridae)

Danaus plexippus
(Nymphalidae)

Cercyonis pegala
(Nymphalidae)

Apantesis virgo
(Arctiidae)

Hemiargus isola
(Lycaenidae)

Prionoxystus
robiniae
(Cossidae)

Zerene eurydice
(Pieridae)

Epargyreus clarus
(Hesperiidae)

Peridroma saucia
(Noctuidae)

Megathymus yuccae
(Hesperiidae)

Atlides halesus
(Lycaenidae)

Agrius cingulatus
(Sphingidae)

Eurytides marcellus
(Papilionidae)

Malacosoma americanum
(Lasiocampidae)

Lymantria dispar
(Lymantriidae)

Hyalophora
cecropia
(Saturniidae)

Junonia coenia
(Nymphalidae)

Sibine stimulea
(Limacodidae)

Neophasia
menapia
(Pieridae)

DIE NEOTROPISCHE REGION

DIE NEOTROPISCHE REGION reicht von Mexiko bis Feuerland an der Südspitze Südamerikas. Sie schließt ein breites Spektrum von Lebensräumen und Klimaten ein, aber die größte Artenvielfalt beherbergen die tropischen Regenwälder Südamerikas.

Einige der schönsten Tagfalterarten – wirkliche Kleinode – wie z. B. *Thecla coronata* (s. Seite 35) gehören der Familie Lycaeniden an. Unter den Nachtfaltern gibt es einige bemerkenswerte Arten,

NEOTROPISCHE REGION

so z. B. *Thysania agrippina* und *Pseudosphinx tetrio*. Zahllose kleinere Nachtfalterarten sind noch gar nicht beschrieben.

REGENWALD
In diesem Gebiet lebt die reichste Schmetterlingsfauna dieser Erde.

Premolis semirufa
(Arctiidae)

Eupackardia calleta
(Saturniidae)

Battus philenor
(Papilionidae)

Heliconius charitonius
(Nymphalidae)

Thecla coronata
(Lycaenidae)

Pseudosphinx tetrio
(Sphingidae)

Thysania agrippina
(Noctuidae)

Dismorphia amphione
(Pieridae)

Erateina staudingeri
(Geometridae)

Helicopis cupido
(Lycaenidae)

*Uranus
sloanus*
(Uraniidae)

Morpho rhetenor
(Nymphalidae)

Chliara cresus
(Notodontidae)

*Urbanus
proteus*
(Hesperiidae)

Phocides polybius
(Hesperiidae)

TAGFALTER

HESPERIIDAE

D IE FAMILIE Hesperiidae, zu deutsch Dickkopffalter, stellt eine recht primitive Gruppe dar. Mit etwa 3 000 Arten ist sie weltweit verbreitet. Sie sind zwar eindeutig Tagschmetterlinge, ihnen fehlen jedoch die sonst für Tagfalter typischen keulenförmig verdickten Fühlerenden. Charakteristisch für sie sind ein ungewöhnlich großer Kopf, ein plumper Rumpf und recht kleine, etwa dreieckige Vorderflügel. Obwohl es einige recht auffällig gemusterte Arten gibt, sind die Dickkopffalter in der Mehrzahl kleinere, schlicht gefärbte Tiere.

Der Flug der meisten Dickkopffalter ist sehr schnell und eigentümlich hüpfend.

Familie HESPERIIDAE	Art *Urbanus proteus*	Autor Linné

URBANUS PROTEUS

Eine der auffälligsten Arten Nordamerikas; von anderen nordamerikanischen Langschwänzen kann man sie an den schillernd grünen Flecken auf der Flügel- und Körperoberseite unterscheiden. Charakteristisch für diese Art ist ihr hastiger „hüpfender" Flug.
Die Raupe ist olivgrün, schwarzgelb gefleckt mit braunen Längsstreifen. Ihr Kopf ist braun mit zwei gelben Flecken. Sie frißt häufig an den verschiedenen Sorten der Gartenbohne (Phaseolus).
• VERBREITUNG Kommt in weiten Teilen Amerikas vor, von Argentinien nordwärts bis Texas und Connecticut in den USA.

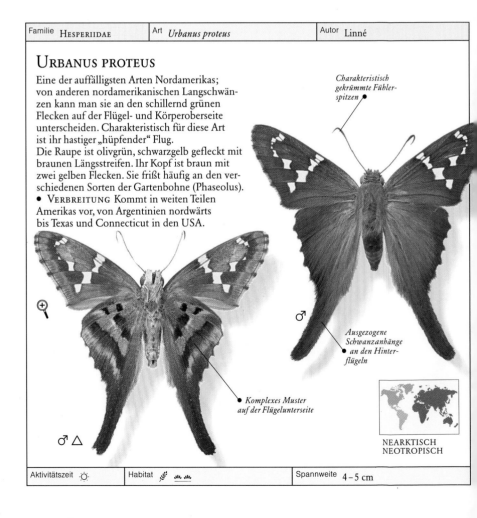

Charakteristisch gekrümmte Fühlerspitzen

♂

Ausgezogene Schwanzanhänge an den Hinterflügeln

♂ △

Komplexes Muster auf der Flügelunterseite

NEARKTISCH
NEOTROPISCH

Aktivitätszeit ☼	Habitat	Spannweite 4 – 5 cm

| Familie HESPERIIDAE | Art *Zophopetes dysmephila* | Autor Trimen |

ZOPHOPETES DYSMEPHILA

Dieser kräftige, schokoladenbraune Dickkopffalter ist eine von mehreren einander sehr ähnlichen afrikanischen Arten. Die Hinterflügel
sind unterseits braun, violett überhaucht, mit
vereinzelten schwarzen Punkten. Der Falter
ist in der Abenddämmerung aktiv.
Die Raupe wurde anscheinend nie genauer
beschrieben. Sie frißt vermutlich an Dattel-
(Phoenix dactylifera) und anderen Palmen.
• VERBREITUNG Weit verbreitet in der Nieder-
savanne, an Flußufern und in Galeriewäldern
von Südafrika bis Eritrea und Senegal südlich
der Sahara.

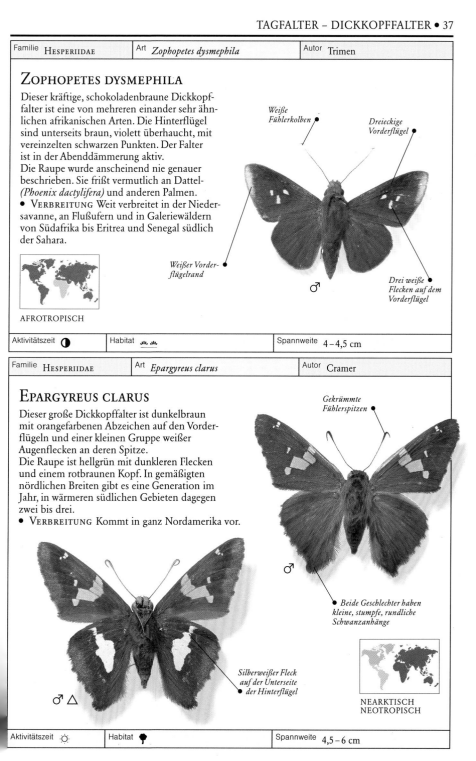

*Weiße
Fühlerkolben*

*Dreieckige
Vorderflügel*

*Weißer Vorder-
flügelrand*

♂

*Drei weiße
Flecken auf dem
Vorderflügel*

AFROTROPISCH

| Aktivitätszeit ◑ | Habitat ⸬ ⸬ | Spannweite 4 – 4,5 cm |

| Familie HESPERIIDAE | Art *Epargyreus clarus* | Autor Cramer |

EPARGYREUS CLARUS

Dieser große Dickkopffalter ist dunkelbraun
mit orangefarbenen Abzeichen auf den Vorderflügeln und einer kleinen Gruppe weißer
Augenflecken an deren Spitze.
Die Raupe ist hellgrün mit dunkleren Flecken
und einem rotbraunen Kopf. In gemäßigten
nördlichen Breiten gibt es eine Generation im
Jahr, in wärmeren südlichen Gebieten dagegen
zwei bis drei.
• VERBREITUNG Kommt in ganz Nordamerika vor.

*Gekrümmte
Fühlerspitzen*

♂

*Beide Geschlechter haben
kleine, stumpfe, rundliche
Schwanzanhänge*

*Silberweißer Fleck
auf der Unterseite
der Hinterflügel*

♂ △

NEARKTISCH
NEOTROPISCH

| Aktivitätszeit ☼ | Habitat ♠ | Spannweite 4,5 – 6 cm |

Familie HESPERIIDAE	Art *Euschemon rafflesia*	Autor Macleay

EUSCHEMON RAFFLESIA

Dieser große, schwarz und gelb gefärbte Dickkopf wird durch zwei Unterarten in Australien vertreten. E. rafflesia besucht die Blüten vieler Pflanzen. Der Falter ist im hellen Sonnenlicht aktiv und hat eine charakteristische Art zu fliegen, nämlich schnell und sprunghaft. Er ruht gern mit ausgebreiteten Flügeln auf sonnenbeschienenen Blättern. Eine auffallende Eigenschaft des Männchens ist der Flügelkopplungsmechanismus, der dem mancher Nachtfalter ähnelt. Die Raupe ist pummelig dick, grünlich oder blaugrau, hinter dem Kopf gelb mit zwei rötlichschwarzen Streifen. Sie frißt nachts an *Wilkiea*.

• VERBREITUNG Queensland bis New South Wales.

INDO-AUSTRALISCH   ♀ △

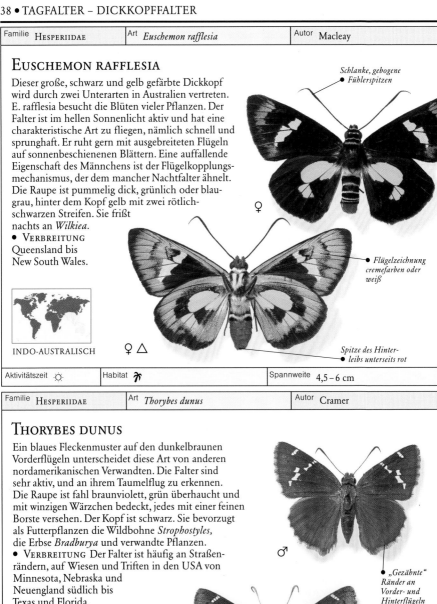

Schlanke, gebogene
• Fühlerspitzen

♀

• Flügelzeichnung cremefarben oder weiß

Spitze des Hinter-
• leibs unterseits rot

Aktivitätszeit ☼	Habitat 🏹	Spannweite 4,5 – 6 cm

Familie HESPERIIDAE	Art *Thorybes dunus*	Autor Cramer

THORYBES DUNUS

Ein blaues Fleckenmuster auf den dunkelbraunen Vorderflügeln unterscheidet diese Art von anderen nordamerikanischen Verwandten. Die Falter sind sehr aktiv, und an ihrem Taumelflug zu erkennen. Die Raupe ist fahl braunviolett, grün überhaucht und mit winzigen Wärzchen bedeckt, jedes mit einer feinen Borste versehen. Der Kopf ist schwarz. Sie bevorzugt als Futterpflanzen die Wildbohne *Strophostyles*, die Erbse *Bradburya* und verwandte Pflanzen.

• VERBREITUNG Der Falter ist häufig an Straßenrändern, auf Wiesen und Triften in den USA von Minnesota, Nebraska und Neuengland südlich bis Texas und Florida.

NEARKTISCH   ♂ △

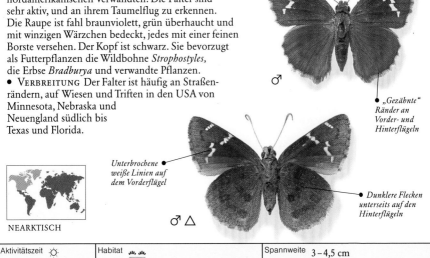

♂

• „Gezähnte"
Ränder an
Vorder- und
Hinterflügeln

Unterbrochene •
weiße Linien auf
dem Vorderflügel

• Dunklere Flecken
unterseits auf den
Hinterflügeln

Aktivitätszeit ☼	Habitat 〽〽	Spannweite 3 – 4,5 cm

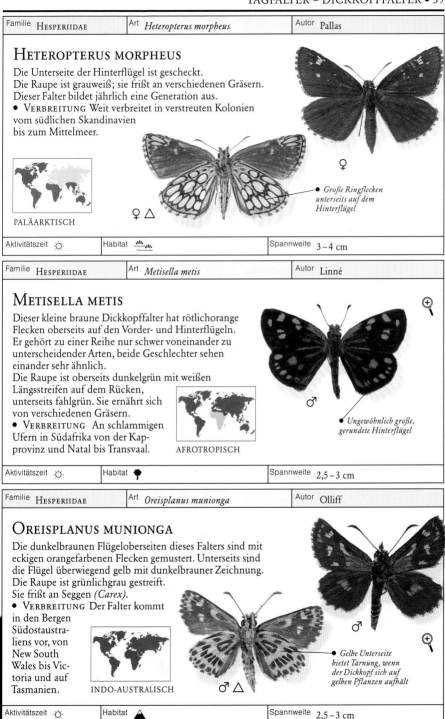

| Familie HESPERIIDAE | Art *Heteropterus morpheus* | Autor Pallas |

HETEROPTERUS MORPHEUS

Die Unterseite der Hinterflügel ist gescheckt.
Die Raupe ist grauweiß; sie frißt an verschiedenen Gräsern.
Dieser Falter bildet jährlich eine Generation aus.
• VERBREITUNG Weit verbreitet in verstreuten Kolonien
vom südlichen Skandinavien
bis zum Mittelmeer.

PALÄARKTISCH   ♀ △

♀

• *Große Ringflecken
unterseits auf dem
Hinterflügel*

| Aktivitätszeit ☼ | Habitat | Spannweite 3 – 4 cm |

| Familie HESPERIIDAE | Art *Metisella metis* | Autor Linné |

METISELLA METIS

Dieser kleine braune Dickkopffalter hat rötlichorange
Flecken oberseits auf den Vorder- und Hinterflügeln.
Er gehört zu einer Reihe nur schwer voneinander zu
unterscheidender Arten, beide Geschlechter sehen
einander sehr ähnlich.
Die Raupe ist oberseits dunkelgrün mit weißen
Längsstreifen auf dem Rücken,
unterseits fahlgrün. Sie ernährt sich
von verschiedenen Gräsern.
• VERBREITUNG An schlammigen
Ufern in Südafrika von der Kap-
provinz und Natal bis Transvaal.   AFROTROPISCH

♂

• *Ungewöhnlich große,
gerundete Hinterflügel*

| Aktivitätszeit ☼ | Habitat | Spannweite 2,5 – 3 cm |

| Familie HESPERIIDAE | Art *Oreisplanus munionga* | Autor Olliff |

OREISPLANUS MUNIONGA

Die dunkelbraunen Flügeloberseiten dieses Falters sind mit
eckigen orangefarbenen Flecken gemustert. Unterseits sind
die Flügel überwiegend gelb mit dunkelbrauner Zeichnung.
Die Raupe ist grünlichgrau gestreift.
Sie frißt an Seggen *(Carex)*.
• VERBREITUNG Der Falter kommt
in den Bergen
Südostaustra-
liens vor, von
New South
Wales bis Vic-
toria und auf
Tasmanien.   INDO-AUSTRALISCH   ♂ △

♂

• *Gelbe Unterseite
bietet Tarnung, wenn
der Dickkopf sich auf
gelben Pflanzen aufhält*

| Aktivitätszeit ☼ | Habitat ▲ | Spannweite 2,5 – 3 cm |

Familie HESPERIIDAE	Art Gangara thyrsis	Autor Fabricius

GANGARA THYRSIS

Einer der größten Dickkopffalter, diese Art erkennt man gleich an den blutroten Augen. Die Weibchen sind etwas größer als die Männchen, und ihnen fehlen die für Männchen charakteristischen fein behaarten Flächen an der Flügelbasis.
Die Raupe ist rot und mit einer wolligen weißen Wachsschicht bedeckt, die bei Berühren leicht abgerieben werden kann; sie lebt hauptsächlich von Bananenblättern *(Musa)*.
Die Puppe, die sich in den Blattachseln entwickelt, gibt einen rasselnden Warnton von sich, wenn sie gestört wird.
• VERBREITUNG Weit verbreitet von Sri Lanka und Indien bis zu den Philippinen und Celebes.

Raupe in einem aufge- • *rollten Blatt*

RAUPE VON
GANGARA THYRSIS

• *Große durch-scheinende Fensterflecken auf den Vorderflügeln*

♂

INDO-AUSTRALISCH

Charakteristische eckige Hinterflügel •

• *Langer dunkelbrauner Hinterleib*

Aktivitätszeit ☼ ◑	Habitat 🌴	Spannweite 7 – 7,5 cm

Familie HESPERIIDAE	Art Hesperilla picta	Autor Leach

HESPERILLA PICTA

Die Flügel dieses Dickkopfs sind dunkelbraun mit großen gelben Flecken. In der Mitte der Hinterflügel ist ein auffälliger orangefarbener Fleck.
Die Raupe ist gelb oder grün mit gelben Abzeichen und einem dunklen, von weißen Linien begrenzten Rückenstreifen. Sie frißt an Schwertgräsern.
• VERBREITUNG Küstengebiete Australiens von Queensland bis Victoria und die Blue Mountains in New South Wales.

♂

• *Gestreifte Hinterflügelränder*

INDO-AUSTRALISCH

♀ △

• *Weißes Muster unterseits auf den Hinterflügeln*

Aktivitätszeit ☼	Habitat 〰️	Spannweite 3 – 4 cm

Familie HESPERIIDAE	Art *Carterocephalus palaemon*	Autor Pallas

GELBWÜRFELIGER DICKKOPFFALTER

Die Flügel dieses Dickkopfs sind dunkel schokoladenbraun mit einem Scheckenmuster. Beide Geschlechter
sind ähnlich, jedoch sind die Weibchen etwas größer.
Die Falter machen nur kurze Flüge.
Die Raupe ist blaß gelblichbraun mit rosa Streifen,
wenn sie voll ausgewachsen ist. Sie lebt von Gräsern
wie *Brachypodium*.
• VERBREITUNG NO- bis
Mitteleuropa, Kanada und
der Norden der USA.

Auch unterseits ist •
die Scheckung sicht-
bar, wenngleich blasser

♀

⊕

♂ △

HOLARKTISCH

Aktivitätszeit ☼	Habitat ♥	Spannweite 2–3 cm

Familie HESPERIIDAE	Art *Nectrocoryne repanda*	Autor Felder

NECTROCORYNE REPANDA

Die breiten Flügel dieses Dickkopfs sind auffallend
eckig; die Vorderflügel sind braun mit drei oder vier auffälligen halbdurchsichtigen, braun umrandeten Fensterflecken. Beide Geschlechter sind einander ähnlich, aber
die Weibchen sind größer und haben größere Fensterflecken auf den Vorderflügeln. Die Falter fliegen vom
Spätherbst bis weit in den Winter hinein.
Die Raupe ist gedrungen, blaugrau, mit Ausnahme des
gelbgefärbten ersten Segments, und schwarz und grau
gestreift. Der Kopf ist schwarz. Sie frißt an eingespon-
nenen Blättern von *Callicoma serratifolia*.
• VERBREITUNG Weit verbreitet in Australien, im Nord-
osten und in der Mitte von Queensland bis Victoria.

Charakteristisch
gebogene Fühler-
• *enden*

♂

• *Typischer kleiner*
weißer Fleck auf
dem Hinterflügel

♀

INDO-AUSTRALISCH

Aktivitätszeit ☼	Habitat 🌿 ♥	Spannweite 4–5 cm

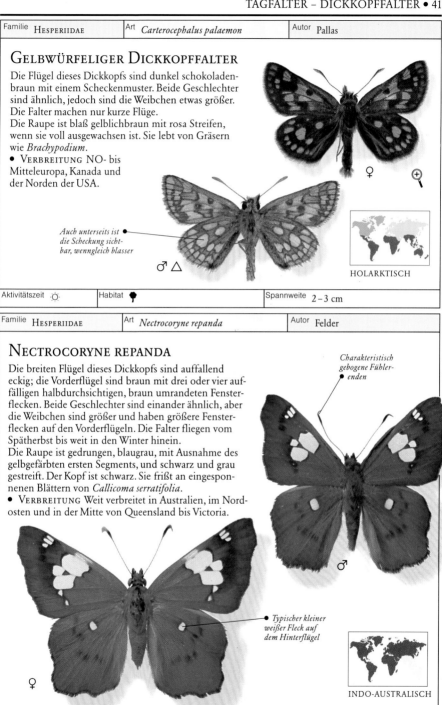

| Familie HESPERIIDAE | Art *Phocides polybius* | Autor Fabricius |

PHOCIDES POLYBIUS

Dieser auffallende Dickkopffalter hat spitz-dreieckige Vorder- und Hinterflügel mit metallisch schillernden grünlich-blauen Streifen. Jeder Vorderflügel hat zwei perlmutterfarbene Flecken, an denen diese Art sich gut von ähnlichen Arten unterscheiden läßt. Der Körper ist oberseits schwarz mit metallisch blauem Glanz, die Unterseite mattschwarz. Die Raupe ist anfangs rot mit gelben Ringen, wird später weiß mit einem braun-gelben Kopf. Sie frißt an Guaven *(Psidium guajava)* und verwandten Arten.
• VERBREITUNG Mittel- und Südamerika bis Argentinien.

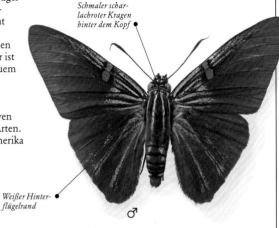

Schmaler scharlachroter Kragen hinter dem Kopf

Weißer Hinterflügelrand

♂

NEOTROPISCH

| Aktivitätszeit ☼ | Habitat 🦋 | Spannweite 5–6 cm |

| Familie HESPERIIDAE | Art *Coeliades forestan* | Autor Stoll |

COELIADES FORESTAN

Diese kräftige Art zeichnet sich durch graubraune, dreieckige Vorderflügel aus, unterseits in der Mitte mit weißem Anflug. Die rundlichen Hinterflügel mit ihren breiten, kurzen Anhängen sind charakteristisch für diese hauptsächlich afrikanische Gattung. Die Art hat einen raschen Flug, und ihre Gewohnheit, von morgens bis abends in ihrem Territorium zu „patrouillieren", inspirierte zu ihrem englischen Namen „Gestreifter Polizist". Die Falter besuchen die Blüten verschiedenster niedrig wachsender Pflanzen.
Die Raupe ist blaßgelb mit violettroten Bändern. Der Kopf ist rot oder gelb mit schwarzen Flecken. Sie frißt an *Geranium*.
• VERBREITUNG Lebt in Afrika südlich der Sahara, ebenso auf Madagaskar und den Seychellen.

♂

Chromgelbe Schuppen auf dem Rand des Schwanzanhangs

Breite weiße Streifen unterseits auf den Hinterflügeln

♂ △

AFROTROPISCH

| Aktivitätszeit ☼ | Habitat 🦋 | Spannweite 4,5–5 cm |

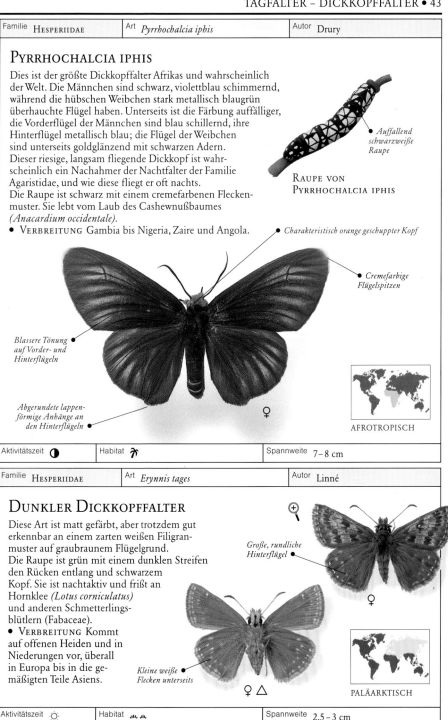

Familie HESPERIIDAE	Art *Pyrrhochalcia iphis*	Autor Drury

PYRRHOCHALCIA IPHIS

Dies ist der größte Dickkopffalter Afrikas und wahrscheinlich der Welt. Die Männchen sind schwarz, violettblau schimmernd, während die hübschen Weibchen stark metallisch blaugrün überhauchte Flügel haben. Unterseits ist die Färbung auffälliger, die Vorderflügel der Männchen sind blau schillernd, ihre Hinterflügel metallisch blau; die Flügel der Weibchen sind unterseits goldglänzend mit schwarzen Adern.

Dieser riesige, langsam fliegende Dickkopf ist wahrscheinlich ein Nachahmer der Nachtfalter der Familie Agaristidae, und wie diese fliegt er oft nachts.

Die Raupe ist schwarz mit einem cremefarbenen Fleckenmuster. Sie lebt vom Laub des Cashewnußbaumes *(Anacardium occidentale).*

• VERBREITUNG Gambia bis Nigeria, Zaire und Angola.

Auffallend schwarzweiße Raupe

RAUPE VON
PYRRHOCHALCIA IPHIS

• *Charakteristisch orange geschuppter Kopf*

• *Cremefarbige Flügelspitzen*

Blassere Tönung auf Vorder- und Hinterflügeln •

Abgerundete lappenförmige Anhänge an den Hinterflügeln •

♀

AFROTROPISCH

Aktivitätszeit ◑	Habitat 🌿	Spannweite 7–8 cm

Familie HESPERIIDAE	Art *Erynnis tages*	Autor Linné

DUNKLER DICKKOPFFALTER

Diese Art ist matt gefärbt, aber trotzdem gut erkennbar an einem zarten weißen Filigranmuster auf graubraunem Flügelgrund.
Die Raupe ist grün mit einem dunklen Streifen den Rücken entlang und schwarzem Kopf. Sie ist nachtaktiv und frißt an Hornklee *(Lotus corniculatus)* und anderen Schmetterlingsblütlern (Fabaceae).

• VERBREITUNG Kommt auf offenen Heiden und in Niederungen vor, überall in Europa bis in die gemäßigten Teile Asiens.

⊕

Große, rundliche Hinterflügel •

♀

Kleine weiße Flecken unterseits •

♀ △

PALÄARKTISCH

Aktivitätszeit ☼	Habitat	Spannweite 2,5–3 cm

Familie HESPERIIDAE	Art *Calpodes ethlius*	Autor Stoll

CALPODES ETHLIUS

Dieser Dickkopf hat dunkelbraune Flügel mit silbrig-weißen Flecken. Die Vorderflügel sind schmal drei-eckig im Vergleich zu den breitlappigen Hinterflügeln. Der Falter kann über größere Entfernungen fliegen. Die Raupe ist graugrün mit einem weißen Rücken-streifen und braunen Flecken an den Flanken. Ihr Kopf ist orange und schwarz. Sie frißt die Blätter von *Canna flaccida* und verursacht manchmal beachtliche Schäden an Kulturformen dieser häufigen Gartenpflanze. Die Puppe ist blaßgrün und verbirgt sich in einem aufgerollten Blatt.

• VERBREITUNG Weit verbreitet in Südamerika und auf den Karibi-schen Inseln; kommt in südlichen Teilen der USA vor.

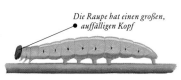

Die Raupe hat einen großen, auffälligen Kopf

RAUPE VON CALPODES ETHLIUS

Großer Kopf und kräftiger Körper

Drei weiße Flecken auf dem Hinterflügel

♂

NEOTROPISCH

Aktivitätszeit ☀	Habitat 〰 〰	Spannweite 4,5 – 5,5 cm

Familie HESPERIIDAE	Art *Megathymus yuccae*	Autoren Boisduval & Le Conte

MEGATHYMUS YUCCAE

Dieser Dickkopffalter mit gedrunge-nem, wollig behaartem Körper hat schwarzbraune Flügel mit charakte-ristischem gelb und weißem Flecken-band. Die Männchen sind meist viel kleiner als die Weibchen. Die Falter sind vom tiefen Winter bis zum Frühsommer zu finden. Sie nehmen keine Nahrung auf. Ver-wandte Arten wurden jedoch beim Trinken an Pfützen beobachtet. Die Raupe ist groß und madenartig mit kleinem Kopf. Sie frißt an Palmlilien *(Yucca).*

• VERBREITUNG Dies ist der am weitesten verbreitete aller nordamerikanischen Riesen-Dickkopffalter. Er lebt in verschiedensten Lebensräumen, auch an Waldrändern, an denen seine Nahrungspflanzen wachsen. Das Verbreitungsgebiet reicht von Utah und Kansas bis südlich nach Florida und Mexiko.

Deutlich verdickte Fühlerenden

♀

Gelbe Tönung am Rand der Hinterflügel

NEARKTISCH

Aktivitätszeit ☀	Habitat 🌾 〰 〰	Spannweite 4,5 – 8 cm

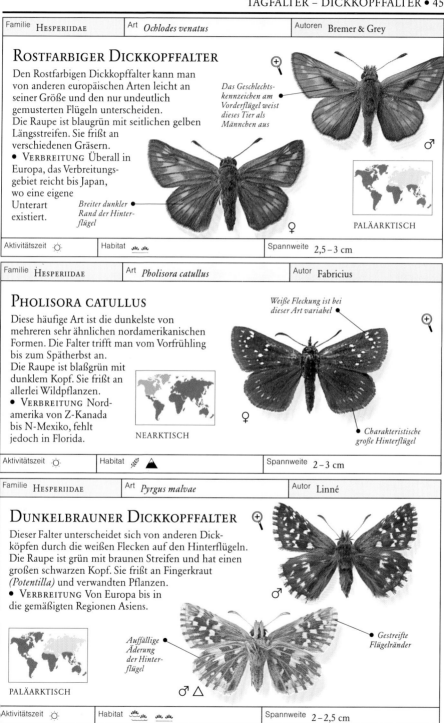

| Familie HESPERIIDAE | Art Ochlodes venatus | Autoren Bremer & Grey |

ROSTFARBIGER DICKKOPFFALTER

Den Rostfarbigen Dickkopffalter kann man von anderen europäischen Arten leicht an seiner Größe und den nur undeutlich gemusterten Flügeln unterscheiden. Die Raupe ist blaugrün mit seitlichen gelben Längsstreifen. Sie frißt an verschiedenen Gräsern.

• VERBREITUNG Überall in Europa, das Verbreitungsgebiet reicht bis Japan, wo eine eigene Unterart existiert.

Das Geschlechtskennzeichen am Vorderflügel weist dieses Tier als Männchen aus

Breiter dunkler Rand der Hinterflügel

♂

♀

PALÄARKTISCH

| Aktivitätszeit ☼ | Habitat | Spannweite 2,5 – 3 cm |

| Familie HESPERIIDAE | Art Pholisora catullus | Autor Fabricius |

PHOLISORA CATULLUS

Diese häufige Art ist die dunkelste von mehreren sehr ähnlichen nordamerikanischen Formen. Die Falter trifft man vom Vorfrühling bis zum Spätherbst an. Die Raupe ist blaßgrün mit dunklem Kopf. Sie frißt an allerlei Wildpflanzen.

• VERBREITUNG Nordamerika von Z-Kanada bis N-Mexiko, fehlt jedoch in Florida.

Weiße Fleckung ist bei dieser Art variabel

♀

NEARKTISCH

Charakteristische große Hinterflügel

| Aktivitätszeit ☼ | Habitat | Spannweite 2 – 3 cm |

| Familie HESPERIIDAE | Art Pyrgus malvae | Autor Linné |

DUNKELBRAUNER DICKKOPFFALTER

Dieser Falter unterscheidet sich von anderen Dickköpfen durch die weißen Flecken auf den Hinterflügeln. Die Raupe ist grün mit braunen Streifen und hat einen großen schwarzen Kopf. Sie frißt an Fingerkraut *(Potentilla)* und verwandten Pflanzen.

• VERBREITUNG Von Europa bis in die gemäßigten Regionen Asiens.

♂

Auffällige Äderung der Hinterflügel

Gestreifte Flügelränder

PALÄARKTISCH

♂ △

| Aktivitätszeit ☼ | Habitat | Spannweite 2 – 2,5 cm |

PAPILIONIDAE

DIESER GROSSEN Tagfalterfamilie gehören einige der größten und schönsten Schmetterlingsarten der Welt an. Zugleich ist sie die am besten erforschte und bekannteste aller Schmetterlingsgruppen.

Die meisten Arten leben in den Tropen, manche aber auch in gemäßigten Breiten. Viele Papilionidenarten tragen Schwanzanhänge an den Hinterflügeln, darum heißen sie zuweilen auch Schwalbenschwänze. Allerdings haben nicht alle Arten der Papilionidae solche Schwanzanhänge, z. B. fehlen sie der Vogelfaltergruppe Indo-Australiens. Ritterfalter erkennt man gleich an ihren auffallend großen Flügeln und den drei vollentwickelten Beinpaaren. Die meisten sind sehr ausdauernde Flieger.

Familie PAPILIONIDAE	Art *Papilio aegeus*	Autor Donovan

PAPILIO AEGEUS

Männchen sind an dem schrägen Band weißer Flecken an den Spitzen der Vorderflügel und dem roten Fleck am Innenrand der Hinterflügel zu erkennen. Weibchen kommen in mehreren Farbvarianten vor; alle haben jedoch die typischen weißen Abzeichen auf den Vorderflügeln und ein rotes Fleckenband am Außenrand der Hinterflügel. Ihr Flug ist ein kraftvoller Flatterflug. Die Raupe ist zunächst bräunlich-weiß gefleckt und ähnelt Vogelkot. Später ist sie grün mit kurzen, fleischigen Dornen auf dem Rücken. Sie frißt an *Citrus* und *Microcitrus*.

• VERBREITUNG Australien, von Queensland bis nach Victoria, auf Papua-Neuguinea und benachbarten Inseln.

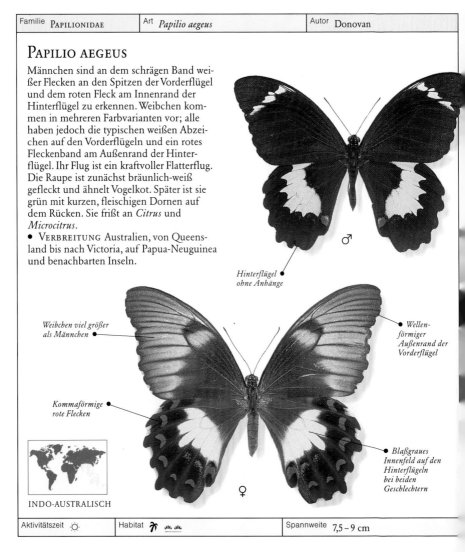

♂

Hinterflügel ohne Anhänge

Weibchen viel größer als Männchen

Wellenförmiger Außenrand der Vorderflügel

Kommaförmige rote Flecken

Blaßgraues Innenfeld auf den Hinterflügeln bei beiden Geschlechtern

♀

INDO-AUSTRALISCH

Aktivitätszeit ☼	Habitat 🦅 ⬙ ⬙	Spannweite 7,5 – 9 cm

Familie PAPILIONIDAE	Art Papilio paris	Autor Linné

PAPILIO PARIS

Die auffallend metallisch glänzenden Flächen auf den Hinterflügeln kennzeichnen diesen Falter als „Glanz-Ritterfalter". Die Weibchen sind gewöhnlich gelber als die Männchen.
Die Raupe ist grün mit gelben oder weißen Flecken und gelben Dufthörnern. Sie ist auf einem breiten Spektrum von Pflanzen zu finden, einschließlich verschiedener Citrus-Arten.
• VERBREITUNG Hauptsächlich in niederen Höhenlagen in Indien, Thailand, Sumatra und Java, jedoch nicht auf der Malaiischen Halbinsel. Im südwestlichen China kommt er auch in höheren Berglagen vor.

Die irisierende Flügelfärbung wird durch einzelne grüne Schuppen auf den mattschwarzen Flügeln erzeugt •

♂

INDO-AUSTRALISCH

Auffällige keulenförmige Schwanzanhänge an den • *Hinterflügeln*

Augenflecken und • *Schwanzanhänge täuschen einen Kopf vor, um Freßfeinde zu verwirren*

Aktivitätszeit ☼	Habitat 🌿	Spannweite 8 – 13,5 cm

Familie PAPILIONIDAE	Art Papilio polytes	Autor Linné

PAPILIO POLYTES

Die Weibchen treten in drei sehr verschiedenen Farbvarianten auf. Eine gleicht dem Männchen, zwei ahmen andere Edelfalterarten nach. Der Flug der Männchen ist schneller als der der Weibchen.
Die Raupe ist braun gefleckt auf grünem Grund, ähnlich der von P. demoleus (Seite 48). Sie lebt in Citrus-Kulturen, vor allem an Apfelsine (C. sinensis) und Limone (C. aurantifolia), aber auch auf verwandten einheimischen Wildpflanzen, wie z. B. Murraya und Triplasia.
• VERBREITUNG Weit verbreitet von Indien und Sri Lanka bis nach China, Japan, Malaysia, den Philippinen und den Molukken.

Helles Fleckenband der Hinterflügel setzt • *sich am Rand der Vorderflügel fort*

♂

INDO-AUSTRALISCH

Cremefarbiges Fleckenband auf dem Hinterflügel •

Aktivitätszeit ☼	Habitat 🌿	Spannweite 9 – 10 cm

Familie PAPILIONIDAE	Art *Papilio demoleus*	Autor Linné

PAPILIO DEMOLEUS

Dieser charakteristisch schwarz-gelb gefärbte
Falter ist kenntlich an einem länglichen roten
Augenfleck am Innenrand
des Hinterflügels. Schwanzanhänge an den Hinter-
flügeln fehlen.
Die Raupe ist nach dem
Schlüpfen zunächst dunkelbraun mit weißen Flecken
und ähnelt einem Stück
Vogelkot. Später wird sie grün
mit dunkelbraunen Flecken –
eine gute Tarnung. Ihre Futterpflanzen sind *Citrus*-Arten und
verschiedene Schmetterlings-
blütler (Fabaceae).
• VERBREITUNG Von Iran,
Indien und Malaysia bis nach
Papua-Neuguinea und
N-Australien.

*Schwarz-gelbes Filigran-
muster im Innenfeld
der Vorderflügel*

♂

• *Gestreifte
Flügelränder*

INDO-AUSTRALISCH

Aktivitätszeit ☼	Habitat	Spannweite 8 – 10 cm

Familie PAPILIONIDAE	Art *Papilio anchisiades*	Autor Esper

PAPILIO ANCHISIADES

Ein überwiegend schwarzer
Schmetterling mit großen
rosafarbenen, rubinroten
oder violetten Flecken auf
den Hinterflügeln. Der Falter imitiert Mitglieder der
Papilionidengattung *Parides*.
Die Raupe ist grün und braun
mit weißen Flecken und Buckeln
auf dem Rücken und frißt an
Citrus.
• VERBREITUNG Mittelamerika
und tropisches Südamerika.

*Hinterflügel ohne
Schwanzanhänge*

♂

• *Leuchtende Flecken
auf dem Hinterflügel*

NEOTROPISCH

Aktivitätszeit ☼	Habitat	Spannweite 6 – 9,5 cm

Familie PAPILIONIDAE	Art *Papilio zalmoxis*	Autor Hewitson

PAPILIO ZALMOXIS

Dieser prächtige
Edelfalter kommt
in schillernden
blauen, grünen und
bronzenen Tönen vor.
Die Weibchen, kleiner
als die Männchen, haben
graublaue Hinterflügel
mit einem Hauch Gelb in
der Mitte. Die Falter fliegen
das ganze Jahr hindurch.
Die Raupe ist noch nicht
beschrieben.
• VERBREITUNG Z-Zaire bis
Nigeria und Liberia.

AFROTROPISCH

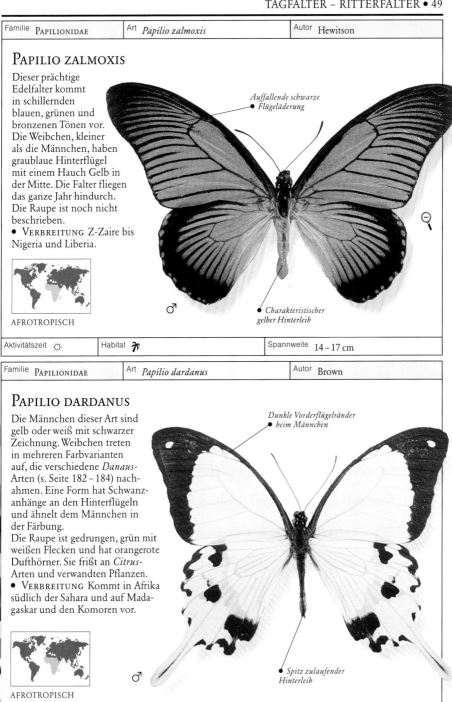

Auffallende schwarze
• *Flügeläderung*

♂

• *Charakteristischer*
gelber Hinterleib

Aktivitätszeit ☀	Habitat 🌴	Spannweite 14 – 17 cm

Familie PAPILIONIDAE	Art *Papilio dardanus*	Autor Brown

PAPILIO DARDANUS

Die Männchen dieser Art sind
gelb oder weiß mit schwarzer
Zeichnung. Weibchen treten
in mehreren Farbvarianten
auf, die verschiedene *Danaus*-
Arten (s. Seite 182 – 184) nachahmen. Eine Form hat Schwanzanhänge an den Hinterflügeln
und ähnelt dem Männchen in
der Färbung.
Die Raupe ist gedrungen, grün mit
weißen Flecken und hat orangerote
Dufthörner. Sie frißt an *Citrus*-
Arten und verwandten Pflanzen.
• VERBREITUNG Kommt in Afrika
südlich der Sahara und auf Madagaskar und den Komoren vor.

AFROTROPISCH

Dunkle Vorderflügelränder
• *beim Männchen*

♂

• *Spitz zulaufender*
Hinterleib

Aktivitätszeit ☀	Habitat 🌴	Spannweite 9 – 10,8 cm

Familie PAPILIONIDAE	Art *Papilio cresphontes*	Autor Cramer

PAPILIO CRESPHONTES

Ein auffallend schwarz
und gelb gefärbter
Ritterfalter – eine der
größten Arten Nord-
amerikas.
Die Raupe ist braun mit
schmutzigweißer Zeichnung.
Sie frißt an verschiedenen
Wildpflanzen.
• VERBREITUNG Dieser Falter
kommt von Mittelamerika nordwärts bis Mexiko und in die südlichen Teile der USA vor.

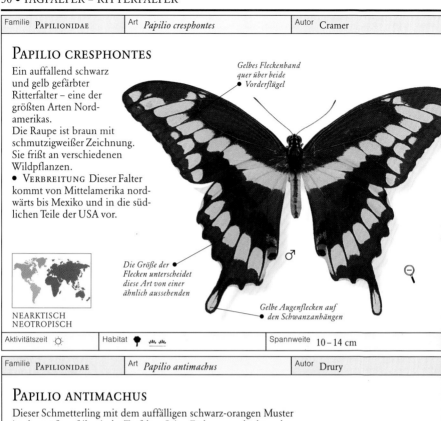

*Gelbes Fleckenband
quer über beide
• Vorderflügel*

♂

*Die Größe der •
Flecken unterscheidet
diese Art von einer
ähnlich aussehenden*

*Gelbe Augenflecken auf
• den Schwanzanhängen*

NEARKTISCH
NEOTROPISCH

Aktivitätszeit ☼	Habitat ♥ ⸱⸱⸱, ⸱⸱⸱	Spannweite 10 – 14 cm

Familie PAPILIONIDAE	Art *Papilio antimachus*	Autor Drury

PAPILIO ANTIMACHUS

Dieser Schmetterling mit dem auffälligen schwarz-orangen Muster
ist der größte afrikanische Tagfalter. Seine Färbung verdankt er dem
hohen Gehalt an Cardenolid-Giftstoffen, die er in seinen Geweben
ablagert. Der Falter fliegt das ganze Jahr hindurch.
Die Raupe ist anscheinend noch nicht beschrieben.
• VERBREITUNG Von Uganda bis nach Zaire,
Angola und Sierra Leone.

*Charakteristische
schmale Vorderflügel •*

*Für seine Größe
unverhältnismäßig
• kleine Fühler*

♂

*• Langer, schmaler
Hinterleib*

AFROTROPISCH

Aktivitätszeit ☼	Habitat 🐾 ⸱⸱⸱, ⸱⸱⸱	Spannweite 15 – 25 cm

Familie PAPILIONIDAE	Art *Papilio demodocus*	Autor Esper

PAPILIO DEMODOCUS

Dieser schwarz und gelb gefärbte Falter hat keine Schwanzanhänge. Er ist das afrikanische Gegenstück zu *Papilio demoleus* aus Südasien (Seite 48), aber er ist gewöhnlich größer und hat ein breites schwarzes Band auf den Hinterflügeln. Die Raupe frißt an *Citrus*-Arten und Leguminosen.
• VERBREITUNG Kommt im tropischen Afrika vor und als Schädling in Südafrika, wird auch auf Madagaskar gefunden.

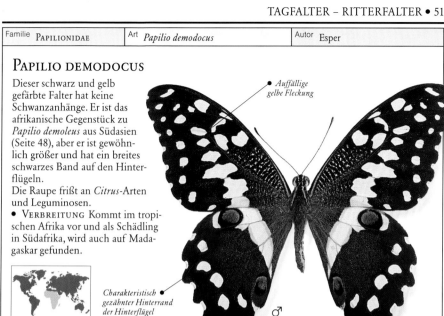

Auffällige gelbe Fleckung

Charakteristisch gezähnter Hinterrand der Hinterflügel

♂

AFROTROPISCH

Aktivitätszeit ☼	Habitat	Spannweite 9 – 12 cm

Familie PAPILIONIDAE	Art *Papilio machaon*	Autor Linné

SCHWALBENSCHWANZ

Das leuchtendgelbe Streifen- und Fleckenmuster auf schwarzem Grund dieser Art ist unverwechselbar. Die Hinterflügel haben kurze Schwanzanhänge und eine variable orangefarbene Fleckung. Die Raupe, leuchtend grün und schwarz gebändert mit roten Flecken, frißt an verschiedenen Doldenblütlern, oft an der Wilden Möhre.
• VERBREITUNG Diese Art findet man in feuchten Niederungen und Wiesen von Europa, über die gemäßigte Zone Asiens bis Japan. Sie kommt auch in subarktischen und arktischen Regionen Kanadas und der USA vor.

Schmaler heller Saum am Vorderrand des Vorderflügels

Breites schwarzes, bläulich überstäubtes Band

♀

Rote Augenflecken auf den Innenwinkeln der Hinterflügel

HOLARKTISCH

Aktivitätszeit ☼	Habitat	Spannweite 7 – 10 cm

Familie PAPILIONIDAE	Art *Papilio glaucus*	Autor Linné

PAPILIO GLAUCUS

Männchen und Weibchen dieser Art sind gelb-schwarz getigert. Eine dunkelbraune oder schwarze Variante des Weibchens wird häufig in südlichen Teilen des Verbreitungsgebiets der Art gefunden, wo sie die giftige Art *Battus philenor* (Seite 55) nachahmt. Nördliche Formen des Falters sind kleiner und blasser. *P. glaucus* ist ein ausdauernder Segelflieger. Die Raupe ist gedrungen, grün gefärbt und besitzt leuchtend gelb-schwarze Augenflecken. Junge Raupen sehen aus wie Vogelkot. Sie fressen an Weiden *(Salix)* und Pappeln *(Populus)*. Je nach geographischer Lage werden eine bis drei Generationen pro Jahr ausgebildet.

• VERBREITUNG Dies ist der am weitesten verbreitete Schwalbenschwanz Nordamerikas, man findet ihn von Alaska und Kanada über die USA bis zum Golf von Mexiko.

• *Die gut getarnte Raupe hat Augenflecken als Schreckfärbung*

RAUPE VON
PAPILIO GLAUCUS

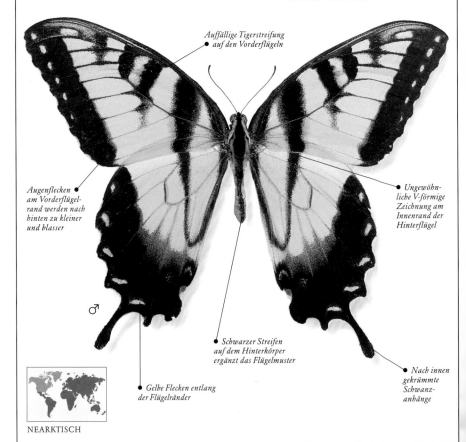

Auffällige Tigerstreifung auf den Vorderflügeln

Augenflecken am Vorderflügelrand werden nach hinten zu kleiner und blasser

Ungewöhnliche V-förmige Zeichnung am Innenrand der Hinterflügel

♂

Schwarzer Streifen auf dem Hinterkörper ergänzt das Flügelmuster

Nach innen gekrümmte Schwanzanhänge

Gelbe Flecken entlang der Flügelränder

NEARKTISCH

Aktivitätszeit ☀	Habitat 🌿	Spannweite 9 – 16,5 cm

Familie PAPILIONIDAE	Art *Eurytides marcellus*	Autor Cramer

EURYTIDES MARCELLUS

Schwarz gestreift wie ein Zebra und mit langen, schwertförmigen Schwanzanhängen ist dieser Falter mit keinem der anderen nordamerikanischen Ritterfalter zu verwechseln. Er ist der häufigste der Gruppe sogenannter „Drachen-Edelfalter" mit dreieckigen Flügeln und spitzen Schwanzanhängen. Die Frühlingsgeneration ist kleiner und blasser und hat kürzere Schwanzanhänge als die Sommergeneration. Die Raupe ist gelbgrün mit feinen gelben und schwarzen Querbändern. Sie frißt an Papaya *(Carica)*.
• VERBREITUNG Weit verbreitet von O-Kanada bis nach Florida in den USA und zum Golf von Mexiko.

NEARKTISCH

Streifung geht ganz bis zur Basis der Vorderflügel und über den Körper

♂

Stark gewellte Hinterflügelränder

Rote und blaue Flecken auf den Hinterflügeln

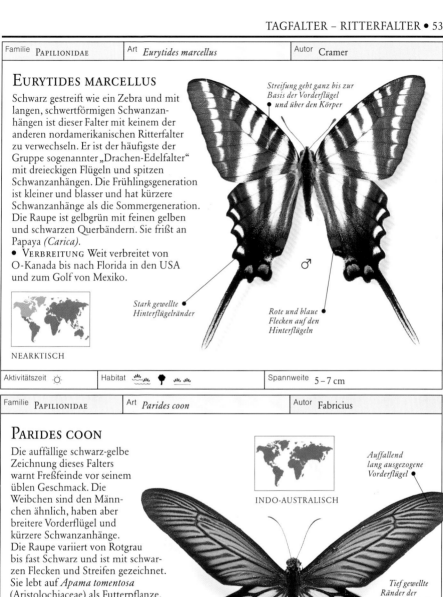

Aktivitätszeit ☼	Habitat	Spannweite 5 – 7 cm

Familie PAPILIONIDAE	Art *Parides coon*	Autor Fabricius

PARIDES COON

Die auffällige schwarz-gelbe Zeichnung dieses Falters warnt Freßfeinde vor seinem üblen Geschmack. Die Weibchen sind den Männchen ähnlich, haben aber breitere Vorderflügel und kürzere Schwanzanhänge. Die Raupe variiert von Rotgrau bis fast Schwarz und ist mit schwarzen Flecken und Streifen gezeichnet. Sie lebt auf *Apama tomentosa* (Aristolochiaceae) als Futterpflanze.
• VERBREITUNG Der Falter ist meist in tropischen Regenwäldern zu finden, kommt aber auch in der Ebene überall in N-Indien und Birma bis nach Malaysia, Sumatra und Java vor; er fehlt auf Borneo.

INDO-AUSTRALISCH

Auffallend lang ausgezogene Vorderflügel

Tief gewellte Ränder der Hinterflügel

Keulenförmige Schwanzanhänge

♂

Zeichnung variiert von Gelb bis Orange

Aktivitätszeit ☼	Habitat	Spannweite 9 – 13 cm

| Familie PAPILIONIDAE | Art *Pachliopta aristolochiae* | Autor Fabricius |

PACHLIOPTA ARISTOLOCHIAE

Die Zeichnung variiert stark und kann sogar ganz fehlen. Manchmal zeigen die Vorderflügel ein deutliches weißes Strahlenmuster. Beim Weibchen sind die Flügel stumpfer abgerundet. Die Weibchen von *Papilio polytes* ahmen diese Art nach (s. Seite 47).
Die Raupe variiert von Graurosa bis Schwarz. Sie frißt an Pfeifenwindenarten *(Aristolochia)*, deren Gift sie für Vögel ungenießbar macht.
• VERBREITUNG Von Indien und Sri Lanka durch S-China und Malaysia bis zu den Kleinen Sundainseln.

Rote Warnfärbung am Kopf: Achtung, giftig! •

Kräftige keulenförmige Schwanzanhänge •

• *Lebhaft rote Hinterleibsspitze*

♂

INDO-AUSTRALISCH

| Aktivitätszeit ☼ | Habitat 🏃 ᴧᴧ, ᴧᴧ, | Spannweite 8 – 11 cm |

| Familie PAPILIONIDAE | Art *Graphium sarpedon* | Autor Linné |

GRAPHIUM SARPEDON

Diese unverwechselbare Art hat spitz ausgezogene, dreieckige Vorderflügel und auffällig türkisblaue, durch die Äderung unterbrochene Bänder über beide Flügelpaare hinweg.
Die Raupe ist grün, seitlich mit gelben Streifen und vorne und hinten mit einigen kurzen Stacheln. Sie frißt an verschiedenen Pflanzen, häufig an Zimtbäumen *(Cinnamomum)*.
• VERBREITUNG Häufig von Indien und Sri Lanka bis nach China, Japan, Malaysia, Papua-Neuguinea und Australien.

Ungewöhnliche Form der Hinterflügel •

• *Charakteristische Gruben mit hellen Duftschuppen am Innenrand der Hinterflügel kennzeichnen das Männchen*

♂

INDO-AUSTRALISCH

| Aktivitätszeit ☼ | Habitat 🏃 ᴧᴧ, ᴧᴧ, | Spannweite 8 – 9 cm |

Familie PAPILIONIDAE	Art *Battus philenor*	Autor Linné

BATTUS PHILENOR

Der männliche Falter hat metallisch blau glänzende Hinterflügel. Dieser Ritter wird von etlichen anderen Schmetterlingsarten imitiert. Die Raupe ist rötlichbraun mit mehreren Reihen roter oder schwarzer fleischiger Anhänge auf dem Rücken. Sie ernährt sich vom Laub von Pfeifenwinden *(Aristolochia)* und anderer Pflanzen.
• VERBREITUNG Vom südlichen Kanada bis nach Mexiko und Costa Rica.

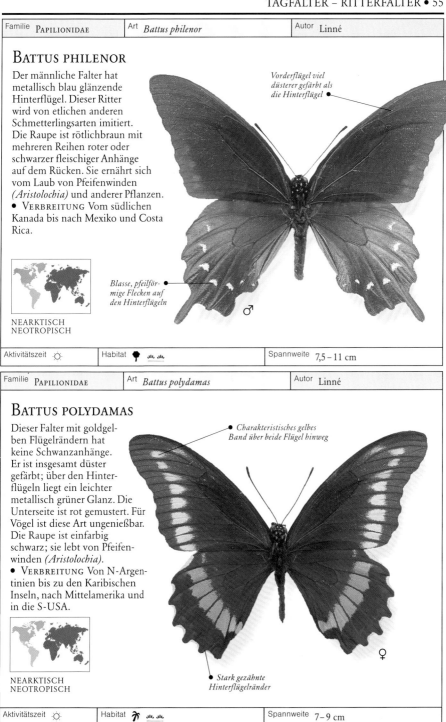

Vorderflügel viel düsterer gefärbt als die Hinterflügel •

Blasse, pfeilför- • *mige Flecken auf den Hinterflügeln*

♂

NEARKTISCH
NEOTROPISCH

Aktivitätszeit ☼	Habitat 🌳 ᴠᴠ, ᴠᴠ	Spannweite 7,5 – 11 cm

Familie PAPILIONIDAE	Art *Battus polydamas*	Autor Linné

BATTUS POLYDAMAS

Dieser Falter mit goldgelben Flügelrändern hat keine Schwanzanhänge. Er ist insgesamt düster gefärbt; über den Hinterflügeln liegt ein leichter metallisch grüner Glanz. Die Unterseite ist rot gemustert. Für Vögel ist diese Art ungenießbar. Die Raupe ist einfarbig schwarz; sie lebt von Pfeifenwinden *(Aristolochia)*.
• VERBREITUNG Von N-Argentinien bis zu den Karibischen Inseln, nach Mittelamerika und in die S-USA.

• *Charakteristisches gelbes Band über beide Flügel hinweg*

♀

• *Stark gezähnte Hinterflügelränder*

NEARKTISCH
NEOTROPISCH

Aktivitätszeit ☼	Habitat 🌴 ᴠᴠ, ᴠᴠ	Spannweite 7–9 cm

Familie PAPILIONIDAE	Art *Iphiclides podalirius*	Autor Scopoli

SEGELFALTER

Diese Art ist überwiegend blaßgelb mit schmalen Querstreifen und langen Schwanzanhängen. Bei manchen Formen ist die Grundfarbe fast weiß, und die schwarzen Streifen sind viel breiter.
Die Raupe ähnelt einer Nacktschnecke. Ihr Körper ist grün mit gelben Linien, oft mit roten Punkten. Sie frißt an der Schlehe *(Prunus spinosa)*.
• VERBREITUNG Weit verbreitet von Europa bis nach Nordafrika und über die gemäßigte Zone Asiens bis nach China.

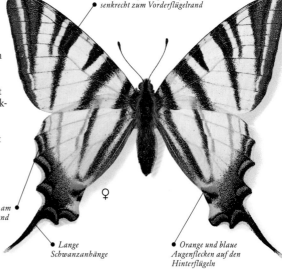

Schwarze, keilförmige Streifen senkrecht zum Vorderflügelrand

♀

PALÄARKTISCH

Blaue Flecken am Hinterflügelrand reichen nicht bis zur Flügelvorderkante

Lange Schwanzanhänge

Orange und blaue Augenflecken auf den Hinterflügeln

Aktivitätszeit ☼	Habitat	Spannweite 7–8 cm

Familie PAPILIONIDAE	Art *Zerynthia rumina*	Autor Linné

SPANISCHER OSTERLUZEIFALTER

Ein sehr auffälliger schwarz-gelber Falter mit einem komplizierten spitzenähnlichen Muster. Er gehört einer auf Anhieb sehr leicht erkennbaren Gruppe von schwanzlosen Ritterfaltern an. Von anderen nächstverwandten Arten unterscheidet er sich durch seine lebhafte, auffällige rote Zeichnung auf den Vorderflügeln. Die Art ist vom Spätwinter bis zum Spätfrühjahr zu finden. Die Weibchen sind gewöhnlich größer als die Männchen und dunkler gelb gefärbt.
Die Raupe ist blaßbraun mit Reihen stumpfer roter Stacheln am ganzen Körper. Sie frißt an Osterluzei *(Aristolochia)*.
• VERBREITUNG Diese Art findet man verbreitet in den rauhen, steinigen Hügellandschaften SO-Frankreichs, Spaniens und Portugals, vor allem in Küstengebieten stellenweise häufig.

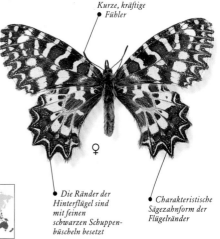

Kurze, kräftige Fühler

♀

PALÄARKTISCH

Die Ränder der Hinterflügel sind mit feinen schwarzen Schuppenbüscheln besetzt

Charakteristische Sägezahnform der Flügelränder

Aktivitätszeit ☼	Habitat	Spannweite 4,5–5cm

Familie PAPILIONIDAE	Art *Lamproptera meges*	Autor Zincken

LAMPROPTERA MEGES

Hauptmerkmale dieses Falters sind die durchscheinenden Fenster in den Vorderflügeln und übermäßig lange, herabhängende Schwanzanhänge. *Lamproptera curius*, die einzige andere Art dieser Gattung, unterscheidet sich von *L. meges* durch einen weißen Querstreifen auf den Flügeln. Beim Fliegen gleichen diese Falter Libellen, ja sie haben sogar ihren raschen Flügelschlag. Sogar beim Ruhen vibrieren die Flügel ständig, und im Gegensatz zu den meisten anderen Tagfaltern stehen sie im Schwebflug vor den Blüten, aus denen sie Nektar saugen. Die Raupe ist anscheinend unbekannt; bei der verwandten *L. curius* ist sie dunkel apfelgrün und frißt an den Blättern von *Illigera cordata*.
• VERBREITUNG Gewöhnlich auf sonnigen Waldlichtungen, von Indien bis S-China, Malaysia, den Philippinen und Celebes.

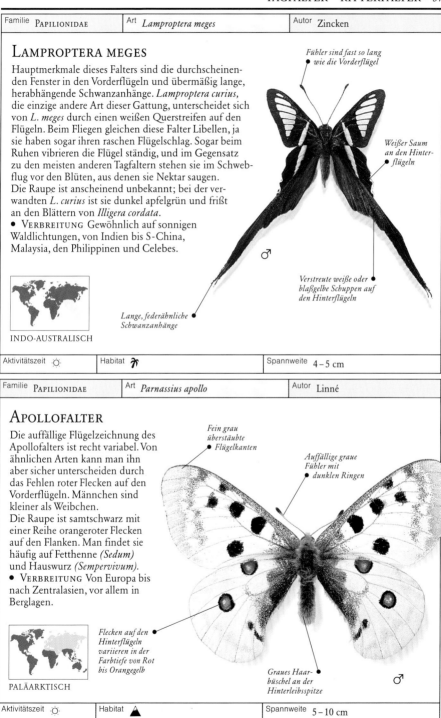

Fühler sind fast so lang wie die Vorderflügel

Weißer Saum an den Hinterflügeln

Verstreute weiße oder blaßgelbe Schuppen auf den Hinterflügeln

Lange, federähnliche Schwanzanhänge

♂

INDO-AUSTRALISCH

Aktivitätszeit ☼	Habitat 🌾	Spannweite 4 – 5 cm

Familie PAPILIONIDAE	Art *Parnassius apollo*	Autor Linné

APOLLOFALTER

Die auffällige Flügelzeichnung des Apollofalters ist recht variabel. Von ähnlichen Arten kann man ihn aber sicher unterscheiden durch das Fehlen roter Flecken auf den Vorderflügeln. Männchen sind kleiner als Weibchen.
Die Raupe ist samtschwarz mit einer Reihe orangeroter Flecken auf den Flanken. Man findet sie häufig auf Fetthenne *(Sedum)* und Hauswurz *(Sempervivum)*.
• VERBREITUNG Von Europa bis nach Zentralasien, vor allem in Berglagen.

Fein grau überstäubte Flügelkanten

Auffällige graue Fühler mit dunklen Ringen

Flecken auf den Hinterflügeln variieren in der Farbtiefe von Rot bis Orangegelb

Graues Haarbüschel an der Hinterleibsspitze

♂

PALÄARKTISCH

Aktivitätszeit ☼	Habitat ▲	Spannweite 5 – 10 cm

Familie PAPILIONIDAE	Art *Cressida cressida*	Autor Fabricius

CRESSIDA CRESSIDA

Das Männchen hat durchscheinende Vorderflügel mit je zwei großen schwarzen Augenflecken. Frisch geschlüpfte Weibchen sind dunkelgrau mit einer typischen Zeichnung; aber die meisten der Flügelschuppen schilfern bald ab, und die Flügel werden blasser und erscheinen fettig glänzend. Die Raupe ist dunkelbraun, oft cremefarben meliert; aber sie variiert stark in Färbung und Muster. Sie frißt an Pfeifenwinden *(Aristolochia)*.

• VERBREITUNG Zwei Unterarten dieses Falters leben in Australien, eine dritte auf Papua-Neuguinea.

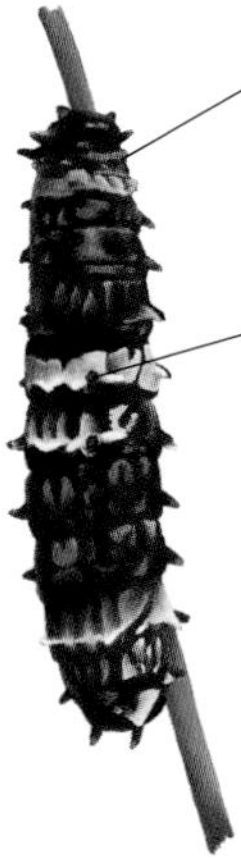

Typische braun und cremefarbene Raupe

Rote Flecken auf cremefarbenen Ringeln

RAUPE VON
CRESSIDA CRESSIDA

Das Männchen hat schmalere Vorderflügel als das Weibchen

Rote Flecken auf den Hinterflügeln

♂

Blasse, schuppenlose Flügelstellen

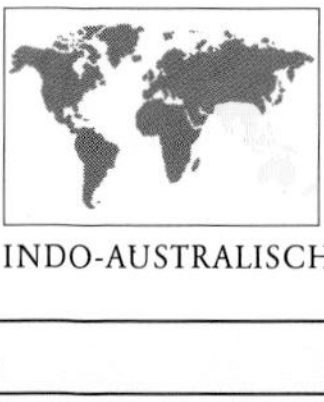

Ein schwarz und rot geringelter Hinterleib kennzeichnet diese Art als giftig

♀

INDO-AUSTRALISCH

Aktivitätszeit ☼	Habitat 🌿	Spannweite 7–7,5 cm

Familie PAPILIONIDAE	Art *Ornithoptera alexandrae*	Autor Rothschild

ORNITHOPTERA ALEXANDRAE

Diese Art ist der größte bekannte Tagfalter der Welt. Die Männchen sind um einiges kleiner als die Weibchen. Von nah verwandten Arten sind sie durch ihre charakteristische Flügelzeichnung und Färbung zu unterscheiden. Die Hinterflügel des Männchens sind unterseits goldbraun mit schwarzer Äderung und leicht grün überhaucht. Die Raupe ist rötlichschwarz mit hellroten, fleischigen, spitzen Anhängen. In der Körpermitte hat sie einen cremefarbenen Sattelfleck. Sie frißt an *Aristolochia schlechteri*.

• VERBREITUNG Begrenzt auf den südöstlichen Teil Papua-Neuguineas östlich der Owen-Stanley-Berge. Diese seltene Art ist vollkommen geschützt.

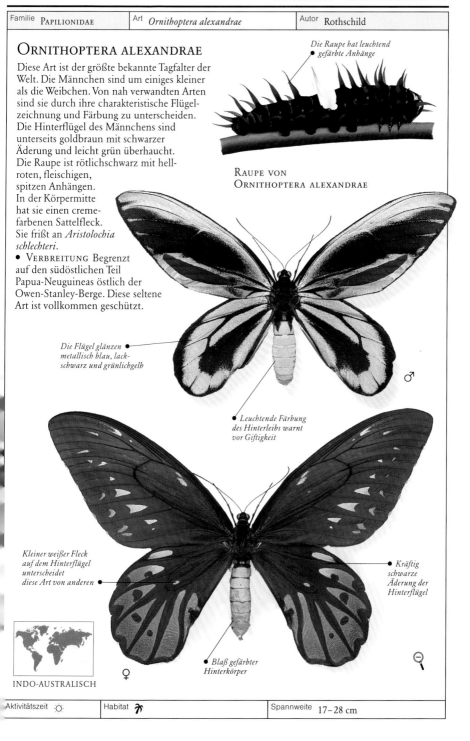

Die Raupe hat leuchtend gefärbte Anhänge

RAUPE VON
ORNITHOPTERA ALEXANDRAE

Die Flügel glänzen metallisch blau, lackschwarz und grünlichgelb

♂

Leuchtende Färbung des Hinterleibs warnt vor Giftigkeit

Kleiner weißer Fleck auf dem Hinterflügel unterscheidet diese Art von anderen

Kräftig schwarze Äderung der Hinterflügel

Blaß gefärbter Hinterkörper

♀

INDO-AUSTRALISCH

Aktivitätszeit ☼	Habitat 🎋	Spannweite 17–28 cm

Familie PAPILIONIDAE	Art *Ornithoptera priamus*	Autor Linné

ORNITHOPTERA PRIAMUS

Diese wunderschöne Ornithopterenart hat viele
Unterarten. Die Männchen sind charakteristisch
gezeichnet. Die Vorderflügel sind oberseits
schwarz und grün, unterseits türkisblau und
schwarz gerandet mit deutlicher schwarzer
Äderung. Die Weibchen sind erheblich größer
als die Männchen, und ihre Flügel sind schwarz
mit weißer Zeichnung. Der Flug dieser Art ist ein
ausdauernder Segelflug.
Die Raupe variiert in der Färbung von Schwarzbraun bis Grau mit langen, fleischigen
Stacheln. Sie frißt an
Aristolochia-Arten.
• VERBREITUNG Von den
Molukken bis nach Papua-
Neuguinea, den Salomoninseln
und N-Australien.

*Weißes Querband
um die Körpermitte
• der Raupe*

RAUPE VON
ORNITHOPTERA PRIAMUS

*Vorderflügel mit
• deutlicher Spitze*

*Große, kräftige
Vorderflügel •*

♂

*Gewellter
Hinterflügelrand*

*Goldene Flecken
sind kleiner als die
auf der Unterseite*

*Körper charakteristisch
schwarz und gelb*

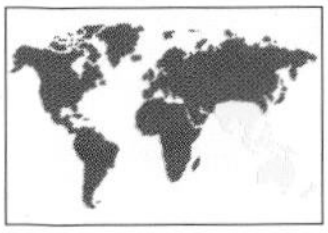

INDO-AUSTRALISCH

Aktivitätszeit ☼	Habitat 🌿	Spannweite 10,8–13 cm

Familie PAPILIONIDAE	Art *Troides brookiana*	Autor Wallace

TROIDES BROOKIANA

Es gibt zwar mehrere Unterarten dieser Art; die Männchen sind einander jedoch sehr ähnlich, mit einer typischen grünen Zeichnung auf schwarzem Grund. Die Weibchen variieren in der Färbung von Olivgrün mit weißen oder grünen Flecken bis zu Schwarz mit grünen, von einem Kupferschimmer überhauchten Flecken. Die Hinterflügel der Weibchen glänzen an der Basis oft in metallischem Blau. Der Flug ist ein kräftiger Segelflug. Männchen sind oft beim Trinken auf nassem Schlamm zu finden; beide Geschlechter besuchen Blumen.
Die Raupe ist dunkelbraun mit einem helleren Sattelfleck in der Körpermitte. Sie trägt lange, blaß gelblichbraune Fortsätze und kürzere Anhänge in der Körperfarbe. Ihr Kopf ist groß und schwarz glänzend. Sie frißt an *Aristolochia*-Arten.
• VERBREITUNG Von Malaysia bis nach Sumatra und Borneo.

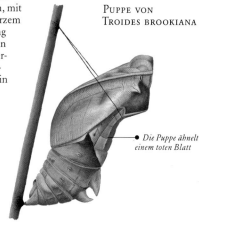

PUPPE VON
TROIDES BROOKIANA

• *Die Puppe ähnelt einem toten Blatt*

Typische ausgezogene Vorderflügelform der Vogelfalter •

Starker Kontrast von Grün auf tiefschwarzem Untergrund •

• *Roter Kragen*

• *Charakteristische Flügelzeichnung, die auch bei manchen Weibchen vorkommt*

♂

• *Pechschwarzer Körper*

INDO-AUSTRALISCH

Aktivitätszeit ☼	Habitat 🌾	Spannweite 12 – 17,8 cm

PIERIDAE

DIE GROSSE FAMILIE der Weißlinge umfaßt über 1000 Arten, die meist überwiegend weiß, gelb oder orange gefärbt sind, worauf Namen wie Kohlweißling und Zitronenfalter hinweisen. Ihre charakteristische helle Färbung erhalten sie durch das in den Schuppen abgelagerte Stoffwechselabbauprodukt Guanin, eine Eigenschaft, die für diese Schmetterlingsfamilie typisch ist.

Zu dieser Familie gehören auch zwei berüchtigte Schädlinge, der Kohlweißling *(Pieris brassicae)* und der Rapsweißling *(Pieris rapae)*, die in Gärten auch heute noch häufig anzutreffen sind.

Familie PIERIDAE	Art *Appias nero*	Autor Fabricius

APPIAS NERO

Dieser auffällige Falter ist wahrscheinlich die einzige Art der Welt, die ganz und gar orange gefärbt ist. Weibchen sehen den Männchen sehr ähnlich, haben aber schwarze Flügelränder und ein schwarzes Band auf dem Hinterflügel. Männchen findet man häufig beim Trinken an feuchten Stellen am Ufer von Wasserläufen. Weibchen leben verborgener hoch im Laubdach der Bäume. Sie ernähren sich von Nektar aus den Blüten einer Vielzahl von Bäumen. Die Raupe ist unbekannt, aber sie frißt an Pflanzen der Familie Kaperngewächse (Capparidaceae).

● VERBREITUNG Weit verbreitet von N-Indien bis nach Birma, Malaysia, den Philippinen und Celebes.

INDO-AUSTRALISCH

Lange, schlanke Fühler ●

Charakteristische zugespitzte Vorderflügel ●

Schwarze Äderung auf den Vorderflügeln ●

Gelbe Tönung am Innenrand der Hinterflügel ●

● Dunkler Körper

♂

Aktivitätszeit ☼	Habitat 🌿	Spannweite 7–7,5 cm

| Familie PIERIDAE | Art *Mylothris chloris* | Autor Fabricius |

MYLOTHRIS CHLORIS

Diese Art tritt in zwei separaten geographischen Formen auf (die hier abgebildete Rasse kommt in Westafrika vor). Beim Weibchen sind die Ober- und Unterseite der Vorderflügel ähnlich, während die Hinterflügel oberseits hell lachsrosa sind. Männchen der ost- und südafrikanischen Rasse haben dagegen einen Anflug von Rosa an der Basis der Vorderflügel und nur kleine schwarze Punkte auf den Hinterflügeln statt der großen schwarzen Flecken. Die Raupe ist schwarz mit rötlichen Querbändern. Sie lebt von den Blättern verschiedener Misteln (Loranthaceae).

• VERBREITUNG Sehr häufig in Wäldern, Savannen, Parks und Gärten überall in Afrika südlich der Sahara.

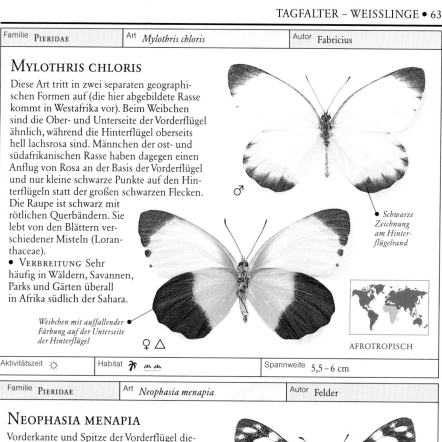

♂

• *Schwarze Zeichnung am Hinterflügelrand*

Weibchen mit auffallender Färbung auf der Unterseite der Hinterflügel •

♀ △

AFROTROPISCH

| Aktivitätszeit ☿ | Habitat 🐟 | Spannweite 5,5 – 6 cm |

| Familie PIERIDAE | Art *Neophasia menapia* | Autor Felder |

NEOPHASIA MENAPIA

Vorderkante und Spitze der Vorderflügel dieses auffälligen Weißlings tragen eine schwarze Zeichnung. Die Hinterflügel zeigen eine netzförmige schwarze Äderung; beim Weibchen ist diese an den Flügelrändern intensiver. Auf der Unterseite der Flügel ist die Äderung bei beiden Geschlechtern kräftig schwarz gezeichnet. Der Falter fliegt vom Hochsommer bis zum Frühherbst, ist aber am häufigsten im Spätsommer anzutreffen. Die Raupe ist dunkelgrün mit weißen Längsstreifen auf Rücken und Flanken. Sie bieten eine treffliche Tarnung auf Kiefernnadeln.

• VERBREITUNG In Nadelwäldern vom südlichen Kanada über die USA bis nach S-Kalifornien und Mexiko.

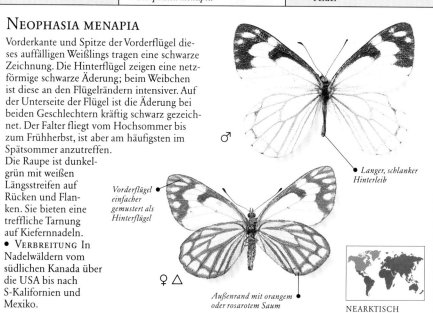

♂

• *Langer, schlanker Hinterleib*

Vorderflügel einfacher gemustert als Hinterflügel •

♀ △

Außenrand mit orangem oder rosarotem Saum •

NEARKTISCH

| Aktivitätszeit ☿ | Habitat ▲ 🌢 | Spannweite 4 – 5 cm |

Familie PIERIDAE	Art *Anaphaeis java*	Autor Sparrmann

ANAPHAEIS JAVA

Beim Männchen sind die auffallend schwarzen Bänder auf Vorder- und Hinterflügeln mit einer Reihe weißer Streifen und Flecken gezeichnet. Es gibt zwei Formen von Weibchen, eine ähnelt dem Männchen, die andere ist fast ganz schwarz gefärbt und nahzu ohne weiße Zeichnung.
Die Raupe ist olivgrün bis braun. Sie frißt an Kapern *(Capparis)* und verwandten Pflanzen.
• VERBREITUNG Lebt in etwa zehn Unterarten von Java bis nach Papua-Neuguinea, Fidschi, Samoa und Australien.

♂

• *Ausdehnung der schwarzen Färbung auf den Hinterflügeln sehr variabel*

• *Keilförmige Flecken*

INDO-AUSTRALISCH

♀ △

Aktivitätszeit ☼	Habitat 🐾 ⬙ ⬙	Spannweite 4,5 – 5,5 cm

Familie PIERIDAE	Art *Anaphaeis aurota*	Autor Fabricius

ANAPHAEIS AUROTA

Dieser reinweiße Falter trägt oberseits an den Rändern der Vorderflügel eine auffällige Zeichnung aus schwarzen oder schwarzbraunen Bändern mit länglichen weißen Flecken. Die Weibchen sind meist kräftiger gezeichnet als die Männchen.
Die Raupe ist gelbgrün mit schwarzen Längsstreifen auf den Flanken. Sie frißt an verschiedenen Arten von *Capparis* (Kapern), *Boscia* und *Maerua*.
• VERBREITUNG Die Art lebt von Afrika über den Nahen Osten bis nach Indien.

• *Typische dunkle Zeichnung auf den Vorderflügeln*

♂

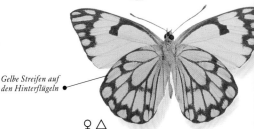

Gelbe Streifen auf den Hinterflügeln •

AFROTROPISCH
INDO-AUSTRALISCH

♀ △

Aktivitätszeit ☼	Habitat ⬙ ⬙	Spannweite 5 – 5,5 cm

| Familie PIERIDAE | Art *Delias mysis* | Autor Fabricius |

DELIAS MYSIS

Diese Art hat auffällige schwarze Vorderflügel-spitzen mit vier weißen Flecken. Die Hinterflügel sind schwarz gesäumt.
Die Raupe ist gelbgrün und lang weiß behaart, ihr Kopf ist schwarz. Sie frißt an Misteln *(Viscum)*.
• VERBREITUNG Kommt in Regenwäldern N-Australiens, Papua-Neuguineas und der benachbarten Inseln vor.

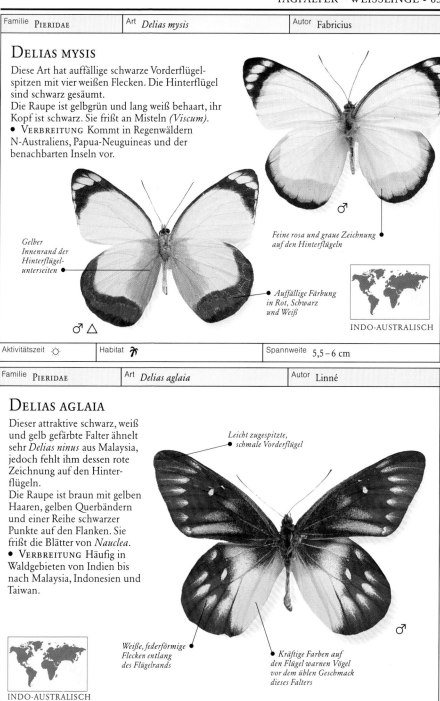

♂

Gelber
Innenrand der
Hinterflügel-
unterseiten •

Feine rosa und graue Zeichnung •
auf den Hinterflügeln

• Auffällige Färbung
in Rot, Schwarz
und Weiß

♂ △

INDO-AUSTRALISCH

| Aktivitätszeit ☼ | Habitat 🌿 | Spannweite 5,5 – 6 cm |

| Familie PIERIDAE | Art *Delias aglaia* | Autor Linné |

DELIAS AGLAIA

Dieser attraktive schwarz, weiß und gelb gefärbte Falter ähnelt sehr *Delias ninus* aus Malaysia, jedoch fehlt ihm dessen rote Zeichnung auf den Hinter-flügeln.
Die Raupe ist braun mit gelben Haaren, gelben Querbändern und einer Reihe schwarzer Punkte auf den Flanken. Sie frißt die Blätter von *Nauclea*.
• VERBREITUNG Häufig in Waldgebieten von Indien bis nach Malaysia, Indonesien und Taiwan.

Leicht zugespitzte,
• schmale Vorderflügel

♂

Weiße, federförmige •
Flecken entlang
des Flügelrands

• Kräftige Farben auf
den Flügeln warnen Vögel
vor dem üblen Geschmack
dieses Falters

INDO-AUSTRALISCH

| Aktivitätszeit ☼ | Habitat 🌿 | Spannweite 7 – 9 cm |

Familie PIERIDAE	Art *Aporia crataegi*	Autor Linné

BAUMWEISSLING

Dieser Schmetterling ist unverwechselbar. Die Weibchen sind meist größer und durchscheinender als die Männchen. Beide Geschlechter haben unterseits einen leichten Anflug schwarzer Schuppung.
Die Raupe ist grau und behaart, der schwarze Rücken wird von orangeroten Bändern gesäumt. Sie frißt an Weißdorn *(Crataegus monogyna)* und Schlehe *(Prunus spinosa)*.
• VERBREITUNG Kommt überall in Kontinentaleuropa vor. Das Ausbreitungsgebiet reicht bis Nordafrika und über den gemäßigten Teil Asiens bis nach Japan.

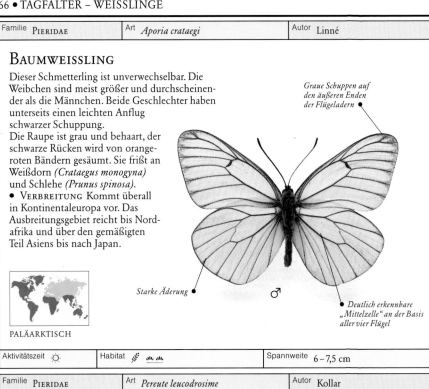

Graue Schuppen auf den äußeren Enden der Flügeladern •

Starke Äderung •   ♂

• *Deutlich erkennbare „Mittelzelle" an der Basis aller vier Flügel*

PALÄARKTISCH

Aktivitätszeit ☼	Habitat	Spannweite 6 – 7,5 cm

Familie PIERIDAE	Art *Pereute leucodrosime*	Autor Kollar

PEREUTE LEUCODROSIME

Dieser außergewöhnliche schwarze Weißling gehört einer kleinen Gattung mit nur etwa zehn Arten an, die alle in Südamerika vorkommen. Zu erkennen ist er an seiner Größe, dem roten Band auf den Vorderflügeln und dem blaugrauen Fleck auf den Hinterflügeln; allerdings ist diese Zeichnung recht variabel. Auf der Unterseite der Hinterflügel fehlt der blaue Anflug; sie tragen an der Basis einen kleinen roten Fleck. Beide Geschlechter sind einander ähnlich.
Die Raupe und ihre Futterpflanzen sind bisher unbekannt, aber verwandte Arten leben von Mistelgewächsen (Loranthaceae).
• VERBREITUNG Weit verbreitet in Südamerika, von Brasilien bis nach Kolumbien.

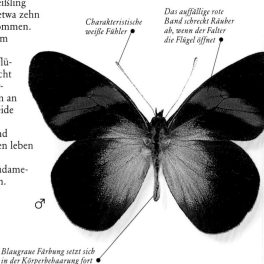

Charakteristische weiße Fühler •

Das auffällige rote Band schreckt Räuber ab, wenn der Falter die Flügel öffnet •

♂

Blaugraue Färbung setzt sich in der Körperbehaarung fort •

NEOTROPISCH

Aktivitätszeit ☼	Habitat	Spannweite 6 – 7 cm

Familie PIERIDAE	Art *Pieris brassicae*	Autor Linné

GROSSER KOHLWEISSLING

Die Weibchen erkennt man an je zwei
schwarzen Flecken und einem schwarzen
Streifen auf den Vorderflügeln. Bei bei-
den Geschlechtern sind die Hinterflügel
unterseits gelblich mit leichter schwarzer
Schuppung.
Die Raupe ist blaßgrün mit vielen
schwarzen Flecken und gelben Linien
auf Rücken und Flanken. Sie lebt auf
Kohl *(Brassica oleracea)*, dessen Blätter
völlig weggefressen werden. Daher ist die
Kohlweißlingsraupe ein gefürchteter
Gartenschädling.
• VERBREITUNG Häufig in Europa, im
Mittelmeerraum und in Nordafrika.

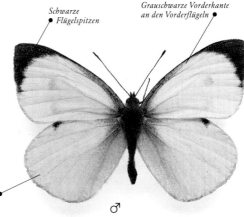

Schwarze
Flügelspitzen

Grauschwarze Vorderkante
an den Vorderflügeln

♂

Cremeweiße
Hinterflügel

PALÄARKTISCH

Aktivitätszeit ☼	Habitat 🌿 ⸎ ⸎	Spannweite 5,5 – 7 cm

Familie PIERIDAE	Art *Pieris rapae*	Autor Linné

KLEINER KOHLWEISSLING
ODER RAPSWEISSLING

Diese unscheinbare, aber bekannte und weitverbreitete
Art erkennt man an ihrer geringen Größe und der ein-
fachen schwarzen Flügelzeichnung. Die Weibchen sind
leicht gelblich mit je zwei kleinen schwarzen Flecken
auf den Vorderflügeln. Rapsweißlinge fliegen vom
Frühjahr bis zum Herbst.
Die Raupe ist gelbgrün. Sie frißt an Wild- und Kultur-
formen des Kohls *(Brassica oleracea)* und anderen
Kreuzblütlern.
• VERBREITUNG Weit verbreitet in Europa und über
die gemäßigte Zone Asiens bis nach Japan; auch in
Australien und Nordamerika.

Graue Tönung
auf den Flügeln

♂

Gelbe Spitze und Vorder-
kante der Vorderflügel

Hinterflügel
unterseits mit
schwarzen
Schuppen
fein überstäubt

Hinterflügel
unterseits
kräftig gelb

♂ △

WELTWEIT

Aktivitätszeit ☼	Habitat 🌿 ⸎ ⸎	Spannweite 4,5 – 5,5 cm

Familie PIERIDAE	Art *Leptosia nina*	Autor Fabricius

LEPTOSIA NINA

Dieser kleine weiße Falter hat auffällige schwarze Vorderflügelspitzen. Die Hinterflügel sind unterseits blaßgrün. Die beiden Geschlechter gleichen einander. Die Falter fliegen selten höher als einen Meter über dem Boden. Die Raupe ist blaßgrün und frißt an *Capparis heyneana* und *Crataeva religiosa*.

• VERBREITUNG In Bambusdickichten von Indien über Malaysia bis ins südliche China und nach Indonesien.

INDO-AUSTRALISCH

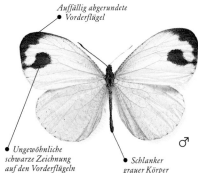

Auffällig abgerundete Vorderflügel

Ungewöhnliche schwarze Zeichnung auf den Vorderflügeln

Schlanker grauer Körper

♂

Aktivitätszeit ☼	Habitat 🌿 🎋	Spannweite 4 – 5 cm

Familie PIERIDAE	Art *Zerene eurydice*	Autor Boisduval

ZERENE EURYDICE

Ein auffälliger Falter, bei dem das Männchen eine gelbe Zeichnung auf den Vorderflügeln aufweist, die an einen Pudelkopf erinnert; sie ist manchmal hübsch rotviolett überhaucht. Die Hinterflügel sind kräftig goldgelb, manchmal mit schwarzen Rändern. Beim Weibchen ist das Gelb viel blasser. Der Falter ist vom Frühling bis zum Herbst anzutreffen. Die Raupe ist stumpfgrün, mit rotgerandeten weißen Seitenstreifen; sie frißt an Klee *(Trifolium)*.

• VERBREITUNG Weit verbreitet in Kalifornien und manchmal bis ins westliche Arizona.

Schwarzer Fleck in der Vorderflügelmitte

♂

Hinterflügel beim Männchen kräftiger gefärbt

Rötlichbrauner, gewellter Vorderflügelrand

Ungemusterte Flügel beim Weibchen

♀

NEARKTISCH

Aktivitätszeit ☼	Habitat ▲ 🌷	Spannweite 4 – 6 cm

| Familie PIERIDAE | Art *Catopsilia florella* | Autor Fabricius |

CATOPSILIA FLORELLA

Diese Art ist überall in den Tropen der
Alten Welt häufig. Die Männchen sind
weiß mit einem grünlichgelben Schim-
mer und je einem kleinen schwarzen
Augenfleck in der Mitte der Vorderflügel.
Bei den Weibchen treten auch blassere
Farbvarianten auf, manche sind fast weiß.
Die Raupe ist grünlichgelb mit
kleinen schwarzen Punkten. Sie frißt
an Kassienarten *(Cassia).*
• VERBREITUNG Kommt überall in
Afrika vor, ebenso auf den Kanari-
schen Inseln sowie östlich über Indien
bis nach China und Malaysia.

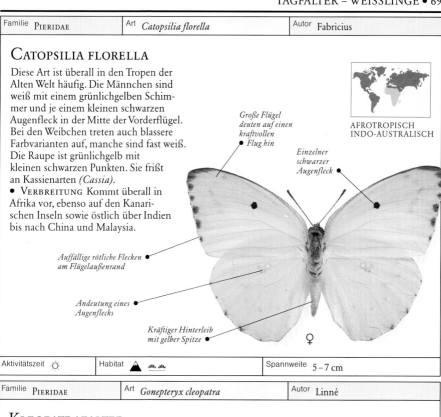

*Große Flügel
deuten auf einen
kraftvollen
• Flug hin*

AFROTROPISCH
INDO-AUSTRALISCH

*Einzelner
schwarzer
Augenfleck •*

*Auffällige rötliche Flecken •
am Flügelaußenrand*

*Andeutung eines •
Augenflecks*

*Kräftiger Hinterleib
mit gelber Spitze •*

♀

| Aktivitätszeit ☀ | Habitat ▲ ⸖⸖ ⸖⸖ | Spannweite 5 – 7 cm |

| Familie PIERIDAE | Art *Gonepteryx cleopatra* | Autor Linné |

KLEOPATRAFALTER

Diese Art ist wohl die eindrucksvollste innerhalb
dieser kleinen Gattung auffallend gelber Schmetterlinge. Charakteristisch für die Männchen sind
in der Mitte tief orangerot gefärbte Vorderflügel
und die angedeuteten Schwanzanhänge an den
Hinterflügeln. Die Weibchen sind deutlich größer und viel blasser, sie zeigen
nur einen Hauch von Farbe. Von ähnlichen Arten läßt sich der Kleopatrafal-
ter durch den schwachen orangeroten
Streifen auf der Unterseite der Vorderflügel unterscheiden. Er ist vom Spätwinter bis zum Herbst anzutreffen.
Die Raupe ist bläulichgrün mit einem
weißen Seitenstreifen. Sie frißt an
Kreuzdornarten *(Rhamnus).*
• VERBREITUNG Kommt in lichten
Wäldern Spaniens, Südfrankreichs,
Italiens, Griechenlands und Nord-
afrikas vor, ebenso auf den
Kanarischen Inseln, wo es eine
eigenständige Rasse gibt.

*Kleine rötlich-
braune Abzeichen an
• den Flügelkanten*

PALÄARKTISCH

♂

| Aktivitätszeit ☀ | Habitat ♟ | Spannweite 5 – 7 cm |

Familie PIERIDAE	Art *Phoebis philea*	Autor Johansson

PHOEBIS PHILEA

Die Männchen dieser Art sind an einem breiten orangefarbenen Streifen auf den Vorderflügeln zu erkennen. Die Weibchen sind gelb oder weiß mit brauner oder schwarzer Zeichnung am Außenrand beider Flügelpaare. Unterseits kann dieser Falter sehr unterschiedlich gefärbt sein, in lachsroten bis violetten Tönen. Die Raupe ist gelbgrün mit Querrunzeln und einem braunschwarzen Band auf den Flanken. Sie frißt an Kassienarten *(Cassia)*.

• **VERBREITUNG** Weit verbreitet vom südlichen Brasilien bis nach Mittelamerika und den südlichen Teilen Floridas, wo er in Parks und Gärten nicht selten ist. Manchmal verirrt er sich auch weiter nördlich bis nach New York.

NEOTROPISCH

Feiner dunkler Saum an der Spitze der Vorderflügel beim Männchen •

V-förmige Zeichnung auf den Vorderflügeln •

⊕

• *Dunkle Schattierung am Rand der Hinterflügel*

♂

• *Kleine Augenflecken in der Mitte der Vorderflügel beim Weibchen*

• *Leicht gewellte Hinterflügelränder*

Rauchrot überhauchter Hinterflügelrand •

♀

Aktivitätszeit ☿	Habitat 🌿	Spannweite 7–8 cm

Familie PIERIDAE	Art *Eurema brigitta*	Autor Cramer

EUREMA BRIGITTA

Ein kleiner, sehr auffälliger Schmetterling, der in der Färbung von Gelb bis Tieforange variiert. Die schwarzen Ränder an den Flügeln sind typisch für Männchen dieser Art. Weibchen sind meist blasser mit diffuserer dunkler Zeichnung. Die Raupe ist grün mit einem Streifen auf dem Rücken und einer gelben Linie auf den Flanken. Sie frißt an Kassienarten *(Cassia)*.

• VERBREITUNG Von Afrika bis nach Indien, China, Papua-Neuguinea und Australien.

AFROTROPISCH
INDO-AUSTRALISCH

Breite schwarze Zeichnung auf den • Vorderflügeln

♂

Aktivitätszeit ☼	Habitat ⚊, ⚊	Spannweite 4 – 5 cm

Familie PIERIDAE	Art *Anteos clorinde*	Autor Godart

ANTEOS CLORINDE

Diese große, auffällige Art gehört einer kleinen Gattung an, deren Vertreter hauptsächlich in Südamerika vorkommen. Im Aussehen ähneln sie der paläarktischen Gattung *Gonepteryx*, sind aber nicht näher mit ihr verwandt. Zu erkennen ist der Falter an den großen, strahlend gelben Flecken auf den Vorderflügeln der Männchen und an den kleinen, gelb umrandeten schwarzen Flecken in der Mitte aller Flügel. Den Weibchen fehlt die gelbe Zeichnung auf den Vorderflügeln oder sie ist nur angedeutet.

Die Raupe ist anscheinend noch nicht beschrieben; man weiß aber, daß sie von *Senna spectabilis* und Leguminosen der Gattung *Pithecellobium* lebt.

• VERBREITUNG Von Brasilien nordwärts bis nach Mittelamerika, den Karibischen Inseln und in die USA hinein bis S-Texas, Arizona und Colorado.

Hakenförmig ausgezogen Flügelspitzen •

Leuchtend goldgelbe Flächen auf den Vorderflügeln der Männchen •

Zart gefärbter • schmaler Saum an den Hinterflügeln

♂

Deutliche Ecken • an den Hinterflügeln

NEOTROPISCH

Aktivitätszeit ☼	Habitat 🌲 🌷	Spannweite 7 – 9 cm

Familie PIERIDAE	Art *Colias eurytheme*	Autor Boisduval

COLIAS EURYTHEME

Die Weibchen sind größer als die Männchen, ihre Vorderflügel sind ausgedehnter schwarz gerandet. Frühlingsexemplare sind manchmal gelb gefärbt, zur Flügelmitte hin orangerot. Die Raupe ist grün mit einem schwarzgerandeten weißen Streifen an den Flanken und darunter einem rosafarbenen Streifen. Sie frißt an Luzerne *(Medicago sativa)*, Weißklee *(Trifolium repens)* und verwandten Pflanzen.

• VERBREITUNG Häufig in vielen Teilen der USA, seltener in Kanada und S-Florida.

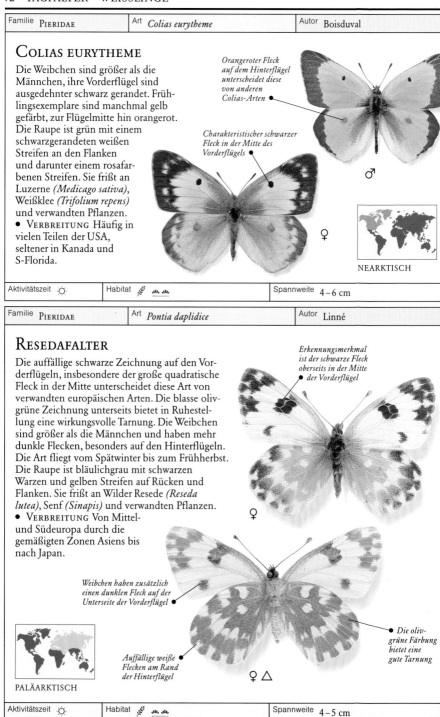

Orangeroter Fleck auf dem Hinterflügel unterscheidet diese von anderen Colias-Arten ●

Charakteristischer schwarzer Fleck in der Mitte des Vorderflügels ●

♂

♀

NEARKTISCH

Aktivitätszeit ☀	Habitat	Spannweite 4 – 6 cm

Familie PIERIDAE	Art *Pontia daplidice*	Autor Linné

RESEDAFALTER

Die auffällige schwarze Zeichnung auf den Vorderflügeln, insbesondere der große quadratische Fleck in der Mitte unterscheidet diese Art von verwandten europäischen Arten. Die blasse olivgrüne Zeichnung unterseits bietet in Ruhestellung eine wirkungsvolle Tarnung. Die Weibchen sind größer als die Männchen und haben mehr dunkle Flecken, besonders auf den Hinterflügeln. Die Art fliegt vom Spätwinter bis zum Frühherbst. Die Raupe ist bläulichgrau mit schwarzen Warzen und gelben Streifen an Rücken und Flanken. Sie frißt an Wilder Resede *(Reseda lutea)*, Senf *(Sinapis)* und verwandten Pflanzen.

• VERBREITUNG Von Mittel- und Südeuropa durch die gemäßigten Zonen Asiens bis nach Japan.

Erkennungsmerkmal ist der schwarze Fleck oberseits in der Mitte ● der Vorderflügel

Weibchen haben zusätzlich einen dunklen Fleck auf der Unterseite der Vorderflügel ●

♀

Auffällige weiße Flecken am Rand der Hinterflügel ●

♀ △

● Die olivgrüne Färbung bietet eine gute Tarnung

PALÄARKTISCH

Aktivitätszeit ☀	Habitat	Spannweite 4 – 5 cm

| Familie PIERIDAE | Art *Anthocharis cardamines* | Autor Linné |

AURORAFALTER

Dieser Falter ist von verwandten europäischen Arten leicht zu unterscheiden, die alle eine mehr oder weniger gelbe Grundfärbung haben. Weibliche Aurorafalter haben schwarze oder graue Flügelspitzen. Die zarte Musterung der Flügelunterseite ergibt ein „Apfelschimmel"-Muster und bildet eine gute Tarnung in der Vegetation. Die Falter trifft man vom Frühling bis zum Frühsommer. Die Raupe ist blaß blaugrün oder graugrün. Sie ähnelt den Samenschoten ihrer Futterpflanzen, z. B. der Knoblauchsrauke *(Alliaria petiolata)* und des Wiesenschaumkrauts *(Cardamine pratensis).*

• VERBREITUNG Wiesengelände überall in Europa und den gemäßigten Zonen Asiens bis nach Japan.

PALÄARKTISCH

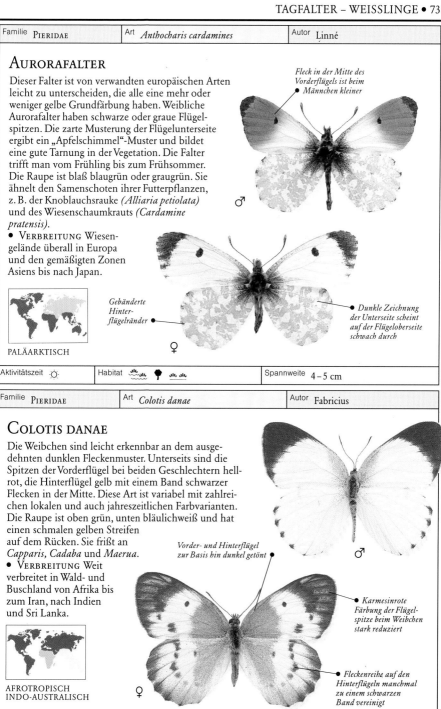

Fleck in der Mitte des Vorderflügels ist beim ● Männchen kleiner

♂

Gebänderte Hinterflügelränder ●

♀

● Dunkle Zeichnung der Unterseite scheint auf der Flügeloberseite schwach durch

| Aktivitätszeit ☼ | Habitat | Spannweite 4 – 5 cm |

| Familie PIERIDAE | Art *Colotis danae* | Autor Fabricius |

COLOTIS DANAE

Die Weibchen sind leicht erkennbar an dem ausgedehnten dunklen Fleckenmuster. Unterseits sind die Spitzen der Vorderflügel bei beiden Geschlechtern hellrot, die Hinterflügel gelb mit einem Band schwarzer Flecken in der Mitte. Diese Art ist variabel mit zahlreichen lokalen und auch jahreszeitlichen Farbvarianten. Die Raupe ist oben grün, unten bläulichweiß und hat einen schmalen gelben Streifen auf dem Rücken. Sie frißt an *Capparis, Cadaba* und *Maerua.*

• VERBREITUNG Weit verbreitet in Wald- und Buschland von Afrika bis zum Iran, nach Indien und Sri Lanka.

AFROTROPISCH
INDO-AUSTRALISCH

Vorder- und Hinterflügel zur Basis hin dunkel getönt ●

♂

● Karmesinrote Färbung der Flügelspitze beim Weibchen stark reduziert

♀

● Fleckenreihe auf den Hinterflügeln manchmal zu einem schwarzen Band vereinigt

| Aktivitätszeit ☼ | Habitat | Spannweite 4,5 – 5 cm |

Familie PIERIDAE	Art *Dismorphia amphione*	Autor Cramer

DISMORPHIA AMPHIONE

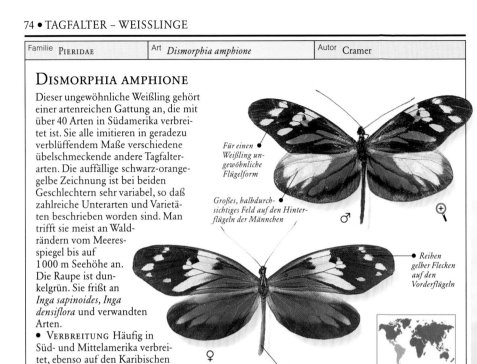

Dieser ungewöhnliche Weißling gehört einer artenreichen Gattung an, die mit über 40 Arten in Südamerika verbreitet ist. Sie alle imitieren in geradezu verblüffendem Maße verschiedene übelschmeckende andere Tagfalterarten. Die auffällige schwarz-orangegelbe Zeichnung ist bei beiden Geschlechtern sehr variabel, so daß zahlreiche Unterarten und Varietäten beschrieben worden sind. Man trifft sie meist an Waldrändern vom Meeresspiegel bis auf 1 000 m Seehöhe an. Die Raupe ist dunkelgrün. Sie frißt an *Inga sapinoides, Inga densiflora* und verwandten Arten.

Für einen Weißling ungewöhnliche Flügelform

Großes, halbdurchsichtiges Feld auf den Hinterflügeln der Männchen

♂

Reihen gelber Flecken auf den Vorderflügeln

♀

Langer, schlanker Körper

• VERBREITUNG Häufig in Süd- und Mittelamerika verbreitet, ebenso auf den Karibischen Inseln und in Mexiko.

NEOTROPISCH

Aktivitätszeit ☼	Habitat 🌴	Spannweite 4–4,5 cm

Familie PIERIDAE	Art *Leptidea sinapis*	Autor Linné

SENF- ODER TINTENFLECKWEISSLING

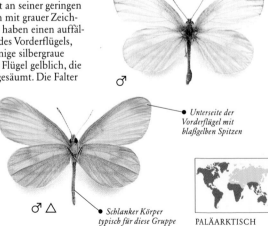

Ein zarter weißer Schmetterling; er gehört einer kleinen Gruppe europäischer Arten an, deren Kennzeichen der lange, schlanke Hinterleib ist. Er ist an seiner geringen Größe und den reinweißen Flügeln mit grauer Zeichnung zu erkennen. Die Männchen haben einen auffälligen grauen Fleck an der Spitze jedes Vorderflügels, während die Weibchen dort nur einige silbergraue Streifen haben. Unterseits sind die Flügel gelblich, die Äderung der Hinterflügel ist grau gesäumt. Die Falter haben einen schwachen, flatternden Gaukelflug und fliegen bevorzugt in Bodennähe. Die Raupe ist gelbgrün mit einer dunklen Rückenlinie und gelben Streifen auf den Flanken. Sie frißt an verschiedenen Schmetterlingsblütlern.

♂

Unterseite der Vorderflügel mit blaßgelben Spitzen

• VERBREITUNG Kommt verstreut in lichten Laubwäldern in vielen Gegenden Europas vor.

♂ △

Schlanker Körper typisch für diese Gruppe

PALÄARKTISCH

Aktivitätszeit ☼	Habitat ♣	Spannweite 4–5 cm

| Familie PIERIDAE | Art *Hebomoia glaucippe* | Autor Linné |

HEBOMOIA GLAUCIPPE

Dieser stattliche Falter ist der größte Weißling Asiens. Die Weibchen sind insgesamt viel dunkler als die Männchen und haben eine ausgedehnte Fleckenzeichnung auf den Hinterflügeln. Die Unterseiten sind bei beiden Geschlechtern fast gleich, aber von den Oberseiten völlig verschieden. Der ganze Hinterflügel und die äußere Hälfte des Vorderflügels sind in zarten Braun- und Beigetönen gemustert; wenn der Falter mit geschlossenen Flügeln am Boden sitzt, ähnelt er einem toten Blatt. Der Falter fliegt schnell und kräftig. Die Männchen sammeln sich oft in Scharen an feuchten Stellen in Gewässernähe, aber die Weibchen verlassen nur selten den Schutz des Waldes. Die Raupe ist grün, beiderseits mit einem blassen Streifen. Sie frißt an *Crataeva religiosa* und *Capparis moonii*.
• VERBREITUNG Von Indien bis nach Malaysia, China und Japan.

INDO-AUSTRALISCH
PALÄARKTISCH

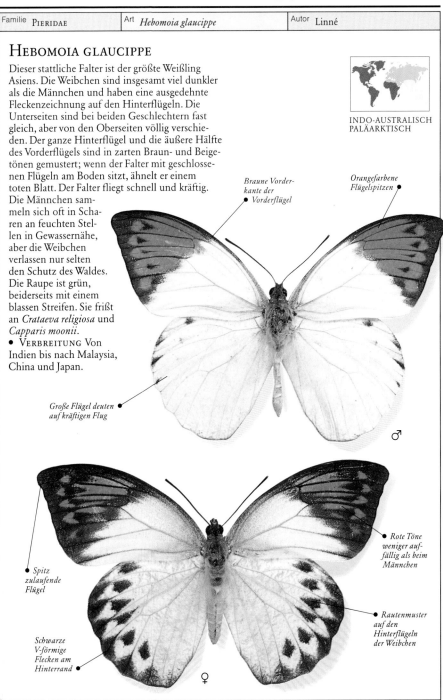

Braune Vorder-
kante der
• *Vorderflügel*

Orangefarbene
Flügelspitzen •

Große Flügel deuten •
auf kräftigen Flug

♂

• *Rote Töne*
weniger auf-
fällig als beim
Männchen

• *Spitz*
zulaufende
Flügel

• *Rautenmuster*
auf den
Hinterflügeln
der Weibchen

Schwarze
V-förmige
Flecken am
Hinterrand •

♀

| Aktivitätszeit ☀ | Habitat 🦅 ᴀ, ᴀ, | Spannweite 7–10 cm |

LYCAENIDAE

DIESE GROSSE FAMILIE mit über 5000 Arten kleiner bunter Schmetterlinge ist weltweit verbreitet, vor allem in tropischen und subtropischen Regionen. Bei den meisten Arten ist die Flügelunterseite anders gefärbt als die Oberseite. Innerhalb der Lycaenidae unterscheidet man mehrere separate Gruppen. Die große Gruppe der Zipfelfalter hat Schwanzanhänge und leuchtende Augenflecken, die am Hinterende einen „Kopf" vortäuschen und so Angreifer von der wirklichen Kopfpartie ablenken.

Die Raupen werden oft als „nacktschneckenähnlich" beschrieben. Viele ziehen bei Gefahr oder in Ruhehaltung den Kopf völlig ein. Manche Lycaenidenraupen scheiden eine süßliche Flüssigkeit aus, die einige Ameisenarten anzieht.

Familie LYCAENIDAE	Art *Liphyra brassolis*	Autor Westwood

LIPHYRA BRASSOLIS

Dieser große, orange-schwarze Falter gleicht in Aussehen und Verhalten einem Nachtfalter. Die schwarze Färbung der Männchen ist ausgedehnter als die der Weibchen.
Die Raupe ist glatt, oval und sehr flach. Sie lebt in Nestern von Baumameisen und frißt deren Larven. Wenn der Falter aus der Puppe schlüpft, sind Flügel und Körper mit klebrigen Schuppen bedeckt, die an angreifenden Ameisen hängenbleiben.
• VERBREITUNG Von Indien durch SO-Asien bis nach N-Australien.

Männchen mit großflächiger schwarzer Musterung auf den Flügeln •

♂

• *Kleine, lappenförmige Anhänge an den Hinterflügeln des Männchens*

• *Vorderflügel des Weibchens mehr abgerundet*

♀

• *Plumper, nachtfalterähnlicher Körper deutet auf ausdauernden Flug hin*

INDO-AUSTRALISCH

Aktivitätszeit ◑ ☼	Habitat 🦅	Spannweite 6 – 9 cm

Familie LYCAENIDAE	Art *Liptena simplicia*	Autor Möschler

LIPTENA SIMPLICIA

Dieser Falter gehört einer Gattung mit über 50 Arten an, die alle in den afrikanischen Tropen vorkommen. Der Falter hat samtweiße Flügel, die Vorderflügel mit breitem schwarzem Vorderrand. Unterseits sind die Flügel ähnlich gezeichnet, jedoch mit einem zusätzlichen schwarzen Saum an der Vorderkante der Hinterflügel. Die Raupe ist stark behaart. Sie lebt von Flechten und Pilzen.

• VERBREITUNG Weit verbreitet in Afrika südlich der Sahara.

AFROTROPISCH

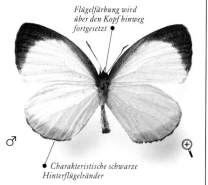

Flügelfärbung wird über den Kopf hinweg fortgesetzt •

♂

• Charakteristische schwarze Hinterflügelränder

Aktivitätszeit ☼	Habitat 🌾	Spannweite 2,5 – 3 cm

Familie LYCAENIDAE	Art *Spalgis epeus*	Autor Westwood

SPALGIS EPEUS

Die Männchen dieser Art haben zugespitze, dreieckige Vorderflügel mit je einem weißen Abzeichen. Die Flügel der Weibchen dagegen sind breiter und abgerundeter, ihre Hinterflügel blasser braun. Die Raupe ist bisher nicht beschrieben, vermutlich lebt sie von Schildläusen und Wolläusen.

• VERBREITUNG Von Indien und Sri Lanka über Malaysia bis nach Celebes.

INDO-AUSTRALISCH

Weißer Augenfleck auf den Vorderflügeln •

♂

• Leicht gewellte Hinterflügelränder

Aktivitätszeit ☼	Habitat 🌾	Spannweite 2 – 3 cm

Familie LYCAENIDAE	Art *Lachnocnema bibulus*	Autor Fabricius

LACHNOCNEMA BIBULUS

Die Männchen sind oberseits einfarbig braunschwarz, die Weibchen dagegen haben große weiße oder blauweiße Flächen auf den Flügeln. Die Unterseite beider Geschlechter ist braun geädert; Männchen haben metallisch glänzende Schuppen auf den Hinterflügeln. Die Raupe ist lederfarben und stark behaart. Sie lebt von Blatt- und Schildläusen.

• VERBREITUNG Tropisches Afrika südlich der Sahara.

Kurze, kräftige • Fühler

Leicht zugespitzte • Flügel

♀

AFROTROPISCH

Aktivitätszeit ☼	Habitat 🌾	Spannweite 2 – 3 cm

| Familie LYCAENIDAE | Art *Megalopalpus zymna* | Autor Westwood |

MEGALOPALPUS ZYMNA

Dieser Falter ist leicht erkennbar an den schwarzen Vorderflügelspitzen; zudem hat er ungewöhnlich geformte langovale Hinterflügel. Unterseits fehlt die dunkle Musterung der Oberseite, diese scheint jedoch als graue Schattierung durch. Beide Geschlechter sind einander ähnlich.
Die Raupe lebt räuberisch von Nymphen und Imagines verschiedener Blattwanzen.
• VERBREITUNG Westliches tropisches Afrika südlich der Sahara.

AFROTROPISCH

♂

• *Tropfenförmige Hinterflügel*

• *Brauner Hinterflügelrand*

| Aktivitätszeit ☼ | Habitat 🌿 | Spannweite 3 – 4 cm |

| Familie LYCAENIDAE | Art *Miletus boisduvali* | Autor Moore |

MILETUS BOISDUVALI

Dieser ziemlich schlicht gefärbte Falter ähnelt *Spalgis epeus* (s. Seite 77) hinsichtlich der geschlechtsspezifischen Flügelform und -musterung; aber er hat längere Fühler und einen dünneren Hinterleib.
Die Raupe ist noch nicht beschrieben; sie lebt vermutlich von Blattläusen.
• VERBREITUNG Weit verbreitet von Java bis Borneo und Papua-Neuguinea, hauptsächlich in Regenwäldern des Tieflandes.

Zugespitze Vorderflügel des Männchens

INDO-AUSTRALISCH

♂

| Aktivitätszeit ☼ | Habitat 🌿 | Spannweite 3 – 4 cm |

| Familie LYCAENIDAE | Art *Feniseca tarquinius* | Autor Fabricius |

FENISECA TARQUINIUS

Dieser unverwechselbare Falter variiert in der Farbe von Orangebraun bis zu blassem Orangegelb mit schwarzbraunen Vorderflügelkanten und weiterer Fleckung. Die Geschlechter sind sehr ähnlich.
Die Raupe ist grünlichbraun. Sie lebt von Wollläusen und umgibt sich mit einem lockeren Gespinst, an dem sie die leergefressenen Hüllen ihrer Beute befestigt.
• VERBREITUNG In Nordamerika in Erlenbrüchen und feuchten Waldgebieten von Kanada bis nach Florida und Texas.

Typische schwarze Zeichnung auf den Vorderflügeln

NEARKTISCH

♂

| Aktivitätszeit ☼ | Habitat 〰🌱 🍄 | Spannweite 2,5 – 3 cm |

Familie LYCAENIDAE	Art *Loxura atymnus*	Autor Stoll

LOXURA ATYMNUS

Dieser sehr auffällige Falter ist orangerot mit breitem schwarzem Saum an den Vorderflügeln. Die Hinterflügel laufen spitz zu und enden in einem langen Schwanzanhang. Die Geschlechter sind ähnlich, die Weibchen haben jedoch etwas dunklere Hinterflügel. Die Unterseite ist orangegelb mit schwacher Äderung. Die Falter fliegen auffällig hoch über dem Boden. Die Raupe ist grün, auf dem Rücken mit vorspringenden Hautleisten. Sie frißt an den jungen Sprossen von Süßkartoffeln *(Dioscorea)* und *Smilax*. Die Raupen werden oft von Rotameisen betreut.

• VERBREITUNG
In Wäldern und auf Ödland, von Indien und Sri Lanka bis nach Malaysia und den Philippinen.

INDO-AUSTRALISCH

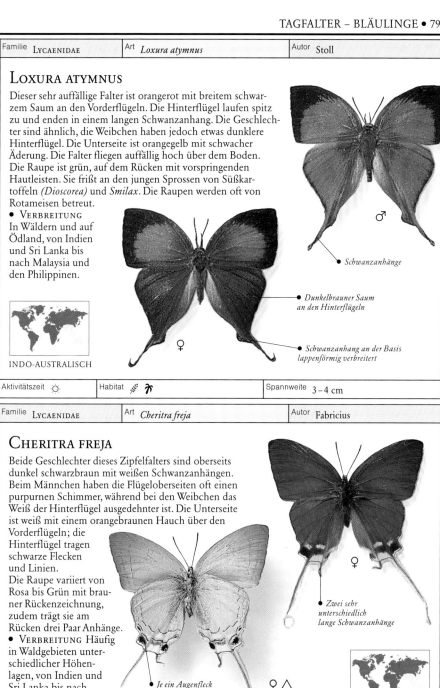

♂

• *Schwanzanhänge*

• *Dunkelbrauner Saum an den Hinterflügeln*

♀

• *Schwanzanhang an der Basis lappenförmig verbreitert*

Aktivitätszeit ☀	Habitat 🌿 🌴	Spannweite 3 – 4 cm

Familie LYCAENIDAE	Art *Cheritra freja*	Autor Fabricius

CHERITRA FREJA

Beide Geschlechter dieses Zipfelfalters sind oberseits dunkel schwarzbraun mit weißen Schwanzanhängen. Beim Männchen haben die Flügeloberseiten oft einen purpurnen Schimmer, während bei den Weibchen das Weiß der Hinterflügel ausgedehnter ist. Die Unterseite ist weiß mit einem orangebraunen Hauch über den Vorderflügeln; die Hinterflügel tragen schwarze Flecken und Linien.
Die Raupe variiert von Rosa bis Grün mit brauner Rückenzeichnung, zudem trägt sie am Rücken drei Paar Anhänge.
• VERBREITUNG Häufig in Waldgebieten unterschiedlicher Höhenlagen, von Indien und Sri Lanka bis nach Malaysia und Borneo.

♀

• *Zwei sehr unterschiedlich lange Schwanzanhänge*

• *Je ein Augenfleck an der Basis der Schwanzanhänge*

♀ △

INDO-AUSTRALISCH

Aktivitätszeit ☀	Habitat 🌴	Spannweite 4 – 4,5 cm

Familie LYCAENIDAE	Art *Jalmenus evagoras*	Autor Donovan

JALMENUS EVAGORAS

Alle neun Arten dieser Gattung leben in Australien.
J. evagoras ist eine besonders hübsche Art, oberseits
mit metallisch blauen Schuppen, unterseits mit auffälligen schwarzen und orangebraunen Linien auf
isabellfarbenem Grund. Eine Unterart ist oberseits
nicht blau, sondern grünlichweiß gefleckt.
Die Raupe ist nicht beschrieben, aber bekanntlich
lebt sie auf Akazien, wo sie sich neben dem Laub
von den Wachsausscheidungen von Schildläusen
ernährt. Sie ist
gesellig und wird
von Kolonien von
Schwarzameisen
begleitet. Zur Ver-
puppung spinnt
sich die Raupe in
einen Seidenkokon
ein.
• VERBREITUNG
Kommt überall in
O- und SO-Australien
vor.

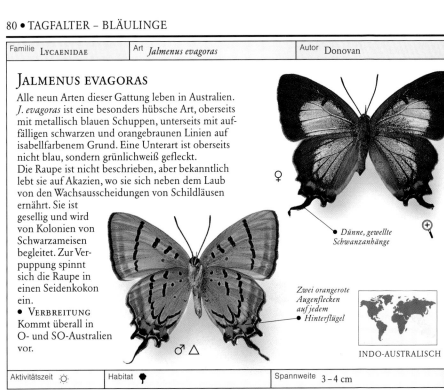

♀

*Dünne, gewellte
Schwanzanhänge*

*Zwei orangerote
Augenflecken
auf jedem
Hinterflügel*

♂ △

INDO-AUSTRALISCH

Aktivitätszeit ☼	Habitat ❦	Spannweite 3 – 4 cm

Familie LYCAENIDAE	Art *Virachola isocrates*	Autor Fabricius

VIRACHOLA ISOCRATES

Die Männchen sind dunkel blauviolett, die Weibchen dagegen blaßbraun mit je einem kleinen orangen Fleck in der Mitte der Vorderflügel und je einem
schwarz und orangeroten Augenfleck an der Basis
der Schwanzanhänge. Die Unterseite ist blaßbeige,
geziert mit dunkler braunen, gewellten Querbändern
und weißen Linien.
Die Raupe ist nicht beschrieben, lebt aber anscheinend im Inneren von Granatäpfeln *(Punica grana-
tum)* und Guaven *(Psidium)*.
Die Raupe verpuppt
sich später in der leer-
gefressenen Frucht.
• VERBREITUNG
Weit verbreitet und
häufig von Indien bis
nach Sri Lanka und
Birma. Sie bevorzugt
die Niederungen,
jedoch kommt diese
Art auch im Himalaja
bis 2 000 m vor.

♀

*Eckige
Vorder-
flügel*

*Blasser
Innenrand der
Vorderflügel*

*Kurze,
dünne
Schwanz-
anhänge*

♀ △

INDO-AUSTRALISCH

Aktivitätszeit ☼	Habitat ⚘	Spannweite 3 – 5 cm

Familie LYCAENIDAE	Art *Deudorix antalus*	Autor Hopffer

DEUDORIX ANTALUS

Oberseits ist dieser Falter zart bläulich-braun gefärbt, bei schräg auffallendem Licht violett schillernd. Manche Exemplare sind fast weiß. Die Unterseite ist blaßbraun mit dunkelbraunen und weißen Streifen. Die Raupe ist nicht beschrieben, soll aber von den Früchten von *Crotalaria* und Akazien leben.

• VERBREITUNG Häufig in Buschland und Savannen Afrikas.

AFROTROPISCH

♀

• *Schwanzlappen trägt einen großen, runden Fleck*

Aktivitätszeit ☼	Habitat	Spannweite 2,5 – 3 cm

Familie LYCAENIDAE	Art *Strymonidia w-album*	Autor Knoch

ULMENZIPFELFALTER

Der wissenschaftliche Name dieser Art bezieht sich auf das weiße „W" unterseits auf den Hinterflügeln. Die Oberseite ist bei beiden Geschlechtern eintönig schwarzbraun.

Die Raupe ist gelbgrün mit dunkelgrünen Streifen und einer diagonalen Musterung, die manchmal rosa überhaucht ist. Sie frißt an Ulmen *(Ulmus)*.

• VERBREITUNG Dieser Falter ist in ganz Europa verbreitet, ebenso über die gemäßigten Zonen Asiens bis nach Japan.

Einheitliche Farbe der Vorderflügel •

PALÄARKTISCH

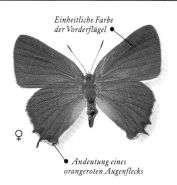

♀

• *Andeutung eines orangeroten Augenflecks*

Aktivitätszeit ☼	Habitat	Spannweite 3 – 4 cm

Familie LYCAENIDAE	Art *Spindasis natalensis*	Autor Westwood

SPINDASIS NATALENSIS

Die Flügeloberseite dieser hübschen Art ist orange mit blauem Schimmer und einigen kräftigen schwarzen Querstreifen. Die Unterseite ist dagegen rahmfarben mit silbrigen, rotbraun oder schwarz gesäumten Querstreifen. Die Weibchen sind größer und zeigen etwas mattere Farben.

Die Raupe ist nicht beschrieben, frißt aber wahrscheinlich an *Mundulea* und *Vigna*.

• VERBREITUNG Buschland von Südafrika bis nach Mosambik und Simbabwe.

Von schwarzen Streifen unterbrochenes orangerotes Dreieck an der Spitze der Vorderflügel •

AFROTROPISCH

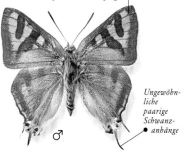

♂

Ungewöhnliche paarige Schwanzanhänge •

Aktivitätszeit ☼	Habitat	Spannweite 2,5 – 4 cm

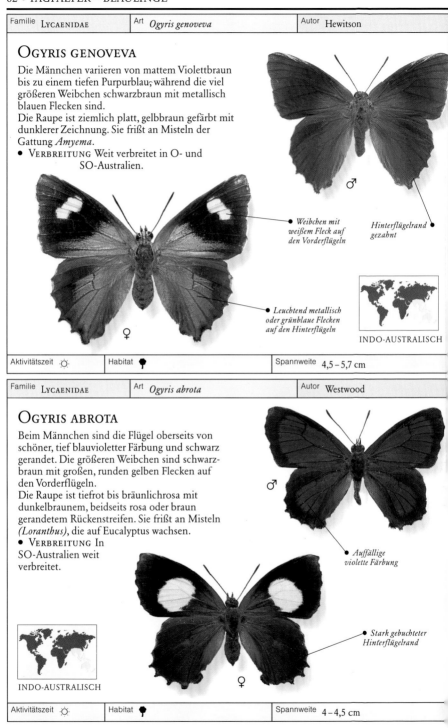

Familie LYCAENIDAE	Art *Ogyris genoveva*	Autor Hewitson

OGYRIS GENOVEVA

Die Männchen variieren von mattem Violettbraun bis zu einem tiefen Purpurblau, während die viel größeren Weibchen schwarzbraun mit metallisch blauen Flecken sind.
Die Raupe ist ziemlich platt, gelbbraun gefärbt mit dunklerer Zeichnung. Sie frißt an Misteln der Gattung *Amyema*.
• VERBREITUNG Weit verbreitet in O- und SO-Australien.

♂

• *Weibchen mit weißem Fleck auf den Vorderflügeln*

Hinterflügelrand gezahnt •

• *Leuchtend metallisch oder grünblaue Flecken auf den Hinterflügeln*

♀

INDO-AUSTRALISCH

Aktivitätszeit ☼	Habitat ❟	Spannweite 4,5 – 5,7 cm

Familie LYCAENIDAE	Art *Ogyris abrota*	Autor Westwood

OGYRIS ABROTA

Beim Männchen sind die Flügel oberseits von schöner, tief blauvioletter Färbung und schwarz gerandet. Die größeren Weibchen sind schwarzbraun mit großen, runden gelben Flecken auf den Vorderflügeln.
Die Raupe ist tiefrot bis bräunlichrosa mit dunkelbraunem, beidseits rosa oder braun gerandetem Rückenstreifen. Sie frißt an Misteln *(Loranthus)*, die auf Eucalyptus wachsen.
• VERBREITUNG In SO-Australien weit verbreitet.

♂

• *Auffällige violette Färbung*

• *Stark gebuchteter Hinterflügelrand*

INDO-AUSTRALISCH

♀

Aktivitätszeit ☼	Habitat ❟	Spannweite 4 – 4,5 cm

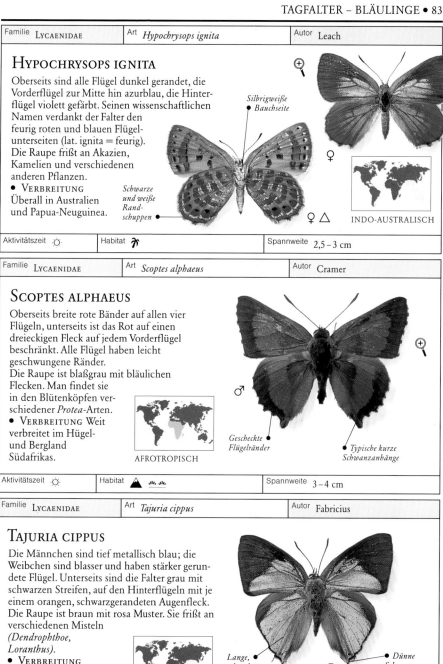

| Familie LYCAENIDAE | Art *Hypochrysops ignita* | Autor Leach |

HYPOCHRYSOPS IGNITA

Oberseits sind alle Flügel dunkel gerandet, die Vorderflügel zur Mitte hin azurblau, die Hinterflügel violett gefärbt. Seinen wissenschaftlichen Namen verdankt der Falter den feurig roten und blauen Flügelunterseiten (lat. ignita = feurig). Die Raupe frißt an Akazien, Kamelien und verschiedenen anderen Pflanzen.
• VERBREITUNG Überall in Australien und Papua-Neuguinea.

Silbrigweiße Bauchseite

Schwarze und weiße Randschuppen

♀

♀ △

INDO-AUSTRALISCH

| Aktivitätszeit ☼ | Habitat 🎋 | Spannweite 2,5 – 3 cm |

| Familie LYCAENIDAE | Art *Scoptes alphaeus* | Autor Cramer |

SCOPTES ALPHAEUS

Oberseits breite rote Bänder auf allen vier Flügeln, unterseits ist das Rot auf einen dreieckigen Fleck auf jedem Vorderflügel beschränkt. Alle Flügel haben leicht geschwungene Ränder. Die Raupe ist blaßgrau mit bläulichen Flecken. Man findet sie in den Blütenköpfen verschiedener *Protea*-Arten.
• VERBREITUNG Weit verbreitet im Hügel- und Bergland Südafrikas.

AFROTROPISCH

♂

Gescheckte Flügelränder

Typische kurze Schwanzanhänge

| Aktivitätszeit ☼ | Habitat ▲ | Spannweite 3 – 4 cm |

| Familie LYCAENIDAE | Art *Tajuria cippus* | Autor Fabricius |

TAJURIA CIPPUS

Die Männchen sind tief metallisch blau; die Weibchen sind blasser und haben stärker gerundete Flügel. Unterseits sind die Falter grau mit schwarzen Streifen, auf den Hinterflügeln mit je einem orangen, schwarzgerandeten Augenfleck. Die Raupe ist braun mit rosa Muster. Sie frißt an verschiedenen Misteln *(Dendrophthoe, Loranthus)*.
• VERBREITUNG Von Indien und Sri Lanka bis S-China, Malaysia und Borneo.

INDO-AUSTRALISCH

Lange, schmale Hinterflügel beim Männchen

♂

Dünne Schwanzanhänge bei beiden Geschlechtern

| Aktivitätszeit ☼ | Habitat 🎋 | Spannweite 3 – 4,5 cm |

Familie LYCAENIDAE	Art *Chrysozephyrus syla*	Autor Kollar

CHRYSOZEPHYRUS SYLA

Männchen sind metallisch goldgrün mit schmalen braunen Flügelrändern; die Weibchen haben blauviolette Vorderflügel mit breiten schwarzen Rändern, und ihre Hinterflügel sind dunkelbraun mit einer grünblauen Strahlenzeichnung zum Rand hin. Beide Geschlechter erscheinen unterseits silbrig mit brauner Zeichnung und orangen und braunen Augenflecken an der Basis der Schwanzanhänge.
Die Raupe ist noch nicht beschrieben, soll aber an Eichen *(Quercus)* fressen.
• VERBREITUNG Zwischen 1 800 und 3 500 m im Himalaja.

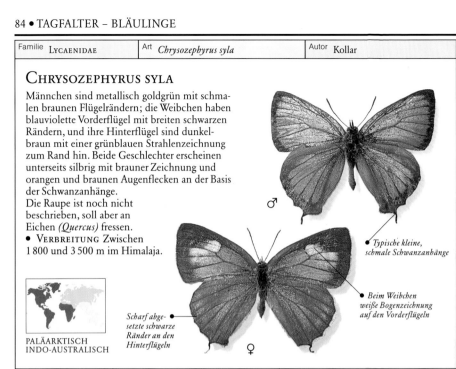

♂

Typische kleine, schmale Schwanzanhänge

Beim Weibchen weiße Bogenzeichnung auf den Vorderflügeln

Scharf abgesetzte schwarze Ränder an den Hinterflügeln

PALÄARKTISCH
INDO-AUSTRALISCH

♀

Aktivitätszeit ☀	Habitat ▲ ♣	Spannweite 4 – 4,5 cm

Familie LYCAENIDAE	Art *Bindahara phocides*	Autor Fabricius

BINDAHARA PHOCIDES

Die Männchen sind schwarzbraun mit weißen Schwanzanhängen. Die Weibchen sind blasser oder rötlicher mit je einem großen schwarzen Fleck an der Basis der Schwanzanhänge. Die Unterseite ist bei beiden Geschlechtern blaßbraun mit dunkleren Bändern und Flecken.
Die Raupe ist behaart und dunkelbraun mit gelblichweißer Musterung. Sie lebt in den Früchten von *Salacia*.
• VERBREITUNG
Von Indien bis nach N-Australien.

♂

Schmaler metallisch blauer Saum an den Hinterflügeln

Zarte silberweiße Schwanzanhänge

INDO-AUSTRALISCH

♀

Typische lappenförmige Anhänge an der Innenkante der Hinterflügel

Aktivitätszeit ☀	Habitat 🌳	Spannweite 4 – 4,5 cm

Familie LYCAENIDAE	Art *Poecilmitis thysbe*	Autor Linné

POECILMITIS THYSBE

Die opalisierende blaue Färbung ist beim Männchen weiter ausgedehnt als beim Weibchen. Die Weibchen sind hauptsächlich orange mit schwarzer Strichzeichnung. Die Raupe ist grün mit dunklem Rückenstreifen. Sie frißt an *Zygophyllum* und zahlreichen anderen Pflanzen des ariden Graslands.
• VERBREITUNG Lebt in trockenen, sandigen Gebieten Südafrikas, häufig auf Dünen.

AFROTROPISCH

Dreieckige Vorderflügel beim Männchen

♂

Charakteristisch ausgezogene Hinterflügelspitze

Aktivitätszeit ☼	Habitat ⸙⸙	Spannweite 2,5 – 3 cm

Familie LYCAENIDAE	Art *Hemiolaus coeculus*	Autor Hopffer

HEMIOLAUS COECULUS

Weibchen sind weniger lebhaft gefärbt und haben breitere, blassere Flügelränder als Männchen. Unterseits sind beide grauweiß mit braunroten Flügeladern. Die Hinterflügel haben je zwei Anhänge mit einem türkis und schwarz gefärbten Augenfleck an der Basis. Die Raupe ist unbekannt, soll aber an Misteln (Loranthacae) fressen.
• VERBREITUNG Buschland, Savannen und lichte Wälder im tropischen und südlichen Afrika.

AFROTROPISCH

♂

Zwei Schwanzanhänge an jedem Hinterflügel

Augenflecken und Schwanzanhänge täuschen einen „Kopf" vor

Aktivitätszeit ☼	Habitat 🦋 ⸙⸙	Spannweite 3 – 4 cm

Familie LYCAENIDAE	Art *Rapala iarbus*	Autor Fabricius

RAPALA IARBUS

Die Männchen haben kupferrote Flügel, die Weibchen sind blaßbraun. Die Unterseite ist blaß lederfarben mit weißen Streifen und einem schwarz und orangegelben Augenfleck an der Basis der Schwanzanhänge. Die Raupe ist rot oder braungelb mit schwarzer Zeichnung und zwei Rückenstreifen.
• VERBREITUNG Weit verbreitet in Wäldern von Indien und Sri Lanka bis Malaysia und zu den Kleinen Sundainseln.

INDO-AUSTRALISCH

Männchen haben kurze, dreieckige Vorderflügel

Breiter schwarzer Vorderflügelrand

♂

Sehr dünne Schwanzanhänge

Aktivitätszeit ☼	Habitat 🦋	Spannweite 3 – 4 cm

Familie LYCAENIDAE	Art *Mimacraea marshalli*	Autor Trimen

MIMACRAEA MARSHALLI

Diese Art ahmt *Danaus chrysippus* (s. Seite 182) nach. Die Oberseite der Vorder- und Hinterflügel ist orange mit schwarzem Saum. Die Färbung der Unterseite ähnelt mehr derjenigen einiger *Acraea*-Arten. Beide Geschlechter sind einander ähnlich. Die Raupe ist behaart; sie ist nachtaktiv und ernährt sich vom Flechtenbewuchs an Baumstämmen.
• VERBREITUNG In den Wäldern O- und Z-Afrikas, von Mosambik bis nach Kenia und Zaire.

AFROTROPISCH

Leuchtende Warnfarben sind für Vögel ein Signal, daß diese Art übel schmeckt

♂

Aktivitätszeit ☼	Habitat 🌲	Spannweite 4,5 – 5,5 cm

Familie LYCAENIDAE	Art *Quercusia quercus*	Autor Linné

BLAUER EICHENZIPFELFALTER

Die Oberseite der Flügel des Männchens ist tief violettblau mit schwarzem Saum. Die Weibchen sind schwarzbraun mit lebhaft blauvioletten Flecken. Die Unterseite beider Geschlechter ist blaß graubraun mit weißen Streifen. Die Raupe ist rotbraun mit dunkelbrauner Zeichnung. Sie frißt an Eichen *(Quercus)*.
• VERBREITUNG Europa, Nordafrika und gemäßigte Zonen Asiens.

PALÄARKTISCH

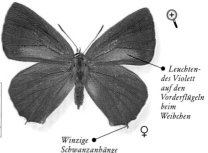

Leuchtendes Violett auf den Vorderflügeln beim Weibchen

Winzige Schwanzanhänge

♀

Aktivitätszeit ☼	Habitat ♠	Spannweite 2,5 – 3 cm

Familie LYCAENIDAE	Art *Palaeochrysophanus hippothoe*	Autor Linné

KLEINER AMPFERFALTER O. LILAFALTER

Die Männchen tragen auf den Hinterflügeln einen Anflug von Violett, der den matteren Weibchen fehlt. Die Hinterflügel des Weibchens sind braun mit orangeroten Flecken am Rand. Die Unterseite beider Geschlechter ist grau mit einem orangen Band auf den Hinterflügeln und einem Hauch Orange in der Vorderflügelmitte. Die Raupe ist grün; sie frißt an Ampfer *(Rumex)* und Knöterich *(Polygonum)*.
• VERBREITUNG Feuchtgebieten Europas und des gemäßigten Asiens.

PALÄARKTISCH

Schwarze Flecken und dunkle Äderung auf den Vorderflügeln

Spuren eines orangen Bandes

♂

Aktivitätszeit ☼	Habitat 〰️	Spannweite 3 – 4 cm

Familie LYCAENIDAE	Art *Amblypodia anita*	Autor Hewitson

AMBLYPODIA ANITA

Die Männchen sind matt violettblau mit schwarzen Flügelrändern, die Weibchen sind entweder einfarbig schwarzbraun oder mit großen metallisch blauen Flecken auf den Vorderflügeln und kleineren Flecken auf den Hinterflügeln. Die Falter sind unterseits bräunlich gemustert und ähneln in Ruhehaltung einem toten Blatt. Die Raupe ist unbeschrieben; vermutlich frißt sie an *Olax scandens*, einer Kletterpflanze.

• VERBREITUNG Von Indien und Sri Lanka bis nach Malaysia und Java.

♂

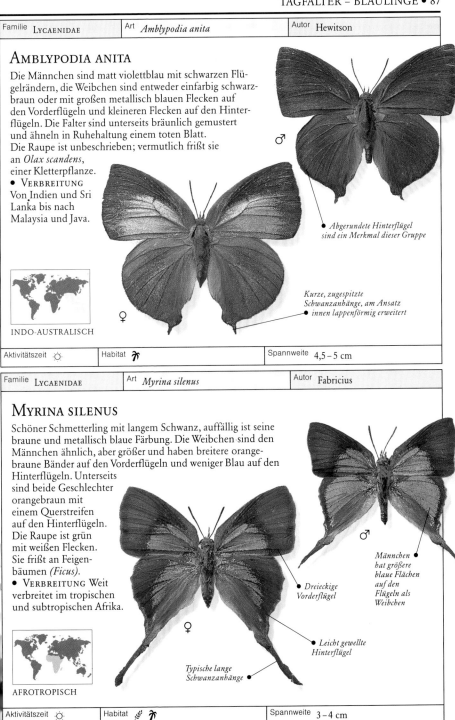

• *Abgerundete Hinterflügel sind ein Merkmal dieser Gruppe*

• *Kurze, zugespitzte Schwanzanhänge, am Ansatz innen lappenförmig erweitert*

♀

INDO-AUSTRALISCH

Aktivitätszeit ☼	Habitat ⚘	Spannweite 4,5 – 5 cm

Familie LYCAENIDAE	Art *Myrina silenus*	Autor Fabricius

MYRINA SILENUS

Schöner Schmetterling mit langem Schwanz, auffällig ist seine braune und metallisch blaue Färbung. Die Weibchen sind den Männchen ähnlich, aber größer und haben breitere orangebraune Bänder auf den Vorderflügeln und weniger Blau auf den Hinterflügeln. Unterseits sind beide Geschlechter orangebraun mit einem Querstreifen auf den Hinterflügeln. Die Raupe ist grün mit weißen Flecken. Sie frißt an Feigenbäumen *(Ficus)*.

• VERBREITUNG Weit verbreitet im tropischen und subtropischen Afrika.

♂

• *Dreieckige Vorderflügel*

Männchen hat größere blaue Flächen auf den Flügeln als Weibchen

♀

• *Leicht gewellte Hinterflügel*

• *Typische lange Schwanzanhänge*

AFROTROPISCH

Aktivitätszeit ☼	Habitat ⚘	Spannweite 3 – 4 cm

| Familie LYCAENIDAE | Art *Thecla coronata* | Autor Hewitson |

THECLA CORONATA

Weibchen unterscheiden sich von Männchen durch die breiteren schwarzen Ränder an allen vier Flügeln und durch einen großen ziegelroten Fleck an der Basis der Schwanzanhänge. Die Unterseite ist dunkelgrün mit einem schwarzen Streifen über Vorder- und Hinterflügel. Dies ist eine von vielen südamerikanischen Lycaenidenarten, die fälschlicherweise der Gattung *Thecla* zugeordnet werden. Die Raupe ist ebensowenig bekannt wie ihre Futterpflanzen.
• VERBREITUNG Kommt vom tropischen Südamerika bis nach Mexiko vor.

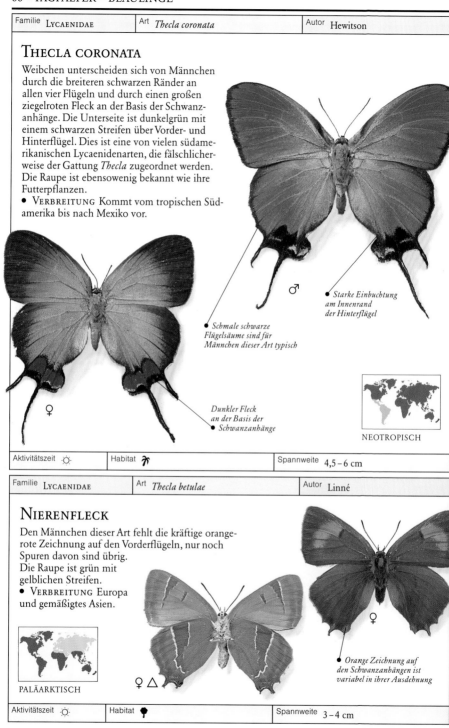

♂

• *Starke Einbuchtung am Innenrand der Hinterflügel*

• *Schmale schwarze Flügelsäume sind für Männchen dieser Art typisch*

♀

Dunkler Fleck an der Basis der • *Schwanzanhänge*

NEOTROPISCH

| Aktivitätszeit ☼ | Habitat 🌱 | Spannweite 4,5 – 6 cm |

| Familie LYCAENIDAE | Art *Thecla betulae* | Autor Linné |

NIERENFLECK

Den Männchen dieser Art fehlt die kräftige orangerote Zeichnung auf den Vorderflügeln, nur noch Spuren davon sind übrig.
Die Raupe ist grün mit gelblichen Streifen.
• VERBREITUNG Europa und gemäßigtes Asien.

PALÄARKTISCH

♀ △

♀

• *Orange Zeichnung auf den Schwanzanhängen ist variabel in ihrer Ausdehnung*

| Aktivitätszeit ☼ | Habitat 🌸 | Spannweite 3 – 4 cm |

Familie LYCAENIDAE	Art *Atlides halesus*	Autor Cramer

ATLIDES HALESUS

Diese Art ist einmalig in Nordamerika. Die Weibchen sind größer als die Männchen und haben ein matteres Blau und breitere Flügelsäume. Die Unterseite ist grauviolett mit roten Flecken am Flügelansatz. Der Hinterleib ist unterseits feuerrot. Die Falter sind vom Spätwinter bis zur Herbstmitte anzutreffen. Die Raupe ist grün mit einem dunklen Rückenstreifen und einem gelblichen Streifen an den Flanken. Sie frißt an Misteln *(Phoradendron)*.

• VERBREITUNG
Nord- und Südamerika.

NEARKTISCH

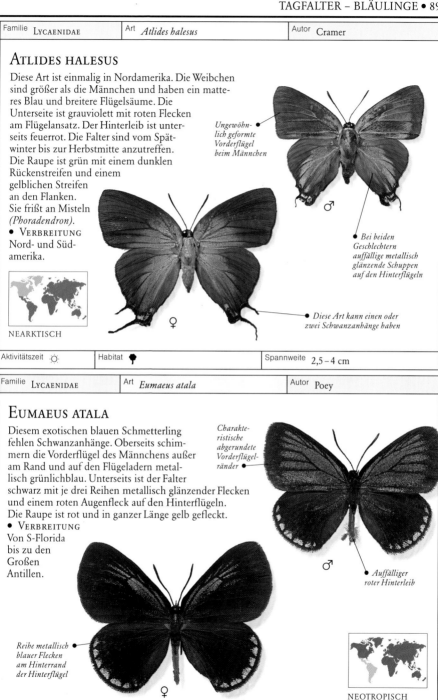

Ungewöhnlich geformte Vorderflügel beim Männchen

♂

Bei beiden Geschlechtern auffällige metallisch glänzende Schuppen auf den Hinterflügeln

Diese Art kann einen oder zwei Schwanzanhänge haben

♀

Aktivitätszeit ☼	Habitat ♥	Spannweite 2,5 – 4 cm

Familie LYCAENIDAE	Art *Eumaeus atala*	Autor Poey

EUMAEUS ATALA

Diesem exotischen blauen Schmetterling fehlen Schwanzanhänge. Oberseits schimmern die Vorderflügel des Männchens außer am Rand und auf den Flügeladern metallisch grünlichblau. Unterseits ist der Falter schwarz mit je drei Reihen metallisch glänzender Flecken und einem roten Augenfleck auf den Hinterflügeln. Die Raupe ist rot und in ganzer Länge gelb gefleckt.

• VERBREITUNG
Von S-Florida bis zu den Großen Antillen.

Charakteristische abgerundete Vorderflügelränder

♂

Auffälliger roter Hinterleib

Reihe metallisch blauer Flecken am Hinterrand der Hinterflügel

♀

NEOTROPISCH

Aktivitätszeit ☼	Habitat 🌿	Spannweite 4 – 4,5 cm

Familie LYCAENIDAE	Art *Strymon melinus*	Autor Hübner

STRYMON MELINUS

Die Männchen sind schiefergrau mit je einem auffälligen orange-schwarzen Fleck auf den Hinterflügeln. Die Weibchen sind ähnlich, aber insgesamt bräunlicher in der Färbung.
Die Raupe ist grün mit weißer oder rötlicher Musterung an den Flanken. Sie ernährt sich von vielen Pflanzen einschließlich Mais *(Zea mays)* und Baumwolle *(Gossypium)*.
• VERBREITUNG Von S-Kanada bis in den Nordwesten Südamerikas.

NEARKTISCH
NEOTROPISCH

♀

• Schwarz-orange Zeichnung
an der Basis der Schwanzanhänge

Aktivitätszeit ☼	Habitat 🌱🌿 ᨏ ᨏ	Spannweite 2,5–3 cm

Familie LYCAENIDAE	Art *Callophrys rubi*	Autor Linné

BROMBEERZIPFELFALTER

Oberseits ist dieser Zipfelfalter mattbraun. Die Männchen sind an einem kleinen Duftschuppenfeld auf den Vorderflügeln zu erkennen. Beide Geschlechter sind unterseits grasgrün.
Die Raupe ist grün mit dunklem Rückenstreifen und schrägen gelben und grünen Abzeichen an den Flanken. Sie frißt an Stechginster *(Ulex)*, Besenginster *(Cytisus scoparius)* und allerlei anderen Pflanzen.
• VERBREITUNG Weit verbreitet von Europa bis Nordafrika und im gemäßigten Asien.

PALÄARKTISCH

♂

• Gewellter Hinterflügelrand
weniger auffällig als beim
Weibchen

Aktivitätszeit ☼	Habitat ♠ ᨏ ᨏ	Spannweite 2,5–3 cm

Familie LYCAENIDAE	Art *Lycaena phlaeas*	Autor Linné

KLEINER FEUERFALTER

Dies ist eine der häufigsten Arten auf der Nordhalbkugel. Die Vorderflügel sind leuchtend ziegelrot mit schwarzen Flecken und dunkelgrauen Rändern. Die Hinterflügel sind überwiegend dunkel graubraun.
Die Raupe ist grün mit sehr variabler blaßvioletter Zeichnung. Sie frißt an Ampfer *(Rumex)*.
• VERBREITUNG Europa bis Afrika und über die gemäßigte Zone Asiens bis nach Japan; Nordamerika.

HOLARKTISCH

♀ △

• Sehr
variable
schwarze
Zeichnung
auf den
Vorder-
flügeln

Orangerotes •
Fleckenband

Aktivitätszeit ☼	Habitat ᨏ ᨏ	Spannweite 2,5–3 cm

| Familie LYCAENIDAE | Art *Lycaena dispar* | Autor Haworth |

GROSSER FEUERFALTER

Männchen dieser herrlichen Art sind leuchtend orange-rot mit schmalen schwarzen Flügelsäumen und einem einzelnen schwarzen Fleck in der Mitte der Vorderflügel. Weibchen sind blasser gefärbt, der dunkle Saum an den Vorderflügeln ist breiter. Unterseits sind die Hinterflügel bei beiden Geschlechtern von blassem Blaugrau mit schwarzen Flecken und einem orangeroten Band. Die Raupe dieser Art ist leuchtend grün und übersät mit kleinen weißen Warzen. Sie frißt an Teichampfer *(Rumex hydrolapathum)* und verwandten Arten.

• VERBREITUNG
Kommt von Europa bis in die gemäßigten Regionen Asiens vor.

PALÄARKTISCH

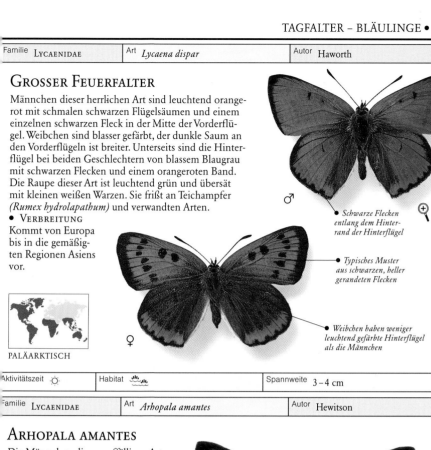

♂

• Schwarze Flecken entlang dem Hinterrand der Hinterflügel

• Typisches Muster aus schwarzen, heller gerandeten Flecken

♀

• Weibchen haben weniger leuchtend gefärbte Hinterflügel als die Männchen

| Aktivitätszeit ☼ | Habitat | Spannweite 3 – 4 cm |

| Familie LYCAENIDAE | Art *Arhopala amantes* | Autor Hewitson |

ARHOPALA AMANTES

Die Männchen dieser auffälligen Art sind oberseits tief metallisch blau mit schmalen schwarzen Flügelsäumen, die Weibchen dagegen sind heller metallisch blau mit viel breiteren schwarzen Flügelrändern. Im Gegensatz dazu sind beide Geschlechter unterseits graubraun mit braunen Streifen und unregelmäßigen Flecken. Dieses Muster löst die Flügelform auf und bietet dem Falter in Ruhehaltung eine gute Tarnung. Falter dieser Art versammeln sich oft in großen Scharen auf Muskat- *(Myristica)* und Zimtbäumen *(Cinnamomum)*. Die Raupe ist anscheinend noch nicht beschrieben, aber Raupen und Puppen werden von grünen Baumameisen betreut.

• VERBREITUNG Von Nordindien bis Sri Lanka, Malaysia und Timor; im Himalaja bis in Höhen von 1 500 m recht häufig.

INDO-AUSTRALISCH

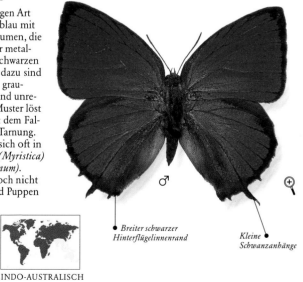

♂

• Breiter schwarzer Hinterflügelinnenrand

• Kleine Schwanzanhänge

| Aktivitätszeit ☼ | Habitat ▲ | Spannweite 4,5 – 5,5 cm |

Familie LYCAENIDAE	Art Parrhasius m-album	Autoren Boisduval & Le Conte

PARRHASIUS M-ALBUM

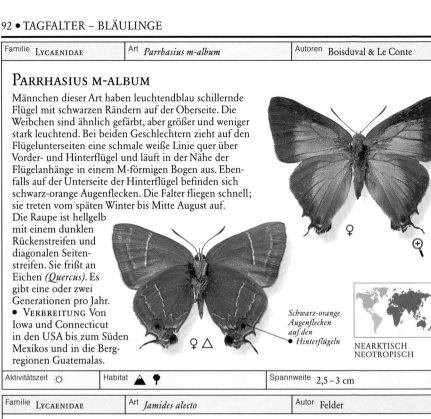

Männchen dieser Art haben leuchtendblau schillernde Flügel mit schwarzen Rändern auf der Oberseite. Die Weibchen sind ähnlich gefärbt, aber größer und weniger stark leuchtend. Bei beiden Geschlechtern zieht auf den Flügelunterseiten eine schmale weiße Linie quer über Vorder- und Hinterflügel und läuft in der Nähe der Flügelanhänge in einem M-förmigen Bogen aus. Ebenfalls auf der Unterseite der Hinterflügel befinden sich schwarz-orange Augenflecken. Die Falter fliegen schnell; sie treten vom späten Winter bis Mitte August auf. Die Raupe ist hellgelb mit einem dunklen Rückenstreifen und diagonalen Seitenstreifen. Sie frißt an Eichen *(Quercus)*. Es gibt eine oder zwei Generationen pro Jahr.

• VERBREITUNG Von Iowa und Connecticut in den USA bis zum Süden Mexikos und in die Bergregionen Guatemalas.

♀

Schwarz-orange Augenflecken auf den • Hinterflügeln

♀ △

NEARKTISCH
NEOTROPISCH

Aktivitätszeit ☼	Habitat ▲ ♥	Spannweite 2,5 – 3 cm

Familie LYCAENIDAE	Art Jamides alecto	Autor Felder

JAMIDES ALECTO

Dieser Schmetterling ist eine von mehreren ähnlichen Arten aus Südostasien mit auffälligen, blaßblau schillernden Flügeln mit feinen weißen Linien. Die Art ist an den charakteristischen Flecken am Rand der Hinterflügel zu erkennen. Die Weibchen sind im allgemeinen dunkler als die Männchen und haben breitere dunkle Bänder auf den Vorderflügeln. Die Unterseite ist braun mit weißen Wellenlinien und einem schwarz-orangen Augenfleck an der Basis des Hinterflügelanhangs.
Die Raupe ernährt sich von Blüten und jungen Früchten der Kardamomstaude *(Elettaria cardamomum)*. Ihre Färbung ist bisher nicht beschrieben, aber die Raupe der nah verwandten Art *Jamides celeno* ist rötlich-grün mit kleinen weißen Warzen. Sie wird von Ameisen gepflegt.

• VERBREITUNG Weit verbreitet in bewaldeten Hügelregionen von Indien und Sri Lanka bis Borneo und Malaysia.

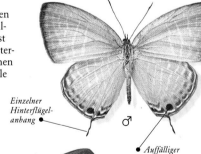

Einzelner Hinterflügelanhang •

♂

• Auffälliger Fleck an der Basis des Schwanzanhangs

♀

INDO-AUSTRALISCH

Aktivitätszeit ☼	Habitat 🌿 🌴	Spannweite 3 – 4,5 cm

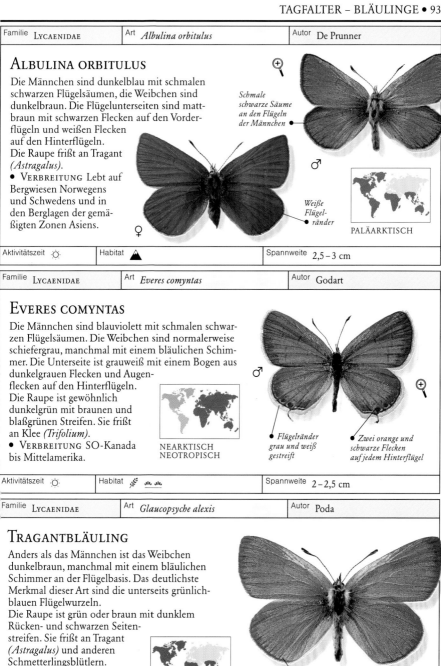

| Familie LYCAENIDAE | Art *Albulina orbitulus* | Autor De Prunner |

ALBULINA ORBITULUS

Die Männchen sind dunkelblau mit schmalen schwarzen Flügelsäumen, die Weibchen sind dunkelbraun. Die Flügelunterseiten sind mattbraun mit schwarzen Flecken auf den Vorderflügeln und weißen Flecken auf den Hinterflügeln.
Die Raupe frißt an Tragant *(Astragalus)*.
• VERBREITUNG Lebt auf Bergwiesen Norwegens und Schwedens und in den Berglagen der gemäßigten Zonen Asiens.

Schmale schwarze Säume an den Flügeln der Männchen

♂

Weiße Flügelränder

♀

PALÄARKTISCH

| Aktivitätszeit ☼ | Habitat ▲ | Spannweite 2,5 – 3 cm |

| Familie LYCAENIDAE | Art *Everes comyntas* | Autor Godart |

EVERES COMYNTAS

Die Männchen sind blauviolett mit schmalen schwarzen Flügelsäumen. Die Weibchen sind normalerweise schiefergrau, manchmal mit einem bläulichen Schimmer. Die Unterseite ist grauweiß mit einem Bogen aus dunkelgrauen Flecken und Augenflecken auf den Hinterflügeln.
Die Raupe ist gewöhnlich dunkelgrün mit braunen und blaßgrünen Streifen. Sie frißt an Klee *(Trifolium)*.
• VERBREITUNG SO-Kanada bis Mittelamerika.

♂

NEARKTISCH
NEOTROPISCH

Flügelränder grau und weiß gestreift

Zwei orange und schwarze Flecken auf jedem Hinterflügel

| Aktivitätszeit ☼ | Habitat | Spannweite 2 – 2,5 cm |

| Familie LYCAENIDAE | Art *Glaucopsyche alexis* | Autor Poda |

TRAGANTBLÄULING

Anders als das Männchen ist das Weibchen dunkelbraun, manchmal mit einem bläulichen Schimmer an der Flügelbasis. Das deutlichste Merkmal dieser Art sind die unterseits grünlichblauen Flügelwurzeln.
Die Raupe ist grün oder braun mit dunklem Rücken- und schwarzen Seitenstreifen. Sie frißt an Tragant *(Astragalus)* und anderen Schmetterlingsblütlern.
• VERBREITUNG Süd- und Mitteleuropa sowie gemäßigte Zonen Asiens.

PALÄARKTISCH

♂

Schmale braune Flügelränder des Männchens

| Aktivitätszeit ☼ | Habitat | Spannweite 2,5 – 4 cm |

Familie LYCAENIDAE	Art *Iolana iolas*	Autor Ochsenheimer

IOLANA IOLAS

Die schönen blauvioletten Männchen dieser Art haben einen schillernden Glanz. Die Weibchen sind größer, dunkler und haben breite graubraune Säume und schwarze Punkte entlang den Rändern der Hinterflügel. Die Unterseite ist blaß lederfarben mit weiß umrandeten schwarzen Punkten. Die Flügelansätze haben manchmal einen blauen Schimmer.
Die Raupe ist purpurrot und lebt in den Schoten des Blasenstrauchs *(Colutea arborescens).*
• VERBREITUNG Lichte Bergwälder bis zu einer Höhe von 2 000 m in Süd- und Osteuropa, Türkei, Iran und Nordafrika.

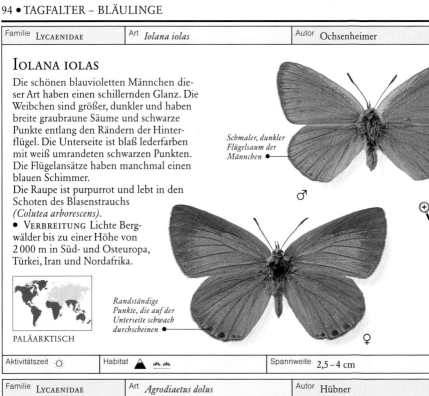

Schmaler, dunkler Flügelsaum der Männchen •

♂

⊕

Randständige Punkte, die auf der Unterseite schwach durchscheinen •

♀

PALÄARKTISCH

Aktivitätszeit ☼	Habitat ▲ ⠰⠰ ⠰⠰	Spannweite 2,5 – 4 cm

Familie LYCAENIDAE	Art *Agrodiaetus dolus*	Autor Hübner

AGRODIAETUS DOLUS

Die silbrigblauen Männchen dieser Art haben auf den Vorderflügeln ausgedehnte Flächen bräunlicher Duftschuppen, die dem Falter ein pelziges Aussehen verleihen. Die Flügeladern und -säume sind schwarzbraun. Die Oberseite der Weibchen ist einheitlich dunkelbraun. Die Unterseite der Männchen ist blaß lederfarben, und manchmal ist ein weißer Streifen auf den Hinterflügeln ausgebildet.
Die Raupe ist nicht beschrieben. Es ist aber bekannt, daß sie sich von Esparsette *(Onobrychis)* und Luzerne *(Medicago sativa)* ernährt.
• VERBREITUNG Gras- und Hügelland in N-Spanien, S-Frankreich und Mittelitalien.

Manche Männchen haben eine fast weiße Grundfärbung •

♂

⊕

Charakteristische Flecken auf den • *Hinterflügeln*

PALÄARKTISCH

♂ △

Aktivitätszeit ☼	Habitat ▲ ⠰⠰ ⠰⠰	Spannweite 2,5 – 4 cm

| Familie LYCAENIDAE | Art *Danis danis* | Autor Cramer |

DANIS DANIS

Dieser augenfällige tropische Bläuling gehört zu einer Gattung, die weitgehend auf Australasien beschränkt ist. Männchen haben schmale schwarze Flügelsäume, während die Weibchen im allgemeinen größer und dunkler sind und oft metallisch türkisblaue Flecken auf den Vorderflügeln tragen. Die Raupe frißt an der Rotesche *(Alphitonia excelsa)*. Sie ist nicht beschrieben. Die Raupe eines verwandten Schmetterlings *(Danis hymetus)*, die sich von derselben Futterpflanze ernährt, ist platt und blaßgrün.

• VERBREITUNG Von NO-Australien bis nach Papua-Neuguinea und auf den Molukken.

Schmale schwarze Flügelsäume der Männchen

♂

Die weißen Innenflächen der Vorderflügel sind bei einigen Arten ausgeprägter

Der auffallend weiße Hinterleib setzt das Muster der Hinterflügel fort

♀ △

INDO-AUSTRALISCH

| Aktivitätszeit ☼ | Habitat 🌿 | Spannweite 4 – 4,5 cm |

| Familie LYCAENIDAE | Art *Lampides boeticus* | Autor Linné |

GROSSER WANDERBLÄULING

Männchen sind blauviolett mit schmalen schwarzbraunen Flügelsäumen. Weibchen haben dunkle Vorderflügelränder, die überwiegend dunkelbraunen Hinterflügel schimmern an der Basis bläulich. Die Flügelunterseiten sind bei beiden Geschlechtern bräunlich mit einigen weißen Wellenlinien und zwei schwarz-orangen Augenflecken in der Nähe der Hinterflügelanhänge. Die Raupe ist blaß- bis gelbgrün mit einem dunklen Rückenstreifen. Sie frißt an Wicken *(Vicia)*, Erbsen *(Pisum)* und anderen Hülsenfrüchtlern.

• VERBREITUNG In Europa, Afrika, Asien, Australien und auf den pazifischen Inseln.

♂

⊕

Kurze Anhänge an den Hinterflügeln

Zwei große schwarze Punkte am Außenrand der Hinterflügel bei beiden Geschlechtern

Die Ausdehnung der dunklen Färbung bei Weibchen ist variabel

♀

PALÄARKTISCH
AFROTROPISCH
INDO-AUSTRALISCH

| Aktivitätszeit ☼ | Habitat | Spannweite 2,5 – 4 cm |

Familie LYCAENIDAE	Art *Candalides xanthospilos*	Autor Hübner

CANDALIDES XANTHOSPILOS

Die Männchen dieser Art sind schwarz mit einem leichten blauvioletten Schimmer in der Flügelmitte. Die Weibchen sind ebenfalls schwarz, zeigen aber nicht den blauvioletten Schimmer. Die Flügelunterseiten beider Geschlechter sind bläulichweiß mit reinweißer Mitte und kleinen schwarzen Punkten entlang den Flügelrändern.
Die Raupe ist grün bis blaugrün mit schrägen dunkelgrünen Abzeichen und gelben Seitenstreifen. Sie ist nachtaktiv und frißt am Laub von *Pimelea*.
• VERBREITUNG Waldregionen Australiens.

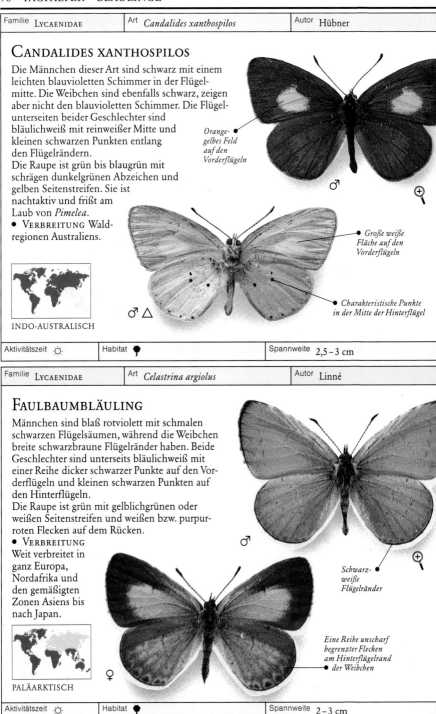

Orangegelbes Feld auf den Vorderflügeln

♂

• Große weiße Fläche auf den Vorderflügeln

• Charakteristische Punkte in der Mitte der Hinterflügel

♂ △

INDO-AUSTRALISCH

Aktivitätszeit ☼	Habitat ♥	Spannweite 2,5–3 cm

Familie LYCAENIDAE	Art *Celastrina argiolus*	Autor Linné

FAULBAUMBLÄULING

Männchen sind blaß rotviolett mit schmalen schwarzen Flügelsäumen, während die Weibchen breite schwarzbraune Flügelränder haben. Beide Geschlechter sind unterseits bläulichweiß mit einer Reihe dicker schwarzer Punkte auf den Vorderflügeln und kleinen schwarzen Punkten auf den Hinterflügeln.
Die Raupe ist grün mit gelblichgrünen oder weißen Seitenstreifen und weißen bzw. purpurroten Flecken auf dem Rücken.
• VERBREITUNG
Weit verbreitet in ganz Europa, Nordafrika und den gemäßigten Zonen Asiens bis nach Japan.

♂

Schwarzweiße Flügelränder

Eine Reihe unscharf begrenzter Flecken am Hinterflügelrand der Weibchen

♀

PALÄARKTISCH

Aktivitätszeit ☼	Habitat ♥	Spannweite 2–3 cm

| Familie LYCAENIDAE | Art *Castalius rosimon* | Autor Fabricius |

CASTALIUS ROSIMON

Dieser attraktive kleine Schmetterling ist auffällig gemustert mit großen schwarzen Flecken auf weißem Grund. Die Weibchen sind größer als die Männchen und haben breitere dunkle Flügelsäume. Die Raupe ist grün mit zwei gelben Linien auf dem Rücken und kleinen gelben Punkten an beiden Seiten. Sie frißt an Jujube *(Ziziphus jujuba)*.

• VERBREITUNG Von Indien und Sri Lanka bis Malaysia und den Kleinen Sundainseln.

INDO-AUSTRALISCH

♂

Kleine Hinterflügelanhänge

An der Flügelbasis verstreute metallisch blaue Schuppen

| Aktivitätszeit ☼ | Habitat 🌿 ⸬ ⸬ | Spannweite 2,5 – 3 cm |

| Familie LYCAENIDAE | Art *Philotes sonorensis* | Autor Felder |

PHILOTES SONORENSIS

Dieser Falter ist metallisch blau und orange und in seiner lebhaften Färbung unverwechselbar. Bei Weibchen sind die orangeroten Flecken größer als bei Männchen. Die Unterseite ist braungrün mit schwarzen Flecken und orangen Tupfen auf den Vorderflügeln. Die Raupe ist blaßgrün und rot. Sie ernährt sich von Fetthennen *(Sedum)*.

• VERBREITUNG Kalifornien und N-Mexiko.

NEARKTISCH

♂

Auffällig schwarzweiß gestreifte Flügelränder

| Aktivitätszeit ☼ | Habitat ▲ ⸬ ⸬ | Spannweite 1,5 – 2 cm |

| Familie LYCAENIDAE | Art *Brephidium exilis* | Autor Boisduval |

BREPHIDIUM EXILIS

Diese Bläuling ist winzig klein, die Weibchen sind etwas größer als die Männchen, aber nicht so blau gefärbt wie diese. Bei beiden Geschlechtern ist die Flügelunterseite beige-grau gemustert. Am Rand der Hinterflügel haben beide je vier metallisch blaue, schwarz umrandete Flecken. Die Raupe ist hellgrün; sie frißt an Queller *(Salicornia ambigua)* und Melde *(Atriplex)*.

• VERBREITUNG Vom Westen der USA bis Südamerika.

Schwarzweiße Vorderflügelränder

♀

NEARKTISCH
NEOTROPISCH

♀ △

| Aktivitätszeit ☼ | Habitat ⸬ ⸬ ⸬ | Spannweite 1 – 2 cm |

Familie LYCAENIDAE	Art *Syntarucus pirithous*	Autor Linné

KLEINER WANDERBLÄULING

Männchen sind blauviolett, Weibchen braun mit einem blauen Schimmer in der Vorderflügelmitte und am Ansatz der Hinterflügel. Bei beiden Geschlechtern sind die Flügelunterseiten hell gräulichbraun mit weißen, gewellten Linien. Die Raupe ist grün; sie frißt an Bleiwurz *(Plumbago europaea)*, Luzerne *(Medicago sativa)* und anderen Hülsenfrüchtlern (Leguminosae).

• VERBREITUNG In Südeuropa, Afrika und Teilen Asiens verbreitet.

PALÄARKTISCH

♂

Schwarze Punkte an der Basis der Flügelanhänge

Winzige Flügelanhänge

Aktivitätszeit ☼	Habitat	Spannweite 2,5 – 3 cm

Familie LYCAENIDAE	Art *Freyeria trochylus*	Autor Freyer

FREYERIA TROCHYLUS

Dies ist einer der kleinsten Bläulinge der Welt. Beide Geschlechter sind einander ähnlich. Auf den Hinterflügeln befinden sich zwei bis vier lackschwarze Flecken vor je einem orangen Halbmond. Die Unterseite ist silbergrau, braun und schwarz gefleckt.
Die Raupe ist unbekannt, sie frißt an *Heliotropium*.

• VERBREITUNG In Europa auf Griechenland beschränkt, in Afrika und Teilen Asiens weit verbreitet.

AFROTROPISCH

♀

Lackschwarze Punkte, orange umrahmt

Aktivitätszeit ☼	Habitat	Spannweite 1 – 1,5 cm

Familie LYCAENIDAE	Art *Aricia agestis*	Autoren Denis & Schiffermüller

DUNKELBRAUNER BLÄULING

Beide Geschlechter sind braun mit orangeroten Flecken. Die Weibchen sind größer als die Männchen. Die Unterseite ist graubraun mit schwarzen und orangen Flecken.
Die Raupe ist grün mit purpurroten Streifen und schrägen dunkelgrünen Linien. Sie frißt an Sonnenröschen *(Helianthemum)* und Storchschnabel *(Geranium)*.

• VERBREITUNG Europa und gemäßigtes Asien.

PALÄARKTISCH

♂

Helle Flügelränder

Aktivitätszeit ☼	Habitat	Spannweite 2 – 3 cm

| Familie LYCAENIDAE | Art *Leptotes cassius* | Autor Cramer |

LEPTOTES CASSIUS

Männchen dieses kleinen Schmetterlings sind blaß blauviolett, die Weibchen dagegen überwiegend weiß. Die Flügelunterseiten sind weißbraun gemustert und mit zwei schwarz und orangen Augenflecken auf den Hinterflügeln. ♂ Die Raupe ist grün und rotbraun. Sie frißt die Blüten von *Phaseolus limensis* und anderen Hülsenfrüchtlern.

• VERBREITUNG Vom warmen Süden Nordamerikas über Mittel- bis nach Südamerika.

NEARKTISCH
NEOTROPISCH

Blauer Schimmer am Flügelansatz

Durchscheinendes Muster der Flügelunterseite auf den transparenten Flügeln

| Aktivitätszeit ☼ | Habitat | Spannweite 1,5 – 2 cm |

| Familie LYCAENIDAE | Art *Polyommatus icarus* | Autor Rottemburg |

HAUHECHELBLÄULING

Dies ist einer der häufigsten Tagfalter Europas. Die Männchen sind leuchtend blauviolett, die Weibchen braun mit orangen Flecken. Die Unterseite ist hell graubraun mit schwarzen und orangen Flecken. Die Raupe lebt von Hauhechel *(Ononis)* und Hornklee *(Lotus).*

• VERBREITUNG Wiesen und Triften in Europa, Nordafrika und den gemäßigten Zonen Asiens.

PALÄARKTISCH

♂ *Der Körper ist mit haarförmigen weißen Schuppen bedeckt*

| Aktivitätszeit ☼ | Habitat | Spannweite 2,5 – 4 cm |

| Familie LYCAENIDAE | Art *Plebejus argus* | Autor Linné |

GEISSKLEEBLÄULING

Die Männchen sind dunkel purpurblau mit weißen Flügelrändern, die Weibchen dagegen braun mit orangen Tupfen an den Flügelrändern. Die Unterseiten sind bei beiden graubraun mit schwarzen, an den Flügelrändern orangen Flecken. Die Raupe ist grün mit braunem Rücken- und weißen Seitenstreifen. Sie frißt an Stechginster *(Ulex)* und anderen Heidepflanzen.

• VERBREITUNG Heiden und Grasland Europas, des gemäßigten Asiens und Japans.

PALÄARKTISCH

Breites Feld dunkler Schuppen an der Innenkante der Hinterflügel

Breiter weißer Saum an den Hinterflügeln

| Aktivitätszeit ☼ | Habitat | Spannweite 2 – 3 cm |

Familie LYCAENIDAE	Art *Lysandra bellargus*	Autor Rottemburg

HIMMELBLAUER BLÄULING

Die Männchen sind leuchtend blau, die Weibchen meist dunkelbraun, überstäubt mit blauen Schuppen und mit orangen, schwarzen und blauen Flecken an den Rändern der Hinterflügel. Bei beiden Geschlechtern sind die Unterseiten hellbraun gefärbt mit schwarzen Flecken und orangen Tupfen. Die Raupe ist grün und gelb; sie frißt an Hufeisenklee *(Hippocrepis comosa)*.

• VERBREITUNG Weit verbreitet in Europa und von der Türkei bis zum Iran.

PALÄARKTISCH

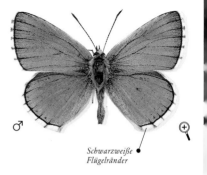

♂

Schwarzweiße •
Flügelränder

Aktivitätszeit ☼	Habitat ⏬ ⏬	Spannweite 3 – 4 cm

Familie LYCAENIDAE	Art *Zizina otis*	Autor Fabricius

ZIZINA OTIS

Die Vorderkanten der Vorderflügel
• schimmern silbrig

Die Männchen sind tief blauviolett, die Weibchen hellbraun mit einem schwachen blauen Schimmer an den Flügelbasen. Die Flügelunterseiten beider Geschlechter sind beigegrau gefärbt und haben braune Tupfen.

Die Raupe ist grün mit dunkelgrünen Flecken und weißen Seitenstreifen. Sie ist mit feinen weißen Haaren bedeckt. Sie ernährt sich von Luzerne *(Medicago sativa)* und anderen Hülsenfrüchtlern.

• VERBREITUNG Von Afrika über Indien bis Japan und Australien.

AFROTROPISCH
INDO-AUSTRALISCH

♂

Dunkelbraune •
Hinterflügelränder

Aktivitätszeit ☼	Habitat ⏬ ⏬	Spannweite 3 – 4 cm

Familie LYCAENIDAE	Art *Zizeeria knysna*	Autor Trimen

ZIZEERIA KNYSNA

Dreieckige
Vorderflügel •

Die Männchen dieses weitverbreiteten Schmetterlings sind blauviolett, die Weibchen hellbraun. Die Flügelunterseiten sind bei beiden Geschlechtern graubraun mit schwarzen, manchmal aber auch grünblauen und schmutzigblauen Flecken. Die Raupe ist grün mit feiner Behaarung. Sie ernährt sich von *Tribulus terrestris* und anderen Pflanzen.

• VERBREITUNG Vom Mittelmeerraum über Afrika, Indien bis Australien. Manche Wissenschaftler halten die australische Unterart für eine eigene Art.

PALÄARKTISCH
AFROTROPISCH
INDO-AUSTRALISCH

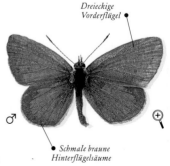

♂

• Schmale braune
Hinterflügelsäume

Aktivitätszeit ☼	Habitat ⏬ ⏬	Spannweite 2 – 2,5 cm

| Familie LYCAENIDAE | Art *Hemiargus isola* | Autor Reakirt |

HEMIARGUS ISOLA

Die Männchen sind hell blauviolett mit graubraunen Flügelrändern, die Weibchen ähnlich, aber dunkelbraun mit einem blauen Schimmer an den Flügelbasen. Bei beiden Geschlechtern sind die Flügelunterseiten beigebraun mit weißen Feldern und weiß umrandeten schwarzen Flecken auf den Vorderflügeln.

Die Raupe ist nicht beschrieben, frißt aber vermutlich an Mesquitebäumen *(Prosopis)* und verwandten Pflanzen.

• VERBREITUNG Vom Süden der USA bis Costa Rica.

NEOTROPISCH
NEARKTISCH

♂

Charakteristisches Muster schwarzer Punkte auf den Hinterflügeln

| Aktivitätszeit ☼ | Habitat | Spannweite 2–3 cm |

| Familie LYCAENIDAE | Art *Agriades franklinii* | Autor Curtis |

AGRIADES FRANKLINII

Die Männchen sind blaugrau, die Weibchen rötlichbraun. Bei beiden Geschlechtern sind die Flügelunterseiten graubraun und weiß gemustert mit schwarzen Flecken auf den Vorderflügeln.

Die Raupe ist nicht beschrieben, sie lebt von verschiedenen Pflanzen der Hochgebirgsregion, wie *Androsace*, *Dodecatheon* und *Diapensia*.

• VERBREITUNG Von Labrador und Alaska bis Arizona und New Mexico (USA).

Unterschiedlich ausgedehnte blauschimmernde Fläche auf den Flügeloberseiten der Männchen

♂

Schwarze Punkte in der Mitte der Vorderflügel

♀

NEARKTISCH

| Aktivitätszeit ☼ | Habitat | Spannweite 2–2,5 cm |

| Familie LYCAENIDAE | Art *Maculinea arion* | Autor Linné |

SCHWARZFLECKIGER BLÄULING

Beide Geschlechter sind leuchtend blau mit schwarz gefleckten Vorderflügeln. Weibchen sind größer mit breiteren dunklen Flügelsäumen. Die Unterseite ist graubraun mit schwarzen Fecken.

Die Raupe ist gelblichweiß; sie lebt zunächst von Thymian *(Thymus)*, später von der Brut und den Vorräten von Ameisen.

• VERBREITUNG Von Europa bis nach Sibirien und China.

Birnenförmige Flecken auf den Vorderflügeln

PALÄARKTISCH

♀

| Aktivitätszeit ☼ | Habitat | Spannweite 3–4 cm |

Familie LYCAENIDAE	Art *Mesene phareus*	Autor Cramer

MESENE PHAREUS

Die Männchen sind dunkelrot mit schwarzen Flügelsäumen, die Weibchen blasser und größer. Die Unterseiten der Vorderflügel sind rötlich-schwarz, die der Hinterflügel wie die Oberseite gefärbt.
Die Raupe wurde noch nicht beschrieben. Es ist aber bekannt, daß sie das hoch-giftige Laub von *Pallinia pinnata* frißt.
• VERBREITUNG Tropisches Mittel- und Südamerika.

NEOTROPISCH

Die auffällige Flügelfärbung warnt
• *Freßfeinde vor Giftigkeit*

Spitz zulaufende Vorderflügel •

♂

Aktivitätszeit ☼	Habitat 🦗	Spannweite 2 – 2,5 cm

Familie LYCAENIDAE	Art *Theope eudocia*	Autor Westwood

THEOPE EUDOCIA

Beide Geschlechter dieses auffällig gefärbten Falters haben schwarz gesäumte Vorderflügel. Die Flügelunterseiten sind blaß zitronengelb. Diese Tiere fliegen pfeilschnell und lassen sich zuweilen auf der Unterseite von Blättern nieder. Die Männchen sind größer als die Weibchen.
Die Raupe ist behaart und grün. Sie ernährt sich vom Laub des Kakaobaums *(Theobroma cacao)*.
• VERBREITUNG Tropische Regionen von Mittel- und Südamerika.

NEOTROPISCH

Violette Flecken auf den dunklen Flügel-spitzen der Männchen •

♂

Aktivitätszeit ☼	Habitat 🦗	Spannweite 2,5 – 4 cm

Familie LYCAENIDAE	Art *Hamearis lucina*	Autor Linné

PERLBINDE ODER FRÜHLINGSSCHECKENFALTER

Sie ähnelt einem Perlmutterfalter, doch diese Art gehört zu den Bläulingen. Beide Geschlechter ähneln einander, die Vorderflügel der Weibchen sind aber stärker gerundet als die der Männchen.
Die Raupe ist hellbraun mit einem dunklen Rückenstreifen. Sie frißt an Schlüsselblumen *(Primula)*.
• VERBREITUNG In Europa weit verbreitet.

PALÄARKTISCH

♀

• *An den Flügelrändern auffälliges Band von orangen Flecken mit je einem schwarzen Punkt in der Mitte*

Aktivitätszeit ☼	Habitat 🌳	Spannweite 3 – 4 cm

Familie LYCAENIDAE	Art *Syrmatia dorilas*	Autor Cramer

SYRMATIA DORILAS

Diese Art gehört einer Gattung von etwa fünf Arten an, die auf das tropische Mittel- bzw. Südamerika beschränkt sind. Die Falter fliegen langsam, aber die Frequenz ihres Flügelschlags ist ungefähr so hoch wie bei einer Wespe. Die Weibchen haben breitere Vorderflügel mit orangen Flecken. Die Raupe ist nicht beschrieben.

• VERBREITUNG
Brasilien und Venezuela.

NEOTROPISCH

Ausgeprägte weiße Flecken auf den Vorderflügeln

♂

• *Düstere Flügelfärbung*

• *Charakteristische Form der Hinterflügel*

Aktivitätszeit ☼	Habitat 🍂	Spannweite 1,5 – 2 cm

Familie LYCAENIDAE	Art *Menander menander*	Autor Stoll

MENANDER MENANDER

Eine von zehn Arten einer süd- und mittelamerikanischen Gattung strahlend gefärbter, metallisch schillernder Schmetterlinge. Die Männchen sind grünlichblau mit schwarzen Streifen, die Weibchen dagegen dunkler, mehr metallisch blau. Die Flügelunterseiten beider Geschlechter sind gelblichweiß mit rötlichbraunen Flecken, die sich in einem Band über die Vorder- und Hinterflügel ziehen. Die Falter fliegen schnell und saugen Nektar vor allem aus den Blüten des Wasserdosts *(Eupatorium)*. Die Raupe und ihre Futterpflanzen sind unbekannt.

• VERBREITUNG In den tropischen Regionen zwischen Panama, nördlichem Südamerika und Trinidad.

Dunkelbraune Vorderflügelspitzen beim Männchen

Männchen heller als Weibchen

Schmaler dunkler Flügelsaum

♂

Leuchtendes Blau am Vorderrand

Die blaue Färbung reicht nicht bis zur Flügelspitze

Die Flügelränder erscheinen ausgefranst

Lackschwarze Querbänder auf den Flügeln des Weibchens

♀

NEOTROPISCH

Aktivitätszeit ☼	Habitat 🍂	Spannweite 3 – 4 cm

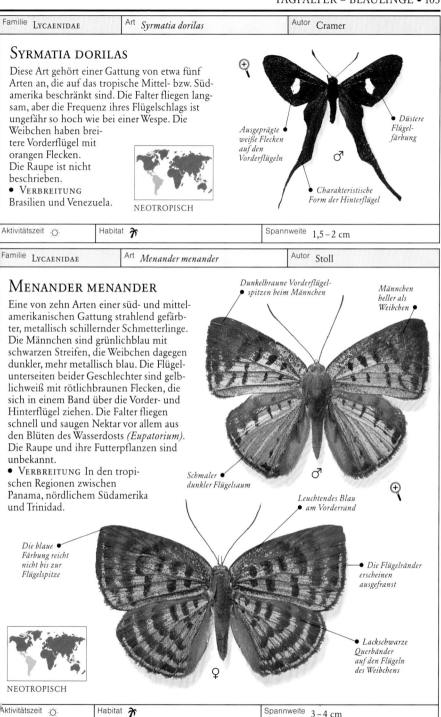

Familie LYCAENIDAE	Art *Apodemia nais*	Autor Edwards

APODEMIA NAIS

Die Flügeloberseiten dieser Art sind vor allem bräunlichorange und tragen ein ausgeprägtes Muster aus braunen Flecken, Balken und Zickzackbändern über beide Flügel. Die Weibchen sind größer und blasser als die Männchen und haben etwas stärker gerundete Vorderflügel. Bei beiden Geschlechtern sind die Flügelunterseiten weißgrau und die Vorderflügel mit einem Anflug von Orange. Alle vier Flügel zeigen ein Muster aus schwarzen Punkten. Die Falter fliegen im Sommer, besuchen Blumen und ruhen gern auf feuchtem Erdreich. Die Raupe ist blaßgrün mit kleinen Haarbüscheln auf der Oberseite. Sie frißt an *Ceanothus fendleri*.
• VERBREITUNG In Nordamerika von Colorado bis New Mexico und Mexiko.

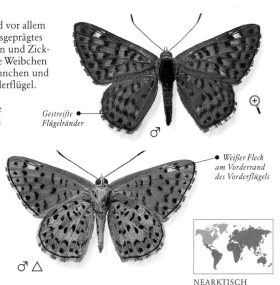

Gestreifte Flügelränder

♂

• *Weißer Fleck am Vorderrand des Vorderflügels*

♂ △

NEARKTISCH

Aktivitätszeit ☼	Habitat	Spannweite 3 – 4 cm

Familie LYCAENIDAE	Art *Helicopis cupido*	Autor Linné

HELICOPIS CUPIDO

Die Vorderflügel des Männchens sind gelblichweiß mit braunen Rändern und orangegelben Flügelbasen. Die Hinterflügel sind rotbraun mit orangegelben Flügelbasen. Die Weibchen sind heller gefärbt, wobei die Hinterflügel braun gesäumt sind. Die Unterseiten sind den Oberseiten ähnlich, mit Ausnahme einiger metallisch glänzender Punkte innen auf den Hinterflügeln und an den Flügelrändern. Die Raupe scheint unbeschrieben zu sein. Mann weiß aber, daß sie von *Montrichardia* lebt.
• VERBREITUNG Im tropischen Südamerika von Venezuela bis Brasilien und auf Trinidad.

♀

• *Ausgeprägte dunkle Vorderflügelränder*

Beide Geschlechter haben ein auffälliges Muster von metallisch glänzenden Flecken auf der Hinterflügelunterseite

♂ △

NEOTROPISCH

Aktivitätszeit ☼	Habitat	Spannweite 3 – 4 cm

| Familie LYCAENIDAE | Art *Calephelis mutica* | Autor McAlpine |

CALEPHELIS MUTICA

Diese Art ist rötlichbraun mit einem Muster schwarzer Linien und Punkte und Reihen silbrigblauer oder bläulich-grünmetallisch glänzender Flecken. Die Unterseiten variieren von Gelb bis Orangebraun, haben aber immer ein ähnliches Fleckmuster wie die Oberseite. Die Raupe ist blaßgrün, dicht behaart und frißt an der Kratzdistel *Cirsium muticum*.
• VERBREITUNG In den Sümpfen von Pennsylvania und S-Minnesota.

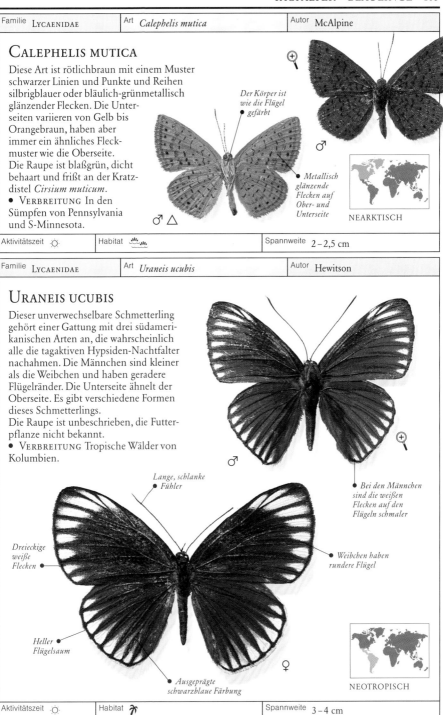

Der Körper ist wie die Flügel gefärbt

♂

Metallisch glänzende Flecken auf Ober- und Unterseite

♂ △

NEARKTISCH

| Aktivitätszeit ☼ | Habitat | Spannweite 2 – 2,5 cm |

| Familie LYCAENIDAE | Art *Uraneis ucubis* | Autor Hewitson |

URANEIS UCUBIS

Dieser unverwechselbare Schmetterling gehört einer Gattung mit drei südamerikanischen Arten an, die wahrscheinlich alle die tagaktiven Hypsiden-Nachtfalter nachahmen. Die Männchen sind kleiner als die Weibchen und haben geradere Flügelränder. Die Unterseite ähnelt der Oberseite. Es gibt verschiedene Formen dieses Schmetterlings. Die Raupe ist unbeschrieben, die Futterpflanze nicht bekannt.
• VERBREITUNG Tropische Wälder von Kolumbien.

♂

Bei den Männchen sind die weißen Flecken auf den Flügeln schmaler

Lange, schlanke Fühler

Dreieckige weiße Flecken

Weibchen haben rundere Flügel

Heller Flügelsaum

♀

Ausgeprägte schwarzblaue Färbung

NEOTROPISCH

| Aktivitätszeit ☼ | Habitat | Spannweite 3 – 4 cm |

NYMPHALIDAE

D IE FLECKENFALTER, bisweilen zusammen mit den Ritterfaltern auch als Edelfalter bezeichnet, sind eine riesige Familie mit über 5 000 Arten. Zu ihnen gehören einige der schönsten und auffälligsten Schmetterlinge der Erde. Bekanntere Arten sind Schillerfalter, Trauermantel, Tagpfauenauge, Admiral und Kaisermantel sowie der für seine Wanderungen berühmte Monarch und die bunten Morphofalter.

Wichtigstes Familienkennzeichen, das die Fleckenfalter von allen anderen Tagfaltern unterscheidet, sind die zu bürstenartigen Putzbeinen umgewandelten Vorderbeine; sie haben keine Lauffunktion mehr. Bei Männchen sind sie oft mit dichten Schuppenbüscheln bedeckt. Die Fleckenfalter sind in zahlreiche Unterfamilien unterteilt, die bisweilen als eigene Familien angesehen werden (z. B. die Satyridae).

Familie NYMPHALIDAE	Art *Cethosia biblis*	Autor Drury

CETHOSIA BIBLIS

Es treten zwei Weibchenformen dieses Schmetterlings auf, eine ähnelt dem Männchen, die andere hat eine mattgrüne Grundfarbe. Die Unterseiten beider Geschlechter sind orangerot mit einem Filigranmuster weißer, schwarz gerandeter Linien. Diese Art fliegt ganzjährig.
Die Raupe hat giftige, gegabelte Stacheln; sie frißt an Passionsblumen *(Passiflora).*
• VERBREITUNG Weit verbreitet von Nordindien bis China, Malaysia, Indonesien und zu den Philippinen.

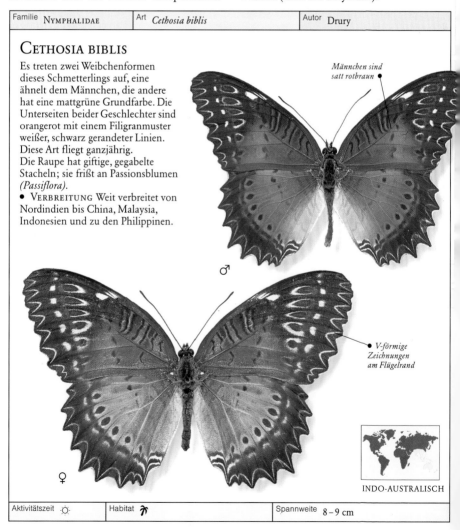

Männchen sind satt rotbraun •

♂

• *V-förmige Zeichnungen am Flügelrand*

♀

INDO-AUSTRALISCH

Aktivitätszeit ☼	Habitat 🌴	Spannweite 8 – 9 cm

| Familie NYMPHALIDAE | Art *Anartia jatrophae* | Autor Johansson |

ANARTIA JATROPHAE

Die Geschlechter dieser Art ähneln einander
sehr, doch sind die Weibchen etwas größer
und haben weniger stark gewinkelte Flügel.
Die Flügel sind düster bräunlich überlaufen.
Die Raupe ist stachelig und schwarz mit
silbrigen Punkten. Sie frißt an dem Rachen-
blütler *Bacopa monnieri.*

• VERBREITUNG Süd-
und Mittelamerika und
auf den Karibischen
Inseln, auch in den süd-
lichen USA (Texas und
Florida).

Leuchtend weiße
• Grundfarbe

♂

NEOTROPISCH

| Aktivitätszeit ☼ | Habitat 〰 | Spannweite 5 – 5,5 cm |

| Familie NYMPHALIDAE | Art *Pantoporia hordonia* | Autor Stoll |

PANTOPORIA HORDONIA

Dies ist ein Vertreter einer sehr auffälligen
Artengruppe. Die Unterseite ist blaß strohgelb
mit braunen Streifen und schmalen braunen
Flügelsäumen.
Die Raupe ist grünlichgrau mit Seitenstreifen.
Auf dem Rücken trägt
sie vier Paar Fortsätze.
Sie frißt an Akazien.

• VERBREITUNG
Indien, Sri Lanka,
Malaysia.

Schwarze und orange
• Streifen auf den Flügeln

♀

INDO-AUSTRALISCH

Leichte Einkerbungen •
am Hinterflügel

| Aktivitätszeit ☼ | Habitat 🌴 | Spannweite 4,5 – 5,7 cm |

| Familie NYMPHALIDAE | Art *Cyrestis thyodamas* | Autor Boisduval |

CYRESTIS THYODAMAS

Das auffällige Muster aus braunen und
schwarzen Linien und Bändern auf
weißem Grund macht diese Art unverwechselbar. Der Schmetterling hat
einen hüpfenden Flug.
Die Raupe ist glatt und hat
am Rücken nur zwei lange,
fleischige Fortsätze. Sie
frißt an Feigen *(Ficus).*

• VERBREITUNG Von
Pakistan und N-Indien bis
nach Japan.

Spitzen der •
Vorderflügel
eingebuchtet

♂

INDO-AUSTRALISCH
PALÄARKTISCH

| Aktivitätszeit ☼ | Habitat 🌴 | Spannweite 6 – 7 cm |

Familie NYMPHALIDAE	Art *Araschnia levana*	Autor Linné

LANDKÄRTCHEN

Dieser Schmetterling hat zwei ganz unterschiedlich
gefärbte Generationen: Die Frühjahrsform ist orange
mit dunkelbraunen Flecken, die Sommerform ist
dunkelbraun mit Reihen weißer Flecken. Beide
Formen haben auf der dunklen Flügelunterseite ein
Netzwerk aus gelblichen Linien, worauf sich der
deutsche Name bezieht.

Die Raupe ist schwarz und borstig
(„Dornraupe"); sie frißt an Brennesseln
(*Urtica dioica*).

• VERBREITUNG
Von N-Spanien bis
nach Japan.

FRÜHJAHRS-
GENERATION ♂

Gewellte
Flügelränder •

Schwarzweißer
Flügelsaum •

SOMMER-
GENERATION ♂

PALÄARKTISCH

Aktivitätszeit ☼	Habitat ♥	Spannweite 3 – 4 cm

Familie NYMPHALIDAE	Art *Polyura delphis*	Autor Doubleday

POLYURA DELPHIS

Die charakteristisch geformten
Hinterflügel ähneln denen der
nahe verwandten Gattung
Charaxes. Die Oberseite ist blaß
gefärbt, grünlichgelb bis weiß,
mit einem schwarzen Dreieck
vorn auf den Vorderflügeln.
Die Unterseite ist blaßblau mit
braunen, grünen und dunkel-
blauen Flecken. In der Flügelzeichnung ist diese Art sehr
variabel.

Die Raupe ist bisher nicht
beschrieben; verwandte Arten
haben Raupen mit auffälligen
Hörnern am Kopf.

• VERBREITUNG Von Pakistan
und N-Indien bis Birma.

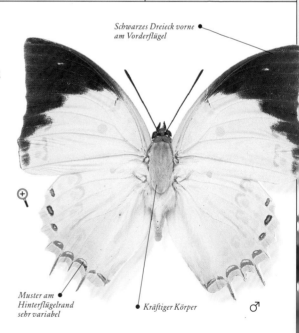

Schwarzes Dreieck vorne •
am Vorderflügel

Muster am •
Hinterflügelrand
sehr variabel

• Kräftiger Körper ♂

INDO-AUSTRALISCH

Aktivitätszeit ☼	Habitat 🌿	Spannweite 9,5 – 10 cm

Familie NYMPHALIDAE	Art *Polyura pyrrhus*	Autor Linné

POLYURA PYRRHUS

Die Ausdehnung des schwarzen Feldes auf der Flügeloberseite ist sehr unterschiedlich; manche Exemplare sind überwiegend cremegelb mit nur schmalen schwarzen Streifen. Immer vorhanden ist ein blaues Band am Hinterrand des Hinterflügels, das sich bis in die beiden Schwanzanhänge zieht. Die Unterseite ist braun, in der Mitte mit einem cremeweißen, schwarz umrandeten Feld. Der Außenrand des Hinterflügels ist orange mit schwarzer Einfassung, darin eine Reihe kastanienbrauner Flecken. Die Geschlechter sind gleich. Die Falter haben einen kraftvollen Flug; sie ruhen oft hoch oben in den Baumwipfeln, saugen aber gern an faulenden Früchten auf dem Erdboden. Früher als Unterarten angesehenen Formen, wie z.B. *semproneus* FABRICIUS in Australien, gelten jetzt als eigene Arten. Die Raupe ist grün und fein weiß gesprenkelt. Sie hat eine gelbe Seitenlinie und mindestens zwei gelbe Querbänder. Sie frißt an Akazien.
• VERBREITUNG Von Malakka bis Papua-Neuguinea und Australien.

Die Raupe ist auf ihrer Futterpflanze gut getarnt •

RAUPE VON
POLYURA PYRRHUS

• *Doppelter Fleck im Zentrum des Vorderflügels*

Rand des Vorderflügels durchgehend schwarz •

Variable Tupfen am Flügelrand •

♀

Blaues Band zieht sich • *bis in die Flügelfortsätze*

INDO-AUSTRALISCH

Aktivitätszeit ☼	Habitat 🌲	Spannweite 7–9 cm

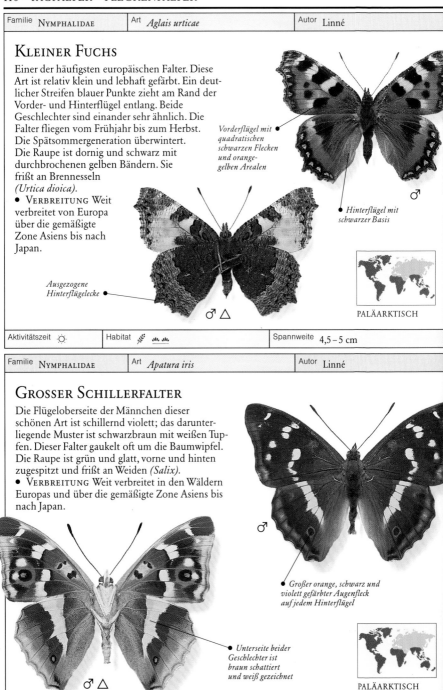

| Familie NYMPHALIDAE | Art *Aglais urticae* | Autor Linné |

KLEINER FUCHS

Einer der häufigsten europäischen Falter. Diese Art ist relativ klein und lebhaft gefärbt. Ein deutlicher Streifen blauer Punkte zieht am Rand der Vorder- und Hinterflügel entlang. Beide Geschlechter sind einander sehr ähnlich. Die Falter fliegen vom Frühjahr bis zum Herbst. Die Spätsommergeneration überwintert. Die Raupe ist dornig und schwarz mit durchbrochenen gelben Bändern. Sie frißt an Brennesseln *(Urtica dioica).*
• VERBREITUNG Weit verbreitet von Europa über die gemäßigte Zone Asiens bis nach Japan.

Vorderflügel mit quadratischen schwarzen Flecken und orange-gelben Arealen

Hinterflügel mit schwarzer Basis

♂

Ausgezogene Hinterflügelecke

♂ △

PALÄARKTISCH

| Aktivitätszeit ☼ | Habitat | Spannweite 4,5 – 5 cm |

| Familie NYMPHALIDAE | Art *Apatura iris* | Autor Linné |

GROSSER SCHILLERFALTER

Die Flügeloberseite der Männchen dieser schönen Art ist schillernd violett; das darunterliegende Muster ist schwarzbraun mit weißen Tupfen. Dieser Falter gaukelt oft um die Baumwipfel. Die Raupe ist grün und glatt, vorne und hinten zugespitzt und frißt an Weiden *(Salix).*
• VERBREITUNG Weit verbreitet in den Wäldern Europas und über die gemäßigte Zone Asiens bis nach Japan.

♂

Großer orange, schwarz und violett gefärbter Augenfleck auf jedem Hinterflügel

Unterseite beider Geschlechter ist braun schattiert und weiß gezeichnet

♂ △

PALÄARKTISCH

| Aktivitätszeit ☼ | Habitat | Spannweite 6 – 7,5 cm |

| Familie NYMPHALIDAE | Art *Asterocampa celtis* | Autoren Boisduval & Leconte |

ASTEROCAMPA CELTIS

Dieser braune Falter trägt ein sehr variables kompliziertes Flügelmuster aus dunkelbraunen Flecken und Bändern. Die Spitzen der Vorderflügel sind charakteristisch weiß gepunktet. Weibchen sind größer und blasser als Männchen, ihre Hinterflügel sind stärker gerundet. Die Falter fliegen, abhängig von der geographischen Lage, vom Frühjahr bis zum Herbst. Die Raupe ist hellgrün mit gelben Streifen. Der Kopf trägt kleine, verzweigte Hörnchen. Sie frißt an Zürgelbäumen *(Celtis)*.

• VERBREITUNG Weit verbreitet in Nordamerika, vom nördlichen Ontario bis Florida und Texas.

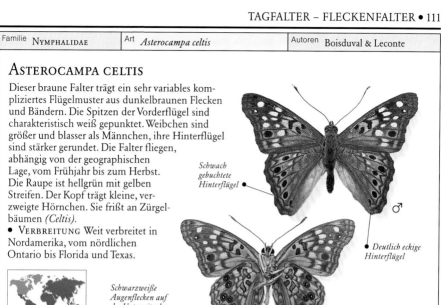

Schwach gebuchtete Hinterflügel

♂

Deutlich eckige Hinterflügel

Schwarzweiße Augenflecken auf der Unterseite der Hinterflügel

♂ △

NEARKTISCH

| Aktivitätszeit ☿ | Habitat ❦ | Spannweite 4 – 5,5 cm |

| Familie NYMPHALIDAE | Art *Argynnis lathonia* | Autor Linné |

KLEINER PERLMUTTERFALTER

Diese Art mit schwarz gepunkteten Vorderflügeln und eckigen Hinterflügeln ist einer der auffälligsten europäischen Perlmutterfalter. Die Oberseite beider Geschlechter ist orangerot mit schwarz. Die Unterseite zeigt auffällige Perlmutterflecken. Die Falter fliegen vom Frühjahr bis zum Herbst.
Die Raupe ist schwarz mit weißen Punkten, einem weißen Doppelstreifen und braunen Stacheln auf dem Rücken. Sie frißt an Veilchen *(Viola)*.

• VERBREITUNG Weit verbreitet in Südeuropa und Nordafrika; nach Norden wandernd. Östlich über die gemäßigte Zone Asiens bis nach W-China.

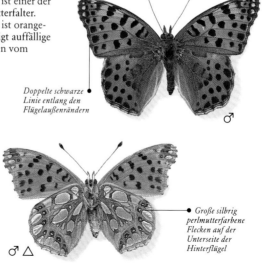

Doppelte schwarze Linie entlang den Flügelaußenrändern

♂

Große silbrig perlmutterfarbene Flecken auf der Unterseite der Hinterflügel

♂ △

PALÄARKTISCH

| Aktivitätszeit ☿ | Habitat ⚘ ⚘ | Spannweite 4 – 4,5 |

Familie NYMPHALIDAE	Art *Euthalia aconthea*	Autor Cramer

EUTHALIA ACONTHEA

Die Männchen haben dunkelbraune Flügel mit schwarzbrauner Zeichnung und einem weißgrauen Band auf den Vorderflügeln. Die Weibchen sind größer als die Männchen, blasser gefärbt und gewöhnlich durch variable Weißtöne auf Vorder- und Hinterflügeln gekennzeichnet. Die Unterseite beider Geschlechter ist blaßbraun mit einer Reihe schwarzer Punkte entlang den Flügelrändern und ringförmigen schwarzen Flecken an der Flügelbasis. Die Raupe ist grün mit einem gelben Längsstreifen auf dem Rücken. Sie frißt an Mango- *(Mangifera indica)* und Nierenbäumen *(Anacardium).*

• VERBREITUNG
Bekannt von Indien und Sri Lanka bis China, Malaysia und Indonesien.

INDO-AUSTRALISCH

♂

• *Randliches Band U- und V-förmiger Zeichnungen auf den Vorderflügeln*

• *Rundere Hinterflügel beim Weibchen*

♀

Aktivitätszeit ☼	Habitat 🌿 🌴	Spannweite 5,5 – 6 cm

Familie NYMPHALIDAE	Art *Eurytela dryope*	Autor Cramer

EURYTELA DRYOPE

Dieser dunkelbraune Falter ist unverkennbar. Ein breites orangefarbenes Band zieht sich über Vorder- und Hinterflügel. Die Unterseite der Flügel ist auf blaßbraunem Grund dunkel schokoladenbraun gebändert und durch einen breiten bräunlichweißen äußeren Rand abgegrenzt. Beide Geschlechter sind gleich gefärbt. Die Falter findet man oft im Rüttelflug über Bäumen und Büschen. Sie ernähren sich von Baumsäften, besuchen aber zuweilen auch Blüten. Die Raupe ist graugrün und dornig; sie frißt an Rizinus *(Ricinus communis), Tragia benthamii* und *Gitega.*

• VERBREITUNG Diese Art ist im tropischen und südlichen Afrika sehr weit verbreitet. Sie kommt auch auf Madagaskar und im Nahen Osten vor.

AFROTROPISCH

♂

• *Dunkelbrauner Rand auf der Unterseite der Hinterflügel*

• *Deutlich gewellte Flügelränder*

♂ △

Aktivitätszeit ☼	Habitat 🌴	Spannweite 5 – 6 cm

Familie NYMPHALIDAE	Art *Phyciodes tharos*	Autor Drury

PHYCIODES THAROS

Dies ist ein in Nordamerika häufiger Falter. Seine
Oberseite ist orange mit schwarzbraunem Saum
und schwarzer Zeichnung an der Flügelbasis.
Die Unterseite der Vorderflügel ist blaßorange
mit je zwei schwarzen Flecken am Hinterrand.
Am Rand der Hinterflügel fällt zudem eine
kleine halbmondförmige Zeichnung auf.
Die Raupe und ihre
Futterpflanzen sind
unbekannt.
• VERBREITUNG Weit
verbreitet von Neufund-
land bis Mexiko.

*Reihe von
Punkten auf den
Hinterflügeln* •

♂

*Weißer
Halbmond
am Hinter-
• flügelrand*

NEARKTISCH

♂ △

Aktivitätszeit ☼	Habitat 〰〰	Spannweite 2,5 – 4 cm

Familie NYMPHALIDAE	Art *Charaxes jasius*	Autor Linné

ERDBEERBAUMFALTER

Der Erdbeerbaumfalter ist die einzige Art dieser
Faltergruppe (Unterfamilie), die auch in Europa
anzutreffen ist. Die Oberseite ist dunkelbraun mit
breitem orangem Flügelsaum. Am Ansatz der paari-
gen Schwanzanhänge finden sich blaue Punkte. Die
Unterseite ist rotbraun, blaßgelb
und weiß mit durchbroche-
nen grauvioletten Bändern.
Weibchen sind größer als
Männchen.
Die Raupe ist weiß gesprenkelt
auf grünem Grund. Sie frißt am
Erdbeerbaum *(Arbutus unedo).*
• VERBREITUNG Von der europäischen Mittelmeerküste bis
in das tropische und südliche
Afrika.

*Rauchgelbe
Vorderflügelränder* •

*Düster schwarz-
• braune Oberseite*

*Hinterflügel
schwarz
umrandet* •

♀

*• Blasser innerer
Hinterflügelrand*

AFROTROPISCH

Aktivitätszeit ☼	Habitat 🌿 🌱 〰〰	Spannweite 7,5 – 8 cm

Familie NYMPHALIDAE	Art *Doleschallia bisaltide*	Autor Cramer

DOLESCHALLIA BISALTIDE

Dieser Falter ist kastanienbraun, die Vorderflügel mit schwarzbraunen Rändern. Durch die Flügelform und die Färbung der Unterseite erinnert der Falter in Ruhehaltung an ein totes Blatt. Die Raupe ist schwarz mit zwei Punktreihen auf dem Rücken. Sie frißt an *Artocarpus heterophyllus*.

• VERBREITUNG Von Indien und Sri Lanka bis nach Thailand, Japan, den Philippinen, Indonesien, den Salomoninseln und Vanuata.

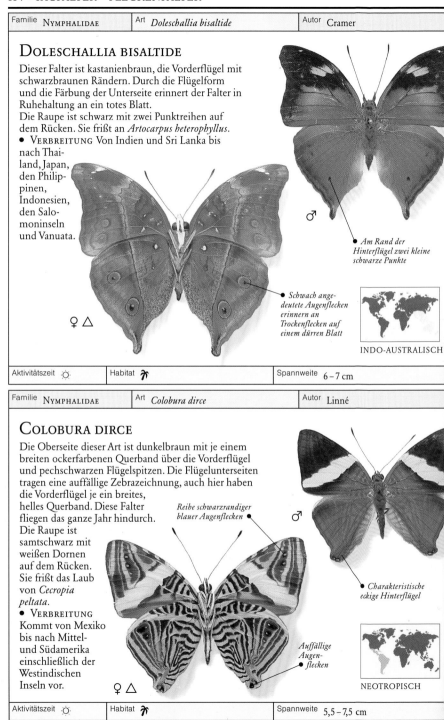

♂

• *Am Rand der Hinterflügel zwei kleine schwarze Punkte*

♀ △

Schwach angedeutete Augenflecken erinnern an Trockenflecken auf einem dürren Blatt

INDO-AUSTRALISCH

Aktivitätszeit ☼	Habitat ⚘	Spannweite 6 – 7 cm

Familie NYMPHALIDAE	Art *Colobura dirce*	Autor Linné

COLOBURA DIRCE

Die Oberseite dieser Art ist dunkelbraun mit je einem breiten ockerfarbenen Querband über die Vorderflügel und pechschwarzen Flügelspitzen. Die Flügelunterseiten tragen eine auffällige Zebrazeichnung, auch hier haben die Vorderflügel je ein breites, helles Querband. Diese Falter fliegen das ganze Jahr hindurch.
Die Raupe ist samtschwarz mit weißen Dornen auf dem Rücken. Sie frißt das Laub von *Cecropia peltata*.

• VERBREITUNG Kommt von Mexiko bis nach Mittel- und Südamerika einschließlich der Westindischen Inseln vor.

Reihe schwarzrandiger blauer Augenflecken •

♂

• *Charakteristische eckige Hinterflügel*

♀ △

Auffällige Augenflecken

NEOTROPISCH

Aktivitätszeit ☼	Habitat ⚘	Spannweite 5,5 – 7,5 cm

Familie NYMPHALIDAE	Art *Rhinopalpa polynice*	Autor Cramer

RHINOPALPA POLYNICE

Die Oberseite dieses bizarr geformten
Falters ist orangebraun mit breiten
schwarzbraunen Flügelsäumen und je
drei dunklen Punkten auf den Hinter-
flügeln. Die Unterseite trägt ein wirres
Muster aus braunen und rotbraunen
Bändern und Strichen, durchzogen von
feinem silberblauem Geäder und einer
Reihe schwarzweißer Augenflecken.
Die Raupe ist anscheinend nicht
beschrieben. Vermutlich frißt sie an
Poikilospermum suaveolens.
• VERBREITUNG Dicht bewaldete Gebiete
von Indien und Malaysia bis Indonesien.

*Ungewöhnlich tief geschweifter
• Rand der Vorderflügel*

*Charakteristische •
kurze Hinter-
flügelschwänze*

INDO-AUSTRALISCH

♂

Aktivitätszeit ☼	Habitat 🌿	Spannweite 7–8 cm

Familie NYMPHALIDAE	Art *Parathyma nefte*	Autor Cramer

PARATHYMA NEFTE

Dieser Falter ist lebhaft orange und braun gefärbt.
Die Unterseite des Männchens ist wie die Oberseite
orangebraun mit weißer Zeichnung und zeigt ein
auffälliges Band schwarzer Punkte auf den Hinterflügeln, dazu ein Querband aus größeren rosigorangen
Tupfen. Die Weibchen werden oft von den Blüten
des Wandelröschens *(Lantana)* angelockt.
Die Raupe ist stachelig und überwiegend braun mit
einem großen dunkelroten Fleck in der Rückenmitte. Sie frißt an *Glochidion* und *Mussaenda.*
• VERBREITUNG
Häufig in niede-
ren Lagen im
dichten Regenwald
Indiens, Pakistans,
Birmas und
Malaysias.

♂

*• Orangefarbenes Band
entlang den Flügelrändern
bei beiden Geschlechtern*

*Weibchen ähneln den •
Männchen, sind aber
blasser und mehr
gelblich getönt*

♀

INDO-AUSTRALISCH

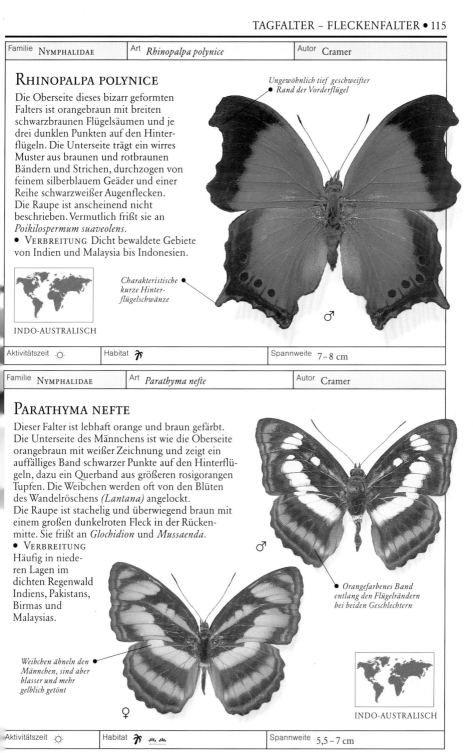

Aktivitätszeit ☼	Habitat 🌿	Spannweite 5,5–7 cm

Familie NYMPHALIDAE	Art *Charaxes bernardus*	Autor Fabricius

CHARAXES BERNARDUS

Dieser prächtige Falter aus der Gattung *Charaxes* ist orange mit einem breiten weißen Feld nahe der Flügelmitte und schwarzbraunen Vorderflügelspitzen. Die Unterseite ist graubraun mit einem unregelmäßigen dunklen Linienmuster. Weibchen sind ähnlich gemustert wie Männchen, aber größer und mit längeren Hinterflügelanhängen. Die Falter fliegen schnell in der Wipfelregion der Bäume.

Die Raupe ist dunkelgrün mit roten Punkten und trägt vier rote Hörnchen am Kopf. Sie frißt an verschiedenen tropischen Bäumen und Büschen wie dem Sandelholz *(Adenanthera pavonia)*.

• **VERBREITUNG** In den Urwäldern von Indien, Pakistan, Sri Lanka, Birma und Malaysia.

Rötlichbraune Flügelvorderkante

Dreieckige Vorderflügel

Hinterflügel mit Längsband schwarzer Flecken mit weißen Punkten in der Mitte

Zwei weiße Tupfen auf den Vorderflügelspitzen

♂

Leicht keulenförmige Fühler

Männchen mit kleinen, dreieckigen Schwanzanhängen

Fortsetzung der weißen Flügelbänder auf den Hinterflügeln

♀

Weiße Flächen an der Innenkante der Hinterflügel

INDO-AUSTRALISCH

Aktivitätszeit ☼	Habitat 𐦩	Spannweite 9–12 cm

Familie NYMPHALIDAE	Art *Brenthis ino*	Autor Rottemburg

Mädesüss-Perlmutterfalter oder Violetter Silberfalter

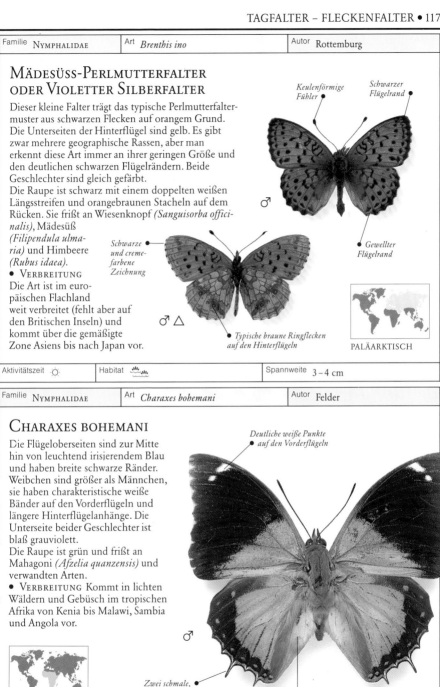

Dieser kleine Falter trägt das typische Perlmutterfalter-muster aus schwarzen Flecken auf orangem Grund. Die Unterseiten der Hinterflügel sind gelb. Es gibt zwar mehrere geographische Rassen, aber man erkennt diese Art immer an ihrer geringen Größe und den deutlichen schwarzen Flügelrändern. Beide Geschlechter sind gleich gefärbt.
Die Raupe ist schwarz mit einem doppelten weißen Längsstreifen und orangebraunen Stacheln auf dem Rücken. Sie frißt an Wiesenknopf *(Sanguisorba offici-nalis)*, Mädesüß *(Filipendula ulma-ria)* und Himbeere *(Rubus idaea)*.
• VERBREITUNG
Die Art ist im europäischen Flachland weit verbreitet (fehlt aber auf den Britischen Inseln) und kommt über die gemäßigte Zone Asiens bis nach Japan vor.

Keulenförmige Fühler
Schwarzer Flügelrand
♂
Schwarze und creme-farbene Zeichnung
Gewellter Flügelrand
♂ △
Typische braune Ringflecken auf den Hinterflügeln
PALÄARKTISCH

Aktivitätszeit ☀	Habitat	Spannweite 3 – 4 cm

Familie NYMPHALIDAE	Art *Charaxes bohemani*	Autor Felder

Charaxes bohemani

Die Flügeloberseiten sind zur Mitte hin von leuchtend irisierendem Blau und haben breite schwarze Ränder. Weibchen sind größer als Männchen, sie haben charakteristische weiße Bänder auf den Vorderflügeln und längere Hinterflügelanhänge. Die Unterseite beider Geschlechter ist blaß grauviolett.
Die Raupe ist grün und frißt an Mahagoni *(Afzelia quanzensis)* und verwandten Arten.
• VERBREITUNG Kommt in lichten Wäldern und Gebüsch im tropischen Afrika von Kenia bis Malawi, Sambia und Angola vor.

Deutliche weiße Punkte auf den Vorderflügeln
♂
Zwei schmale, spitze Anhänge
Blaßbrauner Innenrand
AFROTROPISCH

Aktivitätszeit ☀	Habitat	Spannweite 7,5 – 10,8 cm

Familie NYMPHALIDAE	Art Hypolimnas bolina	Autor Linné

HYPOLIMNAS BOLINA

Es gibt mehrere geographische Rassen dieses Falters; generell sind die Männchen aber samtschwarz und haben mehrere große weiße Flecken mit violettem Rand in der Mitte aller vier Flügel. Die größeren Weibchen sind schwarzbraun mit mehreren weißen Flecken, zudem haben sie je einen orangeroten Fleck auf den Vorderflügeln. Bei einigen Formen fehlen diese orangefarbenen Flecken, und die weißen Tupfen sind größtenteils reduziert. Die Unterseite beider Geschlechter ist fast gleich gefärbt: braun mit Bändern aus weißen Punkten und Flecken. Die Vorderflügelspitzen sind rötlichbraun. Die Falter werden von Wandelröschen *(Lantana)* angelockt.

Die Raupe ist dunkelbraun oder schwarz mit orangegelben, verzweigten Stacheln und je einem gelben Seitenstreifen. Sie frißt an verschiedenen tropischen Pflanzen.

• VERBREITUNG Diese sehr weit verbreitete Art kommt von Indien bis Taiwan, Malaysia, Indonesien und Australien vor. Es sind viele Unterarten beschrieben.

*Stachelige
schwarze Raupe* •

RAUPE VON
HYPOLIMNAS BOLINA

• *Gewellte schwarzweiße
Flügelränder charakteristisch
für beide Geschlechter*

♂

Rötlichbraune •
Vorderflügelansätze

• *Vorderflügel
leicht geschweift*

♀

INDO-AUSTRALISCH

Aktivitätszeit ☼	Habitat 🌴 ⸜ ⸜	Spannweite 7–11 cm

Familie NYMPHALIDAE	Art *Hypolimnas salmacis*	Autor Drury

HYPOLIMNAS SALMACIS

Die Männchen sind tiefblau zur Flügelmitte hin und an den Flügelrändern schwarz mit einer Reihe weißer Punkte. Die Weibchen sind oft gelb getönt. Die Unterseite ist schokoladenbraun mit weißen Bändern und länglichen violetten Punkten. Die Raupe dieses Falters ist dunkelbraun und trägt rote Stacheln; sie frißt an *Urera hypselodendron* und *Fleurya*.
• VERBREITUNG Tieflandwälder im tropischen W- bis O-Afrika.

Weiße Punkte auf den Vorderflügelspitzen unterscheiden den Falter • *von ähnlichen Arten*

Gewellter schwarz-weißer Flügelrand •

AFROTROPISCH

♂

Aktivitätszeit ☼	Habitat 🌿	Spannweite 9 – 9,5 cm

Familie NYMPHALIDAE	Art *Prepona meander*	Autor Cramer

PREPONA MEANDER

Dieser prachtvolle Falter gehört einer Gruppe ähnlicher Arten an. Die metallisch grünlichblauen Spiegel auf schwarzem Flügelgrund sind unterschiedlich deutlich ausgeprägt. Die Unterseite ist unauffällig graubraun mit einem dunkelbraunen Querband in der Flügelmitte. Beide Geschlechter sind gleich gefärbt. Im Flug erzeugt der Falter ein knatterndes Geräusch. Die Raupe trägt zwei stachelige Hörnchen auf dem Kopf. Sie frißt an Pflanzen der Familie Annonaceae.
• VERBREITUNG Weit verbreitet in Mittel- und Südamerika einschließlich der Westindischen Inseln.

Blaues Band löst sich an der Flügelspitze in Flecken auf •

Leicht gewellte Außenkante der Hinterflügel •

NEOTROPISCH

Kräftiger Körper •

♀

Aktivitätszeit ☼	Habitat 🌿	Spannweite 8 – 10,8 cm

| Familie NYMPHALIDAE | Art *Junonia coenia* | Autor Hübner |

JUNONIA COENIA

Die markanten Augenflecken dieses Falters
machen die Art unverwechselbar, wenn die
Zeichnung auch in weiten Grenzen variieren
kann. Beide Geschlechter sind gleich gefärbt.
Die Raupe ist grün bis schwarzgrau mit oranger
und gelber Zeichnung. Sie frißt an Wegerich
(Plantago).
• VERBREITUNG Weit
verbreitet in Nordame-
rika, von Ontario bis
Florida, und in Mexiko
auf Ackerland und an
Flußufern.

NEARKTISCH

Charakteristische orange
• *Flecken auf den Vorderflügeln*

♂

• *Große*
Augen-
flecken

| Aktivitätszeit ☼ | Habitat 〰〰 | Spannweite 5 – 6 cm |

| Familie NYMPHALIDAE | Art *Junonia villida* | Autor Fabricius |

JUNONIA VILLIDA

Diese Art hat ein Paar schwarz-violetter Augenflecken auf jedem Flügel und drei auffällige helle
Flecken an den Flügelspitzen. Die Unterseite ist auf
graubraunem Grund dunkler gefleckt, aber ohne
Augenflecken auf den Hinterflügeln. Die Weibchen
unterscheiden sich von den Männchen nur durch
stärker abgerundete Flügel.
Die Raupe frißt an
Wegerich *(Plantago).*
• VERBREITUNG Von
Papua-Neuguinea bis
nach Australien und den
südpazifischen Inseln.

INDO-AUSTRALISCH

Orange Balken auf
den Vorderflügeln •

♂

• *Braun-weißer Streifen*
am Hinterflügelrand

| Aktivitätszeit ☼ | Habitat 〰〰 | Spannweite 4 – 5,5 cm |

| Familie NYMPHALIDAE | Art *Charidryas nycteis* | Autor Doubleday |

CHARIDRYAS NYCTEIS

Ganz auffällig ist das Band schwarzer Punkte auf
dem Hinterflügel dieses orange und schwarz
gefärbten Falters. Unterseits sind die Vorderflügel
ähnlich gefärbt wie oberseits; die Hinterflügelunter-
seiten jedoch sind gelblichweiß mit einer orangen
und schwarzen Zeichnung und silbrigen Punkten.
Die Raupe ist schwarz
und stachelig.
• VERBREITUNG Wie-
sen und Triften von
Kanada bis Arizona,
Texas und Georgia in
den USA.

NEARKTISCH

Gestreifte
Flügelränder •

♂

• *Reihe schwarzer*
Flecken mit weißem
Zentrum auf den
Hinterflügeln

• *Abwechselnd schwarze*
und orange Bänder ziehen
sich über Vorder- und
Hinterflügel

| Aktivitätszeit ☼ | Habitat   〰〰 | Spannweite 3 – 5 cm |

Familie NYMPHALIDAE	Art *Salamis parhassus*	Autor Drury

SALAMIS PARHASSUS

Dieser perlmutterglänzende Falter
erscheint in einem leuchtenden hellen
Grün, irisierend violett überlaufen.
Auf Vorder- und Hinterflügeln sind
dunkle, am Hinterflügelrand leuchtend gefärbte Augenflecken. Die Unterseite ähnelt der Oberseite, ihr fehlt aber
die dunkle Randzeichnung, und sie
trägt nur kleine rote Augenflecken.
Die Geschlechter sind gleich gefärbt.
Die Raupe ist stachelig und dunkelbraun mit einem Band orangeroter
Flecken auf dem Rücken.
• VERBREITUNG Gewöhnlich in dichten Wäldern, besonders an Flüssen, im
tropischen und südlichen Afrika.

*Hakenförmige
Flügelspitzen* •

AFROTROPISCH

*Kurze, dolchartige
Schwanzanhänge* •

♂

*Leuchtend gefärbte
Augenflecken erschrecken Freßfeinde* •

Aktivitätszeit ☼	Habitat 🌴	Spannweite 7,5 – 10 cm

Familie NYMPHALIDAE	Art *Junonia orithya*	Autor Linné

JUNONIA ORITHYA

Die Männchen haben größtenteils schwarze Vorderflügel mit hellen Querbändern und orange
gerandeten Augenflecken. Die Weibchen sind
größer als die Männchen, matter gefärbt, und
ihre Hinterflügel sind weniger blau getönt.
Bei beiden Geschlechtern trägt die Unterseite
eine weiße Zeichnung auf graubraunem Grund.
Die Raupe ist kurz bestachelt und schwarz mit
gelben und orangen Flecken. Sie frißt an verschiedenen Pflanzen.
• VERBREITUNG Von Afrika bis Indien,
Malaysia und
Australien.

♂

• *Schwarzweiße
Hinterflügelränder
bei beiden Geschlechtern*

*Größere Augenflecken
auf den Hinterflügeln
des Weibchens* •

*Stärker
gerundete
Flügel der
Weibchen* •

AFROTROPISCH
INDO-AUSTRALISCH

♀

Aktivitätszeit ☼	Habitat 🌾 🌾	Spannweite 4 – 6 cm

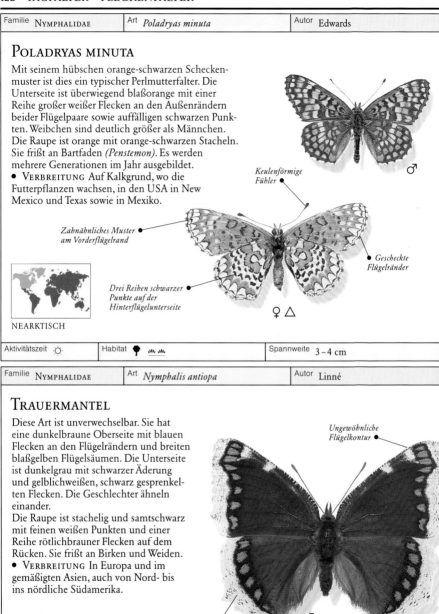

Familie NYMPHALIDAE	Art *Poladryas minuta*	Autor Edwards

POLADRYAS MINUTA

Mit seinem hübschen orange-schwarzen Schecken-muster ist dies ein typischer Perlmutterfalter. Die Unterseite ist überwiegend blaßorange mit einer Reihe großer weißer Flecken an den Außenrändern beider Flügelpaare sowie auffälligen schwarzen Punkten. Weibchen sind deutlich größer als Männchen. Die Raupe ist orange mit orange-schwarzen Stacheln. Sie frißt an Bartfaden *(Penstemon)*. Es werden mehrere Generationen im Jahr ausgebildet.

• VERBREITUNG Auf Kalkgrund, wo die Futterpflanzen wachsen, in den USA in New Mexico und Texas sowie in Mexiko.

Keulenförmige Fühler ♂

Zahnähnliches Muster am Vorderflügelrand

Gescheckte Flügelränder

Drei Reihen schwarzer Punkte auf der Hinterflügelunterseite

♀ △

NEARKTISCH

Aktivitätszeit ☼	Habitat	Spannweite 3 – 4 cm

Familie NYMPHALIDAE	Art *Nymphalis antiopa*	Autor Linné

TRAUERMANTEL

Diese Art ist unverwechselbar. Sie hat eine dunkelbraune Oberseite mit blauen Flecken an den Flügelrändern und breiten blaßgelben Flügelsäumen. Die Unterseite ist dunkelgrau mit schwarzer Äderung und gelblichweißen, schwarz gesprenkelten Flecken. Die Geschlechter ähneln einander.

Die Raupe ist stachelig und samtschwarz mit feinen weißen Punkten und einer Reihe rötlichbrauner Flecken auf dem Rücken. Sie frißt an Birken und Weiden.

• VERBREITUNG In Europa und im gemäßigten Asien, auch von Nord- bis ins nördliche Südamerika.

Ungewöhnliche Flügelkontur

Fein gesprenkelter gelber Rand

♂

Auffällige Reihe blauer Punkte in einem schwarzen Band

HOLARKTISCH

Aktivitätszeit ☼	Habitat	Spannweite 6 – 8 cm

| Familie NYMPHALIDAE | Art *Nymphalis polychloros* | Autor Linné |

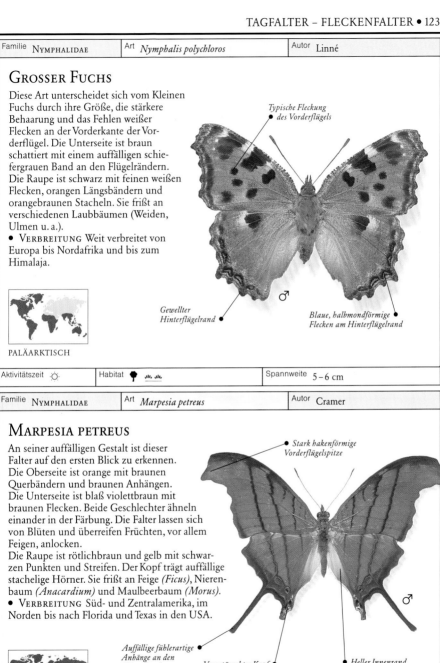

GROSSER FUCHS

Diese Art unterscheidet sich vom Kleinen Fuchs durch ihre Größe, die stärkere Behaarung und das Fehlen weißer Flecken an der Vorderkante der Vorderflügel. Die Unterseite ist braun schattiert mit einem auffälligen schiefergrauen Band an den Flügelrändern. Die Raupe ist schwarz mit feinen weißen Flecken, orangen Längsbändern und orangebraunen Stacheln. Sie frißt an verschiedenen Laubbäumen (Weiden, Ulmen u. a.).
• VERBREITUNG Weit verbreitet von Europa bis Nordafrika und bis zum Himalaja.

*Typische Fleckung
des Vorderflügels*

*Gewellter
Hinterflügelrand*

♂

*Blaue, halbmondförmige
Flecken am Hinterflügelrand*

PALÄARKTISCH

| Aktivitätszeit ☼ | Habitat ♥ ⸗, ⸗ | Spannweite 5 – 6 cm |

| Familie NYMPHALIDAE | Art *Marpesia petreus* | Autor Cramer |

MARPESIA PETREUS

An seiner auffälligen Gestalt ist dieser Falter auf den ersten Blick zu erkennen. Die Oberseite ist orange mit braunen Querbändern und braunen Anhängen. Die Unterseite ist blaß violettbraun mit braunen Flecken. Beide Geschlechter ähneln einander in der Färbung. Die Falter lassen sich von Blüten und überreifen Früchten, vor allem Feigen, anlocken.
Die Raupe ist rötlichbraun und gelb mit schwarzen Punkten und Streifen. Der Kopf trägt auffällige stachelige Hörner. Sie frißt an Feige *(Ficus)*, Nierenbaum *(Anacardium)* und Maulbeerbaum *(Morus)*.
• VERBREITUNG Süd- und Zentralamerika, im Norden bis nach Florida und Texas in den USA.

*Stark hakenförmige
Vorderflügelspitze*

♂

*Auffällige fühlerartige
Anhänge an den
Hinterflügeln*

*Vorgetäuschter Kopf
am Hinterflügel
verwirrt Feinde*

*Heller Innenrand
der Hinterflügel*

NEOTROPISCH

| Aktivitätszeit ☼ | Habitat 🌲 | Spannweite 7 – 7,5 cm |

Familie NYMPHALIDAE	Art *Basilarchia archippus*	Autor Cramer

BASILARCHIA ARCHIPPUS

Wegen seiner verblüffenden Ähnlichkeit mit dem Monarchfalter (*Danaus plexippus*, s. Seite 184) ist dieser Falter ein klassisches Beispiel für das Nachahmen einer Insektenart durch eine andere (Mimikry). Beide Arten unterscheiden sich jedoch durch ein schwarzes Querband, das bei *B. archippus* die Flügeladern der Hinterflügel kreuzt. Der Falter ist vom Frühling bis in den Herbst zu beobachten. Er wird besonders durch den Honigtau von Blattläusen angezogen.

♂

Die Raupe ist bucklig, olivgrün und braun gefleckt und hat zwei Haarbüschel hinter dem Kopf. Sie frißt an Weiden *(Salix)* und verwandten Laubbäumen.
• VERBREITUNG Von Kanada bis Mexiko.

NEARKTISCH
NEOTROPISCH   ♂ △

• *Schwarze Querlinie auf dem Hinterflügel*

Aktivitätszeit ☼	Habitat	Spannweite 7 – 7,5 cm

Familie NYMPHALIDAE	Art *Precis octavia*	Autor Cramer

PRECIS OCTAVIA

Dieser farbenprächtige Falter kommt in zwei jahreszeitlich unterschiedlichen Formen vor. In der Trockenzeit (s. Abb.) ist er dunkelbraun mit einer unterschiedlich deutlichen Blautönung; in der Regenzeit ist er orangerot mit dunkelbraunen Flecken und Rändern.
Die Raupe ist stachelig, dunkelbraun mit rötlichbraunem Kopf. Sie frißt an *Coleus* und anderen Lippenblütlern (Lamiaceae).
• VERBREITUNG Waldregionen des tropischen und südlichen Afrikas.

AFROTROPISCH

Band rot umrandeter schwarzer Punkte parallel zum Flügelrand •

♂

Gewellter Hinterflügelrand •

Aktivitätszeit ☼	Habitat 🐾	Spannweite 5 – 6 cm

| Familie NYMPHALIDAE | Art *Polygonia c-album* | Autor Linné |

C-Falter

Das Aussehen dieses Falters ist je nach Jahreszeit sehr variabel. Der wissenschaftliche und der deutsche Name verweisen auf das weiße „C" auf der Unterseite.
Die Raupe ist stachelig, schwarz mit orangebraunen Flecken und einem weißen Fleck auf dem Rücken. Sie frißt an Brennesseln *(Urtica dioica)*, Hopfen *(Humulus lupulus)* und anderen Pflanzen.
• VERBREITUNG Von Europa und Nordafrika bis nach Japan.

♂

• *Ausgefranst wirkender Vorderflügelrand*

Musterung der Flügelunterseite erinnert an ein verwelktes Blatt •

♂ △

PALÄARKTISCH

| Aktivitätszeit ☼ | Habitat ♣ ⚏ ⚏ | Spannweite 4,5 – 6 cm |

| Familie NYMPHALIDAE | Art *Pandoriana pandora* | Autoren Denis & Schiffermüller |

Kardinal oder Grosser Silberstrich

Die Oberseite dieses Perlmutterfalters gleicht der vieler anderer Arten, aber durch das schöne rosarote Feld auf der Unterseite der Vorderflügel ist er unverwechselbar.
Die Raupe ist schwarz-orange und bestachelt. Sie frißt an Veilchen *(Viola)*. •
• VERBREITUNG Von Süd- und Osteuropa bis Nordafrika, Iran und Pakistan.

♂

Breites schwarzes Band entlang den Flügelrändern •

♂ △

• *Kleine weiße Punkte auf der Unterseite der Hinterflügel*

PALÄARKTISCH

| Aktivitätszeit ☼ | Habitat ♣ | Spannweite 6 – 8 cm |

Familie NYMPHALIDAE	Art *Palla ussheri*	Autor Butler

PALLA USSHERI

Die Männchen sind gleich an dem breiten weißen Querband über die sonst schwarzen Vorderflügeln kenntlich. Weibchen sind größer und haben braune Flügel, die in der Mitte schwach orange gebändert sind. Die Falter sind hervorragende und schnelle Flieger. Die Raupe ist grün und braun gemustert. Sie erinnert an ein welkendes Blatt und frißt an *Porana densifolia, Bonamia poranoides* und *Toddalia.*
• VERBREITUNG Lebt in den tropischen Wäldern W-, O- und Z-Afrikas.

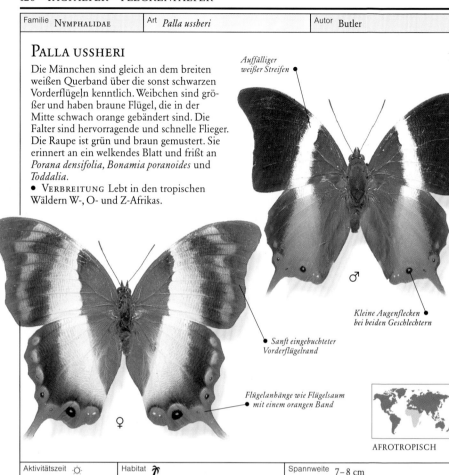

Auffälliger weißer Streifen

♂

Kleine Augenflecken bei beiden Geschlechtern

Sanft eingebuchteter Vorderflügelrand

Flügelanhänge wie Flügelsaum mit einem orangen Band

♀

AFROTROPISCH

Aktivitätszeit ☼	Habitat 🌴	Spannweite 7–8 cm

Familie NYMPHALIDAE	Art *Inachis io*	Autor Linné

TAGPFAUENAUGE

Im Gegensatz zu den auffällig gefärbten Flügeloberseiten sind die Unterseiten dunkelbraun mit violett-schwarzen Linien, was eine gute Tarnung darstellt.
Die Raupe ist schwarz und stachelig. Sie frißt an Brennesseln *(Urtica dioica)* und Hopfen *(Humulus lupulus).*
• VERBREITUNG In den kultivierten Regionen Europas, der gemäßigten Zone Asiens und in Japan weit verbreitet.

Die Augenflecken lenken Vögel von einem Angriff auf den ungeschützten Körper ab

♂

PALÄARKTISCH

Aktivitätszeit ☼	Habitat ⸎ ⸎	Spannweite 5,5–6 cm

Familie NYMPHALIDAE	Art *Kallima inachus*	Autor Boisduval

INDISCHER BLATTSCHMETTERLING

Die Oberseiten von Männchen und Weibchen sind leuchtend orange und tiefblau gefärbt. Dagegen bildet die braun gemusterte Unterseite zusammen mit der ungewöhnlichen Flügelgestalt die perfekteste Nachahmung (Mimese) eines Blattes, die man sich denken kann. Auf diese Tarnung bezieht sich auch der deutsche Vulgärname.

Die Raupe ist samtschwarz mit roten Stacheln und langen gelben Haaren. Sie frißt vornehmlich an *Girardinia* und *Strobilanthes*, aber auch an anderen Pflanzen.

• VERBREITUNG Weit verbreitet von Indien und Pakistan bis nach S-China und Taiwan.

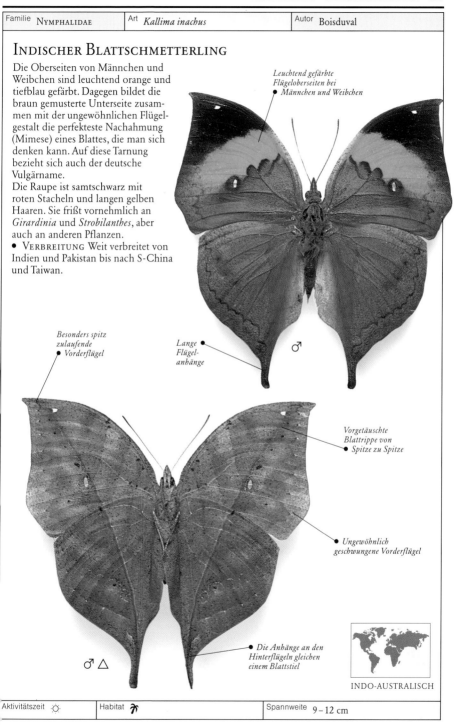

Leuchtend gefärbte Flügeloberseiten bei • Männchen und Weibchen

Besonders spitz zulaufende • Vorderflügel

Lange • Flügel-anhänge

♂

Vorgetäuschte Blattrippe von • Spitze zu Spitze

Ungewöhnlich geschwungene Vorderflügel

♂ △

Die Anhänge an den Hinterflügeln gleichen einem Blattstiel

INDO-AUSTRALISCH

Aktivitätszeit ☼	Habitat 🌴	Spannweite 9–12 cm

Familie NYMPHALIDAE	Art *Vindula erota*	Autor Fabricius

VINDULA EROTA

Die Mänchen sind orange bis braun mit
blasseren Bändern durch die Flügelmitte.
Die Unterseite ist ähnlich gefärbt, hat aber
eine rötlichbraune Linienzeichnung. Die Weib-
chen sind unscheinbar graubraun mit je einem
weißen Querband auf den Vorderflügeln und
einem orangen Band über die Hinterflügel. Die
Unterseite gleicht der der Männchen.
Die Raupe ist blaßgelb mit brauner Zeichnung.
Sie frißt an *Adenia* und Passionsblumen *(Passiflora)*.
• VERBREITUNG Lebt in Wäldern von Indien und
Pakistan bis nach Malaysia und Indonesien.

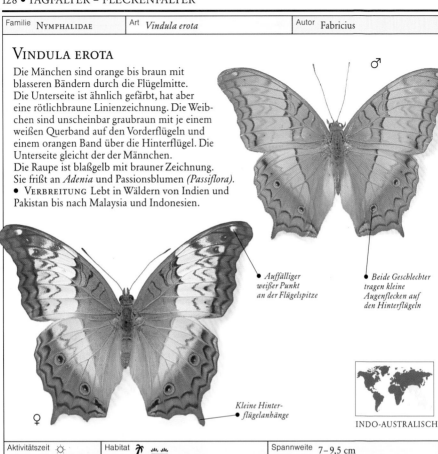

♂

• *Auffälliger
weißer Punkt
an der Flügelspitze*

• *Beide Geschlechter
tragen kleine
Augenflecken auf
den Hinterflügeln*

♀

• *Kleine Hinter-
flügelanhänge*

INDO-AUSTRALISCH

Aktivitätszeit ☀	Habitat 🏃 ⸱⸱⸱	Spannweite 7–9,5 cm

Familie NYMPHALIDAE	Art *Neptis sappho*	Autor Pallas

SCHWARZBRAUNER TRAUERFALTER

Diese europäische Art gehört zu einer Gattung, die sonst nur in Afrika und Südostasien
verbreitet ist. Das Flügelmuster des Falters mit
seinen weißen und schwarzen Bändern unterscheidet ihn von allen anderen europäischen
Arten. Die Unterseite ist rostrot bis braun.
Die Raupe ist glatt und hat vier Paar dorniger
Anhänge auf dem Rücken. Sie frißt an Platt-
erbsen *(Lathyrus)*.
• VERBREITUNG In
Wäldern und Gebüsch
in Mittelgebirgen Mittel-
und Osteuropas zu
finden.

*Querstreifen
in der Mitte der
Vorderflügel* •

♂

PALÄARKTISCH

• *Charakteristisches
weißes Doppelband
auf den Hinterflügeln*

Aktiitätszeit ☀	Habitat 🌳	Spannweite 4,5–5 cm

Familie NYMPHALIDAE	Art *Sasakia charonda*	Autor Hewitson

SASAKIA CHARONDA

Dieser prächtige Schmetterling ist der Nationalfalter Japans. Männchen haben dunkelbraune Flügel mit einem bronze-grünen Schimmer, die stark violett schillern. Die Weibchen sind ebenfalls braun, aber ohne den Farbschiller. Bei beiden Geschlechtern sind die Unterseiten der Vorderflügel schwärzlichbraun mit weißen Punkten und schwach graugrünen Spitzen. Die Unterseiten der Hinterflügel sind blaß graugrün mit helleren Punkten und mit einem rosaroten Fleck an der Innenkante der Hinterflügel. Die Art ist sehr variabel und in eine Vielzahl von Unterarten gegliedert. *Sasakia* ist ein hervorragender Flieger, der in den Sommermonaten anzutreffen ist.
Die Raupe ist grün und hat mehrere Paare spitz zulaufender, fleischiger Auswüchse auf dem Rücken. Der grüne Kopf hat zwei lange Hörner. Die Raupe frißt an Zürgelbäumen *(Celtis)*.
• VERBREITUNG China und Japan.

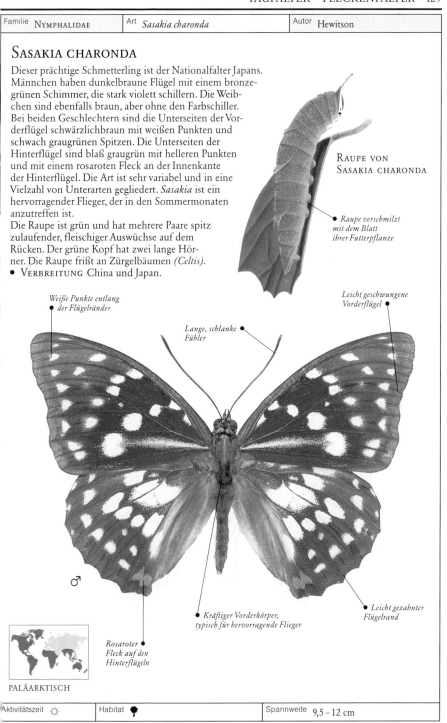

RAUPE VON
SASAKIA CHARONDA

• *Raupe verschmilzt mit dem Blatt ihrer Futterpflanze*

Weiße Punkte entlang • der Flügelränder

Leicht geschwungene Vorderflügel •

Lange, schlanke • Fühler

♂

Kräftiger Vorderkörper, • typisch für hervorragende Flieger

Leicht gezahnter Flügelrand •

Rosaroter • Fleck auf den Hinterflügeln

PALÄARKTISCH

Aktivitätszeit ☼	Habitat ♥	Spannweite 9,5 – 12 cm

Familie NYMPHALIDAE	Art *Kallimoides rumia*	Autor Westwood

AFRIKANISCHER BLATTSCHMETTERLING

Die Männchen dieser Art sind dunkelbraun mit purpurner und roter Zeichnung auf den Vorderflügeln. Die Weibchen sind größer, ihre Vorderflügel schwach blau, ihre Hinterflügel cremefarben. Auf der Unterseite trägt diese Art das braune Blattrippenmuster, das für diese Schmetterlingsgruppe typisch ist.
Die Raupe ist rötlichgrau mit schwarzen Linien.
Ihre Futterpflanze ist nicht bekannt.
• VERBREITUNG Tropisches O- und W-Afrika.

Rotglänzendes halbmondförmiges Feld quer über die Vorderflügel

Stark gebogene Vorderkante der Vorderflügel

Vorderflügel laufen weniger spitz zu als bei den meisten Kallima-Arten

Hinterflügel sind viel schlichter gefärbt als die Vorderflügel

Kleine weiße Punkte auf den Vorderflügelspitzen

♂

Violetter Streifen an der Spitze des Hinterflügels

Gelb umrandete schwarze Augenflecken auf den Hinterflügeln

♂ △

Mittellinie auf den Hinterflügeln gleicht einer Blattrippe

AFROTROPISCH

Aktivitätszeit ☿	Habitat 🜊	Spannweite 7–8 cm

| Familie NYMPHALIDAE | Art *Eurodryas aurinia* | Autor Rottemburg |

GOLDENER ODER SKABIOSENSCHECKENFALTER

Bei beiden Geschlechtern sind die Oberseiten orange, cremefarben und braun gefärbt. Die Unterseiten sind blasser mit spärlicherer schwarzer Zeichnung. Die Weibchen sind größer als die Männchen. Die Raupe ist schwarz mit weißen Punkten und stachelig. Sie frißt normalerweise an Teufelsabbiß *(Succisa pratensis)*.
• VERBREITUNG Weit verbreitet in Europa und im gemäßigten Asien.

PALÄARKTISCH

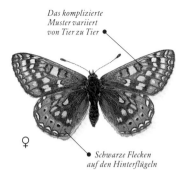

Das komplizierte Muster variiert von Tier zu Tier •

♀

• *Schwarze Flecken auf den Hinterflügeln*

| Aktivitätszeit ☼ | Habitat 〰〰 〰 〰 | Spannweite 3 – 4,5 cm |

| Familie NYMPHALIDAE | Art *Speyeria cybele* | Autor Fabricius |

SPEYERIA CYBELE

Beim Weibchen dieses großen amerikanischen Perlmutterfalters erscheinen die inneren Hälften der Vorder- und Hinterflügel schwarz berußt; diese dunkel beschuppten Flächen sind beim Männchen weniger scharf abgegrenzt. Die Flügelunterseiten sind blaßorange mit schwarzen Zeichnungen auf den Vorderflügeln und perlmutterfarbenen Flecken auf den Hinterflügeln.
Die Raupe ist schwarz und besetzt mit schwarzen, am Grunde orangen Stacheln. Sie frißt an Veilchen *(Viola rotundifolia)*.
• VERBREITUNG Von S-Kanada bis nach New Mexiko und Georgia in den USA.

NEARKTISCH

Charakteristische Flügelpunkte der Perlmutterfalter •

Gewellte • *Flügelränder*

♀

• *Bei manchen Tieren ist die Grundfärbung nicht orange, sondern eher strohgelb*

| Aktivitätszeit ☼ | Habitat 🌳 | Spannweite 5,5 – 7,5 cm |

Familie NYMPHALIDAE	Art *Hamadryas arethusa*	Autor Cramer

HAMADRYAS ARETHUSA

Diese Art gehört zu einer Schmetterlingsgruppe, die im Flug ein klickendes
Geräusch erzeugt. Der Falter hat auffällig
metallglänzende blaue Flecken auf Vorder-
und Hinterflügeln. Die Weibchen sind
größer als die Männchen und haben ein
weißes Querband auf den Vorderflügeln
und eine blaue Zeichnung auf den Hinterflügeln.
Die Raupe dieser Art ist nicht bekannt.
Die Raupen verwandter Arten sind stachelig und tragen auf dem Kopf gebogene
Hörnchen mit kugeliger Spitze.
• VERBREITUNG Von Mexiko bis nach
Bolivien.

Auffällig lange Fühler

Breite, runde Hinterflügel

Metallglänzende blaue Flecken auf Flügeln und Rumpf

♂

NEOTROPISCH

Aktivitätszeit ☼	Habitat 🏝	Spannweite 6 – 7 cm

Familie NYMPHALIDAE	Art *Euphaedra neophron*	Autor Hopffer

EUPHAEDRA NEOPHRON

Diese Art mit einem auffälligen orangen
Querband auf den sonst schwärzlichbraunen Vorderflügeln gehört zu einer
Gruppe afrikanischer Waldfalter (ca. 125
Arten). Die Ansätze der Vorderflügel
und die größten Teile der Hinterflügel
sind gewöhnlich purpurblau überlaufen,
bei manchen Tieren sind sie auch grünlich. Die Unterseiten sind blaß orangebraun mit helleren Bändern.
Die Raupe ist grün, hat zwei große rosarote Flecken auf dem Rücken und trägt
an den Seiten längere gefiederte
Stacheln. Sie frißt an *Deinbollia*.
• VERBREITUNG Tropisches Ostafrika.

Orange Flügelspitzen

♂

Gewellte Hinterflügelkante

Blasser Innenrand der Hinterflügel

AFROTROPISCH

Aktivitätszeit ☼	Habitat 🏝	Spannweite 6 – 7,5 cm

Familie NYMPHALIDAE	Art *Agrias claudia*	Autor Schulze

AGRIAS CLAUDIA

Ein sehr auffälliger Falter aus einer großen Gruppe leuchtend gefärbter südamerikanischer Schmetterlinge. Das Zinnoberrot der Vorderflügel sticht bei dieser Art besonders in die Augen. Geradezu ein Markenzeichen einer Reihe von Arten dieser Gattung ist das verwirrende Farbmuster auf den Hinterflügeln. Bei den Weibchen sind die Vorderflügel mehr orange, und rote Flecken auf den Hinterflügeln fehlen völlig. Die Raupe ist unbekannt.
• VERBREITUNG Weit verbreitet im tropischen Südamerika.

Halbkreisförmige, glänzend zinnoberrote Flecken auf den Vorderflügeln

♂

Gewellte Hinterflügelränder

Helle Duftschuppen auf dem Hinterflügel des Männchens

NEOTROPISCH

Aktivitätszeit ☼	Habitat 🌿	Spannweite 7–9 cm

Familie NYMPHALIDAE	Art *Diaethria clymena*	Autor Cramer

DIAETHRIA CLYMENA

Dies ist eine von mehreren Arten mit sehr ähnlichem Flügelmuster (s. *Callicore maimuna*, Seite 135). Das charakteristischste Merkmal ist die schwarzweiße „88" auf der Unterseite der Hinterflügel. Die Unterseiten der Vorderflügel sind leuchtend rot, schwarz und weiß gebändert. Im Gegensatz dazu sind die Flügeloberseiten eher eintönig dunkel, obwohl die schwarzen Flügel zuweilen metallisch blaue Bänder tragen können. Die Geschlechter sind sich ähnlich.
Die Raupe dieser Art ist grün mit gelber Zeichnung und hat zwei kleine Schwanzstacheln. Auf dem Kopf trägt sie zwei lange, spitze Hörner. Sie frißt an *Trema micrantha*.
• VERBREITUNG Weit verbreitet in Südamerika, in Brasilien häufig.

♂

Weiße Flügelränder

Die rote Färbung greift auf die Vorderkante der Hinterflügel über

Deutliche „88"

♂ △

NEOTROPISCH

Aktivitätszeit ☼	Habitat 🌿	Spannweite 4–4,5 cm

Familie NYMPHALIDAE	Art *Boloria selene*	Autoren Denis & Schiffermüller

BRAUNFLECKIGER PERLMUTTERFALTER

Dieser Perlmutterfalter trägt auf der Oberseite die
typische schwarze Scheckung auf orangem Grund.
Die lebhafte Zeichnung der Flügelunterseiten unterscheidet ihn von ähnlichen Arten.
Die Raupe ist braun und weiß getüpfelt. Sie hat gelblichbraune Stacheln und frißt an Veilchen *(Viola)*.
• VERBREITUNG Weit
verbreitet in Europa und
in den gemäßigten Zonen
Asiens, kommt ebenfalls
in Nordamerika vor.

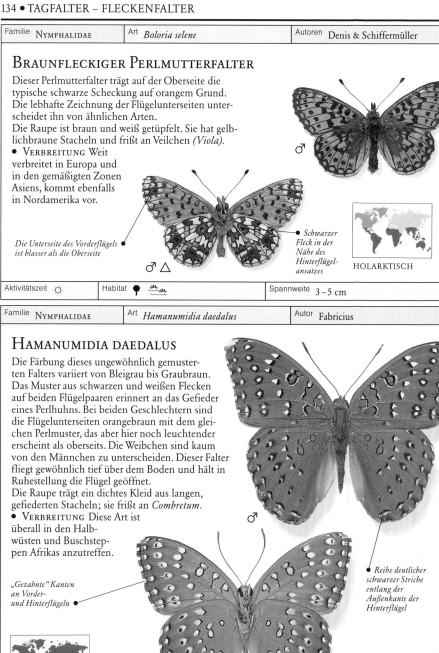

♂

*Die Unterseite des Vorderflügels
ist blasser als die Oberseite* •

♂ △

• *Schwarzer
Fleck in der
Nähe des
Hinterflügel-
ansatzes*

HOLARKTISCH

Aktivitätszeit ☼	Habitat ♣	Spannweite 3–5 cm

Familie NYMPHALIDAE	Art *Hamanumidia daedalus*	Autor Fabricius

HAMANUMIDIA DAEDALUS

Die Färbung dieses ungewöhnlich gemusterten Falters variiert von Bleigrau bis Graubraun.
Das Muster aus schwarzen und weißen Flecken
auf beiden Flügelpaaren erinnert an das Gefieder
eines Perlhuhns. Bei beiden Geschlechtern sind
die Flügelunterseiten orangebraun mit dem gleichen Perlmuster, das aber hier noch leuchtender
erscheint als oberseits. Die Weibchen sind kaum
von den Männchen zu unterscheiden. Dieser Falter
fliegt gewöhnlich tief über dem Boden und hält in
Ruhestellung die Flügel geöffnet.
Die Raupe trägt ein dichtes Kleid aus langen,
gefiederten Stacheln; sie frißt an *Combretum*.
• VERBREITUNG Diese Art ist
überall in den Halb-
wüsten und Buschstep-
pen Afrikas anzutreffen.

♂

*„Gezahnte" Kanten
an Vorder-
und Hinterflügeln* •

• *Reihe deutlicher
schwarzer Striche
entlang der
Außenkante der
Hinterflügel*

AFROTROPISCH

♂ △

• *Weißgefleckter
Flügelsaum*

Aktivitätszeit ☼	Habitat	Spannweite 5–6 cm

| Familie NYMPHALIDAE | Art *Callicore maimuna* | Autor Hewitson |

CALLICORE MAIMUNA

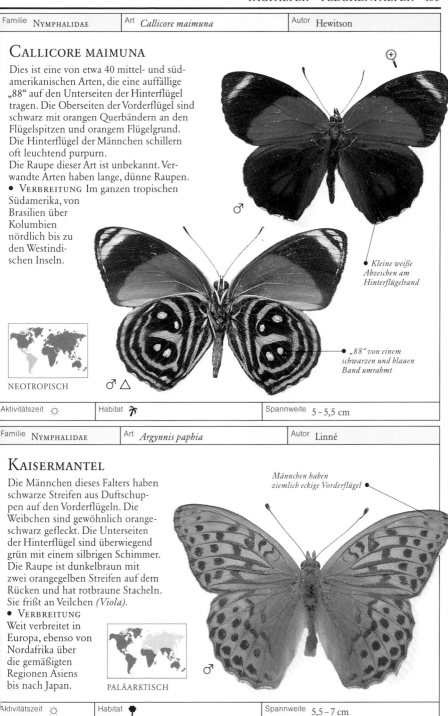

Dies ist eine von etwa 40 mittel- und südamerikanischen Arten, die eine auffällige
„88" auf den Unterseiten der Hinterflügel
tragen. Die Oberseiten der Vorderflügel sind
schwarz mit orangen Querbändern an den
Flügelspitzen und orangem Flügelgrund.
Die Hinterflügel der Männchen schillern
oft leuchtend purpurn.
Die Raupe dieser Art ist unbekannt. Verwandte Arten haben lange, dünne Raupen.
• VERBREITUNG Im ganzen tropischen
Südamerika, von
Brasilien über
Kolumbien
nördlich bis zu
den Westindi-
schen Inseln.

♂

*Kleine weiße
Abzeichen am
Hinterflügelrand*

*„88" von einem
schwarzen und blauen
Band umrahmt*

NEOTROPISCH ♂ △

| Aktivitätszeit ☼ | Habitat 🎋 | Spannweite 5 – 5,5 cm |

| Familie NYMPHALIDAE | Art *Argynnis paphia* | Autor Linné |

KAISERMANTEL

Die Männchen dieses Falters haben
schwarze Streifen aus Duftschup-
pen auf den Vorderflügeln. Die
Weibchen sind gewöhnlich orange-
schwarz gefleckt. Die Unterseiten
der Hinterflügel sind überwiegend
grün mit einem silbrigen Schimmer.
Die Raupe ist dunkelbraun mit
zwei orangegelben Streifen auf dem
Rücken und hat rotbraune Stacheln.
Sie frißt an Veilchen *(Viola)*.
• VERBREITUNG
Weit verbreitet in
Europa, ebenso von
Nordafrika über
die gemäßigten
Regionen Asiens
bis nach Japan.

*Männchen haben
ziemlich eckige Vorderflügel*

♂

PALÄARKTISCH

| Aktivitätszeit ☼ | Habitat ♣ | Spannweite 5,5 – 7 cm |

Familie NYMPHALIDAE	Art *Catacroptera cloanthe*	Autor Cramer

CATACROPTERA CLOANTHE

Oberseits hat dieser Falter eine rotbraune Grundfärbung mit je einer deutlichen Reihe aus schwarz umrandeten blauen Flecken auf Vorder- und Hinterflügeln. Der Vorderrand der Vorderflügel ist schwarz gesprenkelt, und alle Flügel sind dunkler gesäumt und zum Flügelgrund hin dunkel getönt. Die Männchen haben einen violetten Schillerglanz auf den Flügeloberseiten, der den größeren Weibchen fehlt. Die Unterseiten sind variabel gefärbt. Die Falter sammeln sich zum Trinken an Wasserlachen und besuchen Blüten. Die Raupe ist graugrün mit schwarzen Stacheln und hat einen braunen Kopf mit zwei höckerartigen Hörnchen. Sie frißt an *Gomphocarpus* und *Justicia*.

• VERBREITUNG
Häufig in den Steppen und Sümpfen Afrikas.

Vorderkante des Vorderflügels
• *schwarz gesprenkelt*

♂

• *Schuppenbüschel an den Flügelrändern*

• *Kleine Anhänge an den Hinterflügeln*

AFROTROPISCH

Aktivitätszeit ☼	Habitat 〰 〰 〰	Spannweite 5,5 – 7 cm

Familie NYMPHALIDAE	Art *Siproeta epaphus*	Autor Latreille

SIPROETA EPAPHUS

Dieser schwarzbraune Falter mit seinen leuchtend orangebraunen Flügelspitzen und weißen Bändern ist unverkennbar. Die Weibchen sind gefärbt wie die Männchen, aber etwas größer. Die Färbung der Unterseite ist blasser als die der Oberseite, und die weißen Bänder auf den Hinterflügeln sind orangebraun umrandet. Man trifft die Falter häufig beim Blütenbesuch in lichten Wäldern und an Waldrändern an; sie fliegen meist dicht über dem Boden. Die Raupe ist sehr charakteristisch; sie ist kastanienbraun und hat lange, verzweigte leuchtendgelbe Stacheln. Ihr Kopf ist glänzend schwarz. Sie frißt an *Ruellia*.

• VERBREITUNG
Lebt in den hohen Lagen der tropischen Regenwälder Mittel- und Südamerikas.

Dunkle Adern und
• *Vorderflügelränder*

♂

• *Kleiner, aber deutlich erkennbarer Anhang an den Hinterflügeln*

NEOTROPISCH

Aktivitätszeit ☼	Habitat 🌳	Spannweite 7 – 7,5 cm

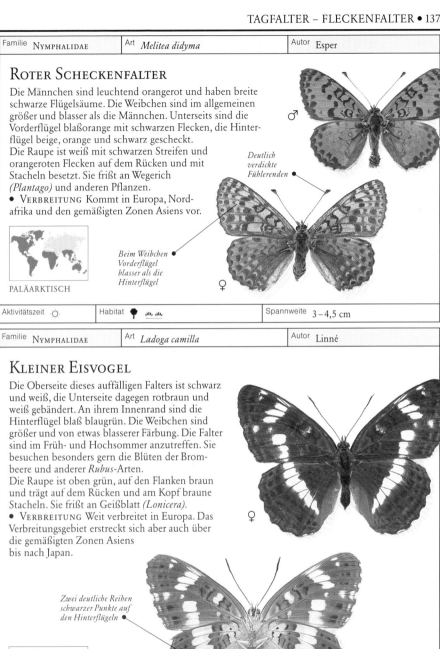

Familie NYMPHALIDAE	Art *Melitea didyma*	Autor Esper

ROTER SCHECKENFALTER

Die Männchen sind leuchtend orangerot und haben breite schwarze Flügelsäume. Die Weibchen sind im allgemeinen größer und blasser als die Männchen. Unterseits sind die Vorderflügel blaßorange mit schwarzen Flecken, die Hinterflügel beige, orange und schwarz gescheckt. Die Raupe ist weiß mit schwarzen Streifen und orangeroten Flecken auf dem Rücken und mit Stacheln besetzt. Sie frißt an Wegerich *(Plantago)* und anderen Pflanzen.
• VERBREITUNG Kommt in Europa, Nordafrika und den gemäßigten Zonen Asiens vor.

♂

Deutlich verdickte Fühlerenden •

Beim Weibchen • *Vorderflügel blasser als die Hinterflügel*

PALÄARKTISCH

♀

Aktivitätszeit ☼	Habitat 🌱 ᴧ, ᴧ,	Spannweite 3 – 4,5 cm

Familie NYMPHALIDAE	Art *Ladoga camilla*	Autor Linné

KLEINER EISVOGEL

Die Oberseite dieses auffälligen Falters ist schwarz und weiß, die Unterseite dagegen rotbraun und weiß gebändert. An ihrem Innenrand sind die Hinterflügel blaß blaugrün. Die Weibchen sind größer und von etwas blasserer Färbung. Die Falter sind im Früh- und Hochsommer anzutreffen. Sie besuchen besonders gern die Blüten der Brombeere und anderer *Rubus*-Arten. Die Raupe ist oben grün, auf den Flanken braun und trägt auf dem Rücken und am Kopf braune Stacheln. Sie frißt an Geißblatt *(Lonicera)*.
• VERBREITUNG Weit verbreitet in Europa. Das Verbreitungsgebiet erstreckt sich aber auch über die gemäßigten Zonen Asiens bis nach Japan.

♀

Zwei deutliche Reihen schwarzer Punkte auf den Hinterflügeln •

Blaß blaugrüner Innenrand an den • *Hinterflügeln*

PALÄARKTISCH

♀ △

Aktivitätszeit ☼	Habitat 🌱	Spannweite 5 – 6 cm

Familie NYMPHALIDAE	Art *Vanessa atalanta*	Autor Linné

ADMIRAL

Den Admiral erkennt man an den roten Streifen und weißen Flecken auf den ansonsten schwarzen Vorderflügeln. Unterseits sind die Vorderflügel wesentlich blasser gefärbt, aber mit etwa dem gleichen Muster, die Hinterflügel dagegen unauffällig braun und schwarz meliert. Beide Geschlechter unterscheiden sich kaum. Der Admiral ist ein hervorragender Flieger und legt oft weite Strecken zurück.

Die Raupe ist mit verzweigten Stacheln besetzt; sie kann ganz unterschiedlich gefärbt sein. Die Bandbreite der Färbungen reicht von Schwarzgrau über Graugrün bis zu blassem Gelbbraun. Sie frißt an Brennesseln *(Urtica)*.

• VERBREITUNG Von Europa nach Nordafrika und N-Indien und von Kanada über die USA bis nach Mittelamerika.

♂

♂ △

HOLARKTISCH

• *Kleine schwarze Punkte auf dem roten Band der Hinterflügel*

• *Beige, braun und schwarz melierte Hinterflügel*

Aktivitätszeit ☼	Habitat ⸰⸰⸰	Spannweite 5,5 – 6 cm

Familie NYMPHALIDAE	Art *Vanessa indica*	Autor Herbst

VANESSA INDICA

Auffällige schwarze Flecken auf den Vorderflügeln •

Dieser Falter ist dem europäischen Admiral (*Vanessa atalanta*, s. oben) sehr ähnlich, hat aber ein breiteres rotes Band auf jedem Vorderflügel und deutlichere schwarze Tupfen auf dem roten Band der Hinterflügel.

Die Raupe ist stachelig und entweder schwarz mit gelben oder gelb mit schwarzen Tupfen. Sie frißt an Brennnesselgewächsen.

• VERBREITUNG Von Indien und Pakistan bis nach Japan und den Philippinen.

♂

INDO-AUSTRALISCH
PALÄARKTISCH

• *Deutliche schwarze Flecken im roten Flügelband*

• *Kleine blaue Flecken auf den Hinterflügeln*

Aktivitätszeit ☼	Habitat ⸰⸰⸰	Spannweite 5,5 – 7,5 cm

| Familie NYMPHALIDAE | Art *Vanessa canace* | Autor Johanssen |

VANESSA CANACE

Blau und Schwarz sind die Farben dieses
Falters. Die randparallelen blaßblauen Flügel-
bänder variieren in ihrer Breite. Der helle
Querstreifen auf den Vorderflügelspitzen ist
je nach Unterart entweder weiß oder blau.
Die Raupe ist orangegelb mit schwarzen
Punkten. Sie frißt an *Smilax*.
• VERBREITUNG Von Indien und Sri Lanka
bis nach Malaysia, den Philippinen und Japan.

♂

Die ausgefranst wirkenden •
Flügelkanten sind typisch
für diese Art

INDO-AUSTRALISCH

Blaßblaue •
Flügelbänderung

| Aktivitätszeit ☿ | Habitat 🏹 | Spannweite 6 – 7,5 cm |

| Familie NYMPHALIDAE | Art *Catonephele numili* | Autor Cramer |

CATONEPHELE NUMILI

Die Männchen sind samtschwarz mit leuchtend orangeroten Flecken; der Vorderrand der
Hinterflügel ist violett gesäumt. Im Gegensatz
dazu haben die Weibchen elfenbeinweiße
Flecken auf den Vorderflügeln, die Hinterflügel
sind größtenteils tief rotbraun mit schwarzen
Punkten und Bändern. Die Unterseiten sind
braun mit je einem hellen Fleck auf den Vorder-
flügeln, bei den Männchen orange, bei den
Weibchen gelb. Das Weibchen scheint in seiner
Färbung eine ungenießbare *Helico-
nia*-Art nachzuahmen (Mimikry).
Die Raupe ist grün mit weißen
Punkten und hat kleine orange-
schwarze oder grün-
schwarze Stacheln. Ihr
Kopf ist orangerot mit
stacheligen Hörnchen.
Sie frißt an *Alchornea* und
Citharexylum.
• VERBREITUNG Mittel- und
Südamerika.

Runde •
Hinterflügel
beim Männchen

♂

• Tief einge-
buchteter
Vorderflügelrand
beim Weibchen

NEOTROPISCH

♀

| Aktivitätszeit ☿ | Habitat 🏹 | Spannweite 7 – 7,5 cm |

Familie NYMPHALIDAE	Art *Pseudacraea boisduvali*	Autor Doubleday

PSEUDACRAEA BOISDUVALI

Die leuchtend orange-rot-schwarze Färbung ist
typisch für die ungenießbaren und sehr giftigen
Falter der Gattung *Acraea*. Dieser Falter ahmt dieses
Muster täuschend nach (Mimikry). Die Vorderflügel
sind vorne grau mit auffallend schwarzen Flügeladern. Die Hinterflügel sind tief orangerot mit
schwarzen Punkten und Säumen. Die Unterseiten
sind blasser als die Oberseiten. Die Weibchen sind
größer, blasser und haben rundere Hinterflügel.
Die Raupe sieht ganz ungewöhnlich aus: Sie ist
dunkelbraun, hat einen stacheligen Kopf und wei-
che, mit Dörnchen besetzte Anhänge am ganzen
Körper. Es ist sehr schwierig, Kopf und Hinterende
zu unterscheiden. Sie frißt an *Chrysophyllum*
und *Mimusops*.

• VERBREITUNG
Ist in den Regenwäl-
dern des tropischen
Afrika und südlich
bis Natal anzutref-
fen, besonders auf
Lichtungen und an
Flußufern.

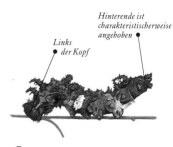

Hinterende ist
charakteristischerweise
angehoben •

Links
• der Kopf

RAUPE VON
PSEUDACRAEA BOISDUVALI

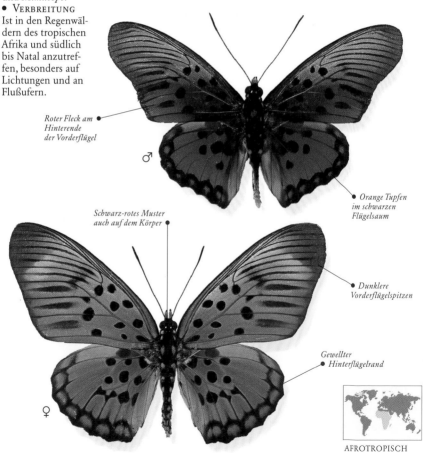

Roter Fleck am •
Hinterende
der Vorderflügel

♂

Orange Tupfen
• im schwarzen
Flügelsaum

Schwarz-rotes Muster
auch auf dem Körper •

Dunklere
• Vorderflügelspitzen

♀

Gewellter
• Hinterflügelrand

AFROTROPISCH

Aktivitätszeit ☼	Habitat 🌾	Spannweite 7–8 cm

| Familie NYMPHALIDAE | Art *Cynthia cardui* | Autor Linné |

DISTELFALTER

Dieser Falter ist auf den ersten Blick an seinen orange, schwarz und weiß gescheckten Flügeln zu erkennen. Die Raupe ist schwarz und fein weiß getüpfelt; sie ist mit schwarzen oder gelben Stacheln besetzt. Sie frißt an Disteln *(Carduus)*, Brennesseln *(Urtica)* und verschiedenen anderen Pflanzen.

• VERBREITUNG Weltweit, ausgenommen Australien und Neuseeland.

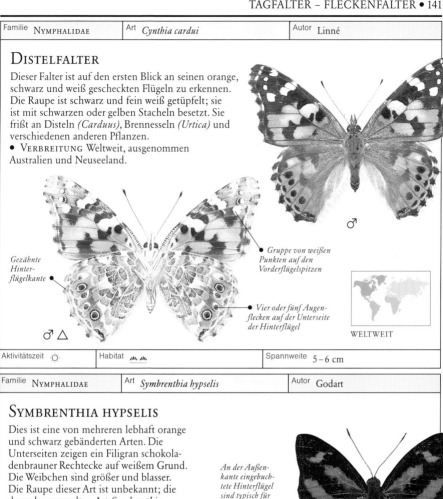

♂

Gruppe von weißen Punkten auf den Vorderflügelspitzen

Gezähnte Hinter-flügelkante

Vier oder fünf Augen-flecken auf der Unterseite der Hinterflügel

♂ △

WELTWEIT

| Aktivitätszeit ☀ | Habitat 〽, 〽 | Spannweite 5 – 6 cm |

| Familie NYMPHALIDAE | Art *Symbrenthia hypselis* | Autor Godart |

SYMBRENTHIA HYPSELIS

Dies ist eine von mehreren lebhaft orange und schwarz gebänderten Arten. Die Unterseiten zeigen ein Filigran schokola-denbrauner Rechtecke auf weißem Grund. Die Weibchen sind größer und blasser. Die Raupe dieser Art ist unbekannt; die der nah verwandten Art *Symbrenthia lilaea* ist dunkelbraun mit dunklen Querstrei-fen an den Seiten und schwarzen, verzweigten Stacheln. Normaler-weise frißt sie an *Girardina heterophylla*, *Debregeasia* und ver-schiedenen anderen Pflanzen.

• VERBREITUNG Von Indien und Pakistan bis Malaysia und Java.

An der Außen-kante eingebuch-tete Hinterflügel sind typisch für diese Gattung

♂

Schiefergraue Augenflecken mit schwarzer Mitte auf den Hinterflügeln

♂ △

Weiße Doppel-linie an der Hinterflügelkante

INDO-AUSTRALISCH

| Aktivitätszeit ☀ | Habitat 🌴 | Spannweite 4 – 5 cm |

Familie NYMPHALIDAE	Art *Terinos terpander*	Autor Hewitson

TERINOS TERPANDER

Bei den Männchen dieses Falters liegt über den sonst matt ockerfarbenen Flügeln ein violett schillernder Glanz, der bei den Weibchen weit weniger ausgeprägt ist. Die Raupe ist grünlich mit schwarzen Stacheln und gelbem Kopf. Sie frißt an *Antidesma*.
• VERBREITUNG Malaysia und W-Indonesien.

♂

Je zwei deutliche dreieckige Flecken auf den Hinterflügeln

Reihe dunkelbrauner Flecken am Rand der Hinterflügel

♂ △

INDO-AUSTRALISCH

Aktivitätszeit ☀	Habitat 🌿	Spannweite 7–7,5 cm

Familie NYMPHALIDAE	Art *Doxocopa cherubina*	Autor Felder

DOXOCOPA CHERUBINA

Dieser prächtige Falter gehört zu einer Gruppe, die sich durch ihre leuchtend schillernden Sprenkel auf den Flügeln auszeichnet. Die Unterseite ist beigebraun mit schwarzem Muster. Die Raupe ist offensichtlich nicht beschrieben, vermutlich frißt sie an Zürgelbäumen *(Celtis)*.
• VERBREITUNG Weit verbreitet in Mittel- und Südamerika.

Drei kleine weiße Flecken an den Spitzen der Vorderflügel

♂

Kleiner Anhang am Hinterflügel der Männchen

Zarte weiße und blaßbraune Musterung

♀ △

NEOTROPISCH

Aktivitätszeit ☀	Habitat 🌿	Spannweite 6–7 cm

Familie NYMPHALIDAE	Art *Euxanthe wakefieldii*	Autor Ward

EUXANTHE WAKEFIELDII

Diese Art gehört zu einer Gruppe afrikanischer Falter, die durch die breiten, runden Flügel gekennzeichnet ist. Beim Männchen schillern die weißen Sprenkelflecken auf den schwarzen Flügeln türkisblau bis grünlich. Die Unterseite ähnelt der Oberseite, aber die schwarzen Flächen erscheinen hier eher braun. Der Falter fliegt gern im Halbschatten, wo sein schwarzweißes Muster mit dem Hintergrund verschmilzt. Die Weibchen sind größer und blasser als die Männchen und haben keine bläulich schillernde Farbe. Die Raupe ist grün und hat in der Rückenmitte zwei weiße, schwarz eingefaßte ovale Flecken und in diesen je zwei grüne Punkte. Der Kopf ist grün, am Rand blaßbraun, mit vier langen, gebogenen Hörnern. Die Raupe frißt an *Deinbollia*.

• VERBREITUNG
Vom tropischen Ostafrika bis nach Mosambik und Natal in Südafrika.

Weit geschwungene Hörner

RAUPE VON
EUXANTHE WAKEFIELDII

Band aus runden weißen Flecken entlang des Hinterflügelrandes

Körper beider Geschlechter mit gelbbraunen Punkten gesprenkelt

♂

Spitzen der Vorderflügel beim Weibchen weiter ausgezogen

Leicht gewellter Hinterflügelrand

♀ △

AFROTROPISCH

Aktivitätszeit ☼	Habitat 🌴	Spannweite 8 – 10 cm

Familie NYMPHALIDAE	Art *Limenitis zayla*	Autoren Doubleday & Hewitson

LIMENITIS ZAYLA

Dieser dunkelbraune Falter hat
auffällige orangegelbe Bänder
auf den Vorderflügeln, die sich
auf den Hinterflügeln als nach
hinten spitz zulaufende weiße
Bänder fortsetzen. Eine gewellte
rote Linie zieht sich an den Flügelrändern entlang. Am Ansatz sind
die Vorderflügel orangebraun. Die
Geschlechter sind gleich gefärbt.
Die Raupe ist unbekannt.

• VERBREITUNG In den Berg-
wäldern von Indien, Pakistan und
Birma bis zu einer Höhe von
2 500 m.

*Zwei helle
Wellenlinien entlang
• den Flügelrändern*

*Spitz zulaufende,
dreieckige
Vorderflügel •*

INDO-AUSTRALISCH

*Weiße Flecken
am Flügelende •*

♂

Aktivitätszeit ☼	Habitat 🌴 ▲	Spannweite 8 – 9,5 cm

Familie NYMPHALIDAE	Art *Metamorpha stelenes*	Autor Linné

METAMORPHA STELENES

Die Oberseite dieses Falters ist zartgrün mit
klarer schwarzer Zeichnung. Die Unterseiten
sind ebenfalls blaß mit orangeroten Linien.
Die Falter sind in den Tropen ganzjährig anzutreffen und saugen gern an gärenden Früchten.
Die Raupe ist schwarz mit roten Stacheln.
Sie frißt an *Blechnum* und *Ruellia*.

• VERBREITUNG Weit verbreitet in Süd- und
Mittelamerika, nordwärts bis nach Texas und
S-Florida (USA) wandernd.

*Kurze, schlanke
Fühler •*

♂

♂ △

*Tief gewellte Hinter-
flügelkanten mit kleinen
• Schwanzanhängen*

NEOTROPISCH

Aktivitätszeit ☼	Habitat 🌴	Spannweite 6 – 8 cm

Familie NYMPHALIDAE	Art *Parthenos sylvia*	Autor Cramer

PARTHENOS SYLVIA

Die Grundfärbung dieses Falters ist überaus variabel von Blau und Grün bis Blau und Orange. Doch die durchscheinenden weißen Flecken und die dunkle Bänderung sind charakteristisch. Die Muster auf den Unterseiten sind viel blasser. Die Geschlechter sind sich ähnlich. Die Falter besuchen bevorzugt die Blüten der Wandelröschen *(Lantana).* Die Raupe ist grün bis gelblichbraun mit dunkelpurpurnen Stacheln. Sie frißt an *Adenia palmata* und *Tinospora cordifolia.*

• VERBREITUNG Von Indien und Pakistan über Malaysia bis nach Papua-Neuguinea.

INDO-AUSTRALISCH

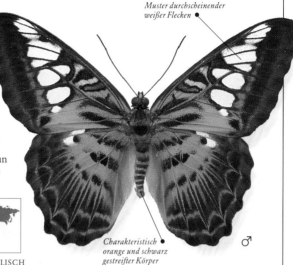

Muster durchscheinender weißer Flecken •

Charakteristisch • *orange und schwarz gestreifter Körper*

♂

Aktivitätszeit ☼	Habitat 𝕏	Spannweite 10 – 10,8 cm

Familie NYMPHALIDAE	Art *Libythea celtis*	Autor Laicharting

ZÜRGELBAUMFALTER

Dies ist der einzige europäische Vertreter einer Artengruppe, die wegen ihrer großen Kiefertaster unter dem Namen „Schnauzenfalter" bekannt ist. An seinem dunkelbraunen Muster und der eigenartigen Flügelform ist er leicht zu erkennen. Die Unterseite der Vorderflügel ist der Oberseite ähnlich, die der Hinterflügel ist überall gräulichbraun. Dieser Falter fliegt vom Frühsommer bis in den Herbst und nach Überwinterung im darauffolgenden Frühling. Die Raupe ist braun oder grün. Sie lebt in kleinen Gruppen auf Zürgelbäumen *(Celtis australis).*

• VERBREITUNG In verschiedenen Unterarten von Mittel- und Südeuropa bis nach Nordafrika, Japan und Taiwan.

PALÄARKTISCH

Ausgeprägte „Schnauze" charakteristisch für diese Faltergruppe •

♂

• *Gezackte Kontur der Vorderflügel*

♂ △

Aktivitätszeit ☼	Habitat ♥ ﺍﻟﻠ ﺍﻟﻠ	Spannweite 5,5 – 7 cm

Familie NYMPHALIDAE	Art *Libythea geoffroyi*	Autor Godart

LIBYTHEA GEOFFROYI

Die Männchen sind schwarzbraun mit purpurnem Glanz, die Weibchen dunkelbraun mit einem unregelmäßigen Muster weißer Flecken. Bei beiden Geschlechtern sind die Unterseiten der Flügel braun und weiß mit purpurnem Glanz. Die Raupe ist nicht beschrieben.
• VERBREITUNG Birma, Thailand, Philippinen, Papua-Neuguinea und Australien.

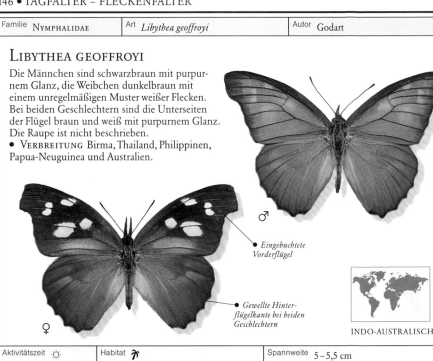

♂

• *Eingebuchtete Vorderflügel*

• *Gewellte Hinterflügelkante bei beiden Geschlechtern*

♀

INDO-AUSTRALISCH

Aktivitätszeit ☼	Habitat 🐾	Spannweite 5 – 5,5 cm

Familie NYMPHALIDAE	Art *Libytheana carinenta*	Autor Cramer

LIBYTHEANA CARINENTA

Die besondere Flügelform dieses Falters unterscheidet ihn von allen anderen nordamerikanischen Faltern, ausgenommen *Libytheana bachmanii*, die aber leuchtendere orange Zeichnungen hat und zudem weiter nördlich vorkommt. Die Unterseiten der Vorderflügel sind blasser als die Oberseiten, die der Hinterflügel sind graubraun gesprenkelt. Die Geschlechter sind sich ähnlich. Die Falter sind fast das ganze Jahr über anzutreffen. Die Raupe ist dunkelgrün mit gelben Streifen und frißt an Zürgelbäumen *(Celtis)*.
• VERBREITUNG In lichten Wäldern und im hügeligen Buschland von Paraguay bis Mittelamerika, zuweilen nördlich bis nach Kansas in den USA wandernd.

Sehr lange Kiefertaster •

♂

• *Charakteristisches Dreieck aus weißen Punkten auf den Flügelspitzen*

♂ △

NEOTROPISCH NEARKTISCH

Aktivitätszeit ☼	Habitat 🌳	Spannweite 4 – 5 cm

Familie NYMPHALIDAE	Art Morpho aega	Autor Hübner

MORPHO AEGA

Das Männchen ist durch die leuchtend metallisch blauen Flügel ausgezeichnet, die früher oft für die Herstellung von „Schmuckstücken" und „Reiseandenken" benutzt wurden. Die Weibchen unterscheiden sich ganz erheblich von den Männchen; sie sind blaßorange mit schwärzlichbraunen Flügelsäumen und Flecken. Zudem haben sie eine andere Flügelform als die Männchen und generell eine ausgeprägtere Musterung auf Vorder- und Hinterflügeln.
Die Raupe ist gelb, zum Hinterende hin zunehmend weißer. Sie ist behaart und hat zwei rote und schwarze Rückenstreifen. Sie frißt an Bambus *(Chusquea).*

• VERBREITUNG
Häufig in Brasilien.

Zwei weiße Flecken auf den Vorderflügelspitzen

Dunkler Flügelbug

Glänzend blaue Färbung gibt dem Flügel ein zerknittertes Aussehen

Kleine, stumpfe Flügelanhänge

♂

Sehr umfangreicher Körper der Weibchen

Blasse Ränder an den Hinterflügeln

NEOTROPISCH

♀

Aktivitätszeit ☼	Habitat 🌾	Spannweite 8 – 9 cm

Familie NYMPHALIDAE	Art Morpho menelaus	Autor Linné

MORPHO MENELAUS

Männchen wie Weibchen dieser herrlichen Art sind tief metallisch blau.
Die Weibchen haben aber breite schwarze Flügelsäume mit weißen
Flecken. Bei beiden Geschlechtern sind die Unterseiten braun mit einer
Reihe braun gerandeter oranger Augenflecken auf bronzefarbenem
Grund, beim Weibchen mit blaß bronzefarbenen Streifen. Die schnell-
fliegenden Falter leben in dichten Wäldern und saugen gern den Saft von
Fallobst. Die Männchen sind im hellen Sonnenlicht
besonders aktiv, sie verfolgen sich gegenseitig,
ja sie fliegen auch auf ein in der Luft
geschwenktes blaues Tuch zu.
Diese Eigenart wurde gern von
Sammlern genutzt, um diesen
schnellen Falter anzulocken,
der anders kaum zu fangen ist.
Die Raupe ist behaart und rotbraun mit blattförmigen, leuchtend lindgrünen Flecken auf
dem Rücken. Sie ist nachtaktiv
und frißt an *Erythroxylum pulch-
rum* und verschiedenen anderen
Pflanzen.

• VERBREITUNG Weit verbreitet in
den südamerikanischen Regenwäldern
von Venezuela bis nach Brasilien.

*Die Säume der
Vorderflügel sind
schwarz mit zwei
weißen Flecken* •

*Dunkle Vorderkanten
• der Vorderflügel*

♂

*Flügel der Weibchen wirken stärker
• gewellt als die der Männchen*

*Charakteristisch •
verlängerte
Hinterflügel*

*„Gezähnte" weiße
Zeichnungen auf den
• Flügelkanten*

♀

NEOTROPISCH

Aktivitätszeit ☼	Habitat 🌴	Spannweite 13–14 cm

Familie NYMPHALIDAE	Art *Morpho peleides*	Autor Kollar

MORPHO PELEIDES

Das Männchen dieses wunderschönen Falters hat auf den Flügeloberseiten mehr Blau als das Weibchen. Die Flügelunterseiten haben ein besonders auffälliges Muster aus schwarz und gelb umrandeten Augenflecken auf braunem Grund. Der Falter saugt gern an gärenden Früchten. Die Raupe hat feine braune, rote und schwarze Linien und zwei gelbe, rot gemusterte Flecken auf dem Kopf. Der Körper ist mit rötlichbraunen und weißen Haaren besetzt, die auf dem Rücken in dichten Büscheln stehen. Die Raupe frißt an *Machaerium seemannii*, *Lonchocarpus* und anderen Schmetterlingsblütlern. Bei einer Störung kann sie aus einer Drüse zwischen den Vorderbeinen ein stark riechendes Sekret absondern, das vermutlich Freßfeinde abschreckt.
• VERBREITUNG Weit verbreitet und häufig in Mittel- und Südamerika und auf den Westindischen Inseln.

Breite dunkle Außenränder auf
• *Vorder- und Hinterflügeln*

Kräftige schwarze
Vorderkante der
• *Vorderflügel*

Schwarz und
gelb umrandete
• *Augenflecken*

Feiner weißer •
Flügelrand

Kleine weiße
Flecken auf
dem schwarzen
Flügelsaum

♂

♂ △

NEOTROPISCH

Aktivitätszeit ☼	Habitat 🏃	Spannweite 9,5 – 12 cm

Familie NYMPHALIDAE	Art Morpho rhetenor	Autor Cramer

MORPHO RHETENOR

Die Männchen sind eindrucksvoll metallisch blau. Im Gegensatz dazu sind die kräftigeren Weibchen orangebraun und schwarz mit einem blaß orangegelben Dreieck auf der Vorderflügelunterseite. Die Unterseiten beider Geschlechter sind ansonsten silbergrau und braun mit dunklen Punkten an den Flügelansätzen. Die Raupe ist gelblichbraun mit violettbraunen Flecken und zwei blassen, vieleckigen Flecken auf dem Rücken. Sie frißt an *Macrolobium bifolium*.

• VERBREITUNG In den Urwäldern von Kolumbien, Venezuela, Ecuador, Französisch Guayana, Surinam und Guyana.

NEOTROPISCH

Dunkleres Blau an den Flügelspitzen •

Weißes Abzeichen im schwarzen • *Vorderrand der Vorderflügel*

• *Vorderflügel der Männchen enden in dunklen, gebogenen Spitzen*

• *Weiße Punkte auf den Vorderflügeln bei einigen Unterarten*

Geschwungene Flügelspitze •

♂

Blaßgelber Punkt auf Vorderflügelspitze •

Doppelte Reihe oranger Punkte auf den Hinterflügeln •

♀

Aktivitätszeit ☼	Habitat 🎋	Spannweite 13–15 cm

Familie NYMPHALIDAE	Art *Morpho laertes*	Autor Druce

MORPHO LAERTES

Dieser auffällige blasse Morphofalter
hat silbergraue Flügel mit Perlmutter-
glanz. Die Oberseite ist an den
Vorderflügelspitzen schwarzbraun gezeichnet; die Unterseite ist ausgedehnter schwarz
gezeichnet und zeigt auf den
Hinterflügeln ein deutliches
Band goldfarbener, länglicher
Augenflecken. Die Geschlechter ähneln sich. Die Falter lassen
sich vom Duft gärender Früchte,
besonders von *Artocarpus*, anlocken.
Die Raupe ist behaart, graubraun bis
dunkel rehbraun, gelblich überlaufen
und mit rotbraunen Rückenflecken.
Sie frißt an *Inga*.

• VERBREITUNG
Beschränkt auf die
Wälder Brasiliens.

*Typische kurze,
• dünne Fühler*

♂

⊖

*Reihe schwarzer •
Punkte am Hinter-
flügelrand*

NEOTROPISCH

Aktivitätszeit ☼	Habitat 🌿	Spannweite 10–10,8 cm

Familie NYMPHALIDAE	Art *Faunis canens*	Autor Hübner

FAUNIS CANENS

Dies ist eine unauffällige Art. Die Oberseiten
beider Geschlechter sind eintönig braunorange,
die Unterseiten dunkelbraun mit schwarzbrauner Marmorierung und weißen Punkten
entlang den Flügelrändern.
Die Raupe ist blaßgrün und behaart. Sie lebt
auf Wildbananen *(Musa)*.

• VERBREITUNG In den Urwäldern von
Indien, Birma und Malaysia.

♂

*Orangebraune •
Färbung auch
am Körper*

• *Weiße Punkte ent-
lang den Flügelrändern
auf der Unterseite*

♂ △

INDO-AUSTRALISCH

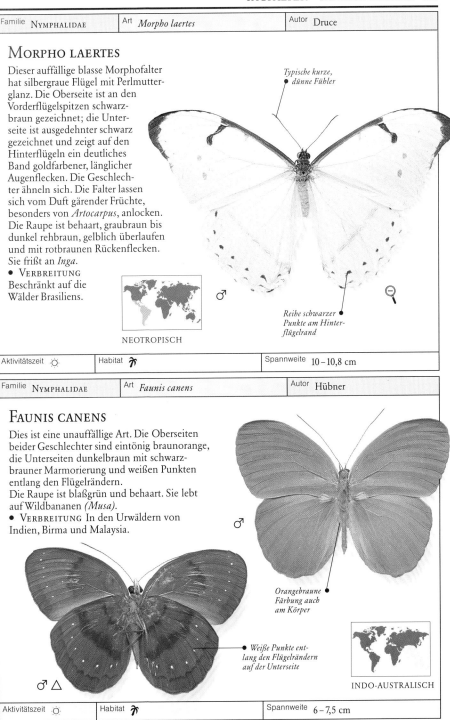

Aktivitätszeit ☼	Habitat 🌿	Spannweite 6–7,5 cm

Familie NYMPHALIDAE	Art *Amathuxidia amythaon*	Autor Doubleday

AMATHUXIDIA AMYTHAON

Männchen dieses ansehnlichen und unverwechselbaren
Falters sind schwarzbraun mit einem breiten blau irisieren-
den Querband auf den Vorderflügeln. Weibchen dagegen
haben ein gelbes Querband. Die Unterseite variiert von
Braun bis Blauviolett mit schwarzen Linien und je zwei
Augenflecken auf den Hinterflügeln. Ungestört fliegen die
Falter nur widerwillig, sie scheinen jedoch dämmerungs-
aktiv zu sein. Aber auch dann fliegen sie nicht sehr weit.
Sie werden von fauligen Früchten angelockt. Die Männchen
sollen einen süßen Duft produzieren, der auch nach
dem Tod der Falter noch lange anhält.
Die Raupe ist unbekannt.
• VERBREITUNG Von Indien und Pakistan bis nach
Malaysia, Indonesien und den Philippinen. Es sind ver-
schiedene Unterarten beschrieben.

INDO-AUSTRALISCH

*Fast quadratische
Vorderflügel* •

*Dunkle, dreieckige
Vorderflügelspitzen* •

*Lange, dünne
Fühler* •

♂

• *Im Vergleich
zu den Vorder-
flügeln sehr
schlichte Hinter-
flügel*

*Hinterflügel laufen
in einen lappenartigen
Anhang aus* •

• *Duftschuppen
auf den Hinter-
flügeln*

Aktivitätszeit ◑	Habitat 🌲	Spannweite 11–12 cm

Familie NYMPHALIDAE	Art *Stichophthalma camadeva*	Autor Westwood

STICHOPHTHALMA CAMADEVA

Diese Art ist recht auffällig wegen ihrer bläulichweißen, am Rand schwarzgefleckten Vorderflügel und ihrer schwarzbraunen Hinterflügel mit blaßblauen und weißen Bändern am Rand. Die Unterseite ist kräftig gelbbraun mit schwarzen und braunen Linien, weißen Bändern und einer Reihe schwarzgesäumter oranger Augenflecken. Beide Geschlechter sind einander ähnlich. Der Falter besucht keine Blüten, wird aber von faulen Früchten, gärenden Säften und Viehdung angelockt. In kraftvollem Flug hält er sich meist in Bodennähe. Männchen sind aktiver als Weibchen. Normalerweise kommt es zu zwei Generationen im Jahr. Die Falter fliegen in den Sommermonaten. Die Raupe ist offenbar noch unbekannt, lebt aber wahrscheinlich auf Palmen (Palmae) und Bambus *(Chusquea)*.

• VERBREITUNG Kommt im dichten Urwald vom nördlichen Indien und Pakistan bis nach Nordbirma vor.

Sternförmige schwarze Flecken auf den Vorderflügeln •

Einzelner brauner Punkt auf den Vorderflügeln •

♂

Schwarzbraun der Hinterflügel auf den Körper übergreifend •

Typische weiße Hinterflügelränder •

Auffällige Augenflecken auf der Unterseite schrecken Feinde ab •

♂ △

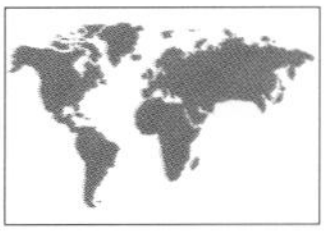

INDO-AUSTRALISCH

Aktivitätszeit ☀	Habitat 🌴	Spannweite 12–13 cm

Familie NYMPHALIDAE	Art *Thauria aliris*	Autor Westwood

THAURIA ALIRIS

Dieser riesige Falter hat fast quadratische schwarze Vorderflügel mit einem weißen Querband. Männchen haben eine große Fläche spezialisierter haarähnlicher Schuppen auf den schwarz und orange gebänderten Hinterflügeln. Die Unterseite ist auffällig orange, braun und weiß gemustert. Die Falter fliegen kurz vor Sonnenuntergang. Sie werden von gärenden Früchten angelockt. Die Art gehört zu der Unterfamilie Amathusiinae, einer kleinen, auf Südostasien beschränkten Gruppe. Die Raupe ist nicht sicher bekannt; sie soll auf Bambus *(Chusquea)* leben.

• VERBREITUNG Weit verbreitet von Birma bis Thailand, Malaysia und Borneo. In Indien gibt es mehrere ähnliche Arten.

INDO-AUSTRALISCH

Verwaschener weißer Punkt

Schuppenfelder auf den Hinterflügeln

♂

Oranger Fleck am Hinterflügelende

Braunes Federmuster auf den Vorderflügeln

Große Augenflecken auf den Hinterflügeln, um Feinde zu verwirren

♂ △

Aktivitätszeit ◑	Habitat 🌴	Spannweite 11 – 13 cm

Familie NYMPHALIDAE	Art *Zeuxidia amethystus*	Autor Butler

ZEUXIDIA AMETHYSTUS

Die Männchen dieses ungewöhnlich
schönen Falters haben spitz zulaufende
Vorderflügel und je ein blauviolettes
Band auf den Vorder- und Hinterflügeln.
Weibchen sind größer als Männchen.
Sie sind braun mit gelblichbraunen
Flecken und einem cremefarbenen
Querband auf den Vorderflügeln. Durch
ihre braune, blattähnlich gemusterte
Unterseite sind die Falter gut getarnt.
Die Raupe ist nicht sicher bekannt.
Die Raupen anderer *Zeuxidia*-Arten
sind behaart und tragen Fortsätze an
Kopf und Hinterende.
• VERBREITUNG In Wäldern von
Thailand, Malaysia und Sumatra.

Spitz zulaufende
Vorderflügel

Duftschuppen auf
den Hinterflügeln
nur beim Männchen

♂

INDO-AUSTRALISCH

Aktivitätszeit ☼	Habitat 🦌	Spannweite 7–10 cm

Familie NYMPHALIDAE	Art *Dynastor napoleon*	Autor Westwood

DYNASTOR NAPOLEON

Dieser orange und braun gefärbte Falter ist selten.
Die Flügel sind dunkelbraun, die Unterseite der
Vorderflügel ist blasser als die Oberseite. Die Unterseite der Hinterflügel ähnelt mit ihrer dunklen
Äderung einem Blatt. Weibchen
sind größer als Männchen und
haben stärker gerundete Vorderflügel.
Die Raupe ist nicht sicher
bekannt. Die Raupen verwandter
Arten sind grün oder braun mit
ringförmigen Flecken auf dem
Rücken. Sie fressen an Ananas-
gewächsen (Bromeliaceae).
• VERBREITUNG Bekannt aus
hochgelegenen Regenwäldern
Brasiliens.

Kleine orange
Flecken an den
Flügelspitzen •

Band weißer
Flecken auf den
• Vorderflügeln

Breiter oranger
Saum an den
Hinterflügeln •

♂

NEOTROPISCH

Aktivitätszeit ◑	Habitat 🦌	Spannweite 12–16 cm

Familie NYMPHALIDAE	Art *Caligo idomeneus*	Autor Linné

CALIGO IDOMENEUS

Diese auffällige Art gehört zu einer Gattung meist sehr großer Falter, die sich alle durch riesige „Eulenaugen" auf der Unterseite der Hinterflügel auszeichnen. Bei beiden Geschlechtern sind die Oberseiten der Vorderflügel dunkelbraun mit einem bläulichen Anflug und einem durchgehenden weißen Band. Die Hinterflügel sind schwarz, an der Basis mattblau. Die Unterseiten der Flügel sind fein federartig braunweiß marmoriert. Die Falter fliegen frühmorgens und in der Dämmerung. Die Raupe ist groß und blaß graubraun, der Kopf und der gegabelte Schwanz sind dunkelbraun schattiert. Sie ernährt sich von Bananenblättern *(Musa)* und kann in Plantagen schädlich werden.

• VERBREITUNG Weit verbreitet in Südamerika, von Argentinien bis Surinam.

Weißes Längsband auf den Vorderflügeln

♂

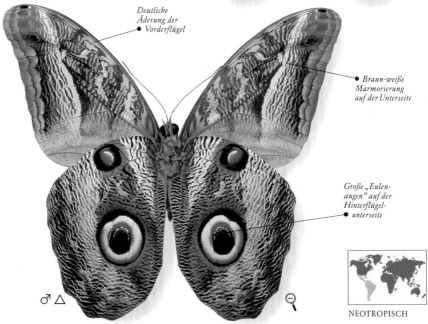

Deutliche Äderung der Vorderflügel

Braun-weiße Marmorierung auf der Unterseite

Große „Eulenaugen" auf der Hinterflügelunterseite

♂ △

NEOTROPISCH

Aktivitätszeit ☼ ◑	Habitat	Spannweite 12 – 15 cm

| Familie NYMPHALIDAE | Art *Caligo teucer* | Autor Linné |

CALIGO TEUCER

Das Männchen dieser Art ist schwarzbraun mit einem gelben Band und einer blasser gefärbten Vorderflügelbasis, während die Hinterflügel- ansätze irisierend blau schimmern. Die Weibchen sind größer als die Männchen und haben dunk- lere Vorderflügelansätze. Beide Geschlechter sind unterseits stärker gemustert als oberseits. Sie sind fein braunmarmoriert mit großen „Eulenaugen" auf den Hinterflügeln. Die Falter vermeiden helles Sonnenlicht und fliegen nachmittags bis in die Dämmerung. Sie werden von gärenden Früchten angelockt. Die Raupe ist groß und hell- braun mit etwa fünf dünnen, dunklen Rückenborsten und einem hellen, schwarzgesäum- ten ovalen Fleck in der Mitte. Der Schwanz ist gegabelt, der Kopf trägt gekrümmte Stacheln. Sie frißt an den Blättern verschie- dener Bananenarten *(Musa)*.
• VERBREITUNG Kommt von Costa Rica bis Guayana, Surinam, Guyana und Ecuador vor.

Deutliche Äderung der Vorderflügel •

Gelbes Band auf den Vorderflügeln • *des Männchens*

♂

Schmaler gelber • *Flügelsaum auf der Oberseite*

Typische „Eulen- augen" auf den • *Hinterflügeln*

Hinterflügel • *am Rand stär- ker gewellt als Vorderflügel*

♂ △

NEOTROPISCH

| Aktivitätszeit ☀ ◑ | Habitat 🌿 | Spannweite 9,5 – 11 cm |

Familie NYMPHALIDAE	Art *Eryphanis polyxena*	Autor Meerburg

ERYPHANIS POLYXENA

Dieser schöne Falter hat tiefviolett irisierende Flügel mit schwarzen Rändern. Die Weibchen sind größer als die Männchen, aber statt der leuchtend violetten Färbung weisen sie nur einen leichten blauen Schimmer auf. Die Unterseite beider Geschlechter dagegen hat verschiedene braune Schattierungen mit großen Augenflecken auf den Hinterflügeln. Die Falter fliegen schnell und taumelnd in Waldlichtungen, am späten Nachmittag und in der Dämmerung.
Die Raupe ist hellbraun mit einer Reihe von fünf schwarzen Rückenborsten. Der lange Gabelschwanz ist behaart, und der Kopf trägt sechs kurze, gekrümmte Borsten. Sie frißt an Bambus *(Chusquea)*.

• VERBREITUNG Weit verbreitet in Mittel- und Südamerika einschließlich der Westindischen Inseln.

• *Geschwungene Vorderflügelspitzen*

♂

• *Gelbes Duftschuppenfeld am inneren Flügelrand der Männchen*

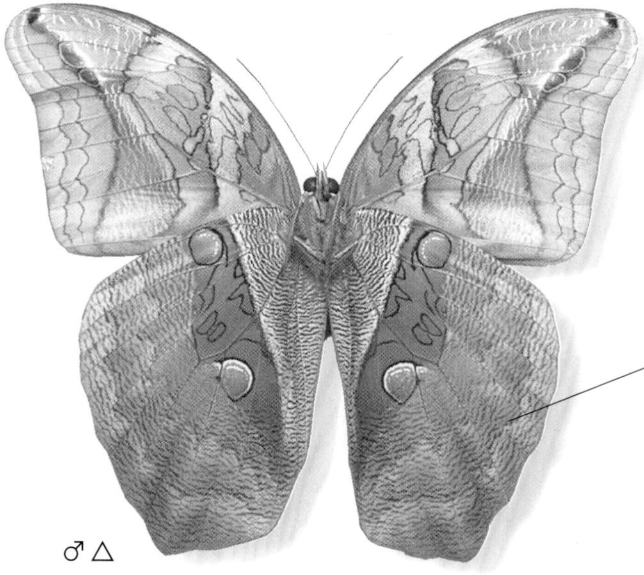

Braunes Blattmuster der Flügelunterseiten

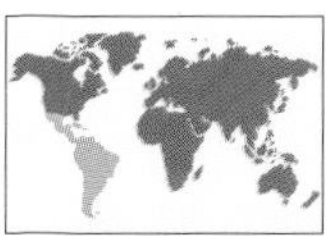

♂ △

NEOTROPISCH

Aktivitätszeit ☀ ◑	Habitat 🎋	Spannweite 8,25 – 10 cm

Familie NYMPHALIDAE	Art *Eueides isabella*	Autor Cramer

EUEIDES ISABELLA

Diese Art ist kräftig orange, gelb und
schwarz gefärbt. Die Unterseite ist
matter als die Oberseite, mit orange
und braun getönten Flecken.
Die Raupe ist schwarz mit auffälligen
weißen Rückenbändern. Sie frißt an
Passionsblumen *(Passiflora)*.
• VERBREITUNG
Lebt in Mittel- und
Südamerika.

NEOTROPISCH

♂

• *Helle Punkte am
Hinterflügelrand*

Aktivitätszeit ☼	Habitat 🌱	Spannweite 5,7–7,5 cm

Familie NYMPHALIDAE	Art *Dryas iulia*	Autor Fabricius

DRYAS IULIA

Diese Art zeichnet sich durch lange,
schmale Vorderflügel und leuchtend orangebraune Färbung aus. Weibchen sind weniger
leuchtend als Männchen,
ihnen fehlt zudem der
auffällige schwarze Fleck
am Vorderrand der Vorder-
flügel. Die Unterseite ist in
verschiedenen Schattierungen von Ledergelb marmoriert
und hat zwei kleine rote Punkte
an der Hinterflügelbasis.
Der Falter besucht Gartenblumen
und ruht gern auf feuchten Böden.
Die Raupe ist stachelig und hellbraun.
Sie frißt an Passionsblumen *(Passiflora)*.
• VERBREITUNG Von Süd- und
Mittelamerika bis
nach Texas und
Florida.

*Leuchtende Warnfärbung
zeigt an, daß die Art
• giftig ist*

*Schwarzer Vorder-
flügelfleck ist typisch
• für die Männchen*

♂

*Hinterflügelrand
mit weißen Flecken* •

*Zwei rot-
braune Flecken
innen auf den
Hinterflügeln*

♂ △

NEOTROPISCH

Aktivitätszeit ☼	Habitat 🌱	Spannweite 7,5–9,5 cm

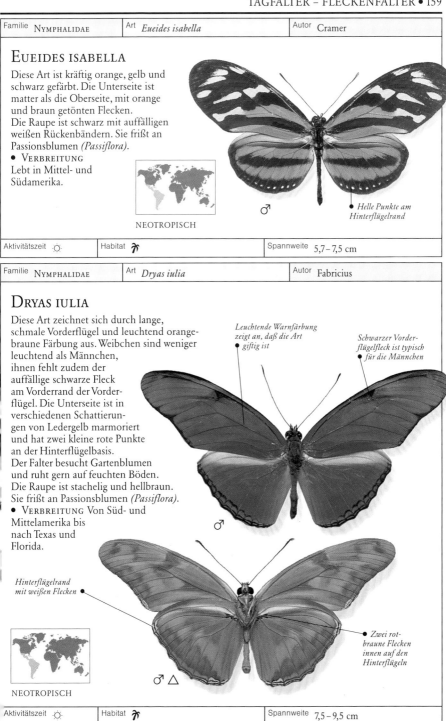

Familie NYMPHALIDAE	Art *Agraulis vanillae*	Autor Linné

AGRAULIS VANILLAE

Dieser langflügelige Falter ist leuchtend orangerot mit schwarzen Punkten und schwarzer Äderung. Die auffällige silbriggefleckte Unterseite unterscheidet diese Art von anderen. Die Raupe ist stachelig und schwarz mit zwei braunroten Streifen auf jeder Seite. Sie lebt von Passionsblumen *(Passiflora)*, deren Blüten die Falter wegen ihres Nektars stark anlocken.

• VERBREITUNG Die Art ist weit verbreitet und häufig von Südamerika bis in die S-USA; sie wandert nordwärts bis in die Rocky Mountains und zu den Großen Seen.

Dunkle Punkte innen auf den Vorderflügeln •

Auffällige dunkle Flügeladern •

Schwarzgesäumte orange Punkte •

♀

Eingebuchtete Vorderflügel •

Kommaförmiger Fleck •

Feiner silbergrauer Saum an den Hinterflügeln •

♂ △

NEOTROPISCH
NEARKTISCH

Aktivitätszeit ☼	Habitat	Spannweite 6 – 7,5 cm

Familie NYMPHALIDAE	Art *Heliconius charitonius*	Autor Linné

HELICONIUS CHARITONIUS

Die ins Auge stechende schwarz-gelbe Zebrastreifung auf der Oberseite ist kennzeichnend für diese Art. Die Unterseite ist ähnlich gemustert, aber mit roten Punkten an den Flügelansätzen. Die Raupe ist weiß mit schwarzen Stacheln und schwarzen Punkten. Sie frißt an Passionsblumen *(Passiflora)*.

• VERBREITUNG Mittel- und Südamerika einschließlich der S-USA.

NEOTROPISCH
NEARKTISCH

Langgezogene, schmale Vorderflügel •

♂

• *Langer, dünner Hinterleib, typisch für Heliconius-Arten*

Aktivitätszeit ☼	Habitat	Spannweite 7,5 – 8 cm

Familie NYMPHALIDAE	Art *Eueides heliconius*	Autor Godart

EUEIDES HELICONIUS

Dieser orange und schwarz gefärbte Falter sieht aus wie eine Miniaturausgabe von *Dryas iulia* (s. Seite 159) und gehört damit zu einer Gruppe von Arten, die einander nachahmen (Mimikry-Gesellschaft). Die Raupe ist schwarz mit langen Stacheln und breiten weißen oder gelben Seitenbändern. Sie frißt an Passionsblumen *(Passiflora).*

• VERBREITUNG S-Mexiko bis ins tropische Südamerika.

NEOTROPISCH

Lange Vorderflügel

Schwarze Flügelränder

♂

Warnfärbung auch am Körper

Aktivitätszeit ☼	Habitat 🌿	Spannweite 4,5 – 5 cm

Familie NYMPHALIDAE	Art *Dione juno*	Autor Cramer

DIONE JUNO

Der Falter erscheint oft an denselben Stellen wie *Agraulis vanillae*, ist aber von der ähnlichen Art durch die längeren Vorderflügel und die ausgedehnten braunen Flächen der Unterseite zu unterscheiden. Der Falter fliegt bevorzugt rote und blaue Blüten an. Die Raupe ist hellbraun gefleckt und pelzig. Der Kopf ist dunkelbraun und trägt kurze Hörnchen. Sie lebt gesellig auf Passionsblumen *(Passiflora).*

• VERBREITUNG Weit verbreitet in Mittelamerika und im tropischen Südamerika.

Dunkle Flecken unterscheiden diese von anderen Arten

Kräftiger schwarzer Vorderrand der Vorderflügel

♂

Gewellte Vorder- und Hinterflügel

Kräftiger schwarzer Hinterflügel- saum

Lange, schmale Vorderflügel

Gekerbt erscheinende Hinterflügel

♂ △

Flügelmuster setzt sich auf dem Körper fort

NEOTROPISCH

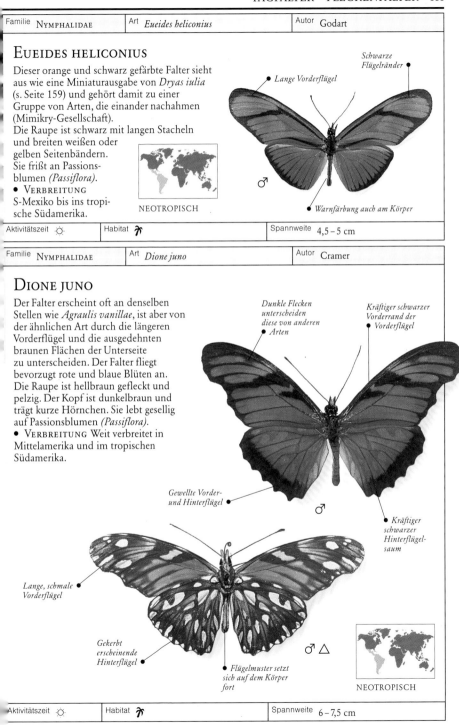

Aktivitätszeit ☼	Habitat 🌿	Spannweite 6 – 7,5 cm

| Familie NYMPHALIDAE | Art *Heliconius doris* | Autor Linné |

HELICONIUS DORIS

Dieser prächtige Falter kommt in drei Farbvarianten vor. Bei allen Formen sind die schwarz-gelben Vorderflügel ähnlich; das Muster auf den Hinterflügeln jedoch kann orange, blau oder grün gefärbt sein. Die Unterseite der Vorderflügel ähnelt der Oberseite, die Hinterflügel sind unterseits schwarz mit weißen Strahlen. Die Geschlechter sind gleich. Die Raupe ist gelbgrün mit schwarzen Bändern und Stacheln. Sie lebt gesellig auf Passionsblumen *(Passiflora)* und bevorzugt ältere Blätter.
• VERBREITUNG Waldränder und Lichtungen von Mittel- bis Südamerika.

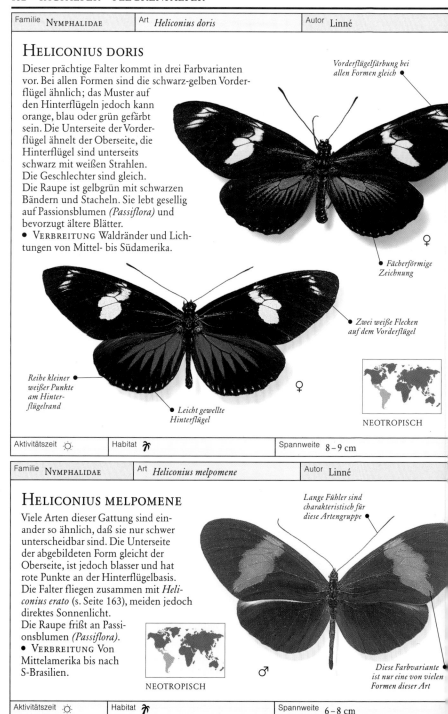

Vorderflügelfärbung bei allen Formen gleich •

♀

• *Fächerförmige Zeichnung*

• *Zwei weiße Flecken auf dem Vorderflügel*

Reihe kleiner •
weißer Punkte
am Hinter-
flügelrand

♀

• *Leicht gewellte Hinterflügel*

NEOTROPISCH

| Aktivitätszeit ☼ | Habitat 𝕏 | Spannweite 8 – 9 cm |

| Familie NYMPHALIDAE | Art *Heliconius melpomene* | Autor Linné |

HELICONIUS MELPOMENE

Viele Arten dieser Gattung sind einander so ähnlich, daß sie nur schwer unterscheidbar sind. Die Unterseite der abgebildeten Form gleicht der Oberseite, ist jedoch blasser und hat rote Punkte an der Hinterflügelbasis. Die Falter fliegen zusammen mit *Heliconius erato* (s. Seite 163), meiden jedoch direktes Sonnenlicht. Die Raupe frißt an Passionsblumen *(Passiflora)*.
• VERBREITUNG Von Mittelamerika bis nach S-Brasilien.

Lange Fühler sind charakteristisch für diese Artengruppe •

NEOTROPISCH

♂

Diese Farbvariante •
ist nur eine von vielen
Formen dieser Art

| Aktivitätszeit ☼ | Habitat 𝕏 | Spannweite 6 – 8 cm |

Familie NYMPHALIDAE	Art *Heliconius ricini*	Autor Linné

HELICONIUS RICINI

Dieser Falter hat schwarze Vorderflügel mit elfenbeinweißen Flecken und ziegelrote Hinterflügel mit breiten schwarzen Rändern. Die Unterseite ist ähnlich, aber matter und ohne die orange Hinterflügelzeichnung. Die Raupe ist nicht sicher bekannt. Sie soll an Passionsblumen *(Passiflora)* fressen.

• VERBREITUNG Mittel- und Südamerika bis ins Amazonasbecken.

NEOTROPISCH

Kurze, kräftige Fühler

♂

Großes orangerotes Feld auf dem Hinterflügel

Aktivitätszeit ☼	Habitat 🌿	Spannweite 5,5–7 cm

Familie NYMPHALIDAE	Art *Heliconius erato*	Autor Linné

HELICONIUS ERATO

Dies ist ein erstaunlich variabler Falter. Zu fast allen Variationen existieren Parallelformen von *Heliconius melpomene* (s. Seite 162), und beide Arten kommen in denselben Habitaten vor. In beiden Geschlechtern treten ähnliche Farbvarianten auf. Die Falter fliegen bodennah an Waldrändern und in offenem Gelände. Nachts ruhen sie gesellig. Die Raupe dieser Art ist weiß mit schwarzen Punkten und Stacheln und einem rötlich-gelben Kopf. Sie frißt an verschiedenen Passionsblumen *(Passiflora)*.

• VERBREITUNG Überall häufig von Mittelamerika bis S-Brasilien.

Die auffällig gefärbte, stachelige Raupe

RAUPE VON
HELICONIUS ERATO

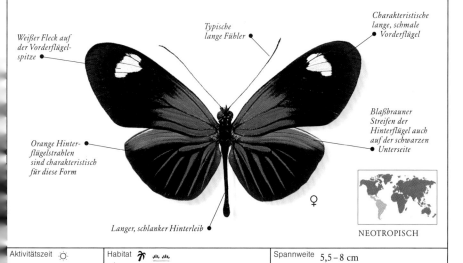

Weißer Fleck auf der Vorderflügel-spitze

Typische lange Fühler

Charakteristische lange, schmale Vorderflügel

Orange Hinter-flügelstrahlen sind charakteristisch für diese Form

Blaßbrauner Streifen der Hinterflügel auch auf der schwarzen Unterseite

♀

NEOTROPISCH

Langer, schlanker Hinterleib

Aktivitätszeit ☼	Habitat 🌿 ⸕ ⸕	Spannweite 5,5–8 cm

Familie NYMPHALIDAE	Art *Philaethria dido*	Autor Linné

PHILAETHRIA DIDO

Der Falter gehört zu einer Gruppe einander zum Verwechseln ähnlicher Arten; er ist an der wunderschönen bläulich bis grünlich silbergrauen Färbung mit schwarzbrauner Zeichnung leicht zu erkennen. Die Unterseite ist blasser und rotbraun und graubraun gemustert. Beide Geschlechter sind einander ähnlich.

Diese Falter saugen gern Nektar an Wandelröschen *(Lantana)* und anderen Blüten, wobei sie weiße, blaue und gelbe bevorzugen. Sie fliegen gewöhnlich hoch in den Baumwipfeln, suchen zum Trinken und zur Salzaufnahme aber auch feuchtes Erdreich auf. Die Raupe ist blaßgrün mit schwärzlichroten Flecken und roten Stacheln mit schwarzen Spitzen. Sie frißt an Passionsblumen *(Passiflora).*

• VERBREITUNG Diese Artengruppe kommt von Mexiko bis Argentinien vor.

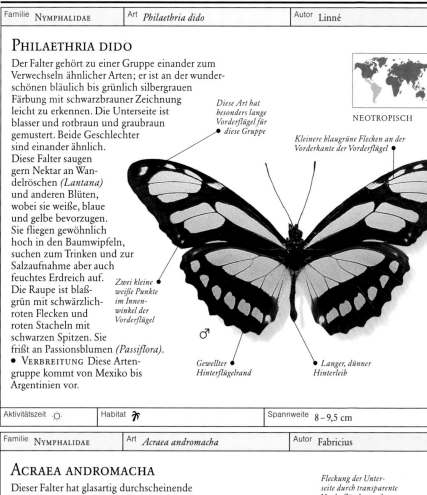

Diese Art hat besonders lange Vorderflügel für diese Gruppe •

NEOTROPISCH

Kleinere blaugrüne Flecken an der Vorderkante der Vorderflügel •

Zwei kleine weiße Punkte im Innenwinkel der Vorderflügel •

♂

Gewellter Hinterflügelrand •

• *Langer, dünner Hinterleib*

Aktivitätszeit ☼	Habitat 🏔	Spannweite 8 – 9,5 cm

Familie NYMPHALIDAE	Art *Acraea andromacha*	Autor Fabricius

ACRAEA ANDROMACHA

Dieser Falter hat glasartig durchscheinende Vorderflügel und weiße, dunkel gesäumte Hinterflügel. Die Unterseite ist ähnlich, aber die weißen Flecken im dunklen Hinterflügelsaum sind größer. Die Geschlechter ähneln sich, aber die Weibchen sind größer.

Die Raupe ist glänzend gelbbraun mit langen, verzweigten Stacheln auf etwas erhabenen bläulichschwarzen Warzen. Sie frißt an Passionsblumen *(Passiflora).*

• VERBREITUNG Von Indien bis Papua-Neuguinea, Fidschi und Australien. Mehrere Unterarten sind beschrieben.

Fleckung der Unterseite durch transparente Vorderflügel von oben sichtbar •

♀

INDO-AUSTRALISCH

Weißes Fleckenband im Flügelsaum ist weniger deutlich als auf der Unterseite •

Aktivitätszeit ☼	Habitat 🏔	Spannweite 5 – 6 cm

Familie NYMPHALIDAE	Art _Acraea acerata_	Autor Hewitson

ACRAEA ACERATA

Dieser nirgends seltene kleine afrikanische
Falter variiert von Blaßgelb bis Orangebraun.
Die Unterseite ist blasser gefärbt und hat
auffällige längliche orangerote Punkte in
dem dunklen Flügelsaum.
Die Raupe ist blaßgrün mit gelben und
schwarzen Stacheln. Sie
frißt an Süßkartoffeln
(Ipomoea).
• VERBREITUNG Tropi-
sches Afrika von Ghana
bis nach O-Afrika.

INDO-AUSTRALISCH

Kurze, kräftige Fühler
sind typisch für
die Artengruppe •

♂

• _Warnfärbung zeigt_
Ungenießbarkeit der Art an

Aktivitätszeit ☼	Habitat 🌱 🌿	Spannweite 3 – 4 cm

Familie NYMPHALIDAE	Art _Acraea vesta_	Autor Fabricius

ACRAEA VESTA

Dieser orange und dunkelbraun gefärbte Falter
ist sehr variabel, und manche Tiere sind fast
völlig schwarz. Die Unterseite ist ähnlich gefärbt
wie die Oberseite, ist aber blasser, und ihr
fehlen die dunklen Flügelsäume.
Weibchen sind gewöhnlich größer
und ausgeprägter gezeichnet.
Die Raupe ist stachelig und schwarz
mit rotem Kopf. Sie lebt gesellig, was
ihren unangenehmen Warngeruch
verstärkt. Die Raupen fressen an
Boehmeria, Debregeasia und _Buddleia._
Man findet die Falter oft in der Umgebung der Futterpflanzen der Raupen.
• VERBREITUNG Offenes Buschland
von N-Indien bis Pakistan, Birma und
S-China.

Dunkelbrauner
Vorderflügel-
• _bug_

Auffällige
• _rote Punkte_

♂

• _Schwarze_
U-förmige
Zeichnungen
umgeben die
hellen rand-
ständigen
Flecken

Vorderflügel sind viel
• _dunkler als Hinterflügel_

Rotbraunes
Fleckenband
am Hinter-
flügelrand •

♀

INDO-AUSTRALISCH

Aktivitätszeit ☼	Habitat ⛰ 🌿 🌿	Spannweite 4,5 – 8 cm

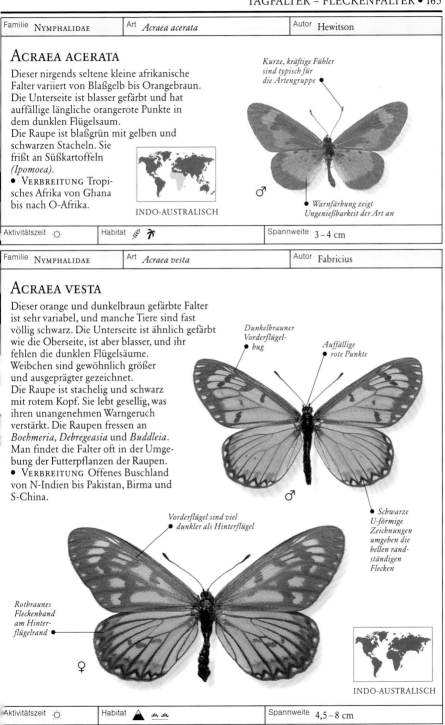

Familie NYMPHALIDAE	Art Acraea zetes	Autor Linné

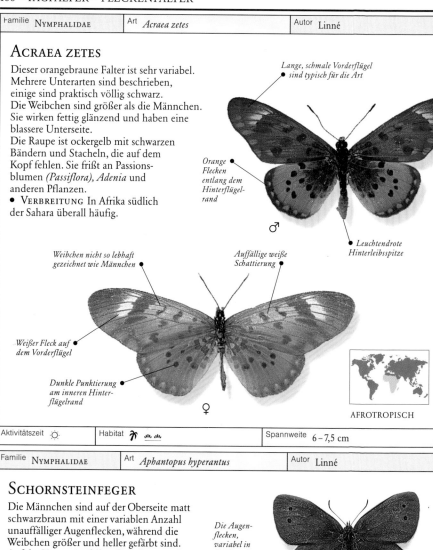

ACRAEA ZETES

Dieser orangebraune Falter ist sehr variabel.
Mehrere Unterarten sind beschrieben,
einige sind praktisch völlig schwarz.
Die Weibchen sind größer als die Männchen.
Sie wirken fettig glänzend und haben eine
blassere Unterseite.
Die Raupe ist ockergelb mit schwarzen
Bändern und Stacheln, die auf dem
Kopf fehlen. Sie frißt an Passions-
blumen *(Passiflora), Adenia* und
anderen Pflanzen.
• VERBREITUNG In Afrika südlich
der Sahara überall häufig.

*Lange, schmale Vorderflügel
sind typisch für die Art*

*Orange
Flecken
entlang dem
Hinterflügel-
rand*

♂

*Leuchtendrote
Hinterleibsspitze*

*Weibchen nicht so lebhaft
gezeichnet wie Männchen*

*Auffällige weiße
Schattierung*

*Weißer Fleck auf
dem Vorderflügel*

*Dunkle Punktierung
am inneren Hinter-
flügelrand*

♀

AFROTROPISCH

Aktivitätszeit ☼	Habitat 🌳 ⚘ ⚘	Spannweite 6–7,5 cm

Familie NYMPHALIDAE	Art *Aphantopus hyperantus*	Autor Linné

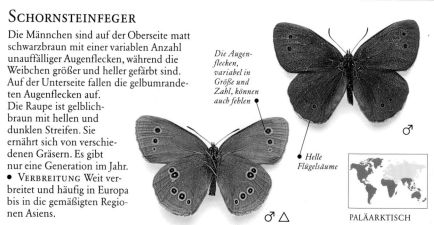

SCHORNSTEINFEGER

Die Männchen sind auf der Oberseite matt
schwarzbraun mit einer variablen Anzahl
unauffälliger Augenflecken, während die
Weibchen größer und heller gefärbt sind.
Auf der Unterseite fallen die gelbumrande-
ten Augenflecken auf.
Die Raupe ist gelblich-
braun mit hellen und
dunklen Streifen. Sie
ernährt sich von verschiedenen Gräsern. Es gibt
nur eine Generation im Jahr.
• VERBREITUNG Weit ver-
breitet und häufig in Europa
bis in die gemäßigten Regionen Asiens.

*Die Augen-
flecken,
variabel in
Größe und
Zahl, können
auch fehlen*

♂

*Helle
Flügelsäume*

♂ △

PALÄARKTISCH

Aktivitätszeit ☼	Habitat ❦ ⚘ ⚘ ⚘	Spannweite 4–4,5 cm

Familie NYMPHALIDAE	Art *Actinote pellenea*	Autor Hübner

ACTINOTE PELLENEA

Dieser Falter ist nahe verwandt mit den afrikanischen *Acraea*-Arten. Die orange-schwarze Färbung signalisiert Vögeln, daß diese Art giftig ist.
Die Raupe ist unbekannt, aber verwandte Arten haben bestachelte Raupen mit glattem Kopf.

• VERBREITUNG Süd-amerika von Argentinien bis Venezuela und auf den Westindischen Inseln.

NEOTROPISCH

Ungewöhnlich abgeflachte Fühlerkeulen •

Längliche, an der Spitze abgerundete Flügel •

♂

Aktivitätszeit ☼	Habitat 🌴	Spannweite 4,5–5 cm

Familie NYMPHALIDAE	Art *Bematistes aganice*	Autor Hewitson

BEMATISTES AGANICE

Die Männchen sind schwarz und orangegelb gefärbt, die Weibchen dagegen schwarz und weiß, sie haben zudem stärker gerundete Vorderflügel.
Die Unterseiten sind ähnlich, haben aber auffällige rotbraune, schwarz-gefleckte Hinterflügelansätze.
Die Falter sind Blütenbesucher; sie fliegen ziemlich langsam.
Diese Art ist giftig und wird von einer Reihe für Vögel genießbarer afrikanischer Falter, wie etwa *Pseudacraea eurytus*, nachgeahmt.
Die Raupe ist weiß mit rotvioletten Punkten und Streifen und gelben Stacheln. Sie frißt an *Adenia gummifera* und Passionsblumen *(Passiflora)*.

• VERBREITUNG Von Äthiopien und dem Sudan bis nach Südafrika.

Kurze, kräftige Fühler •

Vorderflügelspitze heller als Flügelbasis •

Vorder-flügelrand des Männchens leicht eingebuchtet •

♂

Flügel-äderung deut-lich sichtbar •

♀

• *Schwarze Punktierung an der Basis der Hinterflügel*

AFROTROPISCH

Aktivitätszeit ☼	Habitat 🌴	Spannweite 5,5–8 cm

Familie NYMPHALIDAE	Art *Cepheuptychia cephus*	Autor Fabricius

CEPHEUPTYCHIA CEPHUS

Das irisierende Blau der Männchen ist ganz ungewöhnlich für eine Gruppe überwiegend braun gefärbter Arten. Die Unterseite ist mit ihrer schwarzen Bänderung sogar noch auffälliger. Die Weibchen dagegen sind oberseits unscheinbar braun mit einem schmalen blauen Streifen an den Flügelrändern und unterseits blau mit dunklen Querbändern und Augenflecken. Die Raupe dieser Art ist unbekannt.

• VERBREITUNG Von Surinam und Kolumbien bis nach S-Brasilien und zu den Westindischen Inseln.

Kräftige schwarze Äderung der Vorderflügel

♂

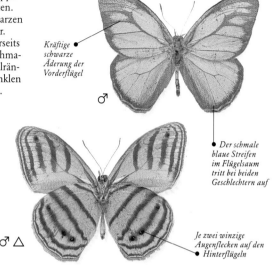

Der schmale blaue Streifen im Flügelsaum tritt bei beiden Geschlechtern auf

♂ △

Je zwei winzige Augenflecken auf den Hinterflügeln

NEOTROPISCH

Aktivitätszeit ☼	Habitat 🌱	Spannweite 4 cm

Familie NYMPHALIDAE	Art *Cithaerias esmeralda*	Autor Doubleday

CITHAERIAS ESMERALDA

Dieser ungewöhnliche und ansprechende Falter gehört zu einer Gruppe mit nahezu durchsichtigen Flügeln. Sie sind nur schwach beschuppt und haben dunkelbraune Adern und Ränder. Auf dem Hinterflügel tragen sie je einen im Farbton sehr variablen rosafarbenen Fleck und einen gelb umrandeten Augenfleck. Der Falter wird nahezu unsichtbar, wenn er bodennah im Dämmer des Regenwaldes fliegt. Die Raupe und ihre Futterpflanze sind unbekannt.

• VERBREITUNG Brasilien und Peru.

Charakteristisch gerundete Flügel

Schmale braune Flügelränder

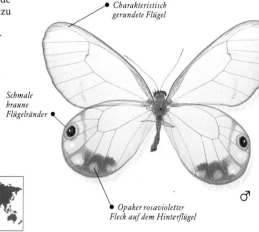

♂

Opaker rosavioletter Fleck auf dem Hinterflügel

NEOTROPISCH

Aktivitätszeit ☼	Habitat 🌱	Spannweite 5 cm

| Familie NYMPHALIDAE | Art Cercyonis pegala | Autor Fabricius |

CERCYONIS PEGALA

Die Färbung dieser Art variiert von Hellbraun bis Dunkelbraun. Die Unterseite ist meist dunkel graubraun mit einer unterschiedlichen Zahl schwarzweißer, orange umrandeter Augenflecken. Die Geschlechter ähneln sich. Die Falter fliegen vom Frühsommer bis in den Herbst. Die Raupe ist grün mit gelben Längsstreifen und zwei roten Schwanzhörnchen.

• VERBREITUNG In Wäldern und auf Wiesen Nordamerikas von Z-Kanada bis Florida.

Im Vergleich zu den • *Flügeln kleine Fühler*

Gewellter • *Hinterflügelrand*

Blaues Zentrum • *der Augenflecken*

♂

NEARKTISCH

| Aktivitätszeit ☼ | Habitat ⸲⸲, ⸲⸲, | Spannweite 5 – 7,5 cm |

| Familie NYMPHALIDAE | Art Coenonympha inornata | Autor Edwards |

COENONYMPHA INORNATA

Dieser Falter ist von einigen anderen *Coenonympha*-Arten kaum zu unterscheiden. Die Unterseite der Vorderflügel ist orangebraun mit grauen Spitzen und zuweilen einem einzelnen kleinen Augenfleck. Die Hinterflügel sind matt braungrün, am Außenrand mit einer Reihe etwas hellerer Flecken und gelegentlich einigen winzigen Augenflecken. Die Raupe ist rötlichbraun oder oliv mit zwei Schwänzen. Sie frißt an verschiedenen Gräsern.

• VERBREITUNG In der Prärie, auf Wiesen und Waldlichtungen von Kanada bis South Dakota und New York.

Die Oberseite ist sehr eintönig • *gefärbt*

♂

Grobgeschuppter Flügel- • *rand erscheint pelzig*

NEARKTISCH

| Aktivitätszeit ☼ | Habitat ♣ ⸲⸲, ⸲⸲, | Spannweite 2,5 – 4,5 cm |

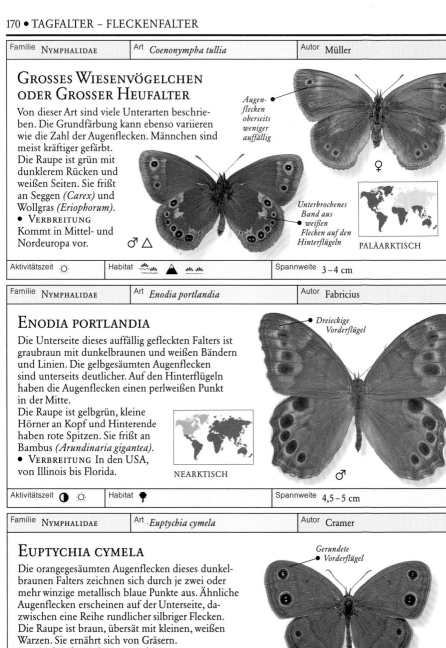

| Familie NYMPHALIDAE | Art *Coenonympha tullia* | Autor Müller |

GROSSES WIESENVÖGELCHEN ODER GROSSER HEUFALTER

Von dieser Art sind viele Unterarten beschrieben. Die Grundfärbung kann ebenso variieren wie die Zahl der Augenflecken. Männchen sind meist kräftiger gefärbt.
Die Raupe ist grün mit dunklerem Rücken und weißen Seiten. Sie frißt an Seggen *(Carex)* und Wollgras *(Eriophorum)*.
• VERBREITUNG
Kommt in Mittel- und Nordeuropa vor. ♂ △

Augen-flecken oberseits weniger auffällig

♀

Unterbrochenes Band aus weißen Flecken auf den Hinterflügeln

PALÄARKTISCH

| Aktivitätszeit ☼ | Habitat 〰〰 ▲ 〃〃 | Spannweite 3 – 4 cm |

| Familie NYMPHALIDAE | Art *Enodia portlandia* | Autor Fabricius |

ENODIA PORTLANDIA

Die Unterseite dieses auffällig gefleckten Falters ist graubraun mit dunkelbraunen und weißen Bändern und Linien. Die gelbgesäumten Augenflecken sind unterseits deutlicher. Auf den Hinterflügeln haben die Augenflecken einen perlweißen Punkt in der Mitte.
Die Raupe ist gelbgrün, kleine Hörner an Kopf und Hinterende haben rote Spitzen. Sie frißt an Bambus *(Arundinaria gigantea)*.
• VERBREITUNG In den USA, von Illinois bis Florida.

Dreieckige Vorderflügel

NEARKTISCH

♂

| Aktivitätszeit ◑ ☼ | Habitat ♥ | Spannweite 4,5 – 5 cm |

| Familie NYMPHALIDAE | Art *Euptychia cymela* | Autor Cramer |

EUPTYCHIA CYMELA

Die orangegesäumten Augenflecken dieses dunkelbraunen Falters zeichnen sich durch je zwei oder mehr winzige metallisch blaue Punkte aus. Ähnliche Augenflecken erscheinen auf der Unterseite, dazwischen eine Reihe rundlicher silbriger Flecken.
Die Raupe ist braun, übersät mit kleinen, weißen Warzen. Sie ernährt sich von Gräsern.
Im Norden des Verbreitungsgebietes bringt die Art eine, im Süden zwei Generationen pro Jahr hervor.
• VERBREITUNG Häufig auf Waldlichtungen von S-Kanada bis N-Mexiko.

Gerundete Vorderflügel

♂

Zwei auffällige dunkle Linien am Flügelrand

NEARKTISCH

| Aktivitätszeit ☼ | Habitat ♥ 〃〃 | Spannweite 4,5 – 5 cm |

Familie NYMPHALIDAE	Art *Elymnias agondas*	Autor Boisduval

ELYMNIAS AGONDAS

Die blaßblauen Flügelsäume der Männchen sind bei
einigen Formen kräftiger gefärbt. Unterseits erkennt man
bei Männchen auf jedem Hinterflügel zwei blau-braune
Augenflecken in einem orangen Feld. Die Weibchen
tragen auf beiden Seiten das gleiche auffällige schwarzweiße Muster.
Die Raupe ist nicht genau beschrieben. Sie lebt aber
wohl auf Palmen.
• VERBREITUNG Von Papua-Neuguinea
bis N-Australien.

INDO-AUSTRALISCH

*Auffällig
sattschwarze
Vorderflügel* •

*Lange, dünne
Fühler* •

*Blaue
Flügelsäume* •

*Braune
Vorderkante der
Vorderflügel* •

♂

*Gewellte
Flügelränder* •

*Feiner weißer
Flügelsaum* •

*Augenflecken auf
den Hinterflügeln
viel kleiner als auf
der Unterseite* •

♀

Aktivitätszeit ☼	Habitat 🌴	Spannweite 7–9 cm

Familie NYMPHALIDAE	Art *Heteronympha merope*	Autor Fabricius

HETERONYMPHA MEROPE

Bei dieser Art sind die Geschlechter sehr verschieden. Die Unterseite des Männchens ähnelt der Oberseite, hat aber weniger dunkle Zeichnung und kleinere Augenflecken. Die Unterseite des Vorderflügels des Weibchens ähnelt der Oberseite, aber der Hinterflügel ist rotbraun und graubraun gefleckt und trägt einige Augenflecken. Die Raupe kann sehr unterschiedlich gefärbt sein, von Grün bis Grau oder Hellbraun mit dunklerer Fleckung und zwei kurzen Schwanzanhängen. Sie frißt an Gräsern.

• VERBREITUNG
Bekannt aus SW- und
SO-Australien einschließlich Tasmanien.

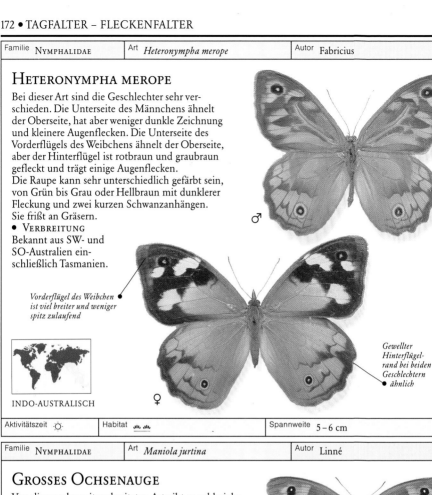

♂

Vorderflügel des Weibchen ist viel breiter und weniger spitz zulaufend

INDO-AUSTRALISCH

♀

Gewellter Hinterflügelrand bei beiden Geschlechtern • *ähnlich*

Aktivitätszeit ☼	Habitat ⸲⸲ ⸲⸲	Spannweite 5 – 6 cm

Familie NYMPHALIDAE	Art *Maniola jurtina*	Autor Linné

GROSSES OCHSENAUGE

Von dieser sehr weit verbreiteten Art gibt es zahlreiche Lokalformen und Unterarten. Generell sind die Männchen kleiner und dunkler. Die Unterseiten beider Geschlechter ähneln sich mit orangefarbenen Vorderflügeln und braunen Hinterflügeln, aber die Weibchen erscheinen deutlich kontrastreicher. Die Raupe ist grün mit langen weißen Haaren und hat gelbe Seitenstreifen. Sie lebt von Gräsern, vor allem *Poa* und *Agrostis*.

• VERBREITUNG Von Europa
bis Nordafrika und zum Iran.

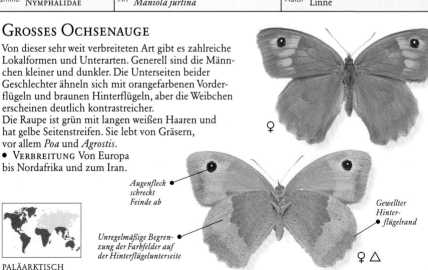

♀

Augenfleck schreckt Feinde ab

Unregelmäßige Begrenzung der Farbfelder auf der Hinterflügelunterseite

Gewellter Hinterflügelrand

PALÄARKTISCH

♀ △

Aktivitätszeit ☼	Habitat ♠ ⸲⸲ ⸲⸲	Spannweite 4 – 5,5 cm

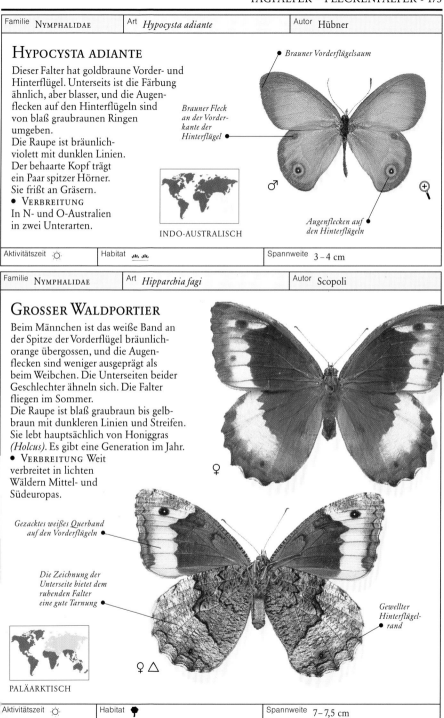

Familie NYMPHALIDAE	Art *Hypocysta adiante*	Autor Hübner

HYPOCYSTA ADIANTE

Dieser Falter hat goldbraune Vorder- und Hinterflügel. Unterseits ist die Färbung ähnlich, aber blasser, und die Augenflecken auf den Hinterflügeln sind von blaß graubraunen Ringen umgeben.
Die Raupe ist bräunlichviolett mit dunklen Linien. Der behaarte Kopf trägt ein Paar spitzer Hörner. Sie frißt an Gräsern.
• VERBREITUNG
In N- und O-Australien in zwei Unterarten.

INDO-AUSTRALISCH

Brauner Vorderflügelsaum

Brauner Fleck an der Vorderkante der Hinterflügel

♂

⊕

Augenflecken auf den Hinterflügeln

Aktivitätszeit ☀	Habitat ⸜⸝ ⸜⸝	Spannweite 3 – 4 cm

Familie NYMPHALIDAE	Art *Hipparchia fagi*	Autor Scopoli

GROSSER WALDPORTIER

Beim Männchen ist das weiße Band an der Spitze der Vorderflügel bräunlichorange übergossen, und die Augenflecken sind weniger ausgeprägt als beim Weibchen. Die Unterseiten beider Geschlechter ähneln sich. Die Falter fliegen im Sommer.
Die Raupe ist blaß graubraun bis gelbbraun mit dunkleren Linien und Streifen. Sie lebt hauptsächlich von Honiggras *(Holcus)*. Es gibt eine Generation im Jahr.
• VERBREITUNG Weit verbreitet in lichten Wäldern Mittel- und Südeuropas.

♀

Gezacktes weißes Querband auf den Vorderflügeln

Die Zeichnung der Unterseite bietet dem ruhenden Falter eine gute Tarnung

Gewellter Hinterflügelrand

♀ △

PALÄARKTISCH

Aktivitätszeit ☀	Habitat ♠	Spannweite 7 – 7,5 cm

Familie NYMPHALIDAE	Art *Melanargia galathea*	Autor Linné

SCHACHBRETT ODER DAMENBRETT

Obwohl die Musterung sehr variabel ist, ist dieser
schwarzweiße Schmetterling leicht zu erkennen.
Einige Formen haben eine kräftig gelbe Grundfärbung. Die Geschlechter gleichen sich,
wobei die Weibchen eher größer und blasser
sind. Das Damenbrett tritt im Sommer
auf und besucht gern die Blüten von
Disteln *(Carduus)* und Flockenblumen
(Centaurea).
Die Raupe ist gelbgrün oder blaßbraun mit dunklen Linien auf dem
Rücken. Sie frißt an Schwingel
(Festuca) und anderen Gräsern.

*Das charakteristi-
sche Schachbrettmuster
unterscheidet diese
Art von anderen*

♂

- VERBREITUNG Weit verbreitet
von Europa bis nach Nordafrika und
dem westlichen gemäßigten Asien.

*Unterbrochenes
Band am Rand der
Flügelunterseite* •

PALÄARKTISCH

♂ △

Aktivitätszeit ☿	Habitat ⊥⊥, ⊥⊥,	Spannweite 4,5 – 5,5 cm

Familie NYMPHALIDAE	Art *Melanitis leda*	Autor Linné

MELANITIS LEDA

Allein die Flügelform ist schon charakteristisch für
den Schmetterling. Schließt der Falter seine Flügel,
so erinnert die dunkelbraun melierte Unterseite mit
ihren sehr schmalen schwarz-
braunen Rändern an ein totes
Blatt. Dieser Falter ist normalerweise in der Morgendämme-
rung und kurz vor Einbruch
der Dunkelheit aktiv.
Die Raupe ist gelbgrün und dicht
mit kurzen Haaren besetzt. Man
findet sie auf Reispflanzen *(Oryza)*,
Zuckerrohr *(Saccharum)*, Hirse
(Sorghum) und anderen Gräsern.

*„Quadratische"
Augenflecken auf
den Vorderflügeln* •

- VERBREITUNG Häufig von Afrika
bis Südostasien und Australien.

*Leicht gewellte Hinter-
flügel mit kleinen
Schwanzanhängen* •

AFROTROPISCH
INDO-AUSTRALISCH

♂

Aktivitätszeit ☿	Habitat ⊰ ⊥⊥, ⊥⊥,	Spannweite 6 – 8 cm

| Familie NYMPHALIDAE | Art *Minois dryas* | Autor Scopoli |

BLAUÄUGIGER WALDPORTIER

Die Männchen dieses unverwechselbaren Schmetterlings sind kleiner und dunkler als die Weibchen und haben etwas kleinere Augenflecken.
Die Unterseite ist blasser, und auf den Hinterflügeln finden sich manchmal graue Bänder. Dieser Falter tritt vom Frühsommer bis zum Frühherbst auf. Die Raupe ist schmutzigweiß und dunkel gescheckt. Zwei schwarzbraune Streifen ziehen sich bis in den gegabelten Schwanz. Sie lebt von verschiedenen Gräsern, vor allem von Pfeifengras *(Molinia)*.
• VERBREITUNG Kommt in lichten Wäldern und an Grasböschungen in Mittel- und Südeuropa vor sowie in den gemäßigten Regionen Asiens bis nach Japan.

Blaue Kerne der Augen-flecken unterscheiden diese •
von ähnlichen Arten

Gewellte Hinter- •
flügelränder sind beim Weibchen am auffälligsten

♀

PALÄARKTISCH

| Aktivitätszeit ☼ | Habitat | Spannweite 5 – 7 cm |

| Familie NYMPHALIDAE | Art *Pararge aegeria* | Autor Linné |

WALDBRETTSPIEL

Beide Geschlechter dieses gefleckten Waldschmetterlings sind sehr ähnlich, aber die Vorderflügel der Weibchen sind stärker abgerundet.
Die Augenflecken sind oberseits viel deutlicher ausgeprägt als unterseits. Die Scheckung variiert von Cremeweiß bis Tieforange. Die Falter trifft man oft auf besonnten Flecken und auf Brombeerblüten *(Rubus)*.
Die Raupe ist gelbgrün mit einem dunkelgrünen Rückenstreifen und hellen und dunklen Linien an den Seiten. Sie frißt an Quecken *(Agropyron)* und anderen Gräsern.
• VERBREITUNG
Weit verbreitet von Europa bis nach Zentralasien.

Helle Zahnung an •
den Flügelrändern

♂

• *Gewellte Hinterflügel-ränder*

Schwach entwickelte Augenflecken •

♂ △

PALÄARKTISCH

| Aktivitätszeit ☼ | Habitat | Spannweite 4 – 4,5 cm |

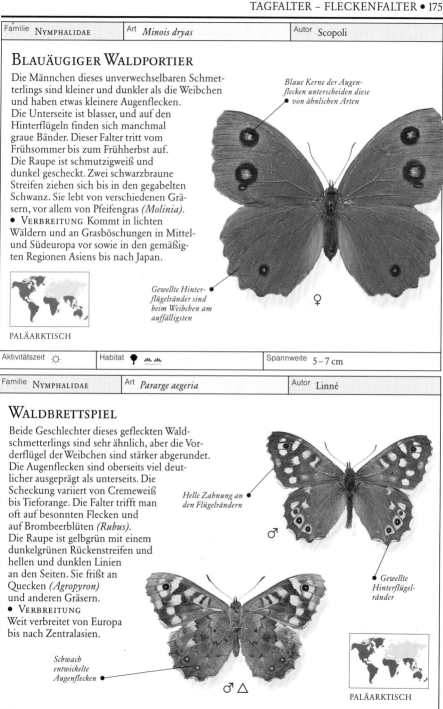

Familie NYMPHALIDAE	Art *Pararge schakra*	Autor Kollar

PARARGE SCHAKRA

Die Oberseite dieses Schmetterlings ist nicht gerade charakteristisch gefärbt, schwarzweiße, orange gesäumte Augenflecken auf braunem Grund – die Unterseite aber ist auffälliger: Auf den fast weißen Hinterflügeln findet sich eine Reihe mehrringiger Augenflecken, während die Vorderflügel „versengt" aussehen. Diese Schmetterlinge sind aktive Flieger und halten sich normalerweise in Bodennähe auf. Sie sind fast das ganze Jahr über an sonnigen Abhängen über 2000 m anzutreffen.
Die Raupe ist nicht mit Sicherheit bekannt; wahrscheinlich lebt sie auf Gräsern.
• VERBREITUNG Vom Iran über N-Indien bis nach W-China.

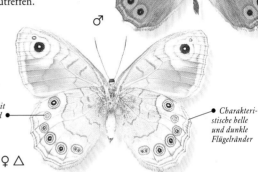

♂

Am Flügelrand eine Reihe von Augenflecken mit doppeltem Rand

Charakteristische helle und dunkle Flügelränder

PALÄARKTISCH
INDO-AUSTRALISCH

♀ △

Aktivitätszeit ☼	Habitat ▲	Spannweite 5,5 – 6 cm

Familie NYMPHALIDAE	Art *Taygetis echo*	Autor Cramer

TAYGETIS ECHO

Bei diesem düsterbraunen Schmetterling sind die Vorderflügel zur Mitte hin samtschwarz. Die Färbung der Unterseite ähnelt der der Oberseite, aber entlang den Flügelsäumen läuft ein Band feiner weißgelber Punkte oder Flecken, deren Größe auf den Hinterflügeln zunimmt.
Die Geschlechter gleichen sich.
Die Raupe ist nicht sicher bekannt.
Die Raupen verwandter Arten sind glatt und fressen an Gräsern und Bambus *(Chusquea)*.
• VERBREITUNG Lebt im tropischen Südamerika von Surinam bis Brasilien.

Goldbraun überlaufene Vorderflügelspitze

♂

Unregelmäßig gewellter Rand des Hinterflügels

Durch seine dunkle Färbung ist dieser Schmetterling in der Dämmerung fast unsichtbar

NEOTROPISCH

Aktivitätszeit ◑ ☼	Habitat 🌿	Spannweite 5,7 – 6 cm

Familie NYMPHALIDAE	Art *Pierella hyceta*	Autor Hewitson

PIERELLA HYCETA

Dieser auffällig eckige Schmetterling mit seinen orangegefärbten Hinterflügelspitzen gehört zu einer südamerikanischen Gattung mit ungefähr 50 Arten. Auf der Unterseite fehlen die leuchtenden Hinterflügelflecken, was bei geschlossenen Flügeln bessere Tarnung bietet. Sehr auffällig sind die Quer-linien, die die Flügeladern kreuzen. Die Geschlechter gleichen sich. Die Raupe ist nicht sicher bekannt. Die Raupen verwandter Arten sind jedoch düsterbraun, haben kurze Doppelschwänze und fressen an den Blättern verschiedener Heliconiaceae und Marantaceae.

• VERBREITUNG Weit verbreitet in Süd-amerika von Brasilien bis Guyana.

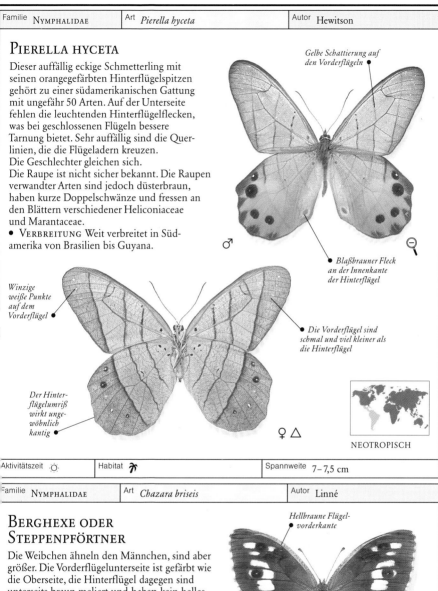

Gelbe Schattierung auf den Vorderflügeln •

♂

• *Blaßbrauner Fleck an der Innenkante der Hinterflügel*

Winzige weiße Punkte auf dem Vorderflügel •

• *Die Vorderflügel sind schmal und viel kleiner als die Hinterflügel*

Der Hinter-flügelumriß wirkt unge-wöhnlich kantig •

♀ △

NEOTROPISCH

Aktivitätszeit ☼	Habitat 🀃	Spannweite 7 – 7,5 cm

Familie NYMPHALIDAE	Art *Chazara briseis*	Autor Linné

BERGHEXE ODER STEPPENPFÖRTNER

Die Weibchen ähneln den Männchen, sind aber größer. Die Vorderflügelunterseite ist gefärbt wie die Oberseite, die Hinterflügel dagegen sind unterseits braun meliert und haben kein helles Querband. Die Raupe ist schmutzig-weiß. Sie frißt an Blaugras *(Sesleria caerulea)* und ist vornehmlich nachts aktiv.

• VERBREITUNG Häufig in Mittel- und Südeuropa, in der Türkei und im Iran.

Hellbraune Flügel-vorderkante •

PALÄARKTISCH

♀

Auffällig tief gewellter Hinterflügelrand •

Aktivitätszeit ☼	Habitat ⛰ ⚘ ⚘	Spannweite 4 – 7 cm

Familie NYMPHALIDAE	Art *Tisiphone abeone*	Autor Donovan

TISIPHONE ABEONE

Die leuchtend orangegelben Flecken auf den Vorderflügeln haben eine ungewöhnliche Form. Auffällige Augenflecken auf den Hinterflügeln lenken Feinde vom verletzlichen Kopf und Körper ab. Die Unterseite ist heller mit einem gelbweißen Band quer über die Hinterflügel, deren Augenflecken stärker entwickelt sind. Die Weibchen ähneln den Männchen, sind jedoch insgesamt unauffälliger gefärbt. Die Raupe ist grün und behaart. Sie frißt an *Gahnia*.

• VERBREITUNG SO-Australien.

INDO-AUSTRALISCH

Alle Augenflecken haben ein blau-weißes Zentrum

♂

Aktivitätszeit ☼	Habitat 〰 〰	Spannweite 5 – 5,5 cm

Familie NYMPHALIDAE	Art *Ypthima asterope*	Autor Klug

YPTHIMA ASTEROPE

Dieser im Verbreitungsgebiet häufige Schmetterling gehört zu einer Gruppe nur schwer voneinander zu unterscheidender Arten. Ihre Unterseite trägt ein charakteristisches Muster feiner weißer Linien. Die Geschlechter gleichen sich. Die Raupe ist nicht beschrieben. Sie frißt an Gräsern.

• VERBREITUNG Lebt in trockenem Buschland, in Afrika südlich der Sahara und in SW-Asien.

AFROTROPISCH

Weiße Tupfen in der Mitte der gelbgesäumten Augenflecken auf den Vorderflügeln

Heller Rand an den Hinterflügeln

♂

Aktivitätszeit ☼	Habitat 〰 〰	Spannweite 3 – 4 cm

Familie NYMPHALIDAE	Art *Ypthima baldus*	Autor Fabricius

YPTHIMA BALDUS

Fünf gelbumrandete Augenflecken auf Vorder- und Hinterflügeln sind das Erkennungsmerkmal dieser Art. Die Oberseite ist sonst braun und von schwach angedeuteten weißen Linien überzogen. Die Geschlechter gleichen sich. Im Süden treten die Schmetterlinge ganzjährig auf, im Norden nur im Frühling und Sommer. Die Raupe ist grün; sie soll an Gräsern fressen.

• VERBREITUNG Verbreitet von Indien bis nach Pakistan und Birma.

INDO-AUSTRALISCH

Auffällige Augenflecken auf den Vorderflügeln

♀

Die Augenflecken der Hinterflügel variieren in der Größe

Aktivitätszeit ☼	Habitat ⛰ 🌿 〰 〰	Spannweite 3 – 4,5 cm

| Familie NYMPHALIDAE | Art Zipaetis scylax | Autor Hewitson |

ZIPAETIS SCYLAX

Dies ist eine von nur drei bekannten Arten einer Gattung, deren Verbreitungsgebiet von Indien bis China reicht. Bei beiden Geschlechtern fehlt der düsterbraunen Oberseite jede weitere Zeichnung, während die Unterseite auffällige gelbumrandete Augenflecken aufweist. Diese Schmetterlinge sind keine guten Flieger und halten sich meistens im dichten Buschwerk auf.
Die Raupe dieser Art ist nicht sicher bekannt, sie lebt jedoch wahrscheinlich auf Gräsern.
• VERBREITUNG Weit verbreitet im Hügelland N-Indiens, Pakistans und Birmas.

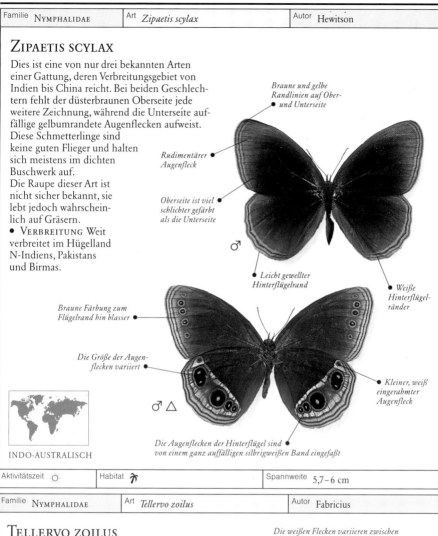

Braune und gelbe Randlinien auf Ober- und Unterseite

Rudimentärer Augenfleck

Oberseite ist viel schlichter gefärbt als die Unterseite

Leicht gewellter Hinterflügelrand

Weiße Hinterflügelränder

Braune Färbung zum Flügelrand hin blasser

Die Größe der Augenflecken variiert

Kleiner, weiß eingerahmter Augenfleck

♂ △

Die Augenflecken der Hinterflügel sind von einem ganz auffälligen silbrigweißen Band eingefaßt

INDO-AUSTRALISCH

| Aktivitätszeit ☼ | Habitat 🦗 | Spannweite 5,7–6 cm |

| Familie NYMPHALIDAE | Art Tellervo zoilus | Autor Fabricius |

TELLERVO ZOILUS

Die Unterseite dieses schwarzweißen Falters ähnelt der Oberseite, hat jedoch weiße Flecken in den schwarzen Flügelsäumen. Die Geschlechter gleichen sich.
Die Raupe ist dunkelgrau und soll an *Parsonsia velutina* fressen.
• VERBREITUNG Man findet diesen Schmetterling von Celebes bis Papua-Neuguinea sowie auf den Salomoninseln und in N-Australien.

Die weißen Flecken variieren zwischen den verschiedenen Unterarten

♂

Langer, schlanker Körper

INDO-AUSTRALISCH

| Aktivitätszeit ☼ | Habitat 🦗 | Spannweite 4–4,5 cm |

Familie NYMPHALIDAE	Art *Mechanitis isthmia*	Autor Bates

MECHANITIS ISTHMIA

Dieser Falter scheint eine Reihe überwiegend giftiger Schmetterlingsarten aus
verschiedenen Gruppen nachzuahmen.
Die Unterseite ähnelt der Oberseite, weist
jedoch einige weiße Punkte in den schwarzen Flügelrändern auf. Diese Schmetterlinge
fliegen gern in strahlendem Sonnenschein.
Sie sind Nektarsauger und besuchen bevorzugt die Blüten von *Eupatorium*.
Die Raupe ist blaßgrün, entlang den
Seiten trägt sie Fortsätze mit einem
schwarzen Tupfen an
der Basis. Sie frißt
an *Solanum*.
• VERBREITUNG
Von Mexiko bis
zum Amazonas-
becken.

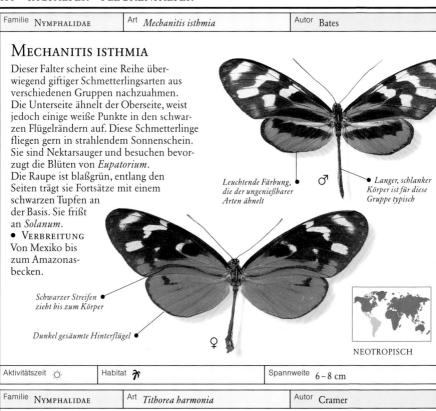

*Leuchtende Färbung,
die der ungenießbarer
Arten ähnelt*

♂

• *Langer, schlanker
Körper ist für diese
Gruppe typisch*

*Schwarzer Streifen
zieht bis zum Körper* •

Dunkel gesäumte Hinterflügel •

♀

NEOTROPISCH

Aktivitätszeit ☼	Habitat 🐦	Spannweite 6 – 8 cm

Familie NYMPHALIDAE	Art *Tithorea harmonia*	Autor Cramer

TITHOREA HARMONIA

Dies ist ein sehr variabler Schmetterling, der von einer Vielzahl sowohl
giftiger als auch genießbarer Arten
nachgeahmt wird. Die schwarzen
Flecken auf den Hinterflügeln ver-
einigen sich manchmal auch zu
einem durchgezogenen Querband.
Die Raupe dieser Art ist nicht
sicher bekannt. Raupen
ähnlicher mittel-
amerikanischer Arten
fressen an *Prestonia*
und *Echites*.
• VERBREITUNG
Ist von Mexiko bis
südlich nach Brasi-
lien anzutreffen.

*Lange, schlanke
• orangerote Fühler*

*Schwarz- •
weiße Flügel-
ränder*

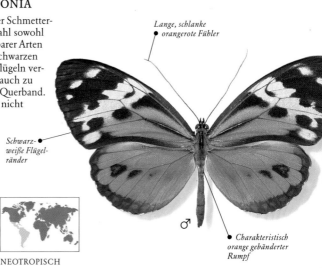

♂

• *Charakteristisch
orange gebänderter
Rumpf*

NEOTROPISCH

Aktivitätszeit ☼	Habitat 🌿	Spannweite 5,5 – 7,5 cm

| Familie NYMPHALIDAE | Art *Thyridia themisto* | Autor Hübner |

THYRIDIA THEMISTO

Dieser eindrucksvolle Schmetterling hat durchscheinende Flügel mit tiefschwarzen Adern,
Bändern und Flügelrändern. Er gehört zu einer
Gruppe von ungefähr sieben beschriebenen
Arten aus Südamerika. Sie werden von
verschiedenen Tag- und
Nachtfalterarten nach-
geahmt, darunter der tag-
aktive Nachtfalter *Gazera
linus* (Castniidae).
Die Raupe ist schwarz und
grellgelb geringelt, wohl
eine Warnfärbung, die darauf
hindeutet, daß die Raupe giftig
ist. Sie frißt an *Brunfelsia*.
• VERBREITUNG Weit
verbreitet in Argentinien
und Brasilien, häufig
auch in Städten zu
beobachten.

NEOTROPISCH

*Lange, schlanke
Fühler mit weißen
• Spitzen*

*Auf den durch-•
scheinenden Flügelfenstern
sind die Schuppen zu feinen
Haaren modifiziert*

*Die Vorder-•
flügel haben einen
typischen schlank-
birnenförmigen Umriß*

♀

| Aktivitätszeit ☼ | Habitat 🦋 | Spannweite 7–8 cm |

| Familie NYMPHALIDAE | Art *Melinaea lilis* | Autor Bates |

MELINAEA LILIS

Dieser sehr variable Falter ahmt zahlreiche Arten
aus verschiedenen Verwandtschaftsgruppen nach.
Von ähnlichen Arten ist er durch seine langen
gelben Fühler und den relativ kleinen Kopf zu
unterscheiden. Die Unterseite ist wie die
Oberseite gefärbt, zeigt jedoch weiße Punkte
entlang den dunkelbraunen Flügelsäumen.
Dieser Falter ist fast das ganze Jahr über
zu beobachten. Beide Geschlechter
sind Blütenbesucher.
Die Raupe ist auffallend
geringelt. Die Region hinter
dem Kopf ist rot und blaß
orangerosa mit zwei faden-
förmigen schwarzweißen Anhängen, die die Raupe peitschen-
artig hin und her schlagen kann.
Sie frißt an *Markea neurantha*.
• VERBREITUNG Man findet die Art
von Mexiko bis zum Amazonasbecken.

RAUPE VON
MELINAEA LILIS

*Die auffällige
Raupe schmeckt
wahrscheinlich
schlecht*

*Schwarze und orange •
Zeichnung zur Warnung,
daß diese Art giftig sein könnte*

♂

NEOTROPISCH

| Aktivitätszeit ☼ | Habitat 🦋 | Spannweite 7–7,5 cm |

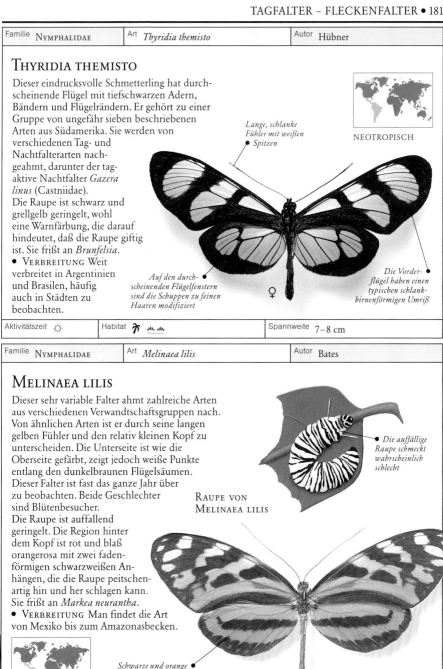

Familie NYMPHALIDAE	Art *Amauris echeria*	Autor Stoll

AMAURIS ECHERIA

Dieses Mitglied einer Gruppe einander sehr ähnlicher Arten zeigt geographische Variationen und ist in mehrere Unterarten gegliedert. Die Bestimmung wird weiterhin dadurch erschwert, daß diese Art durch einige *Papilio*-Arten nachgeahmt wird. Die Unterseite gleicht der Oberseite, hat aber mehr kleine weiße Punkte auf den Flügelrändern. Die Geschlechter sind gleich. Dieser Falter ist fast das ganze Jahr über anzutreffen. Die Raupe ist schwarz mit gelben Punkten. Auf dem Rücken trägt sie fünf Paare fadenförmiger Anhänge. Der schwarze Kopf ist glatt. Sie frißt an *Tylophora, Secamone, Marsdenia* und anderen Pflanzen.
• VERBREITUNG Vom tropischen Zentralafrika bis nach Südafrika.

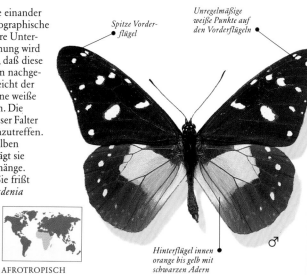

Spitze Vorderflügel

Unregelmäßige weiße Punkte auf den Vorderflügeln

Hinterflügel innen orange bis gelb mit schwarzen Adern

♂

AFROTROPISCH

Aktivitätszeit ☀	Habitat 🌿	Spannweite 6–8 cm

Familie NYMPHALIDAE	Art *Danaus chrysippus*	Autor Linné

DANAUS CHRYSIPPUS

Dieser sehr häufige und leicht zu erkennende Falter zeigt die Warnfarben Schwarz und Orange. Es gibt eine Vielzahl von Formen und Rassen dieses Falters, die sich in unwesentlichen Details unterscheiden, einigen fehlt auch die dunkle Vorderflügelspitze mit den weißen Punkten. Die Unterseite ähnelt der Oberseite, ist aber etwas blasser. *D. chrysippus* wird von einigen anderen Arten täuschend nachgeahmt. Der Falter fliegt fast das ganze Jahr über.
Die Raupe ist orange-schwarz und bläulichweiß gebändert. Sie frißt an Seidenpflanzen *(Asclepias)* und verwandten Arten.
• VERBREITUNG Von Afrika über Indien bis Malaysia, Japan und Australien.

Dunkelbrauner Vorderflügelbug

Schwarzweiße Flügelränder treten bei allen Formen auf

♂

Größe und Verteilung der Hinterflügelflecken kennzeichnen die verschiedenen Formen

AFROTROPISCH
INDO-AUSTRALISCH
PALÄARKTISCH

Aktivitätszeit ☀	Habitat 〰〰	Spannweite 7–8 cm

Familie NYMPHALIDAE	Art *Euploe core*	Autor Cramer

EUPLOE CORE

Dies ist der häufigste einer Gruppe einander ziemlich ähnlicher Falter. Die verschiedenen Rassen und Formen unterscheiden sich im wesentlichen in der Anzahl der weißen Flecken auf den Flügeln. Die Unterseite ist blasser als die Oberseite. Die Geschlechter gleichen sich.
Die Raupe ist weiß und auffällig dunkelbraun geringelt, hat an beiden Seiten gelbe und weiße Streifen und trägt auf dem Rücken vier Paare purpurbrauner, fadenförmiger Anhänge. Sie frißt an einer Vielzahl von Pflanzen einschließlich Oleander *(Nerium oleander)* und Seidenpflanze *(Asclepias)*.
• VERBREITUNG Kommt von Indien bis China und südlich bis Sumatra, Java sowie N- und O-Australien vor.

INDO-AUSTRALISCH

Die Vorderflügel sind viel dunkler als die Hinterflügel •

Als Merkmal dieser Gruppe gelten die relativ • *kurzen Fühler*

• *Weiße Flecken entlang den Flügelrändern*

♂

Aktivitätszeit ☼	Habitat ⸜⸜ ⸜⸜	Spannweite 8–9,5 cm

Familie NYMPHALIDAE	Art *Danaus gilippus*	Autor Cramer

DANAUS GILIPPUS

Dieser prächtige Falter ist dunkel orangebraun mit schwarzen Flügelrändern und weißen Flecken. Auf der Unterseite ist die Grundfärbung blasser, und die schwarze Äderung der Hinterflügel tritt deutlicher hervor.
Die Raupe ist hell blaugrau und schwarz geringelt mit Bändern aus feinen orangeroten Punkten. Sie frißt an Seidenpflanzen *(Asclepias)*.
• VERBREITUNG Weit verbreitet von Argentinien über Mittelamerika bis ins südliche Nordamerika. Im Gegensatz zu den meisten seiner Verwandten ist dieser Schmetterling kein Wanderer.

NEOTROPISCH
NEARKTISCH

Dunklere Flügelvorderkante •

Charakteristische weiße Fleckung •

Duftschuppen auf den Hinterflügeln •

♂

Leicht gewellte • *Hinterflügelränder*

Aktivitätszeit ☼	Habitat ⸜⸜ ⸜⸜	Spannweite 7–7,5 cm

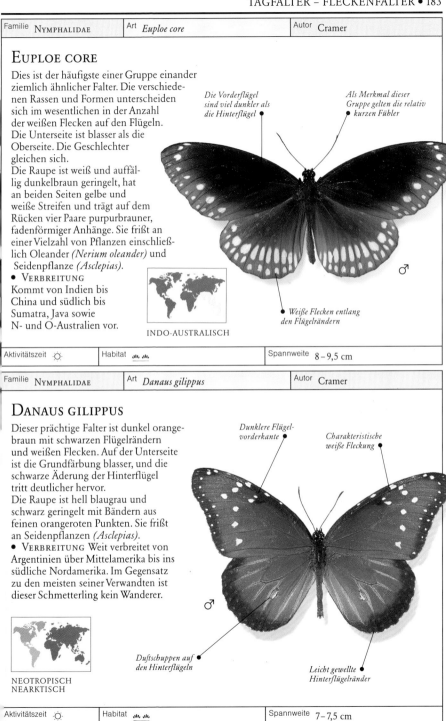

Familie NYMPHALIDAE	Art *Danaus plexippus*	Autor Linné

MONARCH

Der Monarch in seiner leuchtenden, kontrastreichen Färbung gehört wohl zu den bekanntesten Schmetterlingen der Welt. Die Geschlechter gleichen sich.

Die Raupe ist schwarz, gelb und elfenbeinweiß gebändert und hat fühlerähnlichen Anhänge hinter dem Kopf. Sie frißt an Schwalbenwurzgewächsen *(Asclepiadceae)*.

• VERBREITUNG Der Monarch ist wohl der bekannteste Wanderer unter den Schmetterlingen. Von seiner ursprünglichen Heimat in beiden Amerikas hat er sich bis nach Indonesien, Australasien und den Kanarischen Inseln ausgebreitet und ist neuerdings auch erstmals in den Mittelmeerländern aufgetaucht.

WELTWEIT

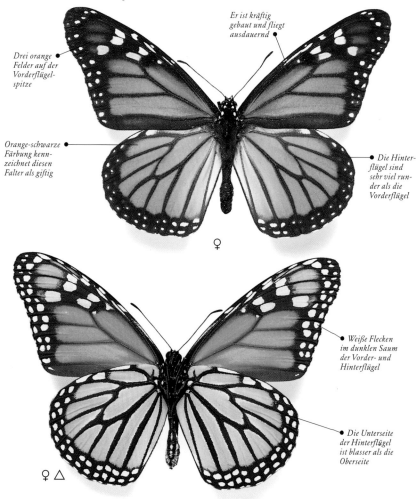

Er ist kräftig gebaut und fliegt ausdauernd

Drei orange Felder auf der Vorderflügelspitze

Orange-schwarze Färbung kennzeichnet diesen Falter als giftig

Die Hinterflügel sind sehr viel runder als die Vorderflügel

♀

Weiße Flecken im dunklen Saum der Vorder- und Hinterflügel

Die Unterseite der Hinterflügel ist blasser als die Oberseite

♀ △

Aktivitätszeit ☼	Habitat ⸮⸮	Spannweite 7,5 – 10 cm

Familie NYMPHALIDAE	Art *Euploea mulciber*	Autor Cramer

EUPLOEA MULCIBER

Die Oberseite der Vorderflügel dieses großen Falters schillert bei beiden Geschlechtern irisierend violett, bei dem dunkleren Männchen noch auffälliger als beim Weibchen. Die braunen Hinterflügel des Weibchens tragen ein Strahlenmuster aus weißen Linien. Die Unterseiten sehen ähnlich aus, ihnen fehlt die Schillerfärbung. Diese Art gehört einer großen indo-australischen Gattung an, die wegen ihrer blauviolett schillernden, fast schwarzen Flügel als „Krähenfalter" bezeichnet wird. Raupe und Schmetterling sind giftig.
Die Raupe ist gelblichbraun, abwechselnd heller und dunkler gebändert und trägt vier Paare roter Anhänge mit schwarzen Spitzen auf dem Rücken. Sie frißt an Oleander *(Nerium)*, Feige *(Ficus)* und verschiedenen Pfeifenwinden *(Aristolochia)*.
• VERBREITUNG Von Indien bis nach S-China, Malaysia und den Philippinen.

INDO-AUSTRALISCH

Weiße Flecken mit hellblauem Rand

Zur Vorderflügelbasis hin dunkler braun

Manche Flecken ohne weiße Mitte

Weiß melierter Hinterflügelsaum

Helles Dreieck am Ansatz der Hinterflügel

♂

Schillerfärbung weniger ausgeprägt als beim Männchen

Hinterflügel beim Weibchen mit weißem Strahlenmuster

♀

Aktivitätszeit ☼	Habitat 🌿	Spannweite 9–10 cm

Familie NYMPHALIDAE	Art *Idea leuconoe*	Autor Erichson

IDEA LEUCONOE

Ein ungewöhnlich großer, eleganter Tagfalter, dessen überwiegend milchweiße Flügel zart durchscheinend sind und ein Filigranmuster aus schwarzen Adern, Bändern und Feldern tragen. Zum Ansatz hin sind die Flügel oft gelblich überhaucht. *I. leuconoe* hat einen gleitenden Segelflug, sie fliegt bevorzugt im Wald. Die Raupe ist samtschwarz mit schmalen blaßgelben Ringen und seitlichen blutroten Tupfen. Auf dem Rücken trägt sie vier Paare langer schwarzer Anhänge. Sie lebt auf *Parsonsia, Cynanchum* und *Tylophora*.
• VERBREITUNG Von Thailand bis nach Malaysia, den Philippinen und Taiwan. In Malaysia vor allem an der Küste in Mangrovesümpfen.

Charakteristisches rotschwarzes Muster

RAUPE VON IDEA LEUCONOE

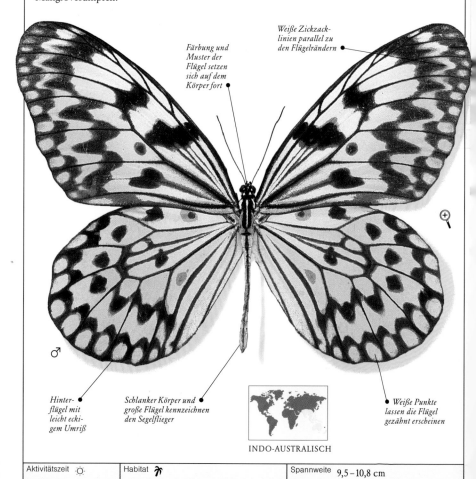

Färbung und Muster der Flügel setzen sich auf dem Körper fort

Weiße Zickzacklinien parallel zu den Flügelrändern

Hinterflügel mit leicht eckigem Umriß

Schlanker Körper und große Flügel kennzeichnen den Segelflieger

Weiße Punkte lassen die Flügel gezähnt erscheinen

INDO-AUSTRALISCH

Aktivitätszeit ☼	Habitat 🖈	Spannweite 9,5–10,8 cm

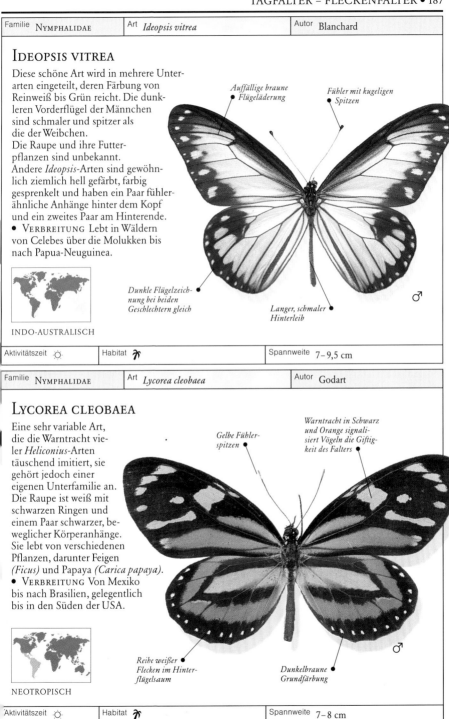

| Familie NYMPHALIDAE | Art *Ideopsis vitrea* | Autor Blanchard |

IDEOPSIS VITREA

Diese schöne Art wird in mehrere Unterarten eingeteilt, deren Färbung von Reinweiß bis Grün reicht. Die dunkleren Vorderflügel der Männchen sind schmaler und spitzer als die der Weibchen.
Die Raupe und ihre Futterpflanzen sind unbekannt.
Andere *Ideopsis*-Arten sind gewöhnlich ziemlich hell gefärbt, farbig gesprenkelt und haben ein Paar fühlerähnliche Anhänge hinter dem Kopf und ein zweites Paar am Hinterende.
• VERBREITUNG Lebt in Wäldern von Celebes über die Molukken bis nach Papua-Neuguinea.

Auffällige braune • *Flügeläderung*

Fühler mit kugeligen • *Spitzen*

Dunkle Flügelzeich- • *nung bei beiden Geschlechtern gleich*

Langer, schmaler • *Hinterleib*

♂

INDO-AUSTRALISCH

| Aktivitätszeit ☼ | Habitat 🌿 | Spannweite 7–9,5 cm |

| Familie NYMPHALIDAE | Art *Lycorea cleobaea* | Autor Godart |

LYCOREA CLEOBAEA

Eine sehr variable Art, die die Warntracht vieler *Heliconius*-Arten täuschend imitiert, sie gehört jedoch einer eigenen Unterfamilie an.
Die Raupe ist weiß mit schwarzen Ringen und einem Paar schwarzer, beweglicher Körperanhänge. Sie lebt von verschiedenen Pflanzen, darunter Feigen *(Ficus)* und Papaya *(Carica papaya)*.
• VERBREITUNG Von Mexiko bis nach Brasilien, gelegentlich bis in den Süden der USA.

Gelbe Fühler- • *spitzen*

Warntracht in Schwarz und Orange signalisiert Vögeln die Giftigkeit des Falters

Reihe weißer • *Flecken im Hinterflügelsaum*

Dunkelbraune • *Grundfärbung*

♂

NEOTROPISCH

| Aktivitätszeit ☼ | Habitat 🌿 | Spannweite 7–8 cm |

NACHTFALTER

THYATIRIDAE

D IE NUR ETWA 100 Arten dieser relativ kleinen Familie, die allgemein Eulenspinner genannt werden, kommen in vielen Teilen der Erde vor. Sie fehlen allerdings in der afrotropischen und der indo-australischen Region. Diese Falter sind im allgemeinen nicht sehr farbenfroh – braune und beige Töne herrschen vor. Es gibt aber auch Ausnahmen, die recht auffällig und ansprechend mit rosaroten Flecken oder feinen Linien gemustert sind.

Die glatten Raupen leben entweder offen im Laub ihrer Futterpflanzen, oder sie verstecken sich zwischen mit Seide zusammengesponnenen Blättern. Dort spinnen sie auch später einen Kokon, in dem sie sich verpuppen.

Familie THYATIRIDAE	Art *Habrosyne scripta*	Autor Gosse

HABROSYNE SCRIPTA

Die feine weiße Zeichnung auf den braunen Vorderflügeln gab diesem schönen Nachtfalter den Namen (lat. scripta = geschrieben). Im Leben haben die breiten weißen Bänder einen rosa Anflug, der bei präparierten Tieren ausbleicht. Die Raupe ist dunkelbraun mit schwarzer Zeichnung. Sie frißt an Birken *(Betula)* und Brombeeren *(Rubus fruticosus)*.
• VERBREITUNG Überall in Kanada und in den USA südlich bis nach Arkansas.

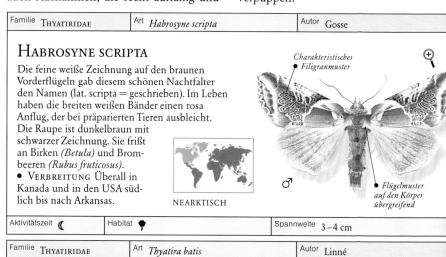

Charakteristisches Filigranmuster

♂

NEARKTISCH

Flügelmuster auf den Körper übergreifend

Aktivitätszeit ☾	Habitat ♠	Spannweite 3–4 cm

Familie THYATIRIDAE	Art *Thyatira batis*	Autor Linné

ROSENEULE

Blaßrosa und weißumrandete goldbraune Punkte auf den Vorderflügeln kennzeichnen diesen hübschen Nachtfalter. Die Grundfarbe der Vorderflügel ist schokoladenbraun, während die Hinterflügel einfarbig graubraun sind.
Die Raupe ist rötlichbraun mit hellen dreieckigen Flecken und einer Reihe nach vorne gerichteter Höcker auf dem Rücken. Sie frißt an Brombeeren *(Rubus fruticosus)*.
• VERBREITUNG Von Europa über die gemäßigte Zone Asiens bis nach Japan.

PALÄARKTISCH

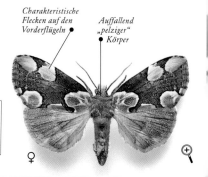

Charakteristische Flecken auf den Vorderflügeln

Auffallend „pelziger" Körper

♀

Aktivitätszeit ☾	Habitat ♠	Spannweite 3–4 cm

DREPANIDAE

D IESE FAMILIE mit etwa 800 Arten ist weltweit verbreitet und fehlt nur in Mittel- und Südamerika. Ihr Hauptmerkmal sind die elegant geschwungenen Vorderflügelspitzen vieler Arten, worauf sich auch der deutsche Familienname, sie werden Sichelflügler genannt, bezieht. Alle Angehörigen dieser Familie haben einen stark zurückgebildeten oder völlig fehlenden Saugrüssel. Deshalb sind die erwachsenen Falter nicht mehr in der Lage, Nahrung aufzunehmen. Die Raupen dieser Gruppe unterscheiden sich insofern von anderen Raupen, als ihnen die sonst üblichen Nachschieber am Hinterende fehlen. Bei vielen Arten ist der Hinterkörper statt dessen zugespitzt.

Die Raupen leben gewöhnlich auf allerlei Laubbäumen und Sträuchern. Die Puppen sind manchmal mit einer eigenartigen bläulichen Wachsschicht bedeckt.

Familie DREPANIDAE	Art *Drepana arcuata*	Autor Walker

DREPANA ARCUATA

Dieser auffällige Nachtfalter unterscheidet sich durch seine besonders stark geschwungenen Vorderflügelspitzen von allen anderen Sichelflüglern Nordamerikas. Seine Grundfärbung variiert von hellem Gelblichweiß bis Orangegelb. Die rötlichbraune Zeichnung kann mehr oder minder deutlich ausgeprägt sein. Seine Hinterflügel gleichen den Vorderflügeln, sind aber heller. Die Falter fliegen von der Frühlingsmitte bis in den frühen Herbst. Die Raupe frißt an Erlen *(Alnus)* und Birken *(Betula)*. Sie ist grün und braun mit gelber Zeichnung.
• VERBREITUNG
Von Kanada bis S-Karolina.

NEARKTISCH

Gefiederte Fühler beim Männchen

Auffälliges dunkles Band zieht sich bis in die „Hackenspitze" der Vorderflügel

♂

• *Dunkelbraune Linie am Außenrand der Hinterflügel*

Aktivitätszeit ☾	Habitat 🌿	Spannweite 2,5 – 5 cm

Familie DREPANIDAE	Art *Oreta erminea*	Autor Warren

ORETA ERMINEA

Diese Gattung mit etwa 40 Arten ist hauptsächlich in O- und SO-Asien verbreitet. Den Männchen dieser Gruppe fehlen die Koppelungsborsten zwischen Vorder- und Hinterflügeln. Die Flügeloberseiten schimmern gelbbraun bis tief goldbraun. Die Raupe dieser Art und ihre Futterpflanzen sind unbekannt.
• VERBREITUNG Häufig in NO-Queensland in Australien, lebt auch in Papua-Neuguinea.

INDO-AUSTRALISCH

Auffälliges Feld silbergrauer Schuppen an den Basen der Vorderflügel

♂

Haariger Innenrand der Hinterflügel

Aktivitätszeit ☾	Habitat 🌿	Spannweite 2,5 – 4,5 cm

URANIIDAE

D IESER ZIEMLICH kleinen Familie innerhalb der Nachtfalter, den Uraniafaltern, gehören einige der auffälligsten Arten der Welt an, darunter die großartige *Chrysiridia riphearia* (s. gegenüber). Sie leben in den Tropen Amerikas, Afrikas und Indo-Australiens. Die tagaktiven Arten sind lebendiger und schöner gefärbt als die nachtaktiven. Viele Formen haben schillernde Schuppen und einen oder mehrere lange Schwanzanhänge an den Hinterflügeln, so daß sie oft mit Tagfaltern verwechselt werden. Die nachtaktiven Arten sind gewöhnlich unscheinbar mit hellen, oft weißen Flügeln und dunklen Streifen. Die Uraniafalter ähneln den Spannern (Geometridae), mit welchen sie nahe verwandt sind, unterscheiden sich aber von diesen in der Anordnung der Flügeladern.

Familie URANIIDAE	Art *Alcides zodiaca*	Autor Butler

ALCIDES ZODIACA

Von den elf Arten dieser tagaktiven Gattung kommt nur diese in Australien vor. Die Flügel sind schwarz mit grünem Schimmer und purpurrosa schillernden Querbändern. Die Hinterflügelränder sind tief gewellt und haben einen kleinen, aber auffälligen blaß blaugrünen Schwanzanhang. Die Unterseite ist blaß schillernd blaugrün mit schwarzen Bändern. Gewöhnlich besuchen diese Falter Blüten bei Tag; abends dagegen fliegen sie hoch in den Wipfeln der Bäume.

Die Raupe ist schwarz mit weißen Bändern und einem leuchtendroten Fleck hinter dem Kopf. Sie frißt an *Omphalea queenslandiae*, einer Schlingpflanze, und an *Endospermum*.

• VERBREITUNG
Papua-Neuguinea und NO-Australien.

Vorderkante der Vorderflügel mit feiner Querstreifung •

Lange, fadendünne Fühler

Schwarzweiß gescheckte Vorderflügelränder •

♀

Silbriger Saum an den Hinterflügeln •

• Gleiche Schillerfärbung an Körper und Flügeln

INDO-AUSTRALISCH

Aktivitätszeit ☼	Habitat 🌿	Spannweite 8–10 cm

Familie URANIIDAE	Art *Chrysiridia riphearia*	Autor Hübner

CHRYSIRIDIA RIPHEARIA

Dieser Falter wird oft als der prächtigste und auffälligste Nachtfalter bezeichnet. Seine Farben machten ihn im viktorianischen England zu einem begehrten Objekt; aus seinen Flügeln wurde Schmuck hergestellt. Die Hinterflügel tragen mehrere Schwanzanhänge. Die Raupe ist gelb und schwarz mit langen keulenförmigen Haaren. Sie frißt an *Omphalea*. Die giftige Futterpflanze und die leuchtenden Farben des Falters legen nahe, daß er für Vögel und Säuger ungenießbar ist.
• VERBREITUNG Beschränkt auf Madagaskar.

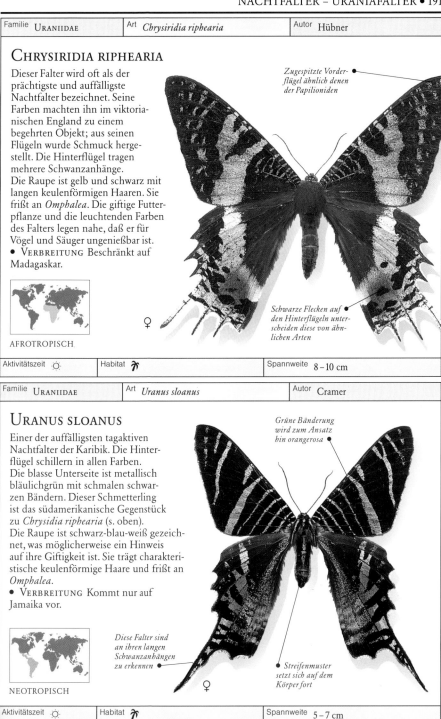

Zugespitzte Vorderflügel ähnlich denen der Papilioniden

Schwarze Flecken auf den Hinterflügeln unterscheiden diese von ähnlichen Arten

AFROTROPISCH

♀

Aktivitätszeit ☼	Habitat	Spannweite 8–10 cm

Familie URANIIDAE	Art *Uranus sloanus*	Autor Cramer

URANUS SLOANUS

Einer der auffälligsten tagaktiven Nachtfalter der Karibik. Die Hinterflügel schillern in allen Farben. Die blasse Unterseite ist metallisch bläulichgrün mit schmalen schwarzen Bändern. Dieser Schmetterling ist das südamerikanische Gegenstück zu *Chrysidia riphearia* (s. oben). Die Raupe ist schwarz-blau-weiß gezeichnet, was möglicherweise ein Hinweis auf ihre Giftigkeit ist. Sie trägt charakteristische keulenförmige Haare und frißt an *Omphalea*.
• VERBREITUNG Kommt nur auf Jamaika vor.

Grüne Bänderung wird zum Ansatz hin orangerosa

Diese Falter sind an ihren langen Schwanzanhängen zu erkennen

Streifenmuster setzt sich auf dem Körper fort

NEOTROPISCH

♀

Aktivitätszeit ☼	Habitat	Spannweite 5–7 cm

GEOMETRIDAE

DIE SPANNER sind mit nahezu 15 000 beschriebenen Arten die zweitgrößte Nachtfalterfamilie. Sie besitzen typischerweise ziemlich große, rundliche Flügel und einen schlanken Körper. Ihr Flug ist langsam und flatternd. Aber in einer so großen Gruppe gibt es viele Ausnahmen. Bei einigen Arten sind die Flügel der Weibchen bis auf kleine Reste zurückgebildet, so daß sie nicht flugfähig sind. Obwohl die meisten Arten eher unauffällig gefärbt sind und Tarnmuster tragen, gibt es einige tropische Formengruppen mit ungewöhnlich leuchtenden Farben.

Der Name Spanner und auch der lateinische Familienname Geometridae („Landvermesser") beziehen sich auf die charakteristische Fortbewegungsweise der meisten Raupen durch abwechselndes Krümmen und Strecken des Körpers.

Familie GEOMETRIDAE	Art *Archiearis infans*	Autor Möschler

ARCHIEARIS INFANS

Ein kleiner, auffälliger Nachtfalter. Lange Fransensäume an den Flügeln geben ihm ein pelziges Aussehen. Die Vorderflügel sind schwarzbraun mit einigen weißen Schuppen. Die Hinterflügel sind leuchtend orange. Daran ist diese Art leicht zu erkennen. Beide Geschlechter sind gleich gefärbt. Sie fliegen an warmen Nachmittagen während der ganzen Frühlingszeit.
Die Raupe ist grün bis rotbraun mit feinen gelbweißen Linien über den Körper. Sie frißt am Laub von Birken *(Betula)*.
• VERBREITUNG In Birkenwäldern von Kanada bis in die N-USA.

Auffällig pelziger Kopf und Körper

♂

NEARKTISCH

Kräftige dunkle Hinterflügelzeichnung

Auch im Flug erkennbar an den orangen Hinterflügeln

Aktivitätszeit ☼	Habitat ♥	Spannweite 3 – 4 cm

Familie GEOMETRIDAE	Art *Alsophila pometaria*	Autor Harris

AMERIKANISCHER FROSTSPANNER

Die Männchen sind blaß graubraun mit einem hellgrauen, gezackten Querband über beide Flügel. Die Weibchen sind vollkommen flugunfähig, ihre Flügel sind fast völlig reduziert. Die Falter fliegen im frühen Winter.
Die Raupe ist braun-weiß oder grün-weiß gestreift; sie ist ein Schädling an Apfel- *(Malus domestica)* und anderen Obstbäumen sowie an Laubbäumen wie Ahorn *(Acer)* und Eiche *(Quercus)*.
• VERBREITUNG Weit verbreitet in den N-USA und in S-Kanada. In Europa gibt es eine ähnliche Art, den Roßkastanien-Frostspanner oder Kreuzflügel *(Alsophila aescularia)*.

♂

Flügeladern wegen der lockeren Flügelbeschuppung deutlich hervortretend

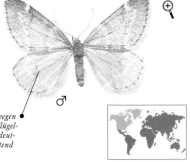

NEARKTISCH

Aktivitätszeit ☾	Habitat ♥	Spannweite 2,5 – 3 cm

Familie GEOMETRIDAE	Art *Oenochroma vinaria*	Autor Guenée

OENOCHROMA VINARIA

Dieser Falter variiert in seiner Färbung von Grau bis Purpur- oder Ziegelrot. Beide Geschlechter sind gleich gefärbt, aber die Weibchen sind im allgemeinen größer. Die Falter fliegen das ganze Jahr hindurch. Die Raupe ist grün bis rotbraun oder rotviolett mit einem Paar kleiner Warzen in der Rückenmitte. Sie frißt an *Grevillea* und *Hakea*. Tagsüber ruht sie wie ein Ästchen auf dünnen Zweigen und ist so gut getarnt.
• VERBREITUNG Weit verbreitet in O- und SO-Australien einschließlich Tasmanien.

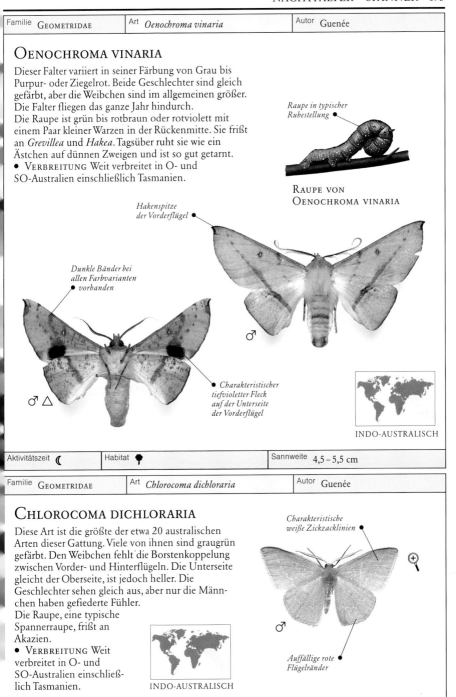

Raupe in typischer Ruhestellung •

RAUPE VON
OENOCHROMA VINARIA

Hakenspitze der Vorderflügel •

Dunkle Bänder bei allen Farbvarianten • vorhanden

♂

♂ △

Charakteristischer tiefvioletter Fleck auf der Unterseite der Vorderflügel

INDO-AUSTRALISCH

Aktivitätszeit ☾	Habitat ♦	Sannweite 4,5 – 5,5 cm

Familie GEOMETRIDAE	Art *Chlorocoma dichloraria*	Autor Guenée

CHLOROCOMA DICHLORARIA

Diese Art ist die größte der etwa 20 australischen Arten dieser Gattung. Viele von ihnen sind graugrün gefärbt. Den Weibchen fehlt die Borstenkoppelung zwischen Vorder- und Hinterflügeln. Die Unterseite gleicht der Oberseite, ist jedoch heller. Die Geschlechter sehen gleich aus, aber nur die Männchen haben gefiederte Fühler. Die Raupe, eine typische Spannerraupe, frißt an Akazien.
• VERBREITUNG Weit verbreitet in O- und SO-Australien einschließlich Tasmanien.

Charakteristische weiße Zickzacklinien •

♂

Auffällige rote • Flügelränder

INDO-AUSTRALISCH

Aktivitätszeit ☾	Habitat ♦	Spannweite 2,5 – 3 cm

Familie GEOMETRIDAE	Art *Aporandria specularia*	Autor Guenée

APORANDRIA SPECULARIA

Ein großer grüner Falter mit auffälliger brauner Zeichnung auf den Hinterflügeln und blaßgrüner, leicht irisierender Unterseite. Männchen und Weibchen sehen fast gleich aus. Die Raupe ist nicht beschrieben. Sie frißt an Mango *(Mangifera indica)*.

• VERBREITUNG
Von Indien und
Sri Lanka bis nach
Malaysia, Sumatra,
den Philippinen
und Celebes.

INDO-AUSTRALISCH

Kopf und Fühler auffallend weiß

Charakteristische eckige Hinterflügelkontur

♂

Aktivitätszeit ☾	Habitat 🌴	Spannweite 4,5 – 6 cm

Familie GEOMETRIDAE	Art *Geometra papilionaria*	Autor Linné

GRÜNES BLATT

Ein auffallender, großer blaugrüner Falter. Vorder- und Hinterflügel tragen undeutliche, unterbrochene weiße Querbänder. Die Männchen haben im Gegensatz zu den Weibchen gefiederte Fühler, ansonsten sehen beide Geschlechter gleich aus.
Die Raupe ist gelbgrün; sie
frißt an verschiedenen
Laubbäumen.

• VERBREITUNG Weit
verbreitet von Europa über
die gemäßigten Zonen
Asiens bis nach Japan.

PALÄARKTISCH

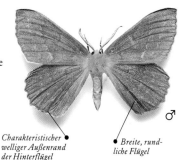

Charakteristischer welliger Außenrand der Hinterflügel

Breite, rundliche Flügel

♂

Aktivitätszeit ☾	Habitat	Spannweite 4,5 – 6 cm

Familie GEOMETRIDAE	Art *Omphax plantaria*	Autor Guenée

OMPHAX PLANTARIA

Eine Art aus einer großen Gruppe afrikanischer Falter, die meist hellgrün oder blaugrün gefärbt sind. Diese Art ist einfarbig grün, Vorder- und Hinterflügel sind rot und weiß gesäumt. Beide Geschlechter sehen gleich aus. Auf dem Hinterkörper verläuft in der Rückenmitte ein roter Strich bis zum Hinterende.
Die Raupe ist nicht beschrieben,
ist aber eine typische Spannerraupe; sie frißt an *Vangueria*.

• VERBREITUNG In Südafrika von
Mosambik und Simbabwe bis nach
Transvaal und Natal.

AFROTROPISCH

Typische kurze, dicke Fühler

Leuchtend gefärbte Flügelsäume

♂

Aktivitätszeit ☾	Habitat 🌴	Spannweite 3 – 4 cm

| Familie GEOMETRIDAE | Art *Crypsiphona ocultaria* | Autor Donovan |

CRYPSIPHONA OCULTARIA

Sicheres Kennzeichen dieses oberseits grau und weiß marmorierten Falters ist seine auffallend bunte Unterseite mit einem roten und schwarzen Band entlang den gewellten Rändern der weißen Hinterflügel. Oberseits setzt sich die grauweiße Marmorierung der Flügel über den Körper hinweg fort. Die Geschlechter unterscheiden sich nicht. Die Falter fliegen fast das ganze Jahr über und sind vornehmlich in den immergrünen Trokkenwäldern Südaustraliens anzutreffen. Die Raupe ist blaugrün mit einem weißgelben Streifen auf den Seiten; so ist sie auf Eukalyptus, ihrer Futterpflanze, gut getarnt.

Gelbe
Flügelansätze •

Gefiederte
Fühler beim
Männchen

♂

• Weißer
Flügelsaum

Hinterflügel
mit stark
gewellten
• Rändern

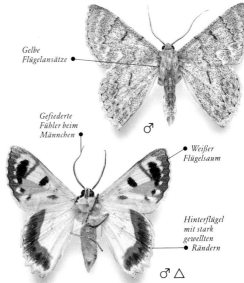

• VERBREITUNG
Verbreitet in O- und SO-Australien, von Queensland bis nach Victoria, und auf Tasmanien.

INDO-AUSTRALISCH

♂ △

| Aktivitätszeit ☾ | Habitat 🌿 | Spannweite 4–5 cm |

| Familie GEOMETRIDAE | Art *Dysphania cuprina* | Autor Felder |

DYSPHANIA CUPRINA

Eine Art aus einer großen Gruppe leuchtend gefärbter, meist tagaktiver tropischer Falter. Sie alle sind für Vögel ungenießbar und tragen auffällige Warnfarben: Orange, Schwarz und Weiß. Die Falter fliegen oft in Gesellschaft ähnlich gefärbter anderer Schmetterlingsarten. Die Unterseite gleicht der Oberseite, ist aber noch leuchtender gefärbt. Die beiden Geschlechter unterscheiden sich nicht. Die Raupe ist unbekannt. Andere Raupen der Gattung *Dysphania* sind meist gelb mit schwarzem oder blauschwarzem Muster. Sie fressen gewöhnlich an *Carallia*-Arten.

• VERBREITUNG Weit verbreitet von Indien und Pakistan bis nach Indonesien, den Philippinen und Papua-Neuguinea.

INDO-AUSTRALISCH

Leuchtende
Flügelfarben
zeigen mögliche
• Giftigkeit an

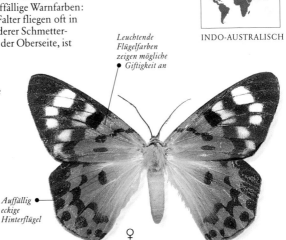

Auffällig •
eckige
Hinterflügel

♀

| Aktivitätszeit ☾ ☀ | Habitat 🌿 | Spannweite 7–7,5 cm |

Familie GEOMETRIDAE	Art *Rhodometra sacraria*	Autor Linné

RHODOMETRA SACRARIA

Die Vorderflügel variieren von Blaßgelb bis Strohgelb, das diagonal verlaufende Band von Rostrot bis Braun. Aus Puppen, die extrem hohen Temperaturen ausgesetzt waren, schlüpfen hellrote Formen.
Die Raupe ist lang und schlank und hellbraun oder grün. Sie frißt an Knöterich *(Polygonum)*, Hundskamille *(Anthemis)* und anderen Pflanzen.
• VERBREITUNG Ein Wanderfalter, der von Südeuropa bis nach Nordafrika und Nordindien vorkommt.

Farbe und Breite des Bands sind ● variabel

Breit gefiederte Fühler beim ● Männchen

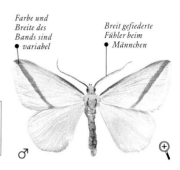

PALÄARKTISCH

♂

⊕

Aktivitätszeit ☾	Habitat ⤷⤷	Spannweite 2,5 – 3 cm

Familie GEOMETRIDAE	Art *Erateina staudingeri*	Autor Snellen

ERATEINA STAUDINGERI

Ein ganz ungewöhnlicher Spanner aus einer Gruppe tropisch-amerikanischer Arten. Ihre Hinterflügel können rundlich sein, sind oft aber sehr lang ausgezogen. Die abgebildete Art gehört zu den auffälligsten Vertretern dieser Gruppe. Das leuchtende Orange und Schwarz sind Warnfarben, der Falter ist giftig. Unterseits sind die Falter rotbraun mit zitronengelben Bändern und feinen Linien.
Die Raupe und ihre Futterpflanzen sind unbekannt.
• VERBREITUNG Tropische Wälder Venezuelas.

♀

Schmaler heller Hinterflügelsaum ●

● Körper beige und braun geringelt

⊕

NEOTROPISCH

Aktivitätszeit ☼	Habitat 🌿	Spannweite 3 – 4 cm

Familie GEOMETRIDAE	Art *Operophtera brumata*	Autor Linné

FROSTSPANNER

Die normal entwickelten Flügel der Männchen sind graubraun gemustert, die Flügel der Weibchen sind zu Stummeln reduziert.
Die Raupe ist grün, meist mit einem dunklen Streifen auf dem Rücken. Sie frißt an Laubbäumen, oft Obstbäumen wie Apfel *(Malus domestica)* und Birne *(Pyrus communis)*; sie nimmt aber auch Heidekraut *(Calluna vulgaris)* als Futter an.
• VERBREITUNG Weit verbreitet von Europa über die gemäßigte Zone Asiens bis nach Japan; kommt auch in Kanada vor.

♂

⊕

● Reihe dunkler Punkte am Außenrand der Hinterflügel

HOLARKTISCH

Aktivitätszeit ☾	Habitat 🌳 ⤷⤷	Spannweite 2,5 – 3 cm

Familie GEOMETRIDAE | Art *Rheumaptera hastata* | Autor Linné

SPEERSPITZENSPANNER

Dieser auffällige schwarzweiße Falter verdankt seinen Namen den speerspitzenförmigen Flecken in den schwarzen Bändern auf allen vier Flügeln. Beide Geschlechter sind gleich gefärbt.

Die Raupe ist olivgrün bis braun mit einem dunklen Rückenstreifen. In Europa frißt sie an Birken *(Betula)* und am Gagelstrauch *(Myrica gale)*, in Nordamerika dagegen an zahlreichen Bäumen und Sräuchern.

• VERBREITUNG Europa und gemäßigtes Asien; Nordamerika.

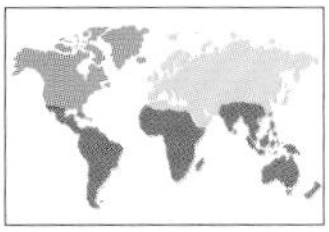

HOLARKTISCH

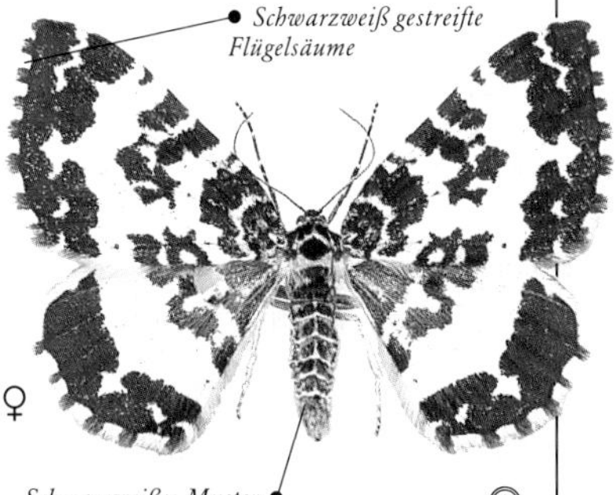
Schwarzweiß gestreifte Flügelsäume
♀
Schwarzweißes Muster setzt sich auf dem Körper fort

Aktivitätszeit ☼ | Habitat | Spannweite 2,5 – 4 cm

Familie GEOMETRIDAE | Art *Venusia cambrica* | Autor Curtis

VENUSIA CAMBRICA

Die Vorderflügel dieses schlicht gefärbten Falters sind charakteristisch grau-braun marmoriert. Die Hinterflügel sind einfarbig beigebraun. Beide Geschlechter sind gleich gefärbt.

Die Raupe ist gelbgrün mit wechselnder Zeichnung aus rotbraunen Flecken. Sie frißt in Europa an Eberesche *(Sorbus aucuparia)*, in Nordamerika an verschiedenen anderen Bäumen.

• VERBREITUNG Weit verbreitet in Europa und über die gemäßigten Zonen Asiens bis nach Japan, ebenso in Kanada und den N-USA.

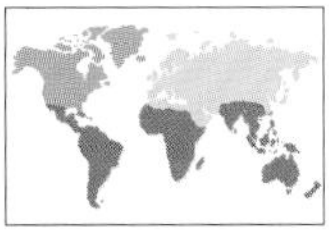

HOLARKTISCH

Typisches braunes Querband in der Vorderflügelmitte
♂
Blaß gefärbte Hinterflügel
Reihe sichelförmiger Flecken am Saum der Hinterflügel

Aktivitätszeit ☾ | Habitat | Spannweite 2,5 – 3 cm

Familie GEOMETRIDAE | Art *Xanthorhoe fluctuata* | Autor Linné

XANTHORHOE FLUCTUATA

Ein überall häufiger und weitverbreiteter Falter, der sehr variabel in hellen und dunklen, fast schwarzen Formen vorkommt. Erkennungsmerkmal ist das dunkle Viereck in der Mitte der vorderen Hälfte der Vorderflügel. Die Falter fliegen von Mitte des Frühlings bis etwa zur Herbstmitte.

Die Raupe ist grau, braun oder grün. Sie frißt an Kohlarten *(Brassica)* und verwandten Pflanzen. In Ruhe rollt sie sich zusammen.

• VERBREITUNG Sehr häufig in Kulturland von Europa bis nach Nordafrika und Japan.

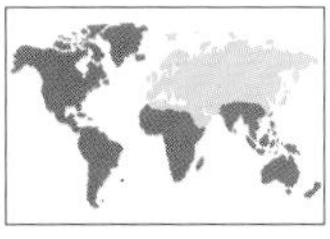

PALÄARKTISCH

Flügelbasis und Kopf dunkel
♀
Helle Flecken am Außenrand bei dunkleren Formen auffälliger

Aktivitätszeit ☾ | Habitat | Spannweite 2,5 – 3 cm

Familie GEOMETRIDAE	Art *Abraxas grossulariata*	Autor Linné

STACHELBEERSPANNER

Die Färbung dieser sehr variablen Art reicht von
Weiß mit schmalen gelben und schwarzen Bändern
bis zu Schwarz mit weißen Flügelbasen.
Die Raupe ist gelbweiß mit schwarzen Punkten und
orangeroten Seitenstreifen. Sie frißt an verschiedenen Sträuchern und tritt zuwei-
len als Schädling an Stachel-
beeren *(Ribes grossularia)* auf.
• VERBREITUNG Weit ver-
breitet von Europa über die
gemäßigten Regionen Asiens
bis nach Japan.

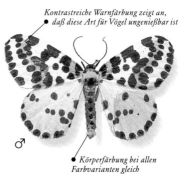

Kontrastreiche Warnfärbung zeigt an,
• *daß diese Art für Vögel ungenießbar ist*

PALÄARKTISCH

♂

• *Körperfärbung bei allen*
Farbvarianten gleich

Aktivitätszeit ☾	Habitat 🌱 ⸬ ⸬	Spannweite 4 – 5 cm

Familie GEOMETRIDAE	Art *Angerona prunaria*	Autor Linné

SCHLEHEN- ODER PFLAUMENSPANNER

Dieser Falter tritt in einigen Farbvarianten auf, die
von Hellgelb mit winzigen braunen Flecken bis Dunkelbraun mit orangen Flecken reichen. Die Weibchen
unterscheiden sich kaum von den Männchen.
Die Raupe ist gelbbraun mit einem Paar kegelför-
miger Warzen nahe dem Hinterende. Sie frißt an
Schlehe *(Prunus spinosa)*,
Weißdorn *(Crataegus)* und
einer Vielzahl anderer Bäume
und Sträucher.
• VERBREITUNG Kommt von
Europa bis in die gemäßigten
Regionen W-Asiens vor.

Gefiederte Fühler
• *beim Männchen*

PALÄARKTISCH

♂

• *Braun und gelb*
gestreifte Flügelränder

Aktivitätszeit ☾	Habitat 🌱 ⸬ ⸬	Spannweite 4,5 – 5 cm

Familie GEOMETRIDAE	Art *Biston betularia*	Autor Linné

BIRKENSPANNER

Normalerweise ist dieser in ganz Europa verbreitete
Falter schwarz meliert auf weißem Grund. Es gibt
aber melanistische Varianten, die gehäuft in Industrierevieren auftreten, wo die Baumstämme, an
denen die Falter ruhen, rußgeschwärzt sind.
Die Raupe errinnert an einen dürren Zweig. Sie frißt
an Eichen *(Quercus)*, Birken
(Betula) und anderen Laubbäumen und Sträuchern.
• VERBREITUNG Weit ver-
breitet in Europa und über
Asien bis nach Japan.

Muster gibt gute
Tarnung auf flechten-
• *bewachsener Baumrinde*

PALÄARKTISCH

♂

Aktivitätszeit ☾	Habitat 🌱	Spannweite 4,5 – 6 cm

| Familie GEOMETRIDAE | Art *Boarmia roboraria* | Autoren Denis & Schiffermüller |

EICHENRINDENSPANNER

Dieser große Falter tritt in verschiedenen Farbvarianten auf, die z.T. viel dunkler als die hier
abgebildete sind.
Die Raupe ist bräunlich mit graubraunen
Warzen auf dem Rücken und sieht wie ein
dürres Ästchen aus. Sie frißt
an Eichen *(Quercus).*
• VERBREITUNG Von
Europa über die gemä-
ßigten Regionen Asiens
bis nach Japan.

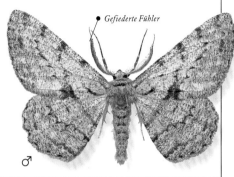

Gefiederte Fühler

PALÄARKTISCH ♂

| Aktivitätszeit ☾ | Habitat ♠ | Spannweite 6–7 cm |

| Familie GEOMETRIDAE | Art *Callioratis millarii* | Autor Hampson |

CALLIORATIS MILLARII

Dies ist eine von mehreren Arten in der
Gattung, die alle zum Verwechseln ähnliche
Muster in Orange, Blaugrau und Schwarz
tragen. Sie ahmen ungenießbare Hypsiden
nach, könnten aber auch selbst giftig sein.
Die Färbung der Unterseite gleicht der der
Oberseite.
Die Raupe und ihre
Futterpflanzen sind
unbekannt.
• VERBREITUNG
Lebt in Südafrika.

*Silbriggraue Schuppen
auf schwarzen Bändern*

AFROTROPISCH ♂

*Schwarz und orange
gescheckte Flügelränder*

| Aktivitätszeit ☀ | Habitat ⬣, ⬣ | Spannweite 5,5–6 cm |

| Familie GEOMETRIDAE | Art *Ennomos subsignaria* | Autor Hübner |

ENNOMOS SUBSIGNARIA

Dieser einfarbig weiße Falter kann
von anderen weißen Arten leicht
an seinen eigenartig gewinkelten
Vorderflügelrändern unterschieden
werden.
Die Raupe, eine typische Spannerraupe, frißt das Laub von Apfelbäumen *(Malus domestica),* Ulmen
(Ulmus) und vielen anderen Laubbäumen und Sträuchern; sie kann
zum Schädling werden.
• VERBREITUNG Weit verbreitet in
Kanada und den USA.

*Kräftige Fühler
beim Männchen*

*Dreieckige
Vorderflügel*

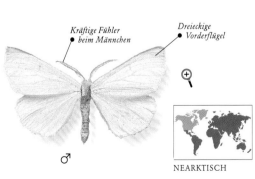

♂

NEARKTISCH

| Aktivitätszeit ☾ | Habitat ♠ | Spannweite 3–4 cm |

Familie GEOMETRIDAE	Art *Epimecis hortaria*	Autor Fabricius

EPIMECIS HORTARIA

Dieser große und schön gezeichnete Falter ist sehr variabel. Einige Formen sind mehr oder weniger stark braun-weiß gebändert, andere Formen fast schwarz. Die Weibchen sind größer als die Männchen und haben fadendünne Fühler. Die Falter fliegen vom Frühling bis zum Herbst. Die Raupe, eine typische Spannerraupe, frißt an Pappeln *(Populus)*, Tulpenbaum *(Liriodendron tulipifera)* und Papaya *(Carica papaya)*.
• VERBREITUNG Weit verbreitet von S-Kanada bis nach Florida.

Männchen haben gefiederte Fühler

NEARKTISCH

♂

• *Hinterflügelkanten tief wellig gebuchtet*

Aktivitätszeit ☾	Habitat ♟	Spannweite 4,5 – 5,5 cm

Familie GEOMETRIDAE	Art *Erannis defoliaria*	Autor Clerck

GROSSER FROSTSPANNER

Die Männchen dieses häufigen Falters sind sehr variabel, ihre Färbung reicht von blassem Strohgelb mit braunen Bändern bis fast Schwarz. Die flügellosen Weibchen haben in Industrierevieren ebenfalls schwarze Formen entwickelt, die besser an die Umgebung angepaßt sind. Die Raupe ist braun mit gelben und rotbraunen Flecken an den Seiten. Sie frißt an Eichen *(Quercus)*, Birken *(Betula)* und anderen Laubgehölzen. Sie kann zum Schädling werden.
• VERBREITUNG Weit verbreitet von Europa bis in die gemäßigten Regionen Asiens.

Dreieckige Vorderflügel

PALÄARKTISCH

♂

• *Feine dunkle Sprenkel auf den Hinterflügeln*

Aktivitätszeit ☾	Habitat ♟	Spannweite 3 – 4,5 cm

Familie GEOMETRIDAE	Art *Lycia hirtaria*	Autor Clerck

LYCIA HIRTARIA

Die braun-weiße Bänderung dieses plumpen und pelzigen Falters ist eine gute Tarnung auf Baumrinde. In Industrierevieren kommt eine schwarze Form gehäuft vor. Die Falter fliegen im Frühling. Die Raupe ist braun bis grüngrau, fein schwarz gesprenkelt und gelb gefleckt. Sie frißt an verschiedenen Laubbäumen.
• VERBREITUNG Weit verbreitet in ganz Europa.

Vorderkante der Vorderflügel beim Weibchen blasser •

♂

Beim Weibchen blaß gelbbrauner Hauch auf den Flügeln

♀

PALÄARKTISCH

Aktivitätszeit ☾	Habitat ♟	Spannweite 4 – 5 cm

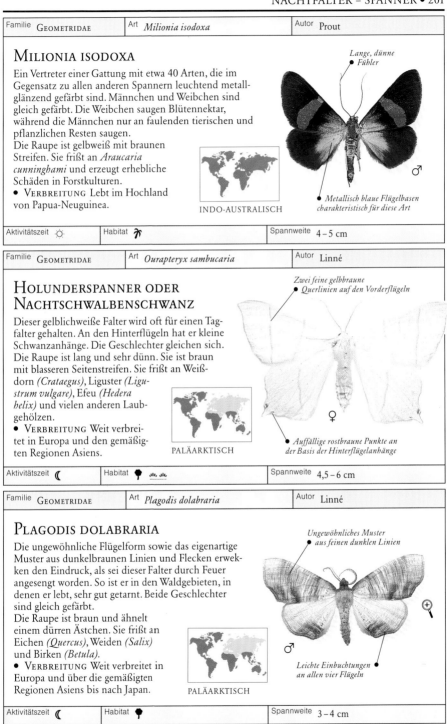

Familie GEOMETRIDAE	Art *Milionia isodoxa*	Autor Prout

MILIONIA ISODOXA

Ein Vertreter einer Gattung mit etwa 40 Arten, die im Gegensatz zu allen anderen Spannern leuchtend metallglänzend gefärbt sind. Männchen und Weibchen sind gleich gefärbt. Die Weibchen saugen Blütennektar, während die Männchen nur an faulenden tierischen und pflanzlichen Resten saugen.
Die Raupe ist gelbweiß mit braunen Streifen. Sie frißt an *Araucaria cunninghami* und erzeugt erhebliche Schäden in Forstkulturen.
• VERBREITUNG Lebt im Hochland von Papua-Neuguinea.

INDO-AUSTRALISCH

Lange, dünne Fühler

♂

Metallisch blaue Flügelbasen charakteristisch für diese Art

Aktivitätszeit ☼	Habitat 🗻	Spannweite 4 – 5 cm

Familie GEOMETRIDAE	Art *Ourapteryx sambucaria*	Autor Linné

HOLUNDERSPANNER ODER NACHTSCHWALBENSCHWANZ

Dieser gelblichweiße Falter wird oft für einen Tagfalter gehalten. An den Hinterflügeln hat er kleine Schwanzanhänge. Die Geschlechter gleichen sich. Die Raupe ist lang und sehr dünn. Sie ist braun mit blasseren Seitenstreifen. Sie frißt an Weißdorn *(Crataegus)*, Liguster *(Ligustrum vulgare)*, Efeu *(Hedera helix)* und vielen anderen Laubgehölzen.
• VERBREITUNG Weit verbreitet in Europa und den gemäßigten Regionen Asiens.

PALÄARKTISCH

Zwei feine gelbbraune Querlinien auf den Vorderflügeln

♀

Auffällige rostbraune Punkte an der Basis der Hinterflügelanhänge

Aktivitätszeit ☾	Habitat 🌳 ⸜⸝	Spannweite 4,5 – 6 cm

Familie GEOMETRIDAE	Art *Plagodis dolabraria*	Autor Linné

PLAGODIS DOLABRARIA

Die ungewöhnliche Flügelform sowie das eigenartige Muster aus dunkelbraunen Linien und Flecken erwecken den Eindruck, als sei dieser Falter durch Feuer angesengt worden. So ist er in den Waldgebieten, in denen er lebt, sehr gut getarnt. Beide Geschlechter sind gleich gefärbt.
Die Raupe ist braun und ähnelt einem dürren Ästchen. Sie frißt an Eichen *(Quercus)*, Weiden *(Salix)* und Birken *(Betula)*.
• VERBREITUNG Weit verbreitet in Europa und über die gemäßigten Regionen Asiens bis nach Japan.

PALÄARKTISCH

Ungewöhnliches Muster aus feinen dunklen Linien

♂

⊕

Leichte Einbuchtungen an allen vier Flügeln

Aktivitätszeit ☾	Habitat 🌳	Spannweite 3 – 4 cm

Familie GEOMETRIDAE	Art *Prochoerodes transversata*	Autor Drury

PROCHOERODES TRANSVERSATA

Dieser große beige und braun gebänderte Falter
ist an den kleinen Zipfeln an den Hinterflügeln
sicher zu erkennen. Beide Geschlechter sind
gleich gefärbt.
Die Raupe ist eine typische Spannerraupe. Sie
frißt an Ahorn *(Acer)*, Apfel
(Malus domestica) und verschiedenen anderen Pflan-
zen, sogar an Gräsern.
• VERBREITUNG Weit ver-
breitet in Kanada und den
O-USA.

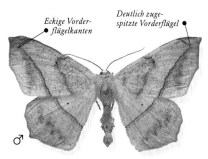

Eckige Vorder-
flügelkanten

Deutlich zuge-
spitzte Vorderflügel

NEARKTISCH

♂

Aktivitätszeit ☾	Habitat	Spannweite 3 – 5 cm

Familie GEOMETRIDAE	Art *Selenia tetralunaria*	Autor Hufnagel

MONDFLECKSPANNER

Die eigenartig gezackten Flügelränder kennzeichnen eine ganze Reihe verwandter
Arten. Dieser Falter besitzt eine charakteristische Flügelbänderung, die aber jahreszeitlich in der Färbung variiert.
Die Raupe ist braun und ähnelt einem
trockenen Ästchen. Sie frißt
an Birken, Erlen, Eichen und
anderen Laubbäumen.
• VERBREITUNG Kommt
von Europa über das gemä-
ßigte Asien bis nach Japan
vor.

Fadendünne Fühler
beim Weibchen

♀

Charakteristischer dunkler
Fleck auf den Hinterflügeln

PALÄARKTISCH

Aktivitätszeit ☾	Habitat ♟	Spannweite 4 – 5 cm

Familie GEOMETRIDAE	Art *Semiothisa bisignata*	Autor Walker

SEMIOTHISA BISIGNATA

Ein kleiner Falter mit schmutzig blaßrosa bis weißen
Flügeln, die mit braunen Schuppen überpudert sind,
und auf den Vorderflügeln deutlichen schokoladenbraunen Flecken. Der Kopf ist lebhaft rostbraun.
Beide Geschlechter sind gleich gefärbt. Die Falter
fliegen vom Spätfrühling bis zum Spätsommer.
Die Raupe, eine typische Spannerraupe, ist grün; sie frißt an
Weymouthskiefer *(Pinus stro-*
bus) und anderen Kiefernarten.
• VERBREITUNG Weit verbreitet in Kanada und den N-USA.

Auffällig geformter
dunkler Fleck auf den
Vorderflügeln

⊕

Ungewöhnlich gewinkelter
Außenrand der Hinterflügel

♂

NEARKTISCH

Aktivitätszeit ☾	Habitat ♟	Spannweite 2 – 3 cm

| Familie GEOMETRIDAE | Art *Thalaina clara* | Autor Walker |

THALAINA CLARA

Eine von etwa zehn Arten einer in Australien vorkommenden Gruppe mit satinweißen Flügeln; charakteristisch ist das tiefbraune Streifennetz auf den Vorderflügeln.
Die Raupe ist grün mit einem Netzwerk aus feinen gelblichweißen Linien. Sie frißt an *Acacia decurrens*.
• VERBREITUNG O- und SO-Australien einschließlich Tasmanien.

INDO-AUSTRALISCH

Die charakteristischen winklig angeordneten Streifen sind dunkelbraun umrändert

♀

Dunkler Fleck auf den Hinterflügeln

| Aktivitätszeit ☾ | Habitat ❢ | Spannweite 4 – 4,5 cm |

| Familie GEOMETRIDAE | Art *Thinopteryx crocopterata* | Autor Kollar |

THINOPTERYX CROCOPTERATA

Die Flügel sind tief strohgelb, nur der Vorderrand der Vorderflügel ist graubraun meliert. Beide Geschlechter sind gleich gefärbt.
Die Raupe ist rostbraun mit helleren Streifen und blaßbraunem Kopf.
• VERBREITUNG Von Indien und Sri Lanka bis nach China, Japan, Malaysia und Java.

INDO-AUSTRALISCH PALÄARKTISCH

Kurze Schwanzanhänge mit einem dunklen Fleck am Ansatz

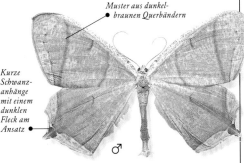

Charakteristisches Muster aus dunkelbraunen Querbändern

♂

| Aktivitätszeit ☾ | Habitat 🐾 | Spannweite 5,5 – 6 cm |

| Familie GEOMETRIDAE | Art *Xanthisthisa niveifrons* | Autor Prout |

XANTHISTHISA NIVEIFRONS

Die Männchen sind blaßgelb bis braunorange und fein dunkelbraun gesprenkelt. Die Weibchen sind fast gleich gefärbt, haben aber stärker gebogene vordere Flügelspitzen und eine gröbere, rostbraune oder graue Sprenkelung.
Die Raupe ist nicht beschrieben, soll aber an Kiefern *(Pinus)* und Zypressen *(Cupressus)* fressen.
• VERBREITUNG Von Malawi, Sambia und Angola bis nach Mosambik und Transvaal.

AFROTROPISCH

Hakenspitze an den Vorderflügeln

Auffälliger weißer Kopf (lat. niveifrons = „Schneestirn")

♂

| Aktivitätszeit ☾ | Habitat 🐾 | Spannweite 3 – 4,5 cm |

LASIOCAMPIDAE

D IESE FAMILIE mit etwa 1 000 mittelgroßen bis großen Arten ist weltweit verbreitet. Im allgemeinen sind die Falter nicht sehr auffällig gefärbt; ockerfarbene und braune Töne sowie einfache Bandmuster herrschen vor. Die Glucken haben zwei ungewöhnliche Merkmale: Ihnen fehlt der sonst für Nachtfalter typische Koppelungsapparat zwischen den Vorder- und Hinterflügeln, und ihr Rüssel ist zurückgebildet und funktionslos, die Falter nehmen keine Nahrung mehr auf.

Die Raupen dieser Familie sind besonders dicht behaart; manche Formen besitzen lang behaarte Anhänge und Hautlappen an den Körperseiten. Die Verpuppung erfolgt in derben, eiförmigen Kokons.

Familie LASIOCAMPIDAE	Art *Gastropacha quercifolia*	Autor Linné

KUPFERGLUCKE

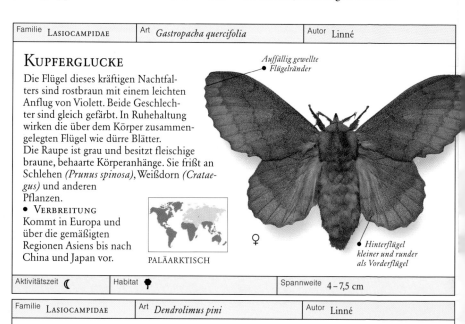

Auffällig gewellte Flügelränder

Die Flügel dieses kräftigen Nachtfalters sind rostbraun mit einem leichten Anflug von Violett. Beide Geschlechter sind gleich gefärbt. In Ruhehaltung wirken die über dem Körper zusammengelegten Flügel wie dürre Blätter.
Die Raupe ist grau und besitzt fleischige braune, behaarte Körperanhänge. Sie frißt an Schlehen *(Prunus spinosa)*, Weißdorn *(Crataegus)* und anderen Pflanzen.

• VERBREITUNG Kommt in Europa und über die gemäßigten Regionen Asiens bis nach China und Japan vor.

PALÄARKTISCH

♀

Hinterflügel kleiner und runder als Vorderflügel

Aktivitätszeit ☾	Habitat ⚲	Spannweite 4 – 7,5 cm

Familie LASIOCAMPIDAE	Art *Dendrolimus pini*	Autor Linné

KIEFERNSPINNER

Weißer Fleck in der Vorderflügelmitte bei beiden Geschlechtern

In seiner Färbung variiert dieser Falter von Weißgrau bis zu dunklen Brauntönen. Die Vorderflügel sind auffällig quergebändert.
Die Raupe ist behaart, braun bis graubraun mit weißen Bändern und schuppenartigen Haaren auf dem Rücken. Sie frißt an Kiefern *(Pinus)* und anderen Nadelbäumen.

• VERBREITUNG Von Europa (ausgenommen die Britischen Inseln) bis nach Nordafrika und Zentralasien.

PALÄARKTISCH

♂

Untersetzter, pelziger Körper

Aktivitätszeit ☾	Habitat ⚲	Spannweite 5 – 8 cm

| Familie LASIOCAMPIDAE | Art *Eucraera gemmata* | Autor Distant |

EUCRAERA GEMMATA

Ein mittelgroßer, kräftiger Falter mit gelbbraunen bis olivbraunen Vorder- und Hinterflügeln und je drei weißen Querbändern darauf.
Die Raupe trägt eine Zeichnung aus gelben und roten Linien und Punkten auf braunem Grund und ist dunkelbraun behaart. Sie frißt an *Lannea, Brachystegia* und *Julbernardia*.
• VERBREITUNG Von Angola westwärts bis nach Mosambik.

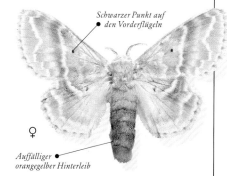

Schwarzer Punkt auf den Vorderflügeln

♀

Auffälliger orangegelber Hinterleib

AFROTROPISCH

| Aktivitätszeit ☾ | Habitat | Spannweite 3 – 5 cm |

| Familie LASIOCAMPIDAE | Art *Digglesia australasiae* | Autor Fabricius |

DIGGLESIA AUSTRALASIAE

Die Färbung dieses Falters variiert von Gelb bis Rotbraun mit einem charakteristischen Muster aus dunklen Linien und Punkten. Die Weibchen sind größer als die Männchen und haben schmalere, längere Flügel. Die Fühler der Männchen sind stärker gefiedert. Die Raupe ist graugrün und dicht behaart. Sie frißt an *Acacia* und *Exocarpus*.
• VERBREITUNG Kommt in O- und S-Australien vor.

Reihe dunkelbrauner Punkte parallel zum Flügelaußenrand

Hinterflügel bei beiden Geschlechtern ohne Zeichnung

♀

INDO-AUSTRALISCH

| Aktivitätszeit ☾ | Habitat | Spannweite 2,5 – 5 cm |

| Familie LASIOCAMPIDAE | Art *Bombycopsis indecora* | Autor Walker |

BOMBYCOPSIS INDECORA

Diese Art ist sehr variabel. Die Färbung der Vorderflügel reicht von Ocker bis Rostrot, die Flügelspitzen sind immer dunkler gefärbt. Die Hinterflügel sind cremefarben bis braun. Die Raupe ist rotbraun mit langen Haarbüscheln an den Körperseiten, besonders hinter dem Kopf. Sie frißt an *Eriosema* und *Protea*.
• VERBREITUNG Von W-Äquatorialafrika bis nach Sambia und Transvaal in Südafrika.

Reihe paralleler Schrägstreifen am Flügelrand

Hinterflügel zum Ansatz hin heller werdend

♀

AFROTROPISCH

| Aktivitätszeit ☾ | Habitat | Spannweite 2,5 – 6 cm |

Familie LASIOCAMPIDAE	Art *Gonometa postica*	Autor Walker

GONOMETA POSTICA

Die Hinterflügel des Männchens dieses Nachtfalters und verwandter Arten erinnern in der Form ein wenig an eine breite Skalpellklinge. Die Weibchen sind viel größer als die Männchen und haben anders geformte Flügel.
Die Raupe ist behaart und schwarz mit orangen, gelben oder weißen Haarbüscheln an den Körperseiten. Diese Haare rufen Hautreizungen hervor. Sie frißt an *Acacia, Brachystegia, Elephantorrhiza* und verschiedenen anderen Pflanzen.
• VERBREITUNG Von Simbabwe und Mosambik bis nach Transvaal, Botswana und Namibia.

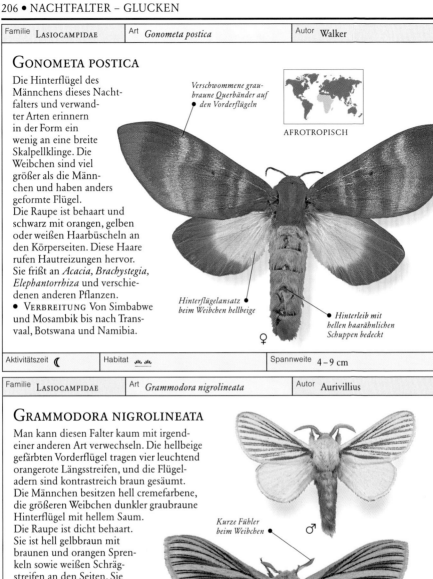

Verschwommene graubraune Querbänder auf den Vorderflügeln

AFROTROPISCH

Hinterflügelansatz beim Weibchen hellbeige

Hinterleib mit hellen haarähnlichen Schuppen bedeckt

♀

Aktivitätszeit ☽	Habitat 🌿🌿	Spannweite 4 – 9 cm

Familie LASIOCAMPIDAE	Art *Grammodora nigrolineata*	Autor Aurivillius

GRAMMODORA NIGROLINEATA

Man kann diesen Falter kaum mit irgendeiner anderen Art verwechseln. Die hellbeige gefärbten Vorderflügel tragen vier leuchtend orangerote Längsstreifen, und die Flügeladern sind kontrastreich braun gesäumt.
Die Männchen besitzen hell cremefarbene, die größeren Weibchen dunkler graubraune Hinterflügel mit hellem Saum.
Die Raupe ist dicht behaart. Sie ist hell gelbbraun mit braunen und orangen Sprenkeln sowie weißen Schrägstreifen an den Seiten. Sie frißt an *Cassia* und *Albizia*.
• VERBREITUNG Von Tansania, Sambia, Simbabwe und Malawi bis nach Transvaal.

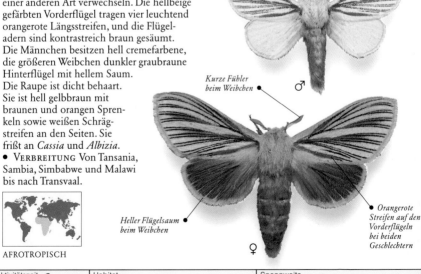

Kurze Fühler beim Weibchen

♂

Heller Flügelsaum beim Weibchen

Orangerote Streifen auf den Vorderflügeln bei beiden Geschlechtern

♀

AFROTROPISCH

Aktivitätszeit ☽	Habitat 🌿🌿	Spannweite 4 – 6 cm

Familie LASIOCAMPIDAE	Art *Lasiocampa quercus*	Autor Linné

EICHENSPINNER ODER QUITTENVOGEL

Die Männchen sind viel kleiner als die Weibchen.
Ihre schokoladenbraunen Flügelbasen bilden einen
starken Kontrast zu den gelb-braunen Flügelrän-
dern. Die Flügel der Weibchen sind weit weniger
kontrastreich mit einem hellen Querband in der
Flügelmitte. Die Falter fliegen im Frühling und
Sommer; die Männchen sind tagaktiv.
Die Raupe ist dicht behaart und dunkelbraun
mit schwarzen Ringen. Sie frißt an *Rubus*-Arten,
Eichen *(Quercus)*, Heidekraut *(Calluna)* und
verschiedenen anderen Pflanzen.
• VERBREITUNG Kommt von Europa bis nach
Nordafrika vor.

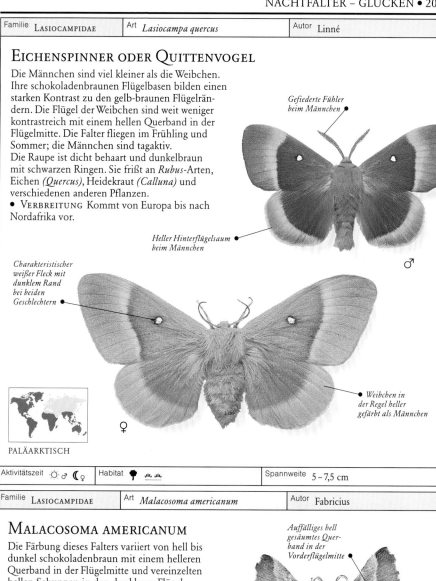

*Gefiederte Fühler
beim Männchen* •

Heller Hinterflügelsaum •
beim Männchen

♂

*Charakteristischer
weißer Fleck mit
dunklem Rand
bei beiden
Geschlechtern* •

*Weibchen in
der Regel heller
gefärbt als Männchen*

♀

PALÄARKTISCH

Aktivitätszeit ☼ ♂ ☾ ♀	Habitat ♠ ⊥⊥ ⊥⊥	Spannweite 5 – 7,5 cm

Familie LASIOCAMPIDAE	Art *Malacosoma americanum*	Autor Fabricius

MALACOSOMA AMERICANUM

Die Färbung dieses Falters variiert von hell bis
dunkel schokoladenbraun mit einem helleren
Querband in der Flügelmitte und vereinzelten
hellen Schuppen in den dunkleren Flügel-
flächen. Die Hinterflügel sind einfarbig schokoladenbraun.
Die Raupe ist behaart
und grauschwarz mit
blauer und rotbrauner
Zeichnung.
• VERBREITUNG Weit
verbreitet in den USA
und in S-Kanada.

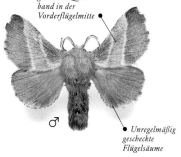

*Auffälliges hell
gesäumtes Quer-
band in der
Vorderflügelmitte* •

♂

*Unregelmäßig
gescheckte
Flügelsäume*

NEARKTISCH

Aktivitätszeit ☾	Habitat ♠	Spannweite 4 – 5 cm

| Familie LASIOCAMPIDAE | Art *Trabala viridana* | Autoren Joicey & Talbot |

TRABALA VIRIDANA

Diese hübsch gefärbte Art gehört einer großen Gruppe meist südostasiatischer Glucken an. Die in der Regel viel größeren Weibchen besitzen nahezu dreieckige Vorderflügel mit auffälligen großen hellbraunen Flecken nahe den Flügelansätzen. Das satte Gelbgrün dieser Tiere bleicht bei Sammlungsexemplaren völlig aus.

Die Raupe ist unbekannt; Raupen verwandter Arten sind dicht behaart und besitzen zwei nach vorne gerichtete Stachelbüschel unmittelbar hinter dem Kopf. Sie fressen, wie man weiß, an *Barringtonia, Eugenia, Rubus* und *Shorea robusta*.
• VERBREITUNG Von Malaysia bis nach Sumatra, Java und Borneo.

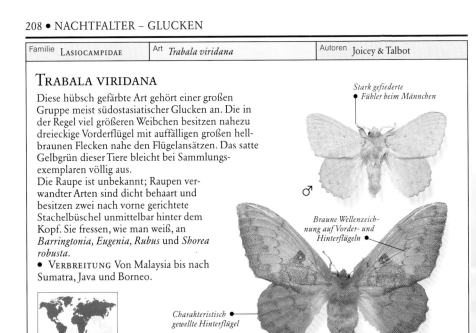

*Stark gefiederte
• Fühler beim Männchen*

♂

*Braune Wellenzeichnung auf Vorder- und
Hinterflügeln* •

*Charakteristisch •
gewellte Hinterflügel*

♀

INDO-AUSTRALISCH

| Aktivitätszeit ☾ | Habitat 🌾 | Spannweite 4 – 6 cm |

| Familie LASIOCAMPIDAE | Art *Pinara fervens* | Autor Walker |

PINARA FERVENS

Dieser plump wirkende Nachtfalter hat graubraune Vorderflügel mit dunkleren Zickzacklinien und Punkten. Die Hinterflügel sind einfarbig gelbbraun und ohne jede Zeichnung. Beide Geschlechter sind gleich gefärbt, Weibchen sind erheblich größer als Männchen. Die Falter fliegen im Sommer.

Die Raupe ist grau, dicht behaart und besitzt einen Buckel nahe dem Hinterende. Bei einer Störung richtet sie ihren Vorderkörper auf und präsentiert zwei augenartige schwarze Flecken hinter dem Kopf. Sie frißt nachts am Laub von Eukalyptus; tagsüber ruht sie gut getarnt auf der Borke ihrer Futterpflanze.
• VERBREITUNG S-Australien einschließlich Tasmanien.

*Auffällige
Querlinien
auf den
• Vorderflügeln*

*Einzelner
brauner Fleck
in der Vorderflügelmitte* •

INDO-AUSTRALISCH

*Kräftiger, pelziger •
Körper ist typisch
für diese Artengruppe*

♀

⊕

| Aktivitätszeit ☾ | Habitat 🌼 | Spannweite 4,5 – 7,5 cm |

| Familie LASIOCAMPIDAE | Art *Porela vetusta* | Autor Walker |

PORELA VETUSTA

Dieser pelzige Falter ist graubraun mit tiefbraunen und weißen Zeichnungen auf den Vorderflügeln. Die Flügelsäume sind dunkelbraun und weiß gestreift. Die Männchen haben ein auffälliges Haarbüschel am Hinterleibsende. Die Raupe ist dicht behaart. Sie frißt an Eukalyptus und *Leptospermum flavescens*.

• VERBREITUNG Von S-Queensland bis nach Victoria und Südaustralien.

INDO-AUSTRALISCH

Lange weiße haarförmige Schuppen an Kopf und Brust

♀

Gestreifte Flügelränder

| Aktivitätszeit ☾ | Habitat ♥ | Spannweite 2,5 – 4,5 cm |

| Familie LASIOCAMPIDAE | Art *Tolype velleda* | Autor Stoll |

TOLYPE VELLEDA

Silbergrau und Weiß sind die Farben des kontrastreichen Musters dieses schönen Falters mit besonders stark behaartem Körper. Die Männchen sind kleiner als die Weibchen und haben stärker gefiederte Fühler. Die Falter fliegen im Herbst. Die Raupe frißt das Laub von Eichen *(Quercus)*, Birken *(Betula)* und anderen Bäumen.

• VERBREITUNG Weit verbreitet von S-Kanada bis in die USA.

NEARKTISCH

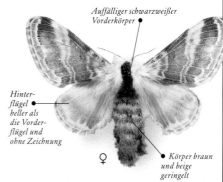

Auffälliger schwarzweißer Vorderkörper

Hinterflügel heller als die Vorderflügel und ohne Zeichnung

♀

Körper braun und beige geringelt

| Aktivitätszeit ☾ | Habitat ♥ | Spannweite 3 – 5,5 cm |

| Familie LASIOCAMPIDAE | Art *Pachypasa bilinea* | Autor Walker |

PACHYPASA BILINEA

Die Weibchen haben auf den Vorderflügeln zwei deutliche Querlinien; die kleineren Männchen besitzen zusätzlich eine unregelmäßige Zickzacklinie nahe dem Außenrand der Vorderflügel. Die Hinterflügel sind einfarbig und frei von Zeichnungen oder Mustern. Die Raupe frißt am Laub von *Annona*- und *Bauhinia*-Arten.

• VERBREITUNG Von Äquatorialafrika südwärts bis Sambia, Simbabwe und Malawi.

AFROTROPISCH

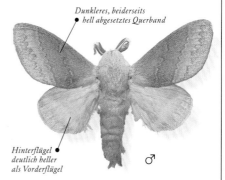

Dunkleres, beiderseits hell abgesetztes Querband

Hinterflügel deutlich heller als Vorderflügel

♂

| Aktivitätszeit ☾ | Habitat ⣤ ⣤ | Spannweite 5 – 10 cm |

EUPTEROTIDAE

D IESE KLEINE FAMILIE mit kaum mehr als 300 mittelgroßen bis großen Arten ist eng mit den Nachtpfauenaugen (Saturniidae, s. Seite 218) verwandt. Ihre Hauptverbreitung hat sie im tropischen Teil Afrikas und der indo-australischen Region. Die Tiere sind überwiegend unauffällig gefärbt, Braun- und Grautöne herrschen vor. Im allgemeinen sind die Falter pelzig behaart. Die Raupen tragen lange Haare, die Reizerscheinungen auf der Haut hervorrufen können.

Viele Raupen dieser Familie leben gesellig in großen Gespinsten. Einige Arten sind als Schädlinge an Bäumen bekannt, z. B. an Eukalyptus, und können hier schwere Schäden anrichten.

Familie EUPTEROTIDAE	Art Tagora pallida	Autor Walker

TAGORA PALLIDA

Dieser große bräunlichweiße Falter trägt eine zarte Zeichnung in dunkleren Brauntönen. Die größeren Weibchen sind dunkler gezeichnet als die Männchen und haben in der Mitte der Vorderflügel einen durchscheinenden weißen Fleck. Die Raupe ist pelzig behaart mit dunklen, langen Wollhaaren, zwischen denen giftige Stacheln verborgen sind, die schmerzhaft stechen. Sie frißt an den verschiedensten Pflanzen.
• VERBREITUNG Weit verbreitet von Indien über Malaysia bis nach Sumatra und Borneo.

INDO-AUSTRALISCH

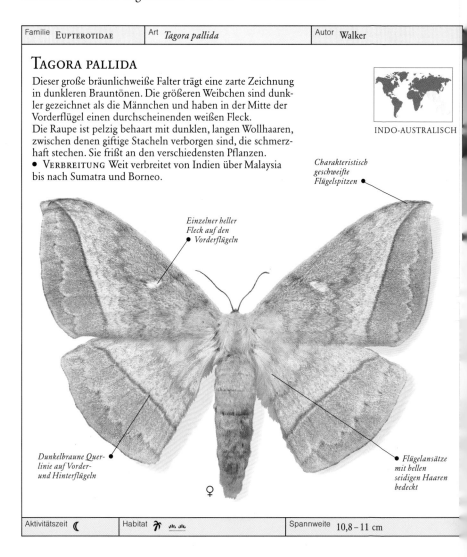

Charakteristisch geschweifte Flügelspitzen •

Einzelner heller Fleck auf den • Vorderflügeln

Dunkelbraune Quer- • linie auf Vorder- und Hinterflügeln

• Flügelansätze mit hellen seidigen Haaren bedeckt

♀

Aktivitätszeit ☾	Habitat 🕊 ⸙ ⸙	Spannweite 10,8 – 11 cm

Familie EUPTEROTIDAE	Art *Janomima westwoodi*	Autor Aurivillius

JANOMIMA WESTWOODI

Ein großer und stattlicher Falter, der durch seine pelzige Beschuppung auffällt. In seiner Färbung variiert er von hellem Rostbraun bis Bräunlichgelb mit einer Reihe unregelmäßiger dunkelbrauner Querbänder auf Vorder- und Hinterflügeln. Auf den Hinterflügelansätzen trägt er einen großen dunklen Fleck.
Die Raupe ist groß und dicht bedeckt mit langen, nach hinten gerichteten schwarzen und weißen Haaren, die starke Hautreizungen auslösen können. Sie frißt an *Bauhinia*.
• VERBREITUNG Von Simbabwe bis nach Sambia und Zaire.

AFROTROPISCH

Charakteristische geschwungene Linien auf den Vorderflügeln •

Flügel und Vorderkörper pelzig behaart •

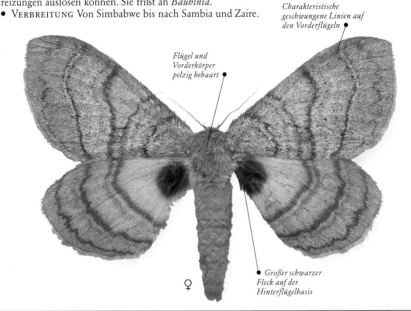

♀

• *Großer schwarzer Fleck auf der Hinterflügelbasis*

Aktivitätszeit ☾	Habitat	Spannweite 7,5 – 10 cm

Familie EUPTEROTIDAE	Art *Panacela lewinae*	Autor Lewin

PANACELA LEWINAE

Männchen dieser Art haben hell rötlichbraune, dunkel gebänderte Vorderflügel mit leicht geschweiften Spitzen. Die Flügel der Weibchen sind dunkler, mit einem Hauch Violett.
Die Raupe ist dicht behaart. Sie ist nachtaktiv und frißt an Eukalyptus, *Lophostemon, Angophora* und *Syncarpia*.
Sie lebt in einem Seidengespinst zwischen den Blättern.
• VERBREITUNG Von S-Queensland bis S-Neusüdwales.

Geschweifte Vorderflügel- spitzen •

Charakteristisches dunkelbraunes Band auf den Vorderflügeln •

INDO-AUSTRALISCH

♂

• *Gescheckter Innensaum der Hinterflügel*

Aktivitätszeit ☾	Habitat 🌳	Spannweite 2,5 – 4 cm

ANTHELIDAE

D IESE KLEINE FAMILIE mit weniger als 100 Arten ist auf Australien und Papua-Neuguinea beschränkt. Sie ist eng mit den Eupterotidae und den Lasiocampidae verwandt. Die meisten Arten sind auffällig beige oder braun mit kräftiger Zeichnung aus braunen, gelben und roten Bändern. Die Falter haben einen zurückgebildeten Rüssel und nehmen keine Nahrung mehr auf. Die Raupen sind gewöhnlich mit dichten Haarbüscheln besetzt, die manchmal Hautreizungen hervorrufen. Viele fressen an Eukalyptus- oder Akazienarten.

Familie ANTHELIDAE	Art *Chelepteryx collesi*	Autor Gray

CHELEPTERYX COLLESI

Das riesige, fast fledermausgroße Weibchen kann eine Flügelspanne von 16 cm erreichen. Die schwarzbraunen Vorderflügel beider Geschlechter sind gebändert und stark mit weißen und gelbbraunen Schuppen überpudert. Die tiefbraunen Hinterflügel tragen innen ein gerades weißes Band und weiter außen eine orangegelbe Wellenlinie. Aufgeschreckte Männchen richten sich mit den Vorderbeinen auf und präsentieren ihre weiße Unterseite; mit ihren dunklen Vorderbeinen ähneln sie dann einer großen Spinne. Die Raupe ist silbergrau mit schwarzen Querbändern auf dem Rücken und Büscheln borstenartiger Haare, die Hautreizungen hervorrufen. Sie frißt an Eukalyptus.
• VERBREITUNG Von S-Queensland bis nach Neusüdwales und Victoria.

Samtschwarze Querstreifen auf dem Rücken

INDO-AUSTRALISCH

RAUPE VON
CHELEPTERYX COLLESI

Wellenlinie am Außenrand der Hinterflügel

♂

Ungewöhnlich eckig ausgezogene Hinterflügelspitzen

Aktivitätszeit ☾	Habitat ⚘	Spannweite 12 – 16 cm

Familie ANTHELIDAE	Art *Anthela ocellata*	Autor Walker

ANTHELA OCELLATA

In seiner Grundfärbung ist der Falter unauffällig beige, hat aber dunklere Querbänder und je zwei fast schwarze auffällige Flecken auf den Vorderflügeln, die beim Weibchen stärker ausgeprägt sind. Die hellen Hinterflügel haben am Rand ein Band aus etwas dunkleren Flecken und weiter innen je einen größeren schwarzen Fleck. Die größeren Weibchen besitzen fadendünne Fühler. Die Falter fliegen in den Sommermonaten. Sie sind keine gewandten Flieger, sondern stellen sich tot, wenn sie gestört werden. Man nimmt an, daß die Art zwei Generationen pro Jahr hat. Die Raupe ist nicht beschrieben. Sie frißt an zahlreichen einheimischen und eingeführten Gräsern. Die Verpuppung erfolgt in einem doppelwandigen Kokon, der zum Teil aus den Haaren der Raupe aufgebaut ist.

• VERBREITUNG
Weit verbreitet in O- und SO-Australien einschließlich Tasmanien.

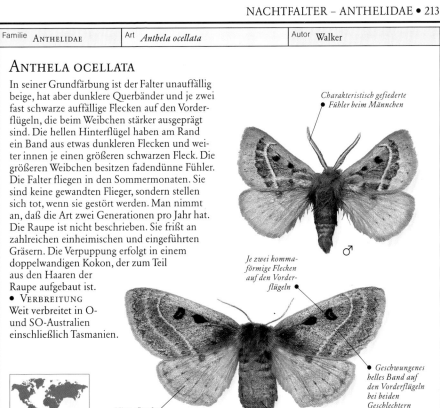

Charakteristisch gefiederte • Fühler beim Männchen

♂

Je zwei kommaförmige Flecken auf den Vorderflügeln •

Geschwungenes helles Band auf den Vorderflügeln bei beiden Geschlechtern

Hinterflügel • viel heller als Vorderflügel

♀

• Körper des Weibchens breit und plump

INDO-AUSTRALISCH

Aktivitätszeit ☾	Habitat ⸜⸝ ⸜⸝	Spannweite 4,5 – 5 cm

Familie ANTHELIDAE	Art *Nataxa flavescens*	Autor Walker

NATAXA FLAVESCENS

Die Männchen dieser Art sind beige bis bräunlich mit blaßgelben Querbändern auf Vorder- und Hinterflügeln. Die größeren Weibchen sind mehr graubraun mit großen weißen Flecken vorne auf den Vorderflügeln, die in der Mitte je einen schwarzen Punkt aufweisen. Im Gegensatz zu den Männchen ist der Körper der Weibchen lang und plump mit einem weißen Ring nahe dem Hinterende. Die Raupe ist dicht behaart, hell gefärbt und hat zwei dunkle Flecken auf dem Rücken hinter dem Kopf und einen kleinen schwarzen Höcker am Hinterende. Sie frißt am Laub von Akazien.

• VERBREITUNG Von S-Queensland bis nach Victoria und Tasmanien.

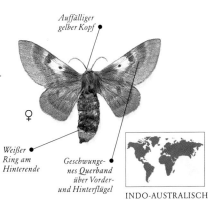

Auffälliger gelber Kopf •

♀

Weißer • Ring am Hinterende

Geschwungenes Querband über Vorder- und Hinterflügel

INDO-AUSTRALISCH

Aktivitätszeit ☾	Habitat ♦	Spannweite 3 – 4 cm

BOMBYCIDAE

O BWOHL DIESE kleine Familie von etwa 300 Arten fast ausschließlich in Süd- und Ostasien beheimatet ist, gehört ihr der berühmteste Schmetterling an, der Maulbeerseidenspinner.

Die Falter dieser Familie haben zumeist einen plumpen, pelzigen Körper. Viele Arten besitzen leicht geschweifte Vorderflügelspitzen. Ihre Mundgliedmaßen sind zurückgebildet, so daß sie keine Nahrung mehr aufnehmen können. Die Raupen haben in der Regel ein stark verdicktes Vorderende und besitzen ein einzelnes fleischiges Horn am Hinterende. Obwohl sie meist glatt erscheinen, sind sie doch mit zahlreichen winzigen Härchen bedeckt. Viele Arten fressen Pflanzen aus der Verwandtschaft der Brennessel (Urticaceae). Sie verpuppen sich in Seidenkokons.

Familie BOMBYCIDAE	Art *Bombyx mori*	Autor Linné

MAULBEERSEIDENSPINNER

Seit Jahrtausenden schon wird dieser Nachtfalter gezüchtet. Die Flügel sind reinweiß, einige Zuchtrassen bringen gelegentlich auch braune Formen hervor. Die Falter können nicht mehr fliegen.

Die Raupe ist gewöhnlich weiß mit unterschiedlicher brauner Zeichnung und rosa Augenflecken auf dem Rücken. Sie wird kommerziell auf Maulbeerblättern *(Morus alba)* gezüchtet.

• VERBREITUNG Es gibt heute keine Wildform dieses Falters mehr; man nimmt aber an, daß diese Art aus China stammt, wo sie seit etwa 2640 v. Chr. gezüchtet wird.

PALÄARKTISCH

Charakteristisch geschweifte Flügelspitzen

♀

• *Deutlich sichtbare Flügeläderung*

Aktivitätszeit	Habitat _ _	Spannweite 4 – 6 cm

Familie BOMBYCIDAE	Art *Ocinara ficicola*	Autoren Westwood & Ormerod

OCINARA FICICOLA

Die Männchen dieser Art sind zum Teil sehr unterschiedlich gefärbt, grau bis graubraun mit feinen, dunklen Linien und Punkten. In Ruhehaltung sind die Vorderflügel im rechten Winkel vom Körper abgespreizt, die Hinterflügel aber über dem Körper gefaltet. Die Weibchen sind hellbraun.

Die Raupe ist oberseits braun und unterseits weiß, auf dem Rücken hat sie zwei Paar rote Flecken. Am Hinterende trägt sie ein fleischiges Horn. Sie frißt an Feigen *(Ficus)*.

• VERBREITUNG Von Simbabwe bis Transvaal.

AFROTROPISCH

Diese Art hat abgerundete Flügelspitzen

⊕

♂

• *Dunkelbraune Innenkanten der Hinterflügel*

Aktivitätszeit ☾	Habitat	Spannweite 2 – 3 cm

Familie BOMBYCIDAE	Art *Theophila religiosae*	Autor Helfer

THEOPHILA RELIGIOSAE

Dieser Nachtfalter ist mit der Zuchtform des Seidenspinners sehr nahe verwandt. Die auffällig gebogenen Vorderflügelspitzen sind dunkel schokoladenbraun; Vorder- und Hinterflügel tragen ein S-förmig geschwungenes helles Querband. Auch diese Art wird wegen ihrer Seide gezüchtet. Die Raupe ist gelb, braun und schwarz gesprenkelt und gestreift. Sie frißt an Maulbeeren *(Morus)*.
• VERBREITUNG N-Indien bis Malaysia.

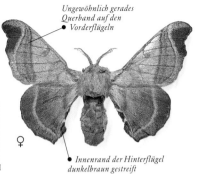

Ungewöhnlich gerades Querband auf den • *Vorderflügeln*

♀

• *Innenrand der Hinterflügel dunkelbraun gestreift*

INDO-AUSTRALISCH

Aktivitätszeit ☾	Habitat	Spannweite 4 – 5 cm

Familie BOMBYCIDAE	Art *Penicillifera apicalis*	Autor Walker

PENICILLIFERA APICALIS

Die Flügel der Männchen sind seidigweiß und schwach durchscheinend mit zarter grauer und schwarzer Zeichnung. An der Vorderkante der Vorderflügel sieht man in der Regel eine Reihe dunkler Punkte und je einen schwarzen Doppelfleck nahe der Flügelmitte. Die Weibchen sind reinweiß. Die Raupe ist braun mit einer Reihe von Buckeln auf dem Rücken. Sie frißt an Feigen *(Ficus)*.
• VERBREITUNG Vom Himalaja über Birma bis nach Malaysia, Sumatra und den Philippinen.

Schwarzer Doppelfleck auf den Vorderflügeln, beim • *Weibchen weit schwächer*

♂

• *Auffällige schwarze Zeichnung an der Innenkante der Hinterflügel*

INDO-AUSTRALISCH

Aktivitätszeit ☾	Habitat	Spannweite 2,5 – 5 cm

Familie BOMBYCIDAE	Art *Gunda ochracea*	Autor Walker

GUNDA OCHRACEA

In einer Familie von eintönig weißen und beigen Schmetterlingen wirkt diese Art geradezu lebhaft bunt. Die Falter kommen in verschiedenen Rotbrauntönen vor. Im vorderen Drittel der Vorderflügel fällt eine große graugelbe Fläche auf. Die größeren Weibchen haben goldgelbe bis bräunlichgelbe Vorderflügel und hellere Hinterflügel. Die Raupe wurde noch nicht beschrieben.
• VERBREITUNG Von N-Indien bis nach Malaysia, Sumatra und den Philippinen.

Je zwei auffällige weiße Flecken auf den Vorderflügeln •

♂

• *Charakteristische kurze und spitze Schwanzanhänge*

INDO-AUSTRALISCH

Aktivitätszeit ☾	Habitat	Spannweite 4 – 6 cm

BRAHMAEIDAE

D IESE KLEINE FAMILIE mit nur etwa 20 beschriebenen Arten ist in ihrer Verbreitung auf Afrika, Asien und Europa beschränkt. Die mittelgroßen bis sehr großen Falter ähneln in der Gestalt sehr den Augenfaltern (Saturniidae, Seite 218), sind aber an ihrer ganz eigenen, typischen Flügelzeichnung in jedem Fall auf den ersten Blick als Brahmaeidae zu erkennen.

Alle Arten dieser Familie haben deutliche Augenflecken. Im Unterschied zu den Faltern der nächstverwandten Familien haben alle Brahmaeidae einen gut entwickelten Rüssel und nehmen als erwachsene Falter Nahrung auf. Die jungen Raupenstadien tragen lange Fortsätze auf dem Rücken, die sie mit der letzten Häutung verlieren.

Familie BRAHMAEIDAE	Art *Brahmaea wallichii*	Autor Gray

BRAHMAEA WALLICHII

Eine der größten und schönsten Arten dieser Familie mit großen, deutlichen Augenflecken in der Mitte der Vorderflügel und einer charakteristischen tiefbraunen Tigerstreifung. Der kräftige Körper ist schwarzbraun mit einem auffälligen Muster aus orangen Streifen. Die Männchen dieser Art sind kleiner als die Weibchen. Obwohl die Falter in den Abendstunden aktiv sind, sitzen sie oft tagsüber mit gespreizten Flügeln auf Baumstämmen oder auf dem Boden. Werden sie gestört, so verfallen sie in pendelnde Vor- und Rückwärtsbewegungen, fliegen also zunächst nicht auf.
Die Raupe frißt in Gefangenschaft das Laub von Liguster *(Ligustrum)*, Flieder *(Syringa)* und Holunder *(Sambucus)*.
• VERBREITUNG Von N-Indien bis nach Nepal, Birma, China, Taiwan und Japan.

PALÄARKTISCH
INDO-AUSTRALISCH

Charakteristisches Wellenmuster in Schwarz und Orange

Großer Augenfleck in der Vorderflügelmitte

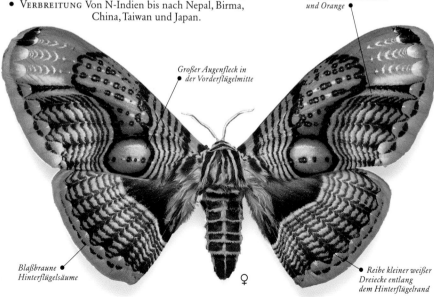

Blaßbraune Hinterflügelsäume

♀

Reihe kleiner weißer Dreiecke entlang dem Hinterflügelrand

Aktivitätszeit ☾	Habitat 🌱 🍄	Spannweite 9 – 16 cm

| Familie BRAHMAEIDAE | Art *Acanthobrahmaea europaea* | Autor Hartig |

ACANTHOBRAHMAEA EUROPAEA

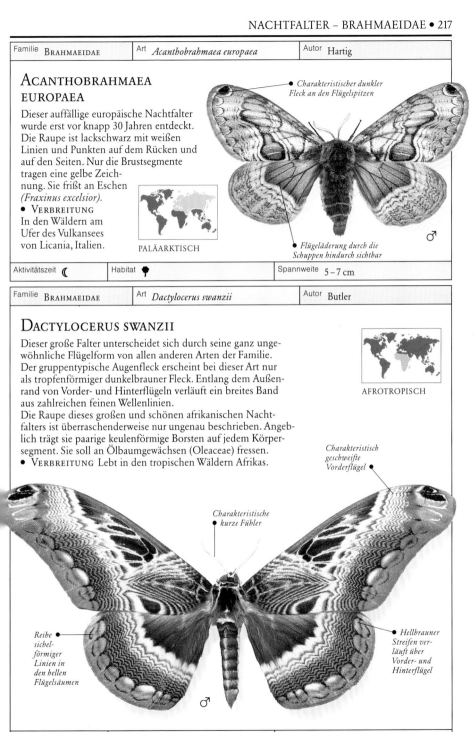

Dieser auffällige europäische Nachtfalter wurde erst vor knapp 30 Jahren entdeckt. Die Raupe ist lackschwarz mit weißen Linien und Punkten auf dem Rücken und auf den Seiten. Nur die Brustsegmente tragen eine gelbe Zeichnung. Sie frißt an Eschen *(Fraxinus excelsior).*

• VERBREITUNG
In den Wäldern am Ufer des Vulkansees von Licania, Italien.

PALÄARKTISCH

• *Charakteristischer dunkler Fleck an den Flügelspitzen*

• *Flügeläderung durch die Schuppen hindurch sichtbar*

♂

| Aktivitätszeit ☾ | Habitat ⚘ | Spannweite 5 – 7 cm |

| Familie BRAHMAEIDAE | Art *Dactylocerus swanzii* | Autor Butler |

DACTYLOCERUS SWANZII

Dieser große Falter unterscheidet sich durch seine ganz ungewöhnliche Flügelform von allen anderen Arten der Familie. Der gruppentypische Augenfleck erscheint bei dieser Art nur als tropfenförmiger dunkelbrauner Fleck. Entlang dem Außenrand von Vorder- und Hinterflügeln verläuft ein breites Band aus zahlreichen feinen Wellenlinien. Die Raupe dieses großen und schönen afrikanischen Nachtfalters ist überraschenderweise nur ungenau beschrieben. Angeblich trägt sie paarige keulenförmige Borsten auf jedem Körpersegment. Sie soll an Ölbaumgewächsen (Oleaceae) fressen.

• VERBREITUNG Lebt in den tropischen Wäldern Afrikas.

AFROTROPISCH

Charakteristisch geschweifte Vorderflügel •

Charakteristische kurze Fühler •

Reihe sichelförmiger Linien in den hellen Flügelsäumen •

• *Hellbrauner Streifen verläuft über Vorder- und Hinterflügel*

♂

| Aktivitätszeit ☾ | Habitat 🌴 | Spannweite 12 – 16 cm |

Saturniidae

D IESER RIESIGEN, weltweit verbreiteten Familie mit mehr als 1 000 Arten gehören viele der größten und prächtigsten Nachtfalter an. Viele Arten besitzen wohlentwickelte Augenflecken oder durchscheinende Fenster auf Vorder- und Hinterflügeln. Deshalb heißen sie Nachtpfauenaugen oder Augenspinner. Eine Reihe von Arten hat langgeschwänzte Hinterflügel. Die Flügelmusterung ist bei Männchen und Weibchen oft völlig verschieden. Bei den Faltern der Augenspinner ist der Saugrüssel stark verkürzt oder fehlt ganz, so daß sie keine Nahrung aufnehmen können.

Die ausgewachsenen Raupen spinnen zum Schutz ihrer Puppen große Kokons. Diese Kokons werden gelegentlich zur Herstellung der sogenannten Wild- oder Tussahseide verwendet.

Familie SATURNIIDAE	Art *Citheronia regalis*	Autor Fabricius

Citheronia regalis

Die Vorderflügel dieses Nachtfalters sind graubraun mit blaßgelben ovalen Flecken und tief orangeroter Äderung. Die Hinterflügel sind orangebraun. Die Geschlechter gleichen sich, doch sind Weibchen größer als Männchen.
Die beeindruckend große Raupe ist grün, hinter dem Kopf hat sie mehrere große, verzweigte Hörner. Sie lebt auf vielen verschiedenen Bäumen, darunter Walnuß- *(Juglans)* und Hickorybäume *(Carya)*.
• VERBREITUNG In weiten Gebieten der SO-USA.

NEARKTISCH

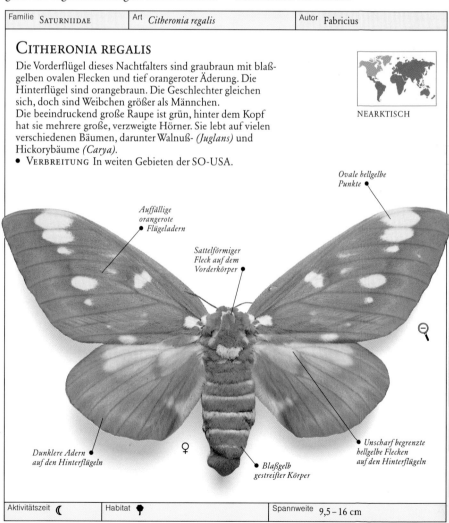

Ovale hellgelbe Punkte •

Auffällige orangerote • Flügeladern

Sattelförmiger Fleck auf dem Vorderkörper •

Dunklere Adern • auf den Hinterflügeln

♀

• Unscharf begrenzte hellgelbe Flecken auf den Hinterflügeln

• Blaßgelb gestreifter Körper

Aktivitätszeit ☾	Habitat ♥	Spannweite 9,5 – 16 cm

Familie SATURNIIDAE	Art *Eacles imperialis*	Autor Drury

EACLES IMPERIALIS

An seiner Größe und seinen ockergelben Flügeln ist dieser Nachtfalter auf den ersten Blick zu erkennen. Die Flügel sind variabel gepunktet, gebändert und blaßrosa bis violettbraun gefleckt. Die dichtbehaarte Raupe ist grün oder braun mit kurzen, fleischigen gelben oder rötlichbraunen Filamenten auf dem Rücken. Sie ernährt sich vom Laub einer Vielzahl von Bäumen.
• VERBREITUNG Lebt in den USA und in S-Kanada in mehreren Unterarten.

NEARKTISCH

Kleine braune Augenflecken

Braunes Wellenband unterteilt den gelben Hinterflügel

♂

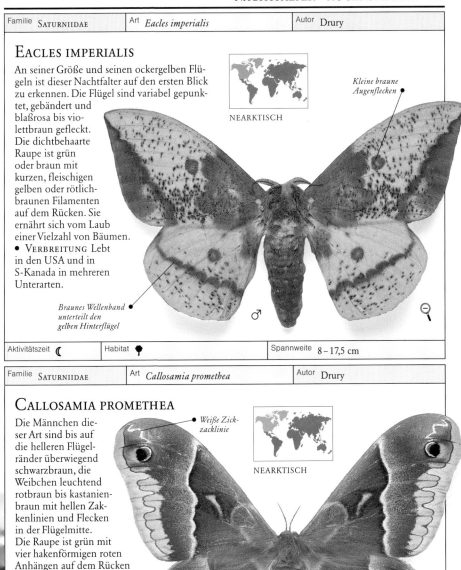

Aktivitätszeit ☾	Habitat 🌱	Spannweite 8 – 17,5 cm

Familie SATURNIIDAE	Art *Callosamia promethea*	Autor Drury

CALLOSAMIA PROMETHEA

Die Männchen dieser Art sind bis auf die helleren Flügelränder überwiegend schwarzbraun, die Weibchen leuchtend rotbraun bis kastanienbraun mit hellen Zakkenlinien und Flecken in der Flügelmitte. Die Raupe ist grün mit vier hakenförmigen roten Anhängen auf dem Rücken hinter dem Kopf und einem gelben Anhang am Hinterende. Sie lebt auf einer Vielzahl von Bäumen und Sträuchern, darunter Benzoestrauch *(Styrax benzoin)* und verschiedene Obstbäume.
• VERBREITUNG Großes Verbreitungsgebiet von S-Kanada bis in die SO-USA.

Weiße Zickzacklinie

NEARKTISCH

Randmuster bei beiden Geschlechtern vorhanden

♀

Aktivitätszeit ☾	Habitat 🌿 🌱	Spannweite 7,5 – 9,5 cm

Familie SATURNIIDAE	Art *Automeris io*	Autor Fabricius

AUTOMERIS IO

Die Männchen dieser Art haben stroh-
gelbe Vorderflügel, während die der
Weibchen rötlich- bis purpurbraun sind.
Die Weibchen sind beträchtlich größer
als die Männchen. Die Flügelzeichnung
ist bei beiden Geschlechtern variabel,
und es sind viele Lokalrassen bekannt.
Die Raupe ist hell gelbgrün mit roten und weißen
Streifen auf beiden Seiten, auf dem Rücken ist
sie mit verzweigten, spitzen Dornen besetzt,
die bei Berührung Reizungen hervorrufen
können. Ihr Nahrungsspektrum umfaßt viele
verschiedene Pflanzenarten, darunter Birke
(Betula), Mais *(Zea mays)* und Klee *(Trifolium)*.

• VERBREITUNG
Großes Verbreitungs-
gebiet von S-Kanada
durch die USA bis
nach Mexiko im Süden.

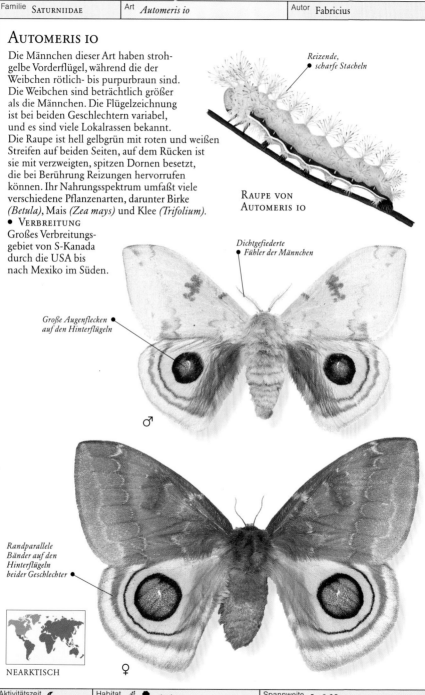

Reizende,
• *scharfe Stacheln*

RAUPE VON
AUTOMERIS IO

Dichtgefiederte
• *Fühler der Männchen*

Große Augenflecken •
auf den Hinterflügeln

♂

Randparallele
Bänder auf den
Hinterflügeln
beider Geschlechter •

NEARKTISCH

♀

Aktivitätszeit ☾	Habitat	Spannweite 5 – 8,25 cm

Familie SATURNIIDAE	Art *Attacus atlas*	Autor Linné

ATLASSPINNER

Der Atlasspinner ist der größte Nachtfalter der Welt überhaupt, obwohl *Thysania agrippina* (s. Seite 265) eine größere Spannweite hat. Seine Flügel sind auffällig geformt und in verschiedenen Brauntönen reich gemustert. Die Geschlechter ähneln sich.

Die Raupe wird bis zu 10 cm lang, sie ist grasgrün und trägt auf dem Rücken lange, fleischige Fortsätze, die eine weiße, wachsartige Substanz abscheiden. Sie lebt auf einer Vielzahl von Pflanzen. In Gefangenschaft gehalten, nimmt sie gern die Blätter von Weiden *(Salix)*, Pappeln *(Populus)* und Liguster *(Ligustrum)* als Futter an.

• VERBREITUNG Vorkommen von Indien und Sri Lanka bis nach China, Malaysia und Indonesien.

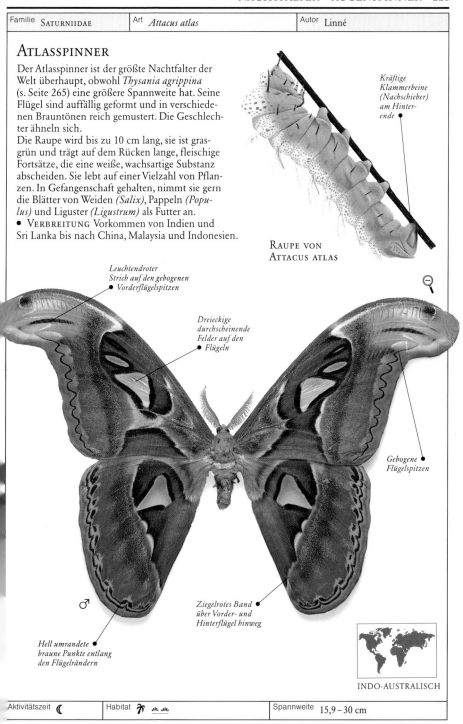

Kräftige Klammerbeine (Nachschieber) am Hinterende •

RAUPE VON
ATTACUS ATLAS

Leuchtendroter Strich auf den gebogenen • *Vorderflügelspitzen*

Dreieckige durchscheinende Felder auf den • *Flügeln*

Gebogene • *Flügelspitzen*

♂

Ziegelrotes Band über Vorder- und Hinterflügel hinweg •

Hell umrandete • *braune Punkte entlang den Flügelrändern*

INDO-AUSTRALISCH

Aktivitätszeit ☾	Habitat 🌴 ﹠ ﹠	Spannweite 15,9 – 30 cm

Familie SATURNIIDAE	Art *Actias luna*	Autor Linné

AMERIKANISCHER MONDSPINNER

Dieser prachtvolle und unverwechselbare Schmetterling mit langen Schwanzanhängen an den Hinterflügeln variiert je nach Fundort und Jahreszeit in der Färbung von Gelbgrün bis zu blassem Blaugrün. Die Geschlechter sind einander ähnlich, aber die Männchen besitzen stärker gefiederte Fühler. Die Raupe ist von plumper Gestalt und grün mit blaß rosaroten Warzen. Zum Nahrungsspektrum gehören die Blätter vieler Laubbäume wie Birken *(Betula)* und Erlen *(Alnus)*.
• VERBREITUNG Weit verbreitet von den USA bis nach Mexiko. In S-Kanada ist die Art nur vereinzelt anzutreffen.

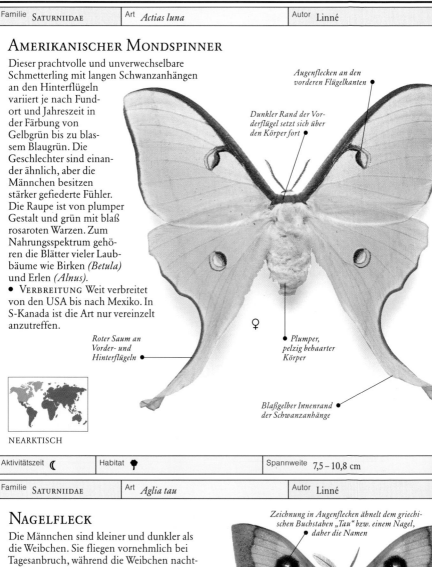

Augenflecken an den vorderen Flügelkanten •

Dunkler Rand der Vorderflügel setzt sich über den Körper fort •

♀

Roter Saum an Vorder- und Hinterflügeln •

• *Plumper, pelzig behaarter Körper*

Blaßgelber Innenrand der Schwanzanhänge •

NEARKTISCH

Aktivitätszeit ☾	Habitat ⚲	Spannweite 7,5 – 10,8 cm

Familie SATURNIIDAE	Art *Aglia tau*	Autor Linné

NAGELFLECK

Die Männchen sind kleiner und dunkler als die Weibchen. Sie fliegen vornehmlich bei Tagesanbruch, während die Weibchen nachtaktiv sind. In Ruhe sitzen sie wie Tagfalter mit über dem Körper gefalteten Flügeln.
Die Raupe hat hinter dem Kopf einen Buckel und rötlichgelbe Stacheln. Sie frißt an verschiedenen Laubbäumen.
• VERBREITUNG Von Europa bis nach Japan.

Zeichnung in Augenflecken ähnelt dem griechischen Buchstaben „Tau" bzw. einem Nagel, daher die Namen •

♂

PALÄARKTISCH

Aktivitätszeit ☀ ♂ ☾ ♀	Habitat ⚲	Spannweite 5,5 – 9 cm

Familie SATURNIIDAE	Art *Actias selene*	Autor Hübner

INDISCHER MONDSPINNER

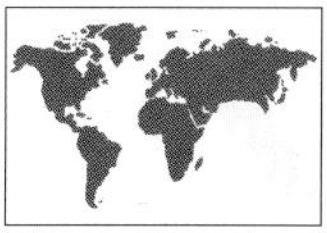

Dieser bizarr geformte Falter ist der ausgesprochene Liebling
aller Schmetterlingszüchter. Die schöne blaß blaugrüne
Grundfärbung der Flügel geht an den langen Schwanz-
anhängen der Hinterflügel in Gelb und Rosarot über. Die
Geschlechter sind gleich, aber die Männchen haben stärker
gefiederte Fühler. Es sind zahlreiche Rassen beschrieben.
Die Raupe ist plump und leuchtend gelblichgrün mit dunkel-
gelben oder orangen Warzen. Sie frißt an einem breiten
Spektrum von Laubbäumen und Sträuchern.
• VERBREITUNG Von Indien und Sri Lanka bis nach
China, Malaysia und Indonesien.

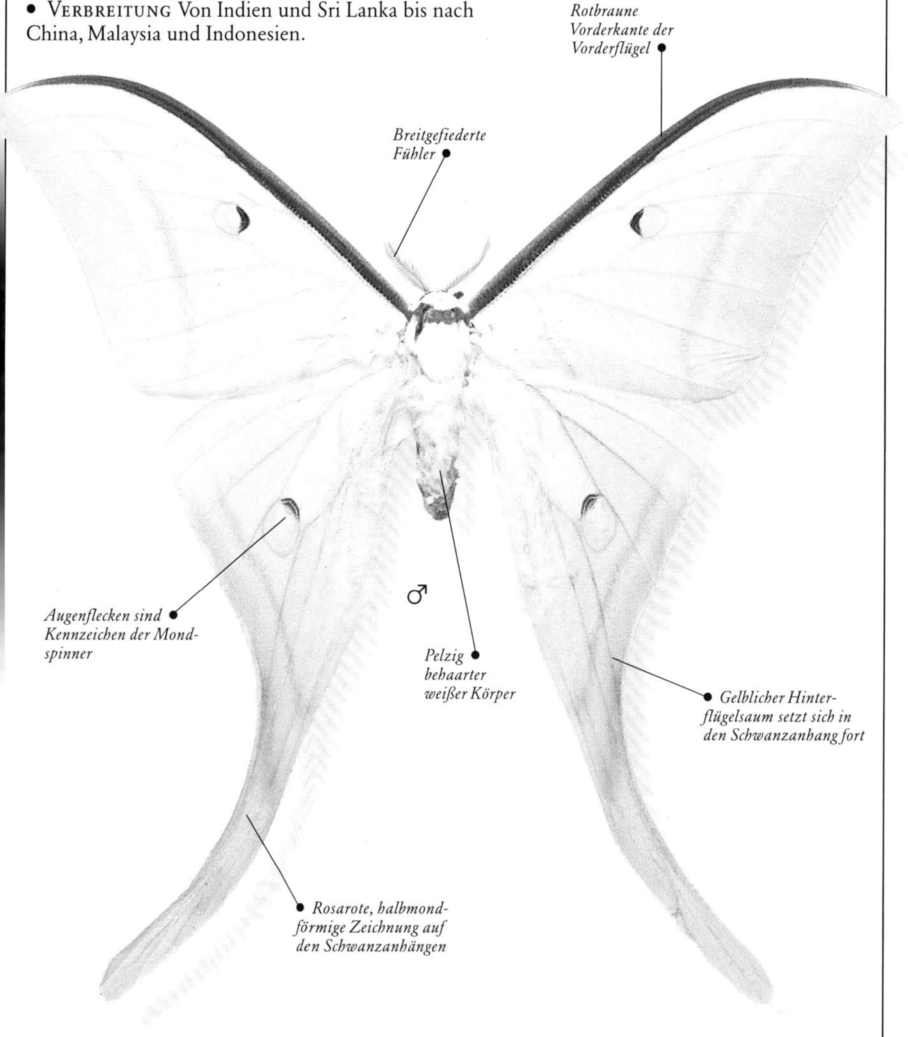

INDO-AUSTRALISCH

Rotbraune
Vorderkante der
Vorderflügel

Breitgefiederte
Fühler •

♂

*Augenflecken sind
Kennzeichen der Mond-
spinner*

*Pelzig
behaarter
weißer Körper*

*Gelblicher Hinter-
flügelsaum setzt sich in
den Schwanzanhang fort*

*Rosarote, halbmond-
förmige Zeichnung auf
den Schwanzanhängen*

Aktivitätszeit ☾	Habitat 🌿 🌱	Spannweite 8 – 12 cm

Familie SATURNIIDAE	Art *Argema mimosae*	Autor Boisduval

AFRIKANISCHER MONDSPINNER

Dieser Falter sieht der vorigen Art *(Actias selene,*
s. Seite 223) überaus ähnlich, obwohl er einer
ganz anderen Gattung angehört. Die wunderschönen Farben bleichen bei Museums-
exemplaren meist rasch aus. Die Weibchen sind an den stärker gebogenen
Schwanzanhängen zu erkennen.
Die Raupe ist grün mit grünen oder
gelben Warzen auf dem Rücken,
die kurze schwarze und gelbe Borsten
tragen. Sie frißt an *Sclerocarya caffra.*
• VERBREITUNG Von Kenia und Zaire
bis ins subtropische Südafrika.

RAUPE VON
ARGEMA MIMOSAE

Auffällige fleischige
Fortsätze auf dem Rücken

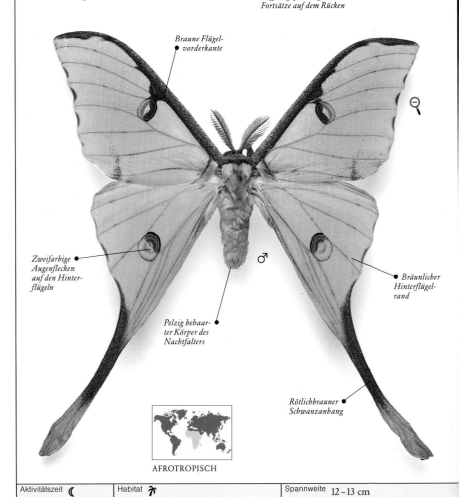

Braune Flügel-
vorderkante

Zweifarbige
Augenflecken
auf den Hinter-
flügeln

♂

Bräunlicher
Hinterflügel-
rand

Pelzig behaar-
ter Körper des
Nachtfalters

Rötlichbrauner
Schwanzanhang

AFROTROPISCH

Aktivitätszeit ☾	Habitat 🌴	Spannweite 12–13 cm

Familie SATURNIIDAE	Art *Antheraea polyphemus*	Autor Cramer

ANTHERAEA POLYPHEMUS

Die Grundfarbe dieses Nachtfalters variiert von Gelb- bis Rotbraun, dennoch ist diese Art auf Anhieb an den charakteristisch gebänderten Flügeln und ihren Augenflecken zu erkennen. Die Geschlechter gleichen sich. Der Falter fliegt den Sommer über und bringt im Jahr eine oder zwei Generationen hervor.

Die Raupe ist plump und leuchtend grasgrün, ihre einzelnen Segmente sind buckelig gewölbt und tragen auf dem Rücken rote Warzen mit einem Haarbüschel. Sie frißt an Laubbäumen und Sträuchern, besonders an Apfelbäumen *(Malus domestica)*.

• **VERBREITUNG** Häufig und weit verbreitet in den USA und S-Kanada.

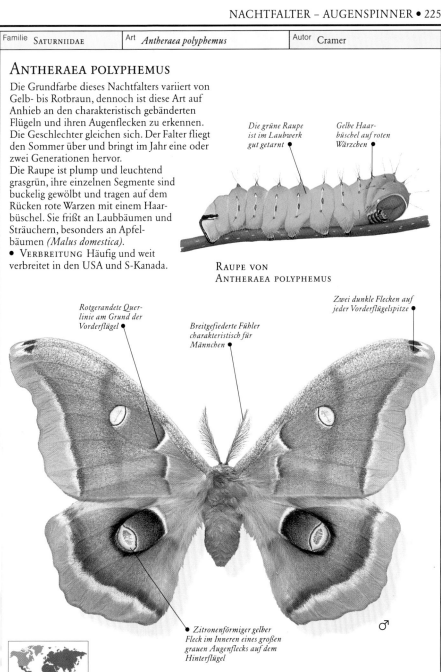

Die grüne Raupe ist im Laubwerk gut getarnt •

Gelbe Haarbüschel auf roten Wärzchen •

RAUPE VON
ANTHERAEA POLYPHEMUS

Rotgerandete Querlinie am Grund der Vorderflügel •

Breitgefiederte Fühler charakteristisch für Männchen •

Zwei dunkle Flecken auf jeder Vorderflügelspitze •

• *Zitronenförmiger gelber Fleck im Inneren eines großen grauen Augenflecks auf dem Hinterflügel*

♂

NEARKTISCH

Aktivitätszeit ☾	Habitat ♀	Spannweite 10–13 cm

| Familie SATURNIIDAE | Art *Eupackardia calleta* | Autor Westwood |

EUPACKARDIA CALLETA

Über die kaffeebraunen Vorder-
und Hinterflügel dieses
Nachtfalters zieht sich
ein weißes Band, und
jeder Flügel trägt in
der Mitte ein weißes,
V-förmiges Abzeichen.
Weibchen sind größer
als Männchen, und ihre
Flügel sind mehr gerundet.
Die Raupe ist grün mit blauen
und schwarzen, rotumrandeten,
stacheligen Warzen. Sie frißt an
Leucophyllum, Fouquieria, Prosopis
und *Acacia*. In Gefangenschaft
nimmt sie auch die Blätter von
Esche *(Fraxinus)*, Liguster
(Ligustrum) und anderen Bäumen.
• VERBREITUNG Das Vorkom-
men erstreckt sich von den
S-USA bis nach Z-Mexiko.

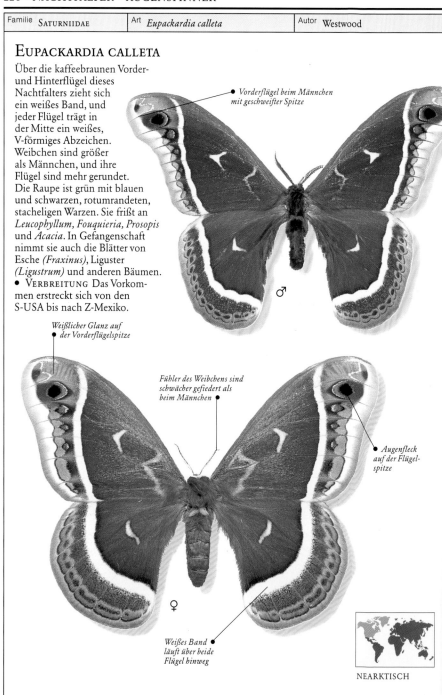

*Vorderflügel beim Männchen
mit geschweifter Spitze*

♂

*Weißlicher Glanz auf
der Vorderflügelspitze*

*Fühler des Weibchens sind
schwächer gefiedert als
beim Männchen*

*Augenfleck
auf der Flügel-
spitze*

♀

*Weißes Band
läuft über beide
Flügel hinweg*

NEARKTISCH

| Aktivitätszeit ☾ | Habitat 🌱 ⁂ ⁂ | Spannweite 8,25 – 11 cm |

Familie SATURNIIDAE	Art *Hyalophora cecropia*	Autor Linné

HYALOPHORA CECROPIA

Diese leicht zu erkennende Art hat einen auffällig rot-weiß gestreiften Körper. Die dunkelbraunen Flügel sind weiß und rosarot gebändert. Die Geschlechter gleichen sich, aber die Männchen haben einen kleineren Körper.
Die Raupe ist grün mit hellgelben, keulenförmigen Anhängen auf dem Rücken und blauen Auswüchsen an den Seiten. Sie frißt an einem weiten Spektrum von Laubbäumen und Sträuchern.
• VERBREITUNG Weit verbreitet in Wäldern, auf Feldfluren und in Gärten von S-Kanada über die USA bis nach Mexiko.

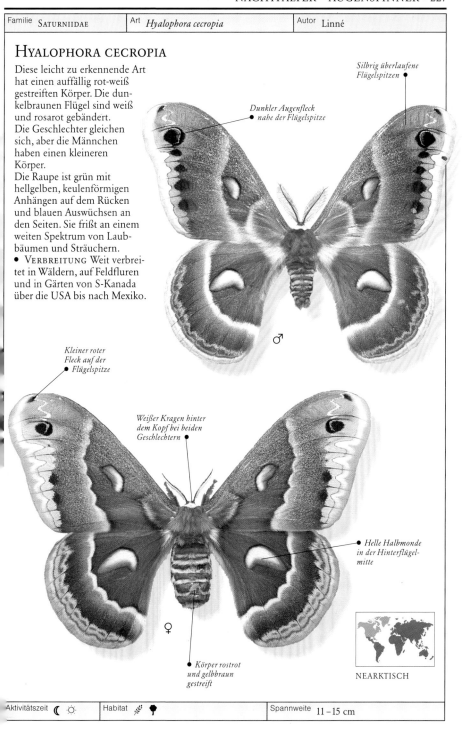

Silbrig überlaufene Flügelspitzen •

Dunkler Augenfleck nahe der Flügelspitze •

♂

Kleiner roter Fleck auf der Flügelspitze •

Weißer Kragen hinter dem Kopf bei beiden Geschlechtern •

• *Helle Halbmonde in der Hinterflügelmitte*

♀

• *Körper rostrot und gelbbraun gestreift*

NEARKTISCH

Aktivitätszeit ☾ ☼	Habitat	Spannweite 11–15 cm

Familie SATURNIIDAE	Art *Coscinocera hercules*	Autor Miskin

HERKULESSPINNER

Die schokoladenbraunen Männchen dieser stattlichen Art
haben lange, ungewöhnlich geformte Schwanzanhänge,
während die viel blasser gefärbten Weibchen an den
breiteren Hinterflügeln an Stelle der langen Anhänge nur
zwei kurze, lappenförmige Fortsätze besitzen.
Die Raupe ist blaß blaugrün mit gelben Stacheln auf
dem Rücken. Sie kann bis zu 17 cm lang werden. Sie
frißt an *Homalanthus populifolia, Dysoxylum* und *Panax*.
• VERBREITUNG Von Papua-Neuguinea bis N-Australien.

INDO-AUSTRALISCH

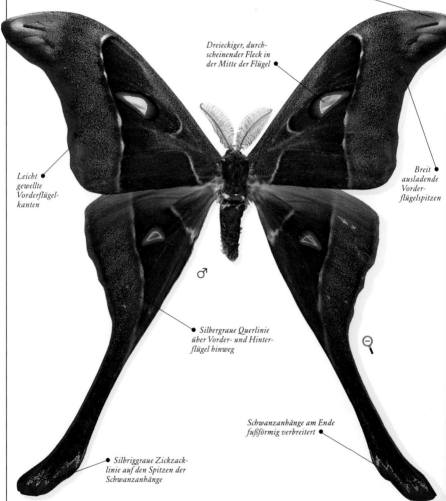

*Verwaschen silbergraue
Flügelspitzen* •

*Dreieckiger, durch-
scheinender Fleck in
der Mitte der Flügel* •

Leicht •
*gewellte
Vorderflügel-
kanten*

Breit •
*ausladende
Vorder-
flügelspitzen*

♂

• *Silbergraue Querlinie
über Vorder- und Hinter-
flügel hinweg*

⊖

*Schwanzanhänge am Ende
fußförmig verbreitert* •

• *Silbriggraue Zickzack-
linie auf den Spitzen der
Schwanzanhänge*

Aktivitätszeit ☾	Habitat 🦋	Spannweite 16,5 – 25 cm

Familie SATURNIIDAE	Art *Graellsia isabellae*	Autor Graëlls

SPANISCHER MONDSPINNER

Diese Art wird von vielen als der schönste Nachtfalter Europas bezeichnet. Die Flügeladern sind tief rotbraun gezeichnet und dunkelbraun eingefaßt. Jeder Flügel trägt einen Augenfleck mit weißer Mitte, der zur Hälfte gelb und zur Hälfte purpurblau mit einem rotbraunen Strich ist. Die Männchen haben lange, gebogene Hinterflügelanhänge, die der Weibchen sind kürzer und breiter. Die Raupe ist gelblichgrün, fein weiß gepunktet und kastanienbraun und weiß gebändert. Sie trägt einen Pelz aus feinen, langen, braunen Haaren. Sie frißt an Kiefern, speziell *Pinus sylvestris* und *Pinus laricio*.
• VERBREITUNG Wälder der Bergregionen Z-Spaniens und der Pyrenäen.

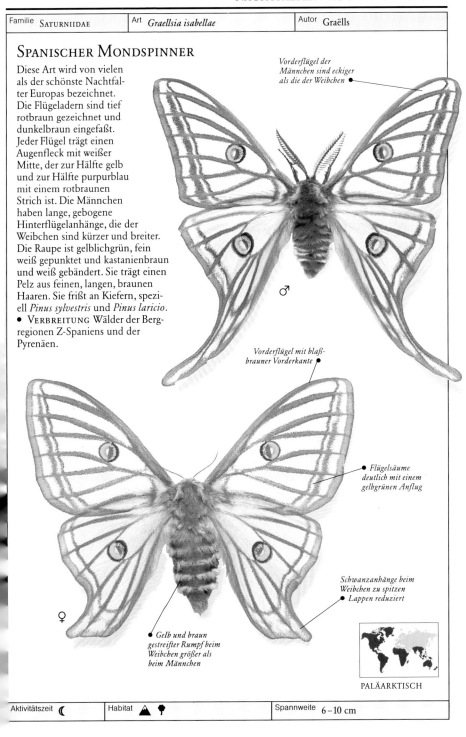

Vorderflügel der Männchen sind eckiger als die der Weibchen

♂

Vorderflügel mit blaßbrauner Vorderkante

Flügelsäume deutlich mit einem gelbgrünen Anflug

Schwanzanhänge beim Weibchen zu spitzen Lappen reduziert

♀

Gelb und braun gestreifter Rumpf beim Weibchen größer als beim Männchen

PALÄARKTISCH

Aktivitätszeit ☾	Habitat ▲ ♚	Spannweite 6–10 cm

Familie SATURNIIDAE	Art Loepa katinka	Autor Westwood

LOEPA KATINKA

Dieser attraktive Nachtfalter hat einen dunkelbraunen Strich entlang der Vorderkante der Vorderflügel. Jeder Flügel trägt in der Mitte einen rötlichbraun eingefaßten Augenfleck. Außerdem sind die Flügel mit feinen rotbraunen Wellenlinien gezeichnet. Die Geschlechter sind gleich gefärbt. Die Raupe ist dunkelbraun, hellbraun und schwarz marmoriert mit metallisch blauen Warzen. Auf den Seiten trägt sie dreieckige gelbe Flecken. Sie frißt an den Reben *Vitis* und *Parthenocissus*.

• VERBREITUNG
Weit verbreitet von N-Indien bis nach China.

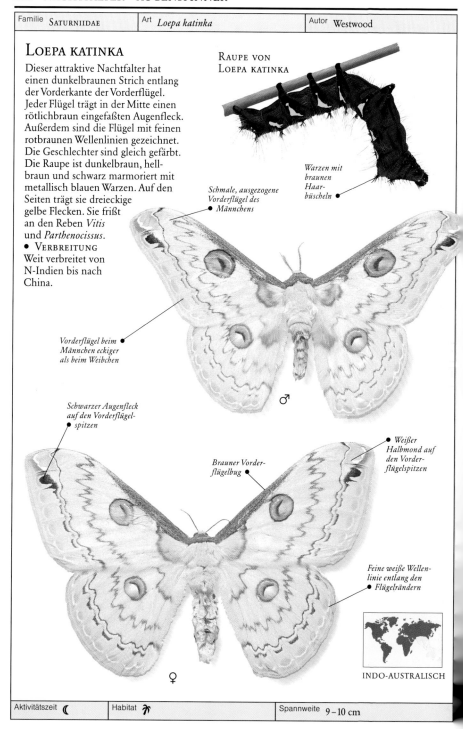

RAUPE VON
LOEPA KATINKA

Warzen mit braunen Haarbüscheln •

Schmale, ausgezogene Vorderflügel des • Männchens

Vorderflügel beim • Männchen eckiger als beim Weibchen

Schwarzer Augenfleck auf den Vorderflügel- • spitzen

♂

• Weißer Halbmond auf den Vorderflügelspitzen

Brauner Vorder- flügelbug •

Feine weiße Wellenlinie entlang den • Flügelrändern

♀

INDO-AUSTRALISCH

Familie SATURNIIDAE	Art *Bunaea alcinoe*	Autor Stoll

BUNAEA ALCINOE

Der Falter variiert in der Färbung von Rostrot bis zu tiefem Bräunlichviolett mit auffälligen hellen Bändern über Vorder- und Hinterflügel. Die Raupe ist mattschwarz gefärbt und besitzt lange schwarze Stacheln hinter dem Kopf und gelblichweiß gefärbte Auswüchse am übrigen Körper. Ihr Nahrungsspektrum umfaßt eine Vielzahl verschiedener Pflanzen, darunter *Celtis* und *Terminalia*.
• VERBREITUNG Weit verbreitet in Afrika südlich der Sahara und auf Madagaskar.

Durchscheinender Fleck auf den Vorderflügeln •

AFROTROPISCH

Augenflecken • *auf den Hinterflügeln in der Mitte durchscheinend*

♂

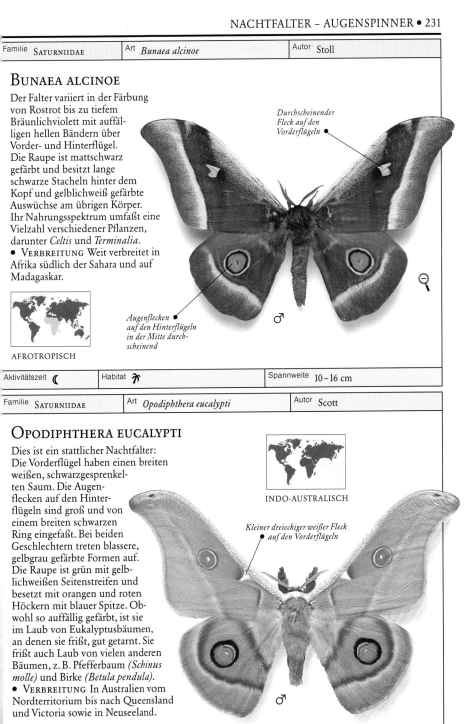

Aktivitätszeit ☾	Habitat 🦋	Spannweite 10–16 cm

Familie SATURNIIDAE	Art *Opodiphthera eucalypti*	Autor Scott

OPODIPHTHERA EUCALYPTI

Dies ist ein stattlicher Nachtfalter: Die Vorderflügel haben einen breiten weißen, schwarzgesprenkelten Saum. Die Augenflecken auf den Hinterflügeln sind groß und von einem breiten schwarzen Ring eingefaßt. Bei beiden Geschlechtern treten blassere, gelbgrau gefärbte Formen auf. Die Raupe ist grün mit gelblichweißen Seitenstreifen und besetzt mit orangen und roten Höckern mit blauer Spitze. Obwohl so auffällig gefärbt, ist sie im Laub von Eukalyptusbäumen, an denen sie frißt, gut getarnt. Sie frißt auch Laub von vielen anderen Bäumen, z. B. Pfefferbaum *(Schinus molle)* und Birke *(Betula pendula)*.
• VERBREITUNG In Australien vom Nordterritorium bis nach Queensland und Victoria sowie in Neuseeland.

INDO-AUSTRALISCH

Kleiner dreieckiger weißer Fleck • *auf den Vorderflügeln*

♂

Aktivitätszeit ☾	Habitat 🦋 ♦	Spannweite 8–13 cm

Familie SATURNIIDAE	Art *Nudaurelia cytherea*	Autor Fabricius

NUDAURELIA CYTHEREA

Dieser Nachtfalter ist rötlich, gelblich und purpurbraun gebändert und schattiert. Die Augenflecken auf den Vorderflügeln sind schwarz und orange eingefaßt und haben einen durchscheinenden ovalen Fleck in der Mitte. Die Augenflecken auf den Hinterflügeln sind orange und haben einen breiten schwarzen Rand, auch sie haben einen kleinen, runden transparenten Fleck in der Mitte.

Die Raupe mit ihrem samtschwarzen, grün, gelb und silbern gesprenkelten Körper ist geradezu eine Schönheit. Außerdem trägt sie auffällige breite braunrote Querstreifen auf dem Rücken. Sie ist besonders an Kiefern *(Pinus)* ein berüchtigter Schädling, frißt aber auch an Zypresse *(Cupressus)*, Akazie, Apfel *(Malus domestica)* und Guave *(Psidium guajava)* sowie anderen Bäumen und Sträuchern.

• VERBREITUNG In Südafrika weit verbreitet und nirgends selten.

AFROTROPISCH

Unverwechselbares
• Sprenkelmuster

• RAUPE VON
NUDAURELIA CYTHEREA

Lange haarförmige
Schuppen auf den
• Flügelbasen

♂

Augenfleck mit •
auffälliger rötlich-
grauer Umrandung

Aktivitätszeit ☾	Habitat 🌿 🌷	Spannweite 9–13 cm

| Familie SATURNIIDAE | Art *Rothschildia orizaba* | Autor Westwood |

ROTHSCHILDIA ORIZABA

Ein stattlicher und auffälliger Nachtfalter. Dieser Seidenspinner gehört zu einer großen südamerikanischen Gattung, welche durch große, durchscheinende Fensterflecken auf Vorder- und Hinterflügeln gekennzeichnet ist. Die rotbraunen Flügel tragen Linien und Muster in Weiß, Schwarz und vielen Braunschattierungen. Die Weibchen haben mehr gerundete Hinterflügel.
Die Raupe ist oberseits gelblichgrün, unterseits blaugrün. Die Futterpflanzen sind nicht bekannt. In Gefangenschaft wurden die Raupen erfolgreich auf Liguster gezüchtet.
• VERBREITUNG Zentrales und tropisches Südamerika, selten auch in S-Texas (USA).

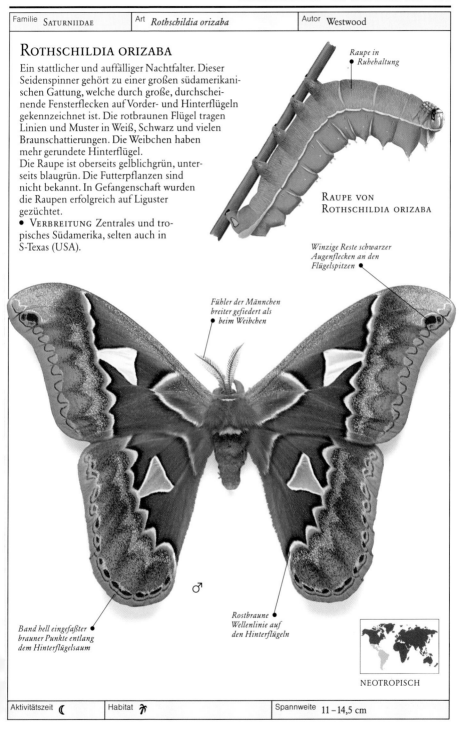

Raupe in Ruhehaltung

RAUPE VON
ROTHSCHILDIA ORIZABA

Winzige Reste schwarzer Augenflecken an den Flügelspitzen •

Fühler der Männchen breiter gefiedert als beim Weibchen •

♂

Band hell eingefaßter brauner Punkte entlang dem Hinterflügelsaum •

Rostbraune Wellenlinie auf den Hinterflügeln •

NEOTROPISCH

| Aktivitätszeit ☾ | Habitat 🌱 | Spannweite 11–14,5 cm |

Familie SATURNIIDAE	Art *Samia cynthia*	Autor Drury

GÖTTERBAUMSPINNER

Die Grundfarbe dieses großen Nachtfalters variiert von Gelbbraun bis Oliv oder Rostbraun. Das breite helle Querband
über Vorder- und Hinterflügel ist ebenso charakteristisch wie
die schmalen transparenten Halbmonde in der Mitte jedes
Flügels. Männchen haben schmalere Vorderflügel und
stärker gefiederte Fühler als Weibchen.
Die Raupe ist blaß blaugrün und überpudert mit
einer weißen, wachsartigen Sekretschicht, auf jedem
Segment besitzt sie mehrere kurze Anhänge. Wie
der Name vermuten läßt, frißt sie das Laub des
Götterbaums *(Ailanthus altissima)*, nimmt in
Gefangenschaft aber auch Liguster *(Ligustrum)*
oder Flieder *(Syringa)*. Die Raupen werden
wegen der Seide ihrer Kokons gezüchtet.
• VERBREITUNG Ursprünglich aus
Asien stammend, wurde diese Art nach
Nordamerika und Europa eingeschleppt.

*• Durch ihren
wachsartigen
Überzug
erscheint die
Raupe weiß*

RAUPE VON
SAMIA CYNTHIA

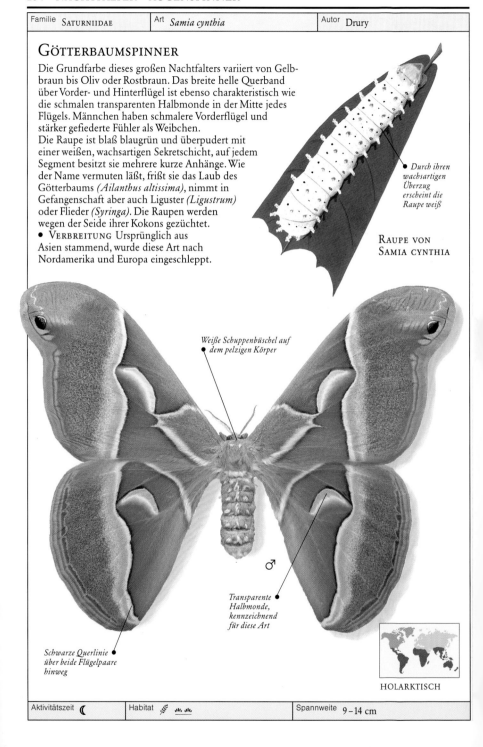

*Weiße Schuppenbüschel auf
• dem pelzigen Körper*

♂

*Transparente •
Halbmonde,
kennzeichnend
für diese Art*

*Schwarze Querlinie •
über beide Flügelpaare
hinweg*

HOLARKTISCH

Aktivitätszeit ☾	Habitat	Spannweite 9 – 14 cm

Familie SATURNIIDAE	Art *Saturnia pyri*	Autoren Denis & Schiffermüller

WIENER NACHTPFAUENAUGE

Das Wiener Nachtpfauenauge ist der größte Nachtfalter Europas und als solcher leicht zu erkennen. Die Augenflecken auf allen Flügeln sind rot, schwarz und braun eingefaßt. Die braunvioletten Flügel haben helle und dunkle Bänder, am Vorderrand haben die Vorderflügel einen breiten Saum mit silbergrauem Anflug. Die Geschlechter sind gleich gefärbt. Die Raupe ist leuchtend gelbgrün mit himmelblauen Höckern und darauf langen schwarzen Haarbüscheln. Sie frißt am Laub von Apfel *(Malus domestica)*, Birne *(Pyrus communis)* und anderen Laubbäumen und richtet in Obstgärten gelegentlich geringen Schaden an.

• VERBREITUNG Weit verbreitet von Zentral- und Südeuropa bis Nordafrika und Westasien.

RAUPE VON
SATURNIA PYRI

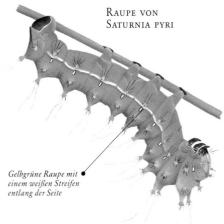

Gelbgrüne Raupe mit einem weißen Streifen entlang der Seite

Kleiner schwarzer Fleck auf der Flügelspitze

Gefiederte Fühler beim Männchen

♂

Flügelmuster setzt sich über den Körper fort

Helles Band unterhalb der dunkleren Flügelsäume

PALÄARKTISCH

Aktivitätszeit ☾	Habitat	Spannweite 10–15 cm

SPHINGIDAE

D IE SCHWÄRMER SIND eine weltweit verbreitete Familie mit ungefähr 1000 mittelgroßen bis sehr großen Arten. Ihre auffällige Flügelform und ihr kräftiger stromlinienförmiger Körper unterscheiden sie von allen anderen Schmetterlingen und machen sie zu einer leicht erkennbaren Gruppe. Aufgrund ihres Körperbaus sind sie ausdauernde und schnelle Flieger, die Fluggeschwindigkeiten bis zu 50 Stundenkilometer erreichen.

Die meisten Schwärmer haben einen gut entwickelten, langen Rüssel, mit dem sie Nektar selbst aus tiefen Röhrenblüten saugen können. Manche tagaktiven Arten, kann man häufig über Blumenbeeten wie Kolibris im Schwebeflug vor Blüten stehend beobachten.

Familie SPHINGIDAE	Art *Acherontia atropos*	Autor Linné

TOTENKOPF-SCHWÄRMER

Um diesen großen Falter mit der eigenartigen Totenkopfzeichnung auf dem Rücken rankte sich früher der Aberglaube, er sei ein Bote des Todes oder schweren Unglücks. Der Totenkopf hat einen ungewöhnlich kräftigen kurzen Rüssel, mit dem er die Waben in Bienenstöcken anbohrt, um an den Honig zu gelangen. Die Raupe ist gelb, grün oder braun. Sie frißt an Kartoffeln *(Solanum)*, Tollkirsche *(Atropa)* und anderen Nachtschattengewächsen.
• VERBREITUNG Von Afrika bis zum Mittelmeerraum, wandert auch über die Alpen bis nach Mitteleuropa.

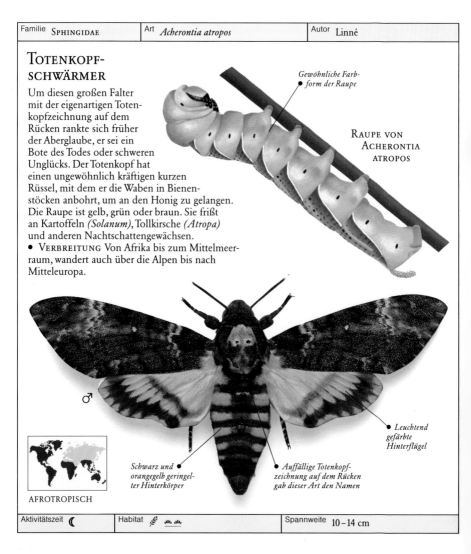

Gewöhnliche Farbform der Raupe

RAUPE VON ACHERONTIA ATROPOS

♂

AFROTROPISCH

• *Leuchtend gefärbte Hinterflügel*

Schwarz und orangegelb geringelter Hinterkörper

• *Auffällige Totenkopfzeichnung auf dem Rücken gab dieser Art den Namen*

Aktivitätszeit ☾	Habitat	Spannweite 10–14 cm

Familie SPHINGIDAE	Art *Agrius cingulatus*	Autor Fabricius

AGRIUS CINGULATUS

Die Vorderflügel dieses strom-
linienförmigen Nachtfalters
bieten mit ihrer Mar-
morierung in Bräun-
lichgrau und Gelb eine
vorzügliche Tarnung.
Die braun-graue Bände-
rung der Hinterflügel
ist an den Flügelbasen mit
einem intensiven Rosa
unterlegt. Auffälligstes Artmerkmal ist der leuchtend rosarot geringelte Rumpf.
Die Raupe kann unterschiedlich
gefärbt sein, grün bis olivbraun
oder schwarzbraun. Alle Formen haben
helle Querstreifen an den Seiten.
Die Raupe frißt bevorzugt an Süßkartoffeln
(Ipomoea) und kann zum Schädling werden.
• VERBREITUNG Süd- und Mittelamerika,
auch in den S-USA und auf Hawaii,
manchmal nördlich bis nach S-Kanada.

Auffällige Fühler

Charakteristisch zuge-spitzte Vorderflügel

♂

NEOTROPISCH
NEARKTISCH

Aktivitätszeit ☾	Habitat	Spannweite 8–12 cm

Familie SPHINGIDAE	Art *Sphinx ligustri*	Autor Linné

LIGUSTERSCHWÄRMER

Die Vorderflügel dieses
sehr auffälligen
Schwärmers sind
dunkelbraun bis
graubraun schat-
tiert mit feinen
schwarzen Streifen.
Die Hinterflügel
sind blaß rosarot mit
schwarzen Querbän-
dern. Der Rumpf ist
tief rosarot und schwarz
geringelt mit einem hell-
braunen Längsstreifen
in der Rückenmitte.
Die Raupe ist plump und hell gelbgrün
mit einer Reihe auffälliger schräger rotvioletter
Streifen an den Körperseiten, zudem mit einem
spitzen, schwarzglänzenden Schwanzhorn.
Sie frißt hauptsächlich an Liguster und Flieder.
• VERBREITUNG Weit verbreitet und häufig in
ganz Europa, östlich über die gemäßigte Zone
Asiens bis nach China.

Weiße Fühler

Weiß gerandeter Vorderkörper

Heller Außen-rand der Vorder-flügel

♂

PALÄARKTISCH

Aktivitätszeit ☾	Habitat	Spannweite 8–11 cm

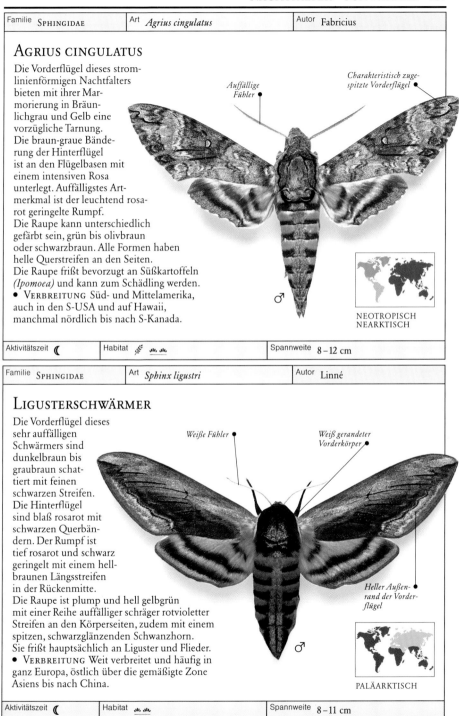

Familie SPHINGIDAE	Art *Manduca sexta*	Autor Linné

TABAKSCHWÄRMER

Die Flügel dieses unscheinbaren Falters sind unregelmäßig grau, braun und weiß gebändert, die Flügelsäume tragen charakteristische weiße Flecken. Der Körper trägt gewöhnlich jederseits sechs grell orangegelbe quadratische Flecken.
Die Raupe ist groß und grün mit weißen Querstrichen an den Flanken und einem roten Horn am Hinterende. Sie frißt an Tabak *(Nicotiana)*, Kartoffel *(Solanum)* und verwandten Pflanzen.
• VERBREITUNG
Tropisches Süd- und Mittelamerika, auch in den südlichen Teilen Nordamerikas.

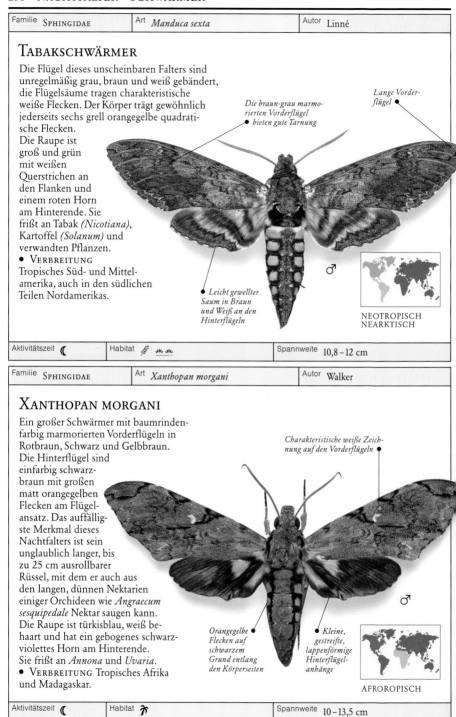

Die braun-grau marmorierten Vorderflügel bieten gute Tarnung

Lange Vorderflügel

Leicht gewellter Saum in Braun und Weiß an den Hinterflügeln

NEOTROPISCH
NEARKTISCH

Aktivitätszeit ☾	Habitat 🌱 ᴜᴜ, ᴜᴜ,	Spannweite 10,8–12 cm

Familie SPHINGIDAE	Art *Xanthopan morgani*	Autor Walker

XANTHOPAN MORGANI

Ein großer Schwärmer mit baumrindenfarbig marmorierten Vorderflügeln in Rotbraun, Schwarz und Gelbbraun.
Die Hinterflügel sind einfarbig schwarzbraun mit großen matt orangegelben Flecken am Flügelansatz. Das auffälligste Merkmal dieses Nachtfalters ist sein unglaublich langer, bis zu 25 cm ausrollbarer Rüssel, mit dem er auch aus den langen, dünnen Nektarien einiger Orchideen wie *Angraecum sesquipedale* Nektar saugen kann.
Die Raupe ist türkisblau, weiß behaart und hat ein gebogenes schwarzviolettes Horn am Hinterende. Sie frißt an *Annona* und *Uvaria*.
• VERBREITUNG Tropisches Afrika und Madagaskar.

Charakteristische weiße Zeichnung auf den Vorderflügeln

Orangegelbe Flecken auf schwarzem Grund entlang den Körperseiten

Kleine, gestreifte, lappenförmige Hinterflügelanhänge

AFROTROPISCH

Aktivitätszeit ☾	Habitat 🌿	Spannweite 10–13,5 cm

| Familie SPHINGIDAE | Art *Cocytius antaeus* | Autor Drury |

COCYTIUS ANTAEUS

Diese Art ist der größte Schwärmer der Welt. Die Vorderflügel
sind hell- und dunkelbraun marmoriert und fein gelbbraun ge-
sprenkelt. Die Hinterflügel haben einen breiten schwarzen Saum.
Die Geschlechter sind gleich gefärbt, aber die Weibchen sind noch
größer als die Männchen. Die Tiere fliegen das ganze Jahr hindurch.
Die Raupe ist grün mit angedeuteten Schrägstreifen an den
Flanken, einem rosa Rückenstreifen und einem rosa und grauen
Horn am Hinterende. Sie frißt an *Annona*.
• VERBREITUNG Tropisches Süd- und Mittelamerika
bis nach S-Florida in den USA.

*Komma-
förmige dunkle
Zeichnung*

*Weiße
Wellenlinie am
Außenrand der
Vorderflügel*

*Charakteristische
durchscheinende
„Fenster" in den
Hinterflügeln*

*Hinterflügel
am Ansatz
leuchtend gelb*

*Reihe orangegelber Flecken
an den Rumpfseiten* ♂

NEOTROPISCH

| Aktivitätszeit ☾ | Habitat 🌿 ⸱⸱⸱ ⸱⸱⸱ | Spannweite 13 – 17,5 cm |

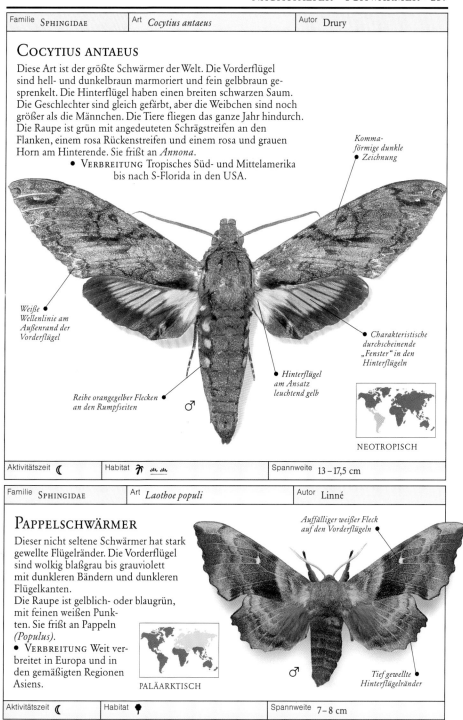

| Familie SPHINGIDAE | Art *Laothoe populi* | Autor Linné |

PAPPELSCHWÄRMER

Dieser nicht seltene Schwärmer hat stark
gewellte Flügelränder. Die Vorderflügel
sind wolkig blaßgrau bis grauviolett
mit dunkleren Bändern und dunkleren
Flügelkanten.
Die Raupe ist gelblich- oder blaugrün,
mit feinen weißen Punk-
ten. Sie frißt an Pappeln
(Populus).
• VERBREITUNG Weit ver-
breitet in Europa und in
den gemäßigten Regionen
Asiens.

*Auffälliger weißer Fleck
auf den Vorderflügeln*

PALÄARKTISCH ♂

*Tief gewellte
Hinterflügelränder*

| Aktivitätszeit ☾ | Habitat 🍂 | Spannweite 7 – 8 cm |

Familie SPHINGIDAE	Art *Coequosa triangularis*	Autor Donovan

COEQUOSA TRIANGULARIS

Dieser Riesenschwärmer hat ganz ungewöhnlich geformte, überwiegend braune Vorderflügel mit je einem großen, weiß eingefaßten, dreieckigen braunen Fleck an der Vorderkante. Die Raupe ist grün und bedeckt mit kleinen weißspitzigen gelben Warzen. Wegen etwas vorgewölbter schwarzweißer Augenmale an den beiden hinteren Stummelbeinen gleicht ihr Hinterende einem Eidechsenkopf. Sie frißt an *Banksia, Grevillea, Macadamia* und anderen Proteaceen.
• VERBREITUNG O-Australien, vor allem in Neusüdwales.

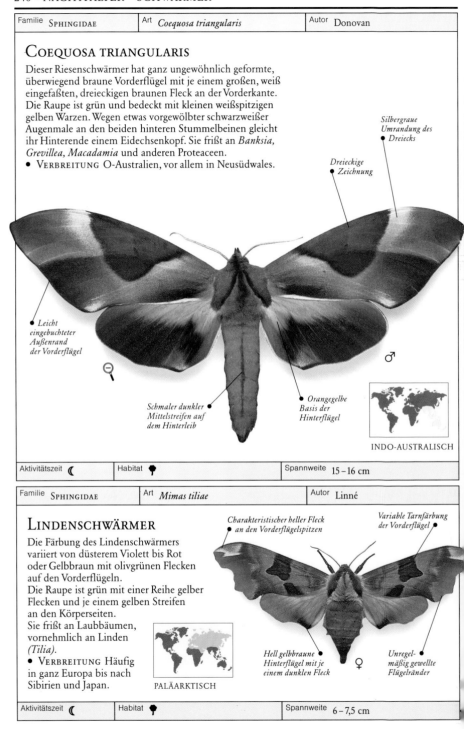

Silbergraue Umrandung des Dreiecks

Dreieckige Zeichnung

Leicht eingebuchteter Außenrand der Vorderflügel

♂

Schmaler dunkler Mittelstreifen auf dem Hinterleib

Orangegelbe Basis der Hinterflügel

INDO-AUSTRALISCH

Aktivitätszeit ☾	Habitat ⚲	Spannweite 15–16 cm

Familie SPHINGIDAE	Art *Mimas tiliae*	Autor Linné

LINDENSCHWÄRMER

Die Färbung des Lindenschwärmers variiert von düsterem Violett bis Rot oder Gelbbraun mit olivgrünen Flecken auf den Vorderflügeln.
Die Raupe ist grün mit einer Reihe gelber Flecken und je einem gelben Streifen an den Körperseiten.
Sie frißt an Laubbäumen, vornehmlich an Linden (*Tilia*).
• VERBREITUNG Häufig in ganz Europa bis nach Sibirien und Japan.

Charakteristischer heller Fleck an den Vorderflügelspitzen

Variable Tarnfärbung der Vorderflügel

Hell gelbbraune Hinterflügel mit je einem dunklen Fleck

♀

Unregelmäßig gewellte Flügelränder

PALÄARKTISCH

Aktivitätszeit ☾	Habitat ⚲	Spannweite 6–7,5 cm

Familie SPHINGIDAE	Art *Smerinthus jamaicensis*	Autor Drury

SMERINTHUS JAMAICENSIS

Die Vorderflügel dieses Schwärmers
sind hell- und dunkelbraun marmoriert,
die Hinterflügel dagegen leuchtend
zinnoberrot mit einem deutlichen
schwarzgesäumten blauen Augenfleck.
Die Raupe ist grün mit weißen Schrägstreifen an den Körperseiten
und einem geraden roten
oder blauen Horn am Hin-
terende. Sie frißt an Apfelbäumen *(Malus domestica)*.
• VERBREITUNG Kanada
und USA.

*Tarnfärbung der Vorder-
flügel*

*Gekerbte Vorder-
flügelspitzen*

NEARKTISCH

*Breiter heller
Hinterflügelsaum*

♀

*Schwarzer Quer-
strich durch die
Augenflecken*

Aktivitätszeit ☾	Habitat ♀	Spannweite 5 – 8 cm

Familie SPHINGIDAE	Art *Protambulyx strigilis*	Autor Linné

PROTAMBULYX STRIGILIS

Alle Vertreter dieser in Mittel- und
Südamerika verbreiteten Gattung
zeichnen sich durch schmale und
lange Vorderflügel aus. Die abgebildete Art unterscheidet sich von nahe
verwandten Arten durch den dunkelbraunen Außensaum der Vorderflügel.
Die Raupe ist gelbgrün mit grünlichweißen oder
gelblichen Schrägstreifen an den Körperseiten und
einem typischen langen Schwanzhorn. Sie frißt an
Anacardium spondias und verwandten Pflanzen.
• VERBREITUNG Von Argentinien bis nach Florida
in den USA.

RAUPE VON
PROTAMBULYX STRIGILIS

*Grün mit
Punktreihen und
Schrägstreifen
an den Seiten*

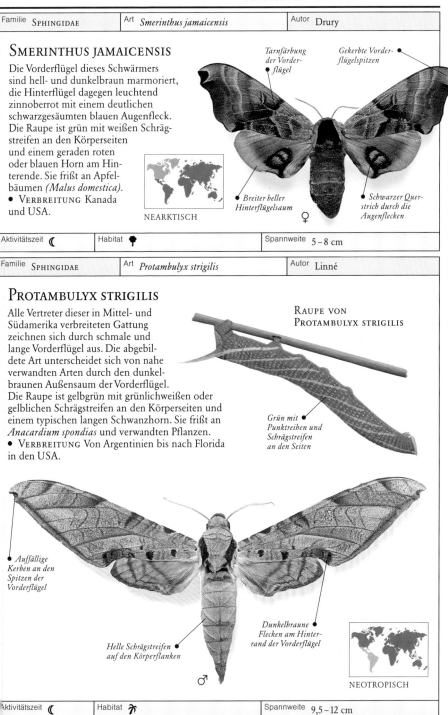

*Auffällige
Kerben an den
Spitzen der
Vorderflügel*

*Helle Schrägstreifen
auf den Körperflanken*

*Dunkelbraune
Flecken am Hinter-
rand der Vorderflügel*

♂

NEOTROPISCH

Aktivitätszeit ☾	Habitat ⚘	Spannweite 9,5 – 12 cm

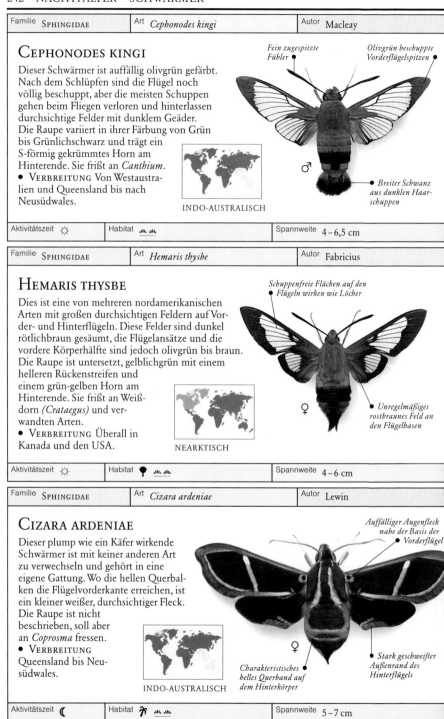

| Familie SPHINGIDAE | Art *Cephonodes kingi* | Autor Macleay |

CEPHONODES KINGI

Dieser Schwärmer ist auffällig olivgrün gefärbt.
Nach dem Schlüpfen sind die Flügel noch
völlig beschuppt, aber die meisten Schuppen
gehen beim Fliegen verloren und hinterlassen
durchsichtige Felder mit dunklem Geäder.
Die Raupe variiert in ihrer Färbung von Grün
bis Grünlichschwarz und trägt ein
S-förmig gekrümmtes Horn am
Hinterende. Sie frißt an *Canthium*.
• VERBREITUNG Von Westaustra-
lien und Queensland bis nach
Neusüdwales.

Fein zugespitzte Fühler •

Olivgrün beschuppte Vorderflügelspitzen •

♂

• Breiter Schwanz aus dunklen Haar-schuppen

INDO-AUSTRALISCH

| Aktivitätszeit ☼ | Habitat ⸜⸝ ⸜⸝ | Spannweite 4 – 6,5 cm |

| Familie SPHINGIDAE | Art *Hemaris thysbe* | Autor Fabricius |

HEMARIS THYSBE

Dies ist eine von mehreren nordamerikanischen
Arten mit großen durchsichtigen Feldern auf Vor-
der- und Hinterflügeln. Diese Felder sind dunkel
rötlichbraun gesäumt, die Flügelansätze und die
vordere Körperhälfte sind jedoch olivgrün bis braun.
Die Raupe ist untersetzt, gelblichgrün mit einem
helleren Rückenstreifen und
einem grün-gelben Horn am
Hinterende. Sie frißt an Weißdorn *(Crataegus)* und verwandten Arten.
• VERBREITUNG Überall in
Kanada und den USA.

Schuppenfreie Flächen auf den
• Flügeln wirken wie Löcher

♀

• Unregelmäßiges rostbraunes Feld an den Flügelbasen

NEARKTISCH

| Aktivitätszeit ☼ | Habitat ♠ ⸜⸝ ⸜⸝ | Spannweite 4 – 6 cm |

| Familie SPHINGIDAE | Art *Cizara ardeniae* | Autor Lewin |

CIZARA ARDENIAE

Dieser plump wie ein Käfer wirkende
Schwärmer ist mit keiner anderen Art
zu verwechseln und gehört in eine
eigene Gattung. Wo die hellen Querbal-
ken die Flügelvorderkante erreichen, ist
ein kleiner weißer, durchsichtiger Fleck.
Die Raupe ist nicht
beschrieben, soll aber
an *Coprosma* fressen.
• VERBREITUNG
Queensland bis Neu-
südwales.

Auffälliger Augenfleck
nahe der Basis der
• Vorderflügel

♀

• Stark geschweifter Außenrand des Hinterflügels

Charakteristisches •
helles Querband auf
dem Hinterkörper

INDO-AUSTRALISCH

| Aktivitätszeit ☾ | Habitat ⚘ ⸜⸝ ⸜⸝ | Spannweite 5 – 7 cm |

| Familie SPHINGIDAE | Art *Pseudosphinx tetrio* | Autor Linné |

PSEUDOSPHINX TETRIO

Die Vorderflügel dieses großen, sehr schnell fliegenden Schwärmers sind in verschiedensten graubraunen und silbergrauen Tönen marmoriert. Die Weibchen sind größer als die Männchen.
Die Raupe ist groß und schlangenähnlich, orange und schwarz geringelt mit schwarzen Flecken und je einem orangen Rückenschild hinter dem Kopf und vor dem Hinterende.
Sie frißt an Frangipani *(Plumeria)* und Jasmin *(Jasminum)*.
• VERBREITUNG Von Paraguay über die Westindischen Inseln bis zu den äußersten S-USA.

Schwarze Linie bis zur Vorderflügelspitze

Rüssel ist hier sichtbar

Basis der Vorderflügel vorne mit dunklem Fleck

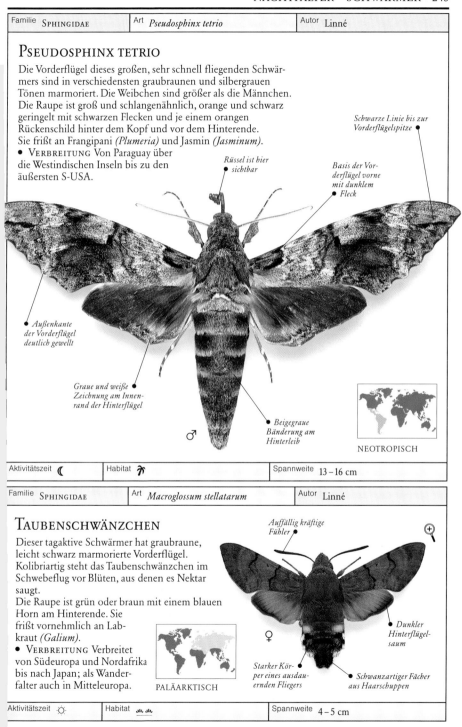

Außenkante der Vorderflügel deutlich gewellt

Graue und weiße Zeichnung am Innenrand der Hinterflügel

♂

Beigegraue Bänderung am Hinterleib

NEOTROPISCH

| Aktivitätszeit ☾ | Habitat 🌱 | Spannweite 13 – 16 cm |

| Familie SPHINGIDAE | Art *Macroglossum stellatarum* | Autor Linné |

TAUBENSCHWÄNZCHEN

Dieser tagaktive Schwärmer hat graubraune, leicht schwarz marmorierte Vorderflügel.
Kolibriartig steht das Taubenschwänzchen im Schwebeflug vor Blüten, aus denen es Nektar saugt.
Die Raupe ist grün oder braun mit einem blauen Horn am Hinterende. Sie frißt vornehmlich an Labkraut *(Galium)*.
• VERBREITUNG Verbreitet von Südeuropa und Nordafrika bis nach Japan; als Wanderfalter auch in Mitteleuropa.

Auffällig kräftige Fühler

⊕

♀

Dunkler Hinterflügelsaum

Starker Körper eines ausdauernden Fliegers

Schwanzartiger Fächer aus Haarschuppen

PALÄARKTISCH

| Aktivitätszeit ☀ | Habitat 🌿🌿 | Spannweite 4 – 5 cm |

Familie SPHINGIDAE	Art *Daphnis nerii*	Autor Linné

OLEANDERSCHWÄRMER

Mit seinen grün und rosarot marmorierten Vorderflügeln ist der Oleanderschwärmer wohl einer
der auffälligsten Schwärmer. Die Hinterflügel
sind allerdings fast einfarbig graubraun.
Der Rumpf ist ähnlich wie die Vorderflügel
gemustert, was dem
Falter im Blattwerk
eine gute Tarnung bie-
tet. In den Tropen fliegt
er das ganze Jahr über.
Die Raupe ist olivgrün mit
zwei großen blauen Augen-
flecken hinter dem Kopf.
Das Horn am Hinterende ist
gelb mit schwarzer Spitze. Sie frißt
an Oleander *(Nerium oleander)*,
Immergrün *(Vinca)* und Weinreben
(Vitis vinifera).
• VERBREITUNG Weit verbreitet in
Afrika und Südasien, wandert gelegentlich bis nach Mitteleuropa. Wurde auf
Hawaii nachgewiesen.

Stark gekrümmte Fühlerspitzen

AFROTROPISCH
INDO-AUSTRALISCH

*Flügel-
zeichnung
setzt sich
über den
Körper fort*

*Grünlichgraues
Wellenband quer über die
Mitte der Hinterflügel*

♀

Aktivitätszeit ☾	Habitat	Spannweite 8–12 cm

Familie SPHINGIDAE	Art *Euchloron megaera*	Autor Linné

EUCHLORON MEGAERA

Völlig abweichend von anderen Schwärmern
sind Körper und Vorderflügel dieser Art tiefgrün,
z. T. wolkig schattiert. Die Hinterflügel sind
orangegelb mit schwarzen und rostbraunen
Flecken am Hinter-
rand. Unterseits ist der
Falter in wechselnden
Anteilen grün und
rosarot oder rostbraun
gefärbt, zudem zieren
zwei silbrige Flecken
die Körperunterseite.
Die Raupe hat ein Schwanzhorn und ist tiefrosa mit
einem Augenfleck auf dem Körper hinter dem Kopf und zwei weißen Längsstreifen auf dem Rücken.
Sie frißt an Weinreben *(Vitis vinifera)*
und Jungfernreben *(Parthenocissus)*.
• VERBREITUNG Weit verbreitet in Afrika
südlich der Sahara, vom tropischen
W-Afrika bis nach Sambia und Natal.

*Dreieckige schwarze
Flecken*

AFROTROPISCH

*Schwarz-
weiße Zeich-
nung an der
Basis der
Vorderflügel*

♀

*Grauweißes
Schuppenfeld am
Hinterrand der
Hinterflügel*

Aktivitätszeit ☾	Habitat	Spannweite 7–12 cm

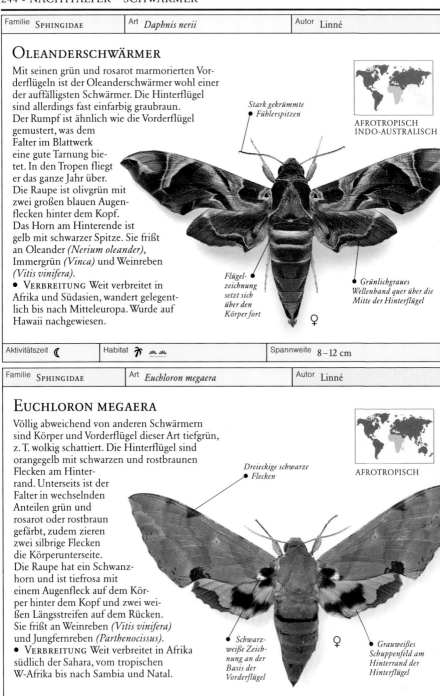

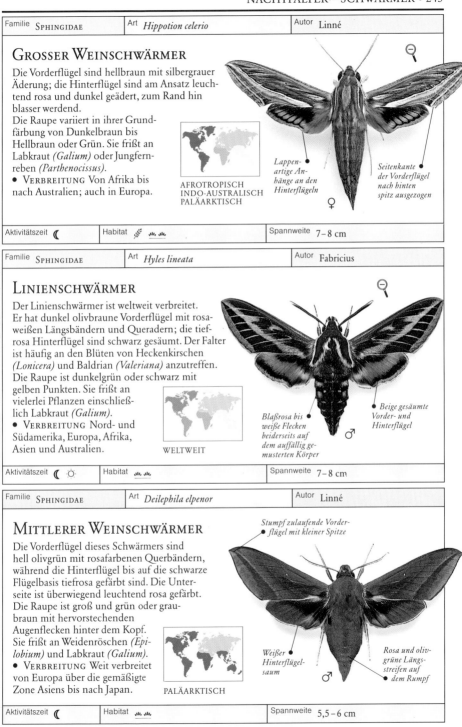

| Familie SPHINGIDAE | Art *Hippotion celerio* | Autor Linné |

GROSSER WEINSCHWÄRMER

Die Vorderflügel sind hellbraun mit silbergrauer Äderung; die Hinterflügel sind am Ansatz leuchtend rosa und dunkel geädert, zum Rand hin blasser werdend.
Die Raupe variiert in ihrer Grundfärbung von Dunkelbraun bis Hellbraun oder Grün. Sie frißt an Labkraut *(Galium)* oder Jungfernreben *(Parthenocissus)*.
• VERBREITUNG Von Afrika bis nach Australien; auch in Europa.

AFROTROPISCH
INDO-AUSTRALISCH
PALÄARKTISCH

Lappenartige Anhänge an den Hinterflügeln

Seitenkante der Vorderflügel nach hinten spitz ausgezogen

♀

| Aktivitätszeit ☾ | Habitat | Spannweite 7–8 cm |

| Familie SPHINGIDAE | Art *Hyles lineata* | Autor Fabricius |

LINIENSCHWÄRMER

Der Linienschwärmer ist weltweit verbreitet. Er hat dunkel olivbraune Vorderflügel mit rosaweißen Längsbändern und Queradern; die tiefrosa Hinterflügel sind schwarz gesäumt. Der Falter ist häufig an den Blüten von Heckenkirschen *(Lonicera)* und Baldrian *(Valeriana)* anzutreffen. Die Raupe ist dunkelgrün oder schwarz mit gelben Punkten. Sie frißt an vielerlei Pflanzen einschließlich Labkraut *(Galium)*.
• VERBREITUNG Nord- und Südamerika, Europa, Afrika, Asien und Australien.

WELTWEIT

Blaßrosa bis weiße Flecken beiderseits auf dem auffällig gemusterten Körper

Beige gesäumte Vorder- und Hinterflügel

♂

| Aktivitätszeit ☾ ☼ | Habitat | Spannweite 7–8 cm |

| Familie SPHINGIDAE | Art *Deilephila elpenor* | Autor Linné |

MITTLERER WEINSCHWÄRMER

Stumpf zulaufende Vorderflügel mit kleiner Spitze

Die Vorderflügel dieses Schwärmers sind hell olivgrün mit rosafarbenen Querbändern, während die Hinterflügel bis auf die schwarze Flügelbasis tiefrosa gefärbt sind. Die Unterseite ist überwiegend leuchtend rosa gefärbt. Die Raupe ist groß und grün oder graubraun mit hervorstechenden Augenflecken hinter dem Kopf. Sie frißt an Weidenröschen *(Epilobium)* und Labkraut *(Galium)*.
• VERBREITUNG Weit verbreitet von Europa über die gemäßigte Zone Asiens bis nach Japan.

PALÄARKTISCH

Weißer Hinterflügelsaum

Rosa und olivgrüne Längsstreifen auf dem Rumpf

♂

| Aktivitätszeit ☾ | Habitat | Spannweite 5,5–6 cm |

NOTODONTIDAE

D IE ZAHNSPINNER BILDEN eine große Familie mit mehr als 2 500 weltweit verbreiteten, meist kleinen bis mittelgroßen Arten. Sie alle zeichnen sich allgemein durch ziemlich lange Vorderflügel und einen schlanken Körper aus. Die Färbung ist überwiegend braun, grau oder grün, einige Arten sind auch leuchtender bunt gefärbt. Ein für viele Arten charakteristisches Merkmal ist ein auffälliges Schuppenbüschel etwa in der Mitte des hinteren Vorderflügelrandes. Bei zusammengefalteten Flügeln ragen diese Büschel wie ein spitzer Höcker in der Rückenmitte hervor und haben der Familie den Namen gegeben.

Die Raupen dieser Familie sind von großer Formenvielfalt: Es gibt dicht behaarte Raupen, die in gemeinsamen Nestern leben – wie die Raupen der Prozessionsspinner –, aber auch glatte Raupen mit Rückenhöckern oder geißelartigen Schwanzanhängen.

Familie NOTODONTIDAE	Art *Cerura vinula*	Autor Linné

GROSSER GABELSCHWANZ

Die weißen Vorderflügel dieser auffälligen Art sind bei beiden Geschlechtern mit grauschwarzen Zickzacklinien gezeichnet. Die Hinterflügel sind fast einfarbig, aber braungrau überlaufen mit dunkler Äderung. Die Falter fliegen im Frühjahr und Sommer. Die Raupe ist auffällig leuchtend grün gefärbt mit einem schwarzvioletten sattelförmigen Rückenfleck und zwei langen Schwanzanhängen. Bei Bedrohung stellt die Raupe diese Anhänge auf und streckt daraus dünne, geißelartige rosa Filamente hervor. Zudem verspritzt die Raupe Ameisensäure aus Wehrdrüsen am Hals. Sie frißt an verschiedenen Weiden (*Salix*) und Pappeln (*Populus*).
• VERBREITUNG Weit verbreitet von Europa bis nach Nordafrika und über die gemäßigten Regionen Asiens bis nach Japan.

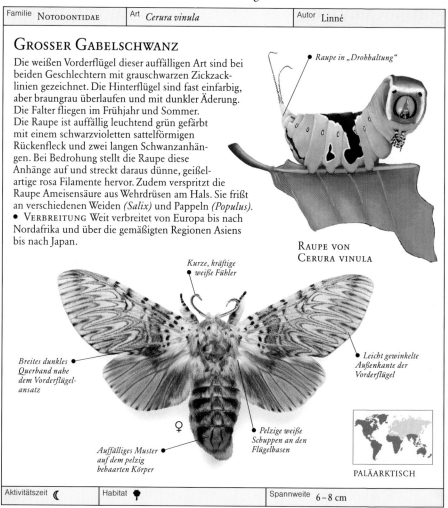

• *Raupe in „Drohhaltung"*

RAUPE VON
CERURA VINULA

Kurze, kräftige
• *weiße Fühler*

Breites dunkles •
Querband nahe
dem Vorderflügel-
ansatz

• *Leicht gewinkelte*
Außenkante der
Vorderflügel

♀

Auffälliges Muster •
auf dem pelzig
behaarten Körper

• *Pelzige weiße*
Schuppen an den
Flügelbasen

PALÄARKTISCH

Aktivitätszeit ☾	Habitat ♀	Spannweite 6–8 cm

Familie	NOTODONTIDAE	Art	*Chliara cresus*	Autor	Cramer

CHLIARA CRESUS

Die Familie der Zahnspinner ist in Südamerika zwar reich vertreten, über die einzelnen Arten ist jedoch wenig bekannt. Dieser schöne Nachtfalter gehört zu einer Gattung mit zehn beschriebenen Arten, die meisten mit metallisch graugrünen Flecken auf den Vorderflügeln. Die Vorderflügel dieser Art tragen ein Netzwerk dunkelbrauner Linien und scheinen mit goldbrauen Schuppen überstäubt zu sein. In der Flügelmitte und am Flügelansatz fallen Gruppen silbrig glänzender Punkte auf. Die Raupe dieser Art ist noch nicht beschrieben, und ihre Futterpflanzen sind unbekannt.
• VERBREITUNG Sehr häufig in den tropischen Regionen von Mittel- und Südamerika.

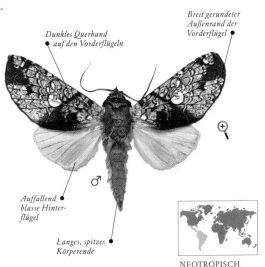

Dunkles Querband auf den Vorderflügeln

Breit gerundeter Außenrand der Vorderflügel

Auffallend blasse Hinterflügel

Langes, spitzes Körperende

♂

NEOTROPISCH

Aktivitätszeit ☾	Habitat 🌴	Spannweite 4,5 – 5,5 cm

Familie	NOTODONTIDAE	Art	*Danima banksiae*	Autor	Lewin

DANIMA BANKSIAE

Dieser Zahnspinner ist einer der auffälligsten Vertreter der Familie in Australien. Seine grauen Vorderflügel tragen ein schwarzes Muster. Die Hinterflügel des Weibchens sind glänzend graubraun, die des kleineren Männchens sind nahezu weiß. Der Körper ist lebhaft orangegelb. Die Art fliegt das ganze Jahr über, ist jedoch im Frühling besonders häufig.
Die Raupe ist glänzend rotbraun mit weißer Zeichnung und einem kurzen schwarzen Horn am Hinterende. Sie ist tagaktiv und frißt an *Banksia marginata* und *Hakea*. Aufgeschreckt, stellt sie ihr Vorderende in drohender Haltung auf. Die Verpuppung erfolgt in der Erde.
• VERBREITUNG Kommt überall in Australien vor.

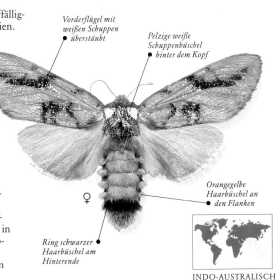

Vorderflügel mit weißen Schuppen überstäubt

Pelzige weiße Schuppenbüschel hinter dem Kopf

Orangegelbe Haarbüschel an den Flanken

Ring schwarzer Haarbüschel am Hinterende

♀

INDO-AUSTRALISCH

Aktivitätszeit ☾	Habitat 🌿🌿	Spannweite 6 – 8 cm

Familie NOTODONTIDAE	Art *Desmeocraera latex*	Autor Druce

DESMEOCRAERA LATEX

Diese Nachtfalterart tritt in vielen Farbvarianten auf; die Vorderflügel variieren von Braunoliv mit Beige bis hin zu Grasgrün. Die Hinterflügel sind bei beiden Geschlechtern glänzend hellbraun. Die Raupe ist braun mit weißen Streifen und dunklen Flecken an den Seiten. Sie frißt das Laub von Feigen *(Ficus)* und *Mimusops.*

• VERBREITUNG Von W-Afrika über Malawi und Angola bis nach Südafrika.

AFROTROPISCH

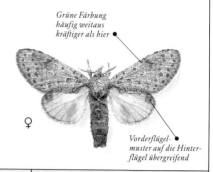

Grüne Färbung häufig weitaus kräftiger als hier

♀

Vorderflügelmuster auf die Hinterflügel übergreifend

Aktivitätszeit ☾	Habitat	Spannweite 4 – 6 cm

Familie NOTODONTIDAE	Art *Nerice bidentata*	Autor Walker

NERICE BIDENTATA

Eine charakteristische scharf abgesetzte schwarzbraune Kontur, gesäumt von einer feinen weißen Linie, zieht über beide Vorderflügel und den Vorderkörper hinweg und trennt die braune Vorderregion von der hellgrauen Hinterregion. Die Raupe hat eine Reihe dreieckiger lappiger Anhänge auf dem Rücken, die den Rändern von Ulmenblättern *(Ulmus)* ähneln, an denen sie frißt.

• VERBREITUNG Von S-Kanada bis in die USA.

NEARKTISCH

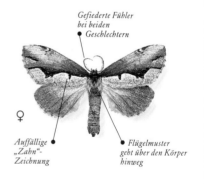

Gefiederte Fühler bei beiden Geschlechtern

♀

Auffällige „Zahn"- Zeichnung

Flügelmuster geht über den Körper hinweg

Aktivitätszeit ☾	Habitat	Spannweite 3 – 4 cm

Familie NOTODONTIDAE	Art *Notodonta dromedarius*	Autor Linné

ERLENZAHNSPINNER

Die Vorderflügel dieser Art sind gewöhnlich violett- und rostbraun gebändert; in nördlichen Regionen ist die Färbung häufig dunkler und grau überlaufen. Die Raupe ist unterschiedlich gefärbt, von Gelbgrün bis Rötlichbraun. Sie frißt an Birken *(Betula)*, Eichen *(Quercus)* und anderen Laubbäumen.

• VERBREITUNG Mittel- und Nordeuropa bis nach Skandinavien.

PALÄARKTISCH

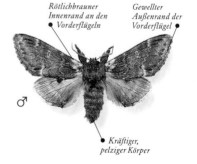

Rötlichbrauner Innenrand an den Vorderflügeln

Gewellter Außenrand der Vorderflügel

♂

Kräftiger, pelziger Körper

Aktivitätszeit ☾	Habitat	Spannweite 4 – 5 cm

Familie NOTODONTIDAE	Art *Oenosandra boisduvalii*	Autor Newman

OENOSANDRA BOISDUVALII

Neuerdings wird dieser auffällige Nachtfalter in eine eigene Familie, die Oenosandridae, gestellt. Die Männchen sind kleiner als die Weibchen und haben silbergraue Vorderflügel mit einem schwarz gesprenkelten Längsband. Die Raupe ist schwarz mit braunem Kopf und weißen Flecken auf dem Rücken. Sie frißt an Eukalyptus.
• VERBREITUNG Wald-regionen S-Australiens.

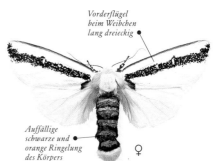

Vorderflügel beim Weibchen lang dreieckig •

Auffällige • schwarze und orange Ringelung des Körpers ♀

INDO-AUSTRALISCH

Aktivitätszeit ☾	Habitat ⚘	Spannweite 4 – 5 cm

Familie NOTODONTIDAE	Art *Schizura ipomoeae*	Autor Doubleday

SCHIZURA IPOMOEAE

Diese Art ist sehr variabel; auf graubraunem Grund ist sie entweder mit feinen dunklen Linien und Punkten gezeichnet oder breit schwarz bis dunkelbraun gesäumt und gebändert. Weibchen sind größer als Männchen. Die Raupe ist grün und braun. Sie frißt an Birken *(Betula)*, Rosen *(Rosa)* und anderen Pflanzen.
• VERBREITUNG Von den USA bis S-Kanada.

Helle drei-eckige Flecken am Außenrand der Vorderflügel

♂

Hell • gesäumter dunkler Fleck in der Vorderflügelmitte

NEARKTISCH ♀

Aktivitätszeit ☾	Habitat ⚘ ᠁ ᠁	Spannweite 4 – 5 cm

Familie NOTODONTIDAE	Art *Stauropus fagi*	Autor Linné

BUCHENSPINNER

Dieser große braune Falter hat lange, schmale Vorderflügel und runde, kleine Hinterflügel. Bei manchen Tieren ist die Grundfärbung auch dunkelgrau. Die Raupe hat ein verdicktes Hinterende und lange, dünne Brust-beine (s. Seite 14). Sie frißt an Buchen *(Fagus sylvatica)*.
• VERBREITUNG Von Europa über die gemä-ßigten Regionen Asiens bis nach Japan.

Auffällige Reihe schwarzer Punkte auf den Vorderflügeln •

♀

Pelzige Hinter-leibsspitze

Auffällig • heller Hinter-flügelsaum

PALÄARKTISCH

Aktivitätszeit ☾	Habitat ⚘	Spannweite 5,5 – 7 cm

Familie NOTODONTIDAE	Art *Clostera albosigma*	Autor Fitch

CLOSTERA ALBOSIGMA

Die blaßbraunen Vorderflügel dieser Art sind mit hellen und dunklen Linien gezeichnet und haben eine dunkel schokoladenbraune Spitze. Der lateinische Artname bezieht sich auf das sigmaförmige weiße Abzeichen auf dem Vorderflügel.
Die Raupe ist schwarz mit vier orangegelben Linien auf dem Rücken; sie ist mit feinen weißen Haaren bedeckt. Sie frißt an Pappeln *(Populus)*.
• VERBREITUNG Von S-Kanada bis in die USA.

NEARKTISCH

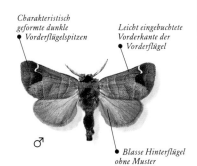

Charakteristisch geformte dunkle • *Vorderflügelspitzen*

Leicht eingebuchtete Vorderkante der • *Vorderflügel*

♂

Blasse Hinterflügel • *ohne Muster*

Aktivitätszeit ☾	Habitat ♥ ⠃⠃, ⠃⠃,	Spannweite 3–4 cm

Familie NOTODONTIDAE	Art *Datana ministra*	Autor Drury

DATANA MINISTRA

Dieser recht große Zahnspinner gehört zu einer Gruppe einander sehr ähnlicher Arten. Von seinen Verwandten ist er durch den auffällig gewellten dunkelbraunen Flügelsaum zu unterscheiden, der wie angesengt erscheint.
Die Raupe ist schwarz und gelb gestreift. Sie frißt an verschiedenen Laubbäumen, z. B. am Apfel *(Malus domestica)*.
• VERBREITUNG Überall in S-Kanada und den USA.

NEARKTISCH

Etwas dunkleres Querband • *in der Vorderflügelmitte*

♀

Dunklere Hinterleibsspitze

Auffällig gewellter Außenrand der Vorderflügel •

Aktivitätszeit ☾	Habitat ⚘ ♥	Spannweite 4–5 cm

Familie NOTODONTIDAE	Art *Phalera bucephala*	Autor Linné

MONDVOGEL

Dieser Zahnspinner ist ganz auffällig gezeichnet: Die graubraunen Vorderflügel sind schwarz und braun gesäumt und mit silbrigen Schuppen überstäubt. Der Trivialname bezieht sich auf die großen goldgelben Mondflecken an den Flügelspitzen.
Die Raupe ist orangegelb mit unterbrochenen schwarzen Längsbändern. Sie frißt an verschiedenen Laubbäumen und Sträuchern.
• VERBREITUNG Weit verbreitet in Europa und östlich bis nach Sibirien.

PALÄARKTISCH

• *Goldgelbe Mondflecken*

♀

Helle Hinterflügel in Ruhehaltung verborgen •

Wellige Zeichnung am Saum der Vorderflügel •

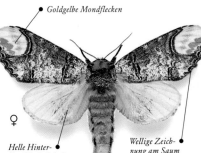

Aktivitätszeit ☾	Habitat ♥	Spannweite 5,5–7 cm

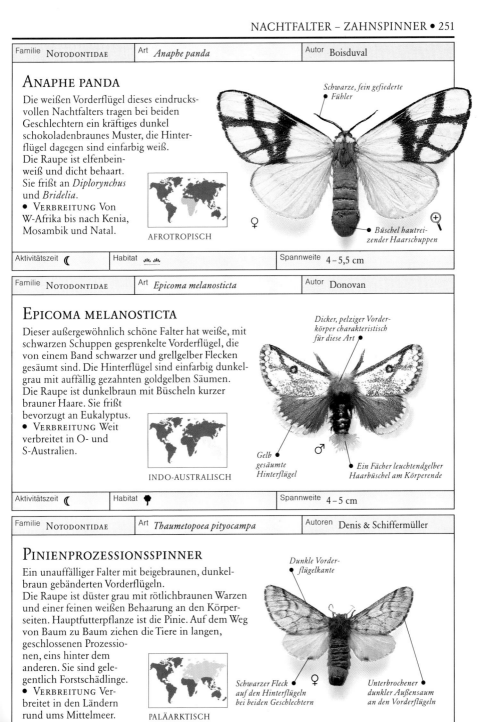

| Familie NOTODONTIDAE | Art *Anaphe panda* | Autor Boisduval |

ANAPHE PANDA

Die weißen Vorderflügel dieses eindrucks-
vollen Nachtfalters tragen bei beiden
Geschlechtern ein kräftiges dunkel
schokoladenbraunes Muster, die Hinter-
flügel dagegen sind einfarbig weiß.
Die Raupe ist elfenbein-
weiß und dicht behaart.
Sie frißt an *Diplorynchus*
und *Bridelia*.
• VERBREITUNG Von
W-Afrika bis nach Kenia,
Mosambik und Natal.

AFROTROPISCH

Schwarze, fein gefiederte
Fühler

♀

Büschel hautrei-
zender Haarschuppen

| Aktivitätszeit ☾ | Habitat ⸲⸲ ⸲⸲ | Spannweite 4 – 5,5 cm |

| Familie NOTODONTIDAE | Art *Epicoma melanosticta* | Autor Donovan |

EPICOMA MELANOSTICTA

Dieser außergewöhnlich schöne Falter hat weiße, mit
schwarzen Schuppen gesprenkelte Vorderflügel, die
von einem Band schwarzer und grellgelber Flecken
gesäumt sind. Die Hinterflügel sind einfarbig dunkelgrau mit auffällig gezahnten goldgelben Säumen.
Die Raupe ist dunkelbraun mit Büscheln kurzer
brauner Haare. Sie frißt
bevorzugt an Eukalyptus.
• VERBREITUNG Weit
verbreitet in O- und
S-Australien.

INDO-AUSTRALISCH

Dicker, pelziger Vorder-
körper charakteristisch
für diese Art

Gelb
gesäumte
Hinterflügel

♂

Ein Fächer leuchtendgelber
Haarbüschel am Körperende

| Aktivitätszeit ☾ | Habitat 🌳 | Spannweite 4 – 5 cm |

| Familie NOTODONTIDAE | Art *Thaumetopoea pityocampa* | Autoren Denis & Schiffermüller |

PINIENPROZESSIONSSPINNER

Ein unauffälliger Falter mit beigebraunen, dunkelbraun gebänderten Vorderflügeln.
Die Raupe ist düster grau mit rötlichbraunen Warzen
und einer feinen weißen Behaarung an den Körperseiten. Hauptfutterpflanze ist die Pinie. Auf dem Weg
von Baum zu Baum ziehen die Tiere in langen,
geschlossenen Prozessio-
nen, eins hinter dem
anderen. Sie sind gele-
gentlich Forstschädlinge.
• VERBREITUNG Ver-
breitet in den Ländern
rund ums Mittelmeer.

PALÄARKTISCH

Dunkle Vorder-
flügelkante

Schwarzer Fleck
auf den Hinterflügeln
bei beiden Geschlechtern

♀

Unterbrochener
dunkler Außensaum
an den Vorderflügeln

| Aktivitätszeit ☾ | Habitat 🌳 | Spannweite 4 – 5 cm |

NOCTUIDAE

DIESE FAMILIE IST mit weltweit über 25 000 Arten die größte Schmetterlingsfamilie. Alle Eulen, sehr kleine wie auch große Arten, zeichnen sich durch einen gedrungenen, pelzigen Körper und eine insgesamt kräftige Gestalt aus. Die meisten Eulenfalter sind nachtaktiv, daher ihr Name. Die Mehrzahl ist unauffällig braun oder grau, einzelne Arten können aber auch recht bunt sein und in ihrer Farbigkeit an Tagfalter erinnern. Besonders die Raupen zweier Gruppen dieser Familie können als Schädlinge auftreten. Die Raupen der Erdeulen fressen oft an Pflanzenwurzeln, -knollen oder -stengeln, während die der Gammaeulen und verwandter Arten gelegentlich in Massen auftreten und dann ganze Felder kahlfressen können. Die meisten Eulen verpuppen sich im Boden am Fuß der Futterpflanze.

Familie NOCTUIDAE	Art *Agrotis infusa*	Autor Boisduval

AGROTIS INFUSA

Die Vorderflügel sind düster braun bis schwarzgrau mit braunem Muster, die Hinterflügel sind heller graubraun gefärbt und deutlich geädert.
Die Raupe ist glatt und schwarz bis braungrün gefärbt und frißt an Pflanzenwurzeln und -stengeln. Bei Massenauftreten kann sie an Getreide und Gemüse beträchtlichen Schaden anrichten.
• VERBREITUNG Weit verbreitet in den gemäßigten Regionen S-Australiens.

INDO-AUSTRALISCH

Braune Flecken mit hellem Rand auf den Vorderflügeln

♀

Glänzend gelblich-weißer Hinterflügelsaum

Aktivitätszeit ☾	Habitat	Spannweite 3 – 5,5 cm

Familie NOCTUIDAE	Art *Agrotis ipsilon*	Autor Hufnagel

YPSILONEULE

Die Vorderflügel sind beige mit dunkelbrauner und schwarzer Zeichnung. Die Hinterflügel sind durchscheinend blaugrau und braun geädert.
Die Raupe ist glatt und dunkelviolett bis olivbraun mit grauen Streifen und Flecken. Sie frißt u. a. an Kartoffel *(Solanum)*, Tabak *(Nicotiana)*, Kohl *(Brassica)* und Baumwolle *(Gossypium)*. In vielen Gebieten ist sie als Nutzpflanzenschädling gefürchtet.
• VERBREITUNG Weltweit verbreitet in den gemäßigten Regionen Nord- und Südamerikas, Asiens, Australiens, Afrikas und Europas.

WELTWEIT

Schwarzes, U-förmiges Abzeichen, ähnlich dem griechischen Buchstaben Ypsilon

♂

Mit einer braunen Wellenlinie abgesetzter Hinterflügelrand

Aktivitätszeit ☾	Habitat	Spannweite 4 – 5,5 cm

Familie NOCTUIDAE	Art *Heliothis armigera*	Autor Hübner

HELIOTHIS ARMIGERA

Diese Art variiert in ihrer Grundfärbung von einem hellen Gelbbraun bis zu einem satten Rotbraun und trägt dunklere Linien, Bänder und Flecken. Die Hinterflügel sind durchscheinend graublau und schwarzbraun geädert mit breitem schwarzbraunem Saum. Die Raupe tritt in vielen Farbformen von Braun bis Grün mit gelblichweißen Streifen auf dem Rücken und an den Flanken auf; sie hat eine körnige Haut. Sie frißt an einer Vielzahl krautiger Pflanzen, auch an Kulturpflanzen wie Baumwolle *(Gossypium)*, Tomate *(Lycopersicon)* und Mais *(Zea mays)*, und kann beträchtliche Schäden anrichten.

Sehr effektive Tarnung

RAUPE VON HELIOTHIS ARMIGERA

Winzige schwarze Punkte am Außensaum der Vorderflügel

• VERBREITUNG
Verbreitet von S-Europa über Afrika, Asien bis Australien; wandert auch nach M- und NW-Europa.

♀

PALÄARKTISCH
AFROTROPISCH
INDO-AUSTRALISCH

Aktivitätszeit ☾	Habitat	Spannweite 3 – 4 cm

Familie NOCTUIDAE	Art *Noctua pronuba*	Autor Linné

HAUSMUTTER ODER BANDEULE

Beide Geschlechter dieses auffälligen Nachtfalters variieren stark in ihrer Färbung. Die Vorderflügel der Männchen sind mittel- bis schwarzbraun gefärbt und dunkel marmoriert, die der Weibchen mehr einfarbig rot- bis gelblich- oder graubraun. Bei beiden sind die Hinterflügel tiefgelb mit breitem schwarzem Saumband. Die Raupe variiert in der Färbung von Graubraun bis zu leuchtendem Grün, sie ist aber leicht zu erkennen an zwei Reihen kurzer schwarzer Längsstreifen auf dem Rücken. Sie frißt an Ampfer *(Rumex)*, Löwenzahn *(Taraxacum)* und Gräsern und kann geringe Schäden an Kulturpflanzen verursachen.

♂

Charakteristische schwarze Zeichnung auf den Vorderflügelspitzen

• VERBREITUNG Von Europa bis Nordafrika und W-Asien.

Charakteristische gelbe Hinterflügel

PALÄARKTISCH

Schwarzes Band auf den Hinterflügeln

♀

Aktivitätszeit ☾	Habitat	Spannweite 5 – 6 cm

| Familie NOCTUIDAE | Art *Peridroma saucia* | Autor Hübner |

PERIDROMA SAUCIA

Ein berüchtigter Pflanzenschädling mit heller oder dunkler beigefarbenen, variabel dunkelbraun gesprenkelten Vorderflügeln. Die Hinterflügel sind durchscheinend beigegrau, braun geädert und zum Rand hin braun überlaufen. Die Raupe ist plump und graubraun, auf dem Rücken purpurrot.

• VERBREITUNG Von Europa über die Türkei bis nach Indien; Nordafrika, Kanarische Inseln und Nordamerika.

HOLARKTISCH

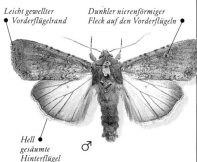

Leicht gewellter Vorderflügelrand

Dunkler nierenförmiger Fleck auf den Vorderflügeln

Hell gesäumte Hinterflügel

♂

| Aktivitätszeit ☾ | Habitat | Spannweite 4–5,5 cm |

| Familie NOCTUIDAE | Art *Cerapteryx graminis* | Autor Linné |

DREIZACK-GRASEULE

Diese auffällige Art verdankt ihren Namen der dreizackförmigen gelbweißen Zeichnung auf den braunen Vorderflügeln, die oft durch dunkelbraune Striche ergänzt wird. Der Falter besucht gern die Blüten von Disteln *(Cirsium)*.
Die Raupe ist glänzend bronzefarben mit drei hellbraunen Streifen; ihre Körperoberfläche ist runzelig. Sie frißt an verschiedenen Gräsern.

• VERBREITUNG Europa und die gemäßigten Zonen Asiens; auch in Nordamerika.

PALÄARKTISCH

Schwarzbraune Streifen am Außenrand der Vorderflügel

♂

Hell gesäumte Hinterflügel

⊕

| Aktivitätszeit ☾ ☼ | Habitat | Spannweite 2,5–3 cm |

| Familie NOCTUIDAE | Art *Mamestra brassicae* | Autor Linné |

KOHLEULE

Ein düster brauner Falter mit auffälligen weißen Flecken und Linien auf den Vorderflügeln. Die dunkel graubraunen Hinterflügel werden zur Basis hin blasser.
Die Raupe ist nach dem Schlüpfen zuerst grün, wird aber später braun mit einem breiten orangen Band auf jeder Seite. Wie der Name verrät, frißt die Raupe an Kohlarten *(Brassica)*, aber auch an vielerlei anderen Pflanzen.

• VERBREITUNG Europa und in Asien von Indien bis nach Japan.

PALÄARKTISCH

Feine weiße Zackenlinie parallel zum Außenrand

Nierenförmiger Fleck auf den Vorderflügeln

Schmaler heller Hinterflügelsaum

♀

⊕

| Aktivitätszeit ☾ | Habitat | Spannweite 3–5 cm |

Familie NOCTUIDAE	Art *Mythimna unipuncta*	Autor Haworth

MYTHIMNA UNIPUNCTA

Die Vorderflügel dieses zimtbraunen Falters haben einen kleinen weißen Fleck in der Mitte und sind fein dunkel gesprenkelt, manchmal zudem noch leicht orange überlaufen. Die Hinterflügel sind hellgrau mit brauner Äderung und nach außen zu dunkelbraun angelaufen.
Die Raupe ist graubraun mit einem orangen Band auf jeder Seite. Sie frißt an Gräsern.
• VERBREITUNG Nord- und Südamerika, europäischer Mittelmeerraum und Teile Afrikas.

HOLARKTISCH

Kurzer dunkler Strich auf den Vorderflügelspitzen

Silberweiß gesäumte Hinterflügel

♀

Aktivitätszeit ☾	Habitat	Spannweite 3 – 4 cm

Familie NOCTUIDAE	Art *Xanthopastis timais*	Autor Cramer

XANTHOPASTIS TIMAIS

Die in der Grundfärbung schmutzigweißen, rosa überhauchten und gelb, braun und schwarz gefleckten Vorderflügel machen die Art unverwechselbar. Trotz dieser recht farbigen Flügeloberseiten ist der Falter in Ruhehaltung erstaunlich gut getarnt.
Die Raupe ist graubraun mit weißen Punkten. Sie frißt an Feigen *(Ficus)* und Narzissen *(Narcissus)*.
• VERBREITUNG Vom tropischen Süd- und Mittelamerika bis in die USA.

NEOTROPISCH
NEARKTISCH

Zwei bumerangförmige schwarze Flecken auf jedem Vorderflügel

♀

Pelziger schwarzer Rumpf

Dunkel gesäumte Vorderflügel

Aktivitätszeit ☾	Habitat	Spannweite 4 – 4,5 cm

Familie NOCTUIDAE	Art *Cucullia convexipennis*	Autoren Grote & Robinson

CUCULLIA CONVEXIPENNIS

Diese Art gehört einer großen, unverwechselbaren Gruppe an, die wegen eines Haarschopfs hinter dem Kopf, der in Ruhehaltung wie eine Kapuze aussieht, im Deutschen „Mönche" genannt wird.
Die Raupe ist rot und schwarz gestreift. Sie frißt an den Blüten von Astern, Goldrute *(Solidago virgaurea)* und anderen krautigen Pflanzen.
• VERBREITUNG Weit verbreitet in den USA und vereinzelt bis nach S-Kanada.

NEARKTISCH

Dunkle Längsstreifen auf den Vorderflügeln

♀

Haarbüschelreihe auf dem Rücken

Alle Flügel hell gesäumt

Aktivitätszeit ☾	Habitat	Spannweite 4 – 5 cm

Familie NOCTUIDAE	Art *Xanthia togata*	Autor Esper

WEIDENGELBEULE

Diese recht auffällig gefärbte Eule hat goldgelb bis orangegelb gefärbte Vorderflügel mit einem breiten blaßroten oder rotvioletten Querband. Beide Geschlechter sind gleich gefärbt.

Die Raupe ist rotbraun oder braunviolett mit dunkler Sprenkelung. Sie frißt erst an Weidenkätzchen *(Salix)*, später an krautigen Pflanzen.

• VERBREITUNG In ganz Europa und den gemäßigten Regionen Asiens sowie in S-Kanada und den N-USA.

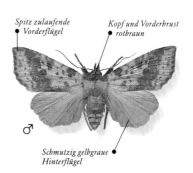

Spitz zulaufende Vorderflügel

Kopf und Vorderbrust rotbraun

♂

Schmutzig gelbgraue Hinterflügel

HOLARKTISCH

Aktivitätszeit ☾	Habitat	Spannweite 3 – 4 cm

Familie NOCTUIDAE	Art *Acronicta psi*	Autor Linné

PFEILEULE

Die Vorderflügel variieren von Grauweiß bis Dunkelgrau, tragen aber stets eine pfeilförmige Zeichnung am Hinterrand, die ihnen den Namen gab. Beide Geschlechter sind einander ähnlich, aber die Weibchen haben etwas dunklere Hinterflügel.

Die Raupe ist dunkel blaugrau mit einem breiten gelben Band auf dem Rücken und roten Punkten an den Seiten. Sie frißt an Laubbäumen.

• VERBREITUNG Von Europa bis Nordafrika und Z-Asien.

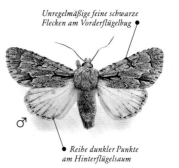

Unregelmäßige feine schwarze Flecken am Vorderflügelbug

♂

Reihe dunkler Punkte am Hinterflügelsaum

PALÄARKTISCH

Aktivitätszeit ☾	Habitat	Spannweite 3 – 4,5 cm

Familie NOCTUIDAE	Art *Amphipyra pyramidoides*	Autor Guenée

AMPHIPYRA PYRAMIDOIDES

Dieser hübsche Falter ist leicht an seinen kupferroten Hinterflügeln zu erkennen. Die Vorderflügel sind dunkelbraun mit wechselnder Zeichnung aus hellen und dunklen Bändern und Flecken. Beide Geschlechter sind einander ähnlich.

Die Raupe ist grün. Sie frißt an verschiedenen Laubbäumen und Sträuchern, z. B. Apfel *(Malus domestica)* und Weißdorn *(Crataegus)*.

• VERBREITUNG Von S-Kanada über die ganzen USA bis nach Mexiko.

Weißer Ringfleck in der Vorderflügelmitte

♂

Fein gewellte helle Hinterflügelsäume

NEARKTISCH

Aktivitätszeit ☾	Habitat	Spannweite 4 – 5 cm

Familie NOCTUIDAE	Art *Busseola fusca*	Autor Fuller

BUSSEOLA FUSCA

Dieser berüchtigte Schädling auf Mais *(Zea mays)* und Hirse *(Sorghum)* hat fast rechteckige rot- bis schwarzbraune Vorderflügel. Die Hinterflügel sind schimmernd graubraun bis beige. Beide Geschlechter sind gleich gefärbt. Die Raupe ist düster violett mit rotbraunem Kopf und graubraunen Flecken an den Seiten.

• VERBREITUNG In feuchten Savannen Afrikas südlich der Sahara, wo Getreide angebaut wird.

AFROTROPISCH

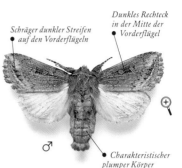

Schräger dunkler Streifen auf den Vorderflügeln

Dunkles Rechteck in der Mitte der Vorderflügel

♂

Charakteristischer plumper Körper

Aktivitätszeit ☾	Habitat	Spannweite 2,5 – 3 cm

Familie NOCTUIDAE	Art *Phlogophora iris*	Autor Guenée

PHLOGOPHORA IRIS

Dieser Falter ist an dem hübschen Streifen- und Bändermuster auf seinen oliv- und ockerfarbenen Vorderflügeln gut zu erkennen. Die Hinterflügel sind beige, am Außenrand dunkler getönt und rostbraun gesäumt. Vor allem die Vorderflügelränder sind tief gewellt. Die Raupe frißt an verschiedenen krautigen Pflanzen, z. B. Löwenzahn *(Taraxacum)* und Ampfer *(Rumex)*.

• VERBREITUNG Kommt in S- und Z-Kanada sowie den N-USA vor.

NEARKTISCH

Charakteristische „Kritzel"-Zeichnung auf den Vorderflügeln

♂

Tief gewellte Flügelränder

Aktivitätszeit ☾	Habitat	Spannweite 4 – 4,5 cm

Familie NOCTUIDAE	Art *Spodoptera litura*	Autor Fabricius

SPODOPTERA LITURA

Die graubraunen Vorderflügel dieses verbreiteten Schädlings tragen ein kompliziertes Muster aus hellen Linien und dunklen Flecken. Die viel helleren Hinterflügel sind durchscheinend silbergrau mit dunkler Äderung. Beide Geschlechter sind gleich gefärbt. Die Raupe ist olivgrün bis dunkelgrau mit feinen weißen Sprenkeln. Sie frißt an einer Vielzahl von Wild- und Kulturpflanzen.

• VERBREITUNG Von Indien über SO-Asien bis nach Australien.

INDO-AUSTRALISCH

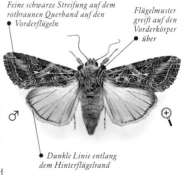

Feine schwarze Streifung auf dem rotbraunen Querband auf den Vorderflügeln

Flügelmuster greift auf den Vorderkörper über

♂

Dunkle Linie entlang dem Hinterflügelrand

Aktivitätszeit ☾	Habitat	Spannweite 3 – 4 cm

Familie NOCTUIDAE	Art *Spodoptera exigua*	Autor Hübner

SPODOPTERA EXIGUA

Diese beige und graubraun gefleckte Eule tritt vielerorts auf der Erde als berüchtigter Schädling auf. Die Hinterflügel sind durchscheinend perlmutterfarben mit dunkelbrauner Äderung. Die Raupe variiert in der Färbung von Grün bis Dunkelgrau mit schwarzer Zeichnung auf dem Rücken und einem rötlichbraunen Streifen auf den Flanken. Sie frißt an Mais *(Zea mays)* und Baumwolle *(Gossypium)*.

• VERBREITUNG Weltweit in tropischen wie in gemäßigten Regionen.

WELTWEIT

Graue Punkte am Vorderflügelbug

♂

Dunkelbraun gesäumte durchscheinende Hinterflügel

Aktivitätszeit ☾	Habitat	Spannweite 2,5 – 3 cm

Familie NOCTUIDAE	Art *Syntheta nigerrima*	Autor Guenée

SYNTHETA NIGERRIMA

Eine von zwei Arten einer auf Australien beschränkten Gattung. Der Falter ist dunkelbraun mit sattschwarzer Strichzeichnung auf den Vorderflügeln. Die Raupe ist grün mit zwei weißen Rückenflecken am Hinterende. Sie frißt an verschiedenen Wild- und Kulturpflanzen und kann zuweilen auf Kohlarten *(Brassica)*, Zuckerrübe *(Beta vulgaris)* und Mais *(Zea mays)* als Schädling auftreten.

• VERBREITUNG
Von S-Queensland bis nach SW-Australien und Tasmanien.

INDO-AUSTRALISCH

Der Vorderkörper ist in der Farbe der Vorderflügel dicht beschuppt

♀

Weiße Hinterflügelbasen

Leicht gewellte Flügelkanten

Aktivitätszeit ☾	Habitat	Spannweite 4 – 4,5 cm

Familie NOCTUIDAE	Art *Earias biplaga*	Autor Walker

EARIAS BIPLAGA

Eine hübsch gefärbte kleine Eule aus einer Gruppe von Eulenfaltern, die in Afrika und Asien verbreitet als Schädlinge an Baumwolle auftreten. Ihre Färbung ist sehr variabel, die Vorderflügel sind moosgrün bis gelbgrün, manchmal mit rotviolettem Anflug. Die Raupe ist klein, graubraun mit feiner weißer Bänderung und roten Flecken. Sie hat Stacheln auf dem Rücken und an den Seiten. Sie frißt an Baumwolle *(Gossypium)* und verwandten Pflanzen.

• VERBREITUNG Weit verbreitet in Afrika südlich der Sahara.

AFROTROPISCH

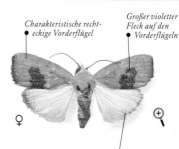

Charakteristische rechteckige Vorderflügel

Großer violetter Fleck auf den Vorderflügeln

♀

⊕

Charakteristischer rotbrauner Hinterflügelsaum

Aktivitätszeit ☾	Habitat	Spannweite 2 – 2,5 cm

Familie NOCTUIDAE	Art *Pseudoips fagana*	Autor Fabricius

KLEINER KAHNSPINNER ODER JÄGERHÜTCHEN

Erkennungsmerkmal dieses Falters sind die drei – bei einer Farbvariante nur zwei – silbrigweißen Querbänder auf den sonst sattgrünen Vorderflügeln. Die Vorderflügelsäume sind manchmal kräftig rot. Die Hinterflügel sind blaß gelbgrün mit weißem Ansatz beim Männchen, beim Weibchen reinweiß. Die Raupe ist dick und grün mit gelblichweißen Punkten, Flecken und Rückenstreifen. Die Nachschieber hinten sind sehr lang und rot gestreift. Sie frißt an einer Vielzahl von Laubbäumen, bevorzugt an Eichen *(Quercus)* und Buchen *(Fagus sylvatica)*.
• VERBREITUNG Weit verbreitet von Europa über die gemäßigten Regionen Asiens bis nach Sibirien und Japan.

Dünne rosarote Fühler bei beiden Geschlechtern

♂

Hinterflügel mit einem rosaroten Anflug

♀

Reinweiße Hinterflügel

PALÄARKTISCH

Aktivitätszeit ☾	Habitat 🌳	Spannweite 3 – 4 cm

Familie NOCTUIDAE	Art *Achaea janata*	Autor Linné

ACHAEA JANATA

Die hellbraunen Vorderflügel dieses großen Eulenfalters können ein sehr unterschiedliches Muster aus Bändern und feinen Zickzacklinien in verschiedenen Brauntönen tragen, aber die tiefbraun und weiß gefärbten Hinterflügel machen diese Art unverwechselbar. Die Raupe ist lang und schlank, entweder schwarz mit feinen orangeroten unterbrochenen Linien oder hell rotbraun mit dunklen Bändern oder auch heller gesprenkelt. Sie bewegt sich fast wie eine Spannerraupe. Sie frißt an Rizinus *(Ricinus communis)*, *Vigna ungiculata*, Paprika *(Capsicum annuum)*, Rosen *(Rosa)* und anderen Pflanzen.
• VERBREITUNG Kommt von Indien bis nach Taiwan, Australien und Neuseeland vor.

Typische Haltung der Raupe

RAUPE VON ACHAEA JANATA

Je zwei kleine dunkle Punkte auf den Vorderflügeln sind ein sicheres Erkennungsmerkmal

♂

Weiße Flecken am Hinterflügelrand

INDO-AUSTRALISCH

Untersetzter Körper eines ausdauernden Fliegers

Aktivitätszeit ☾	Habitat 🌾	Spannweite 5,5 – 6 cm

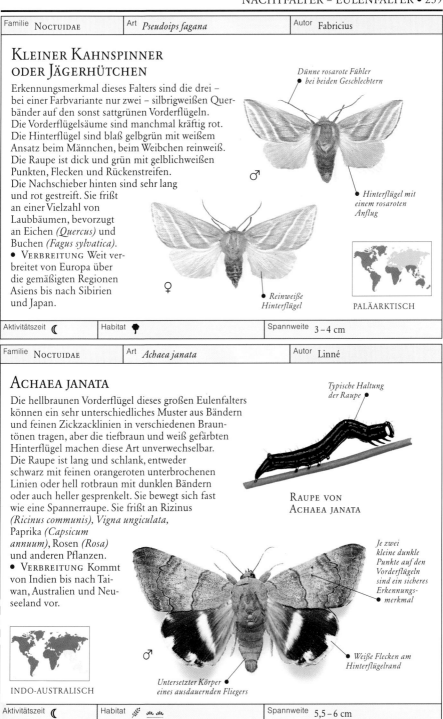

Familie NOCTUIDAE	Art *Catocala fraxini*	Autor Linné

BLAUES ORDENSBAND

Die Vorderflügel dieses stattlichen Falters tragen ein Tarnmuster aus Grauweiß und dunklem Graubraun. Die Hinterflügel sind schwarzbraun mit einem charakteristischen bogenförmigen tiefblauen Querband. Beide Geschlechter sind gleich gefärbt.

Die Raupe ist lang und grau mit brauner Fleckung. Auf einem Zweig ist sie gut getarnt. Sie frißt an Esche *(Fraxinus excelsior)* und Espe *(Populus tremula).*

• VERBREITUNG Weit verbreitet in Mittel- und Nordeuropa und über die gemäßigten Zonen Asiens bis nach Japan. Früher auch auf den Britischen Inseln heimisch, jetzt dort nur als gelegentlicher Wanderer.

Sehr dünne Fühler •

PALÄARKTISCH

♀

Aktivitätszeit ☾	Habitat ⚲	Spannweite 7,5 – 9,5 cm

Familie NOCTUIDAE	Art *Catocala ilia*	Autor Cramer

CATOCALA ILIA

Dies ist eine von vielen nordameri-kanischen Eulenarten mit roten Hin-terflügeln. Die Vorderflügel tragen variabel gemusterte Tarntrachten von dunkel graubraun gefleckt bis fast schwarz. Die karminroten Hinterflügel tragen je zwei breite, unregelmäßige dunkle Querbänder. Beide Geschlechter sind gleich gefärbt. Die Falter sind vom Sommer bis in den Herbst anzutreffen.

Die Raupe ist lang und grau mit einer auffällig rauhen Haut. So ist sie gut getarnt, wenn sie sich an einen Zweig preßt. Sie frißt an Eichen *(Quercus).*

• VERBREITUNG Einer der häufigsten und am weitesten ver-breiteten Vertreter dieser Familie in Nordamerika, von S-Kanada bis nach Florida. Von den ähnlichen europäischen Arten ist das Rote Ordensband *(Catocala nupta)* bei uns die häufigste.

Tarnmuster auf den Vorder- • *flügeln*

Heller, manchmal weißer Fleck in der Mitte der Vorderflügel •

♂

Charakteristische • *Einbuchtung innen an den Hinterflügeln*

Kräftiger • *Körper*

NEARKTISCH

Aktivitätszeit ☾	Habitat ⚲	Spannweite 7 – 8 cm

Familie NOCTUIDAE	Art *Grammodes stolida*	Autor Fabricius

GRAMMODES STOLIDA

Die Vorderflügel sind kontrastreich braun, weiß und beige gebändert, die Hinterflügel sind überwiegend eintönig braun mit einem weißen Querband und braunweiß geschecktem Saum. Beide Geschlechter sind gleich gefärbt.

Die Raupe frißt an Eichen *(Quercus)*, Himbeere und Brombeere *(Rubus)*, Jujube *(Zizyphus jujuba)* und anderen Laubbäumen und Sträuchern.

• VERBREITUNG Vom Mittelmeerraum über Afrika, Indien bis SO-Asien.

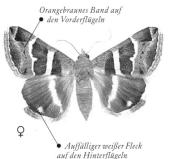

Orangebraunes Band auf den Vorderflügeln

♀

Auffälliger weißer Fleck auf den Hinterflügeln

PALÄARKTISCH
AFROTROPISCH
INDO-AUSTRALISCH

Aktivitätszeit ☾	Habitat ⚘ ⊥⊥ ⊥⊥	Spannweite 2,5 – 4 cm

Familie NOCTUIDAE	Art *Chrysodeixis subsidens*	Autor Walker

CHRYSODEIXIS SUBSIDENS

Die Vorderflügel sind rotbraun mit graubraunen Bändern und auffälliger weißer Zeichnung. Die Hinterflügel sind graubraun, an der Basis heller werdend. Beide Geschlechter sind gleich gefärbt.

Die Raupe ähnelt Spannerraupen und tritt als Schädling an Feld- und Treibhauspflanzen auf.

• VERBREITUNG In O- und SO-Australien und Z-Queensland; kommt auch in Papua-Neuguinea und auf zwei weiteren Inseln, Neukaledonien und Fidschi, vor.

Auffällige silberweiße Linie auf den Vorderflügeln

♀

Hellbrauner Saum

INDO-AUSTRALISCH

Aktivitätszeit ☾	Habitat ⚘ ⊥⊥ ⊥⊥	Spannweite 2,5 – 4 cm

Familie NOCTUIDAE	Art *Autographa gamma*	Autor Linné

GAMMAEULE

Die graubraune Marmorierung der Vorderflügel variiert stark. Die Hinterflügel sind graubraun, zur Basis hin heller. Beide Geschlechter sind in der Färbung gleich.

Die Raupe ist hell gelbgrau bis blaugrün mit einem feinen weißen Linienmuster. Sie frißt an einer Vielzahl von Pflanzen, z. B. Klee *(Trifolium)* und Salat *(Lactuca sativa)*.

• VERBREITUNG Die Art ist weit verbreitet in Südeuropa, Nordafrika und W-Asien, wandert jedoch jedes Jahr nach Norden bis zum Polarkreis.

Gammaförmige Zeichnung gab der Art den Namen

♀

Gewellter Hinterflügelrand

PALÄARKTISCH

Aktivitätszeit ☾ ☼	Habitat ⊥⊥ ⊥⊥	Spannweite 3 – 5 cm

Familie NOCTUIDAE	Art Trichoplusia ni	Autor Hübner

TRICHOPLUSIA NI

Die Vorderflügel sind braun gefleckt mit einem auffälligen weißen U und einem weißen Fleck in der Flügelmitte. Die Hinterflügel sind dunkel graubraun, zum Ansatz hin etwas heller.
Die Raupe ist grün mit weißen Streifen und Flecken. Sie frißt an Kohl *(Brassica)*, Mais *(Zea mays)* und anderen Pflanzen.
• VERBREITUNG Weit verbreitet in Südeuropa, Nordafrika und allen gemäßigten Regionen der Nordhalbkugel.

HOLARKTISCH

Unregelmäßiges helles Querband am Außenrand der Vorderflügel

♂

Hinterflügel mit dunklen Flecken im hellen Saum

Aktivitätszeit ☾	Habitat 🌿 ⚘ ⚘	Spannweite 3 – 4 cm

Familie NOCTUIDAE	Art Hypena proboscidalis	Autor Linné

NESSELSCHNABELEULE

Ihren Namen hat diese Art von den langen Kiefertastern, die wie ein Schnabel nach vorn ragen. Die braunen Vorderflügel haben geschwungene Ränder und lang ausgezogene Spitzen. Die großen runden Hinterflügel sind graubraun. Beide Geschlechter sind gleich gefärbt.
Die Raupe ist lang und dünn, grün mit gelben Ringen und hellen Linien auf Rücken und Seiten. Sie frißt an Brennesseln.
• VERBREITUNG In ganz Europa bis in die gemäßigten Regionen Asiens.

PALÄARKTISCH

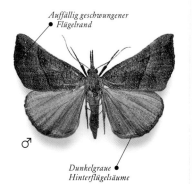

Auffällig geschwungener Flügelrand

♂

Dunkelgraue Hinterflügelsäume

Aktivitätszeit ◐ ☾	Habitat	Spannweite 4 – 4,5 cm

Familie NOCTUIDAE	Art Aedia leucomelas	Autor Linné

AEDIA LEUCOMELAS

Die Falter dieser Art sind leicht erkennbar an ihren auffällig gefärbten Hinterflügeln: am Ansatz reinweiß, außen tiefbraun mit einigen weißen Flecken an der Außenkante. Die Vorderflügel sind dunkelbraun marmoriert, manchmal mit sparsamer weißer Zeichnung.
Die Raupe ist blaugrau mit orangegelben Streifen. Sie frißt an Süßkartoffel *(Ipoemoea batatas)* und Knorpellattich *(Chondrilla juncea)*.
• VERBREITUNG Weit verbreitet in der indo-australischen Region und in Teilen Südeuropas.

INDO-AUSTRALISCH
PALÄARKTISCH

Vorderflügel am Außenrand leicht gewellt

♂

⊕

Auffällig gefärbte Hinterflügel

Aktivitätszeit ☾	Habitat	Spannweite 3 – 4 cm

Familie NOCTUIDAE	Art *Alabama argillacea*	Autor Hübner

BAUMWOLLEULE

Die Vorderflügel dieses Nachtfalters variieren von Blaßrosa bis zu schmutzigem Olivbraun. Mit seinem kräftigen Rüssel kann der Falter die Schale von Früchten durchstechen und so zum Schädling in Obstplantagen werden. Die Raupe ist gelblichgrün mit weißen Linien auf dem Rücken. Sie frißt an Baumwolle *(Gossypium)* und richtet in Kulturen erheblichen Schaden an.

• VERBREITUNG Vom tropischen Süd- und Mittelamerika bis ins gemäßigte Kanada.

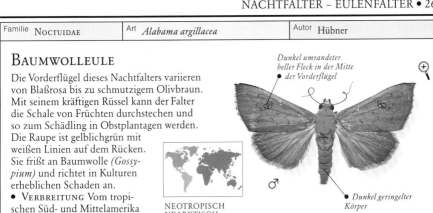

Dunkel umrandeter heller Fleck in der Mitte der Vorderflügel

Dunkel geringelter Körper

NEOTROPISCH
NEARKTISCH

Aktivitätszeit ☾	Habitat	Spannweite 3 – 4 cm

Familie NOCTUIDAE	Art *Ascalapha odorata*	Autor Linné

ASCALAPHA ODORATA

Dieser Falter – eine der größten Eulen – hat spitz ausgezogene Vorderflügel und nahezu quadratische Hinterflügel. Die Vorderflügel haben je einen dunklen kommaförmigen Fleck nahe der Vorderkante, und die Hinterflügel tragen große, unregelmäßige Augenflecken. Der Körper ist pelzig behaart. Bei Weibchen läuft ein blaß rotviolettes Band über Vorder- und Hinterflügel. Die Raupe ist dunkelbraun, zum Hinterende hin etwas heller. Sie frißt an *Cassia* und verwandten Pflanzen.

• VERBREITUNG Tropische Regionen von Mittel- und Südamerika, auch in Kalifornien und anderen Teilen der S-USA.

NEOTROPISCH
NEARKTISCH

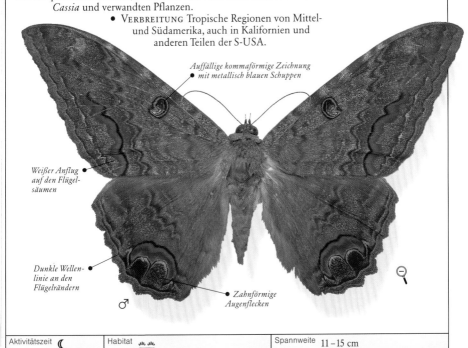

Auffällige kommaförmige Zeichnung mit metallisch blauen Schuppen

Weißer Anflug auf den Flügelsäumen

Dunkle Wellenlinie an den Flügelrändern

Zahnförmige Augenflecken

Aktivitätszeit ☾	Habitat	Spannweite 11 – 15 cm

| Familie NOCTUIDAE | Art *Calyptra eustrigata* | Autor Hampson |

VAMPIREULE

Diese Art gehört einer Gruppe von Eulen an, die mit ihrem Rüssel Früchte anstechen und deren Saft saugen können. Die Vampireule vermag sogar die Haut von Säugetieren mit ihrem Rüssel zu durchbohren und saugt deren Blut, z. B. bei Rindern und Rehen. Die Raupe ist nicht beschrieben.

• VERBREITUNG
Kommt von Indien und Sri Lanka bis nach Malaysia vor.

INDO-AUSTRALISCH

Vorderflügel mit deutlicher Spitze

♂

Hinterrand der Vorderflügel mit charakteristischen Haarbüscheln

| Aktivitätszeit ☾ | Habitat 🦌 ⟋⟍ ⟋⟍ | Spannweite 3 – 4 cm |

| Familie NOCTUIDAE | Art *Scoliopteryx libatrix* | Autor Linné |

ZIMTEULE

Die sehr auffällig geformten Vorderflügel dieses Falters sind rotbraun bis braunviolett, nach innen zu leuchtend orange.
Die Raupe ist lang und dünn und samtgrün mit zwei feinen gelben Linien auf dem Rücken. Sie frißt an Weiden *(Salix)* und Pappeln *(Populus)*.

• VERBREITUNG
Europa bis Nordafrika und über die gemäßigte Zone Asiens bis nach Japan; auch in Nordamerika.

HOLARKTISCH

Charakteristischer leuchtendweißer Punkt am Vorderflügelansatz

Gefiederte Fühler beim Männchen

Außenrand der Vorderflügel gezackt

♂

| Aktivitätszeit ☾ | Habitat 🌿 ⟋⟍ ⟋⟍ | Spannweite 4 – 5 cm |

| Familie NOCTUIDAE | Art *Diphthera festiva* | Autor Fabricius |

DIPHTHERA FESTIVA

Dieser Falter ist unverkennbar mit seiner metallisch blaugrauen „Hieroglyphen"-Zeichnung auf den gelben Vorderflügeln und drei Reihen blaugrauer Flecken an deren Außenrand.
Die Raupe ist schieferblau bis grünlichgrau mit schwarzen Streifen. Sie frißt das Laub von Süßkartoffeln *(Ipomoea batatas)*.

• VERBREITUNG
Tropisches Süd- und Mittelamerika, auch in den S-USA (Texas und Florida).

NEOTROPISCH

Metallisch blaue Längslinien auf dem Vorderkörper

Auffällig abgesetzter schwarzer Kopf

Hinterflügel mit hellgelbem Saum

♀

| Aktivitätszeit ☾ | Habitat 🌱 🦌 ⟋⟍ ⟋⟍ | Spannweite 4 – 5 cm |

| Familie NOCTUIDAE | Art Othreis fullonia | Autor Clerck |

OTHREIS FULLONIA

Die Hinterflügel dieses großen Falters sind leuchtend orange oder orangegelb mit schwarzer Zeichnung. Die Raupe ist lang; sie variiert in der Färbung von Grün bis Schwarz und hat auffällige Augenflecken auf dem Körper.

• VERBREITUNG
Vom tropischen Afrika über SO-Asien bis nach Australien.

AFROTROPISCH
INDO-AUSTRALISCH

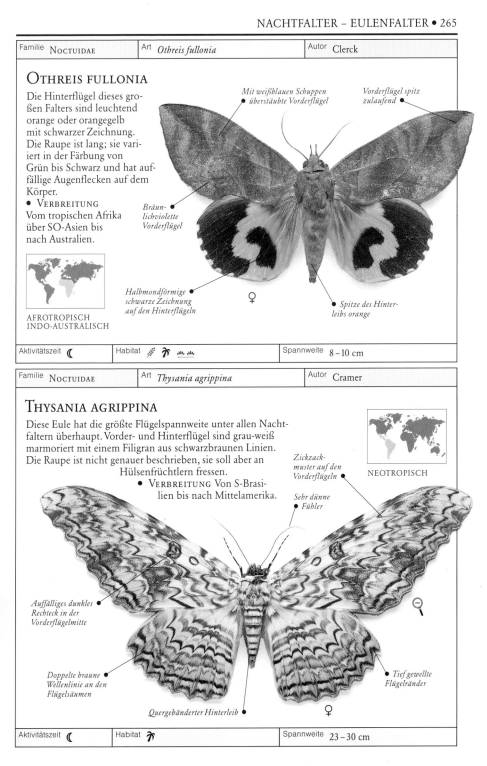

Mit weißblauen Schuppen überstäubte Vorderflügel

Vorderflügel spitz zulaufend

Bräunlichviolette Vorderflügel

Halbmondförmige schwarze Zeichnung auf den Hinterflügeln

♀

Spitze des Hinterleibs orange

| Aktivitätszeit ☾ | Habitat | Spannweite 8 – 10 cm |

| Familie NOCTUIDAE | Art Thysania agrippina | Autor Cramer |

THYSANIA AGRIPPINA

Diese Eule hat die größte Flügelspannweite unter allen Nachtfaltern überhaupt. Vorder- und Hinterflügel sind grau-weiß marmoriert mit einem Filigran aus schwarzbraunen Linien. Die Raupe ist nicht genauer beschrieben, sie soll aber an Hülsenfrüchtlern fressen.

• VERBREITUNG Von S-Brasilien bis nach Mittelamerika.

NEOTROPISCH

Zickzackmuster auf den Vorderflügeln

Sehr dünne Fühler

Auffälliges dunkles Rechteck in der Vorderflügelmitte

Doppelte braune Wellenlinie an den Flügelsäumen

Quergebänderter Hinterleib

Tief gewellte Flügelränder

♀

| Aktivitätszeit ☾ | Habitat | Spannweite 23 – 30 cm |

AGARISTIDAE

D IESE RELATIV kleine Nachtfalterfamilie ist mit ungefähr 300 Arten in allen tropischen Regenwaldgebieten der Erde vertreten. In ihrer Gestalt ähneln sie sehr den Noctuidae, von denen sie sich aber durch die typische Form der Fühler unterscheiden, die zur Spitze hin dicker werden.

Die meisten Agaristidae sind tagaktiv; sie fliegen ausdauernd und schnell.

Viele Arten sind leuchtend gefärbt, und auch ihre Raupen scheinen von Räubern gemieden zu werden; vermutlich sind sie für Vögel ungenießbar.

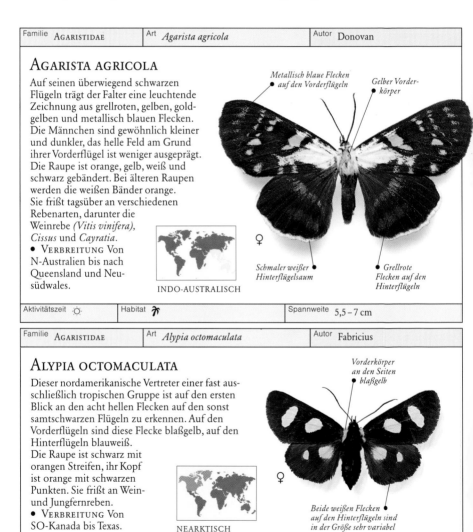

Familie AGARISTIDAE	Art *Agarista agricola*	Autor Donovan

AGARISTA AGRICOLA

Auf seinen überwiegend schwarzen Flügeln trägt der Falter eine leuchtende Zeichnung aus grellroten, gelben, goldgelben und metallisch blauen Flecken. Die Männchen sind gewöhnlich kleiner und dunkler, das helle Feld am Grund ihrer Vorderflügel ist weniger ausgeprägt. Die Raupe ist orange, gelb, weiß und schwarz gebändert. Bei älteren Raupen werden die weißen Bänder orange. Sie frißt tagsüber an verschiedenen Rebenarten, darunter die Weinrebe *(Vitis vinifera)*, *Cissus* und *Cayratia*.
• VERBREITUNG Von N-Australien bis nach Queensland und Neusüdwales.

INDO-AUSTRALISCH

Metallisch blaue Flecken auf den Vorderflügeln
Gelber Vorderkörper
♀
Schmaler weißer Hinterflügelsaum
Grellrote Flecken auf den Hinterflügeln

Aktivitätszeit ☀	Habitat 🌲	Spannweite 5,5 – 7 cm

Familie AGARISTIDAE	Art *Alypia octomaculata*	Autor Fabricius

ALYPIA OCTOMACULATA

Dieser nordamerikanische Vertreter einer fast ausschließlich tropischen Gruppe ist auf den ersten Blick an den acht hellen Flecken auf den sonst samtschwarzen Flügeln zu erkennen. Auf den Vorderflügeln sind diese Flecke blaßgelb, auf den Hinterflügeln blauweiß. Die Raupe ist schwarz mit orangen Streifen, ihr Kopf ist orange mit schwarzen Punkten. Sie frißt an Wein- und Jungfernreben.
• VERBREITUNG Von SO-Kanada bis Texas.

NEARKTISCH

Vorderkörper an den Seiten blaßgelb
♀
Beide weißen Flecken auf den Hinterflügeln sind in der Größe sehr variabel

Aktivitätszeit ☀	Habitat 🌾 ⚬⚬	Spannweite 3 – 4 cm

LYMANTRIIDAE

DIE TRÄG- ODER SCHADSPINNER sind mit etwa 2 500 Arten weltweit verbreitet, jedoch mit einem Schwerpunkt in den afrikanischen Tropen. Sie ähneln den Noctuidae, sind jedoch am Vorderkörper stärker pelzig behaart als diese. Mit Ausnahme weniger recht farbenfreudiger tropischer Arten sind sie unauffällig blaß oder düster gefärbt. Die Weibchen einiger Arten haben stark reduzierte Flügel und können nicht mehr fliegen. Wie bei einigen anderen Schmetterlingsfamilien ist der Saugrüssel bei den Lymantriidae zurückgebildet; die Falter können also keine Nahrung mehr aufnehmen.

Die Raupen sind behaart, oft mit segmental angeordneten Haarbüscheln, und zuweilen leuchtend gefärbt. Die Haare vieler dieser Raupen verursachen Hautreizungen und Ausschläge. Einige Arten dieser Familie sind gefürchtete Schädlinge.

Familie LYMANTRIIDAE	Art *Lymantria dispar*	Autor Linné

SCHWAMMSPINNER

Beide Geschlechter sind ganz verschieden gefärbt. Männchen sind dunkel braungrau mit fast schwarzer Zeichnung auf den Vorderflügeln und dunkelgrau gesäumten Hinterflügeln. Die Weibchen dagegen sind weißgrau, fast weiß, mit einigen auffälligen dunkel graubraunen Flecken und Wellenlinien auf den Vorderflügeln. Die Falter trifft man den ganzen Sommer über an. Während die Männchen tagaktiv sind, fliegen die trägen Weibchen kaum und entfernen sich in der Regel nur wenig von ihrem Schlupfort.
Die Raupe ist blaugrau mit roten und blauen behaarten Warzen auf dem Rücken. Sie zeigt eine Vorliebe für Eichen *(Quercus)*, frißt aber auch an vielen anderen Bäumen und Sträuchern. Sie kann, zuweilen in Massen auftretend, erhebliche Schäden anrichten und manchmal ganze Waldgebiete entlauben. Pro Jahr gibt es eine Generation.
• VERBREITUNG Aus seiner Heimat Europa und den gemäßigten Regionen Asiens wurde der Falter im 19. Jh. zur Seidenproduktion in die USA eingeführt. Durch Tiere, die aus Zuchten entkommen sind, hat sich die Art rasch über ganz Nordamerika ausgebreitet und wurde ein gefürchteter Schädling.

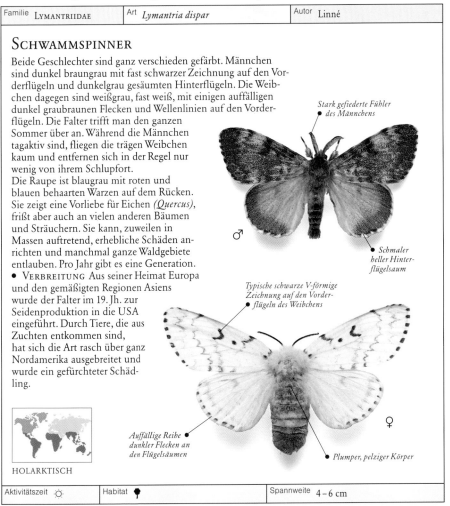

Stark gefiederte Fühler des Männchens

♂

Schmaler heller Hinterflügelsaum

Typische schwarze V-förmige Zeichnung auf den Vorderflügeln des Weibchens

Auffällige Reihe dunkler Flecken an den Flügelsäumen

♀

Plumper, pelziger Körper

HOLARKTISCH

Aktivitätszeit ☼	Habitat ♠	Spannweite 4 – 6 cm

Familie LYMANTRIIDAE	Art *Calliteara pudibunda*	Autor Linné

ROTSCHWANZ ODER STRECKFUSS

Die Männchen dieser kräftigen Art haben graubraune Vorderflügel mit einem dunkleren breiten Querband. Die helleren Hinterflügel tragen einen braunen Streifen. Die größeren Weibchen sind fast weiß mit zarter brauner Zeichnung.

Die Raupe ist behaart, gelb oder blaßgrün mit schwarzen Querstreifen zwischen den Segmenten und einem roten Haarbüschel am Hinterende (Name!). Sie frißt an Laubbäumen.

• VERBREITUNG Weit verbreitet in Europa und über die gemäßigten Regionen Asiens bis nach Japan.

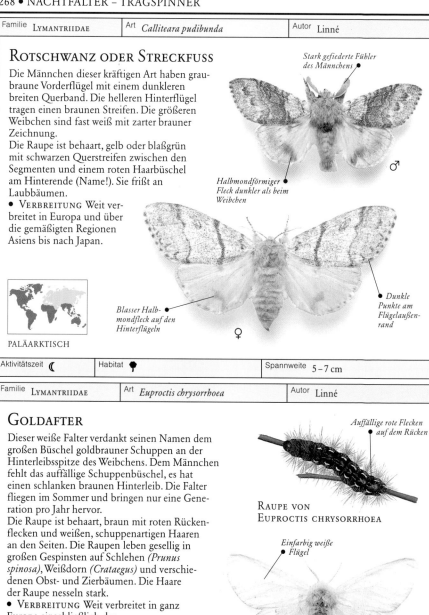

Stark gefiederte Fühler des Männchens
Halbmondförmiger Fleck dunkler als beim Weibchen
♂

Blasser Halbmondfleck auf den Hinterflügeln
Dunkle Punkte am Flügelaußenrand
♀

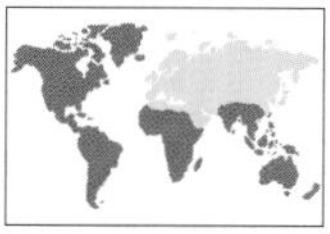

PALÄARKTISCH

Aktivitätszeit ☾	Habitat	Spannweite 5–7 cm

Familie LYMANTRIIDAE	Art *Euproctis chrysorrhoea*	Autor Linné

GOLDAFTER

Dieser weiße Falter verdankt seinen Namen dem großen Büschel goldbrauner Schuppen an der Hinterleibsspitze des Weibchens. Dem Männchen fehlt das auffällige Schuppenbüschel, es hat einen schlanken braunen Hinterleib. Die Falter fliegen im Sommer und bringen nur eine Generation pro Jahr hervor.

Die Raupe ist behaart, braun mit roten Rückenflecken und weißen, schuppenartigen Haaren an den Seiten. Die Raupen leben gesellig in großen Gespinsten auf Schlehen *(Prunus spinosa)*, Weißdorn *(Crataegus)* und verschiedenen Obst- und Zierbäumen. Die Haare der Raupe nesseln stark.

• VERBREITUNG Weit verbreitet in ganz Europa einschließlich der Britischen Inseln, Nordafrika und auf den Kanarischen Inseln; in Nordamerika eingeschleppt, jedoch heute vornehmlich auf die NO-Küste beschränkt.

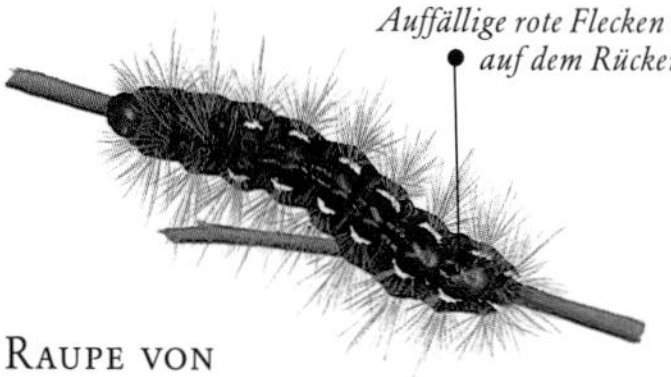
Auffällige rote Flecken auf dem Rücken

RAUPE VON EUPROCTIS CHRYSORRHOEA

Einfarbig weiße Flügel
♀
Büschel nesselnder Haare, die bei Eiablage eine schützende Hülle um die Eier bilden

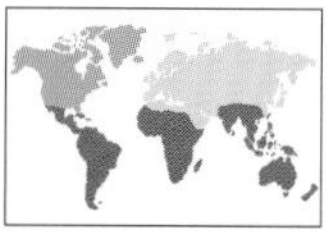

HOLARKTISCH

Aktivitätszeit ☾	Habitat	Spannweite 3–4,5 cm

| Familie LYMANTRIIDAE | Art *Euproctis edwardsii* | Autor Newman |

EUPROCTIS EDWARDSII

Ein pelziger, plumper Falter, unscheinbar graubraun mit spärlich beschuppten Vorderflügeln
und etwas dunkleren gelbbraunen Hinterflügeln.
Die Raupe ist behaart und rostbraun mit einem
weißen Rückenband. Die Raupenhaare rufen
starke Hautreize hervor. Sie
frißt an Misteln der Gattung
Amyema.
• VERBREITUNG Australien,
von Queensland und Neu-
südwales bis nach Victoria und
Südaustralien.

INDO-AUSTRALISCH

*Stark gefiederte
Fühler*

*Haarschuppen an der Hinter-
leibsspitze schützen die Eier*

♀

| Aktivitätszeit ☾ | Habitat ♥ | Spannweite 4 – 5,7 cm |

| Familie LYMANTRIIDAE | Art *Dasychira pyrosoma* | Autor Hampson |

DASYCHIRA PYROSOMA

Dieser Vertreter einer großen Gattung ist fast
schneeweiß; beim Männchen ist eine Querstreifung auf den Vorderflügeln kaum erkennbar,
beim ansonsten ähnlichen Weibchen ist sie etwas
deutlicher. Der Hinterleib ist leuchtend orange
und weiß geringelt und besitzt am Ende ein
weißes Haarbüschel.
Die Raupe ist unbekannt. Ihre
Futterpflanzen sind *Faurea*,
Parinari und *Protea*.
• VERBREITUNG Von Sim-
babwe bis Transvaal und Natal.

AFROTROPISCH

Schneeweiße Vorderflügel

♂

*Auf die leuchtend
orangerote Ringelung weist der wissenschaftliche Name hin: Feuerkörper*

| Aktivitätszeit ☾ | Habitat 〰〰 | Spannweite 4 – 5 cm |

| Familie LYMANTRIIDAE | Art *Euproctis hemicyclia* | Autor Collenette |

EUPROCTIS HEMICYCLIA

Eine von zahlreichen Arten einer südostasia-
tischen Formengruppe, denen das gelbe und
braune Flügelmuster gemeinsam ist. Schwarze
Punkte in den gelben Vorderflügelspitzen
kennzeichnen diese Art.
Die Raupe ist unbekannt. Viele Arten der Gruppe
fressen an tropischen Obst-
bäumen, Kakaobäumen *(Theobroma cacao)*, Wandelröschen
(Lantana), Akazien und anderen Nutz- und Zierbäumen.
• VERBREITUNG In den tropischen Wäldern Sumatras.

INDO-AUSTRALISCH

*Auffälliger gelber
Kopf*

♀

*Typisches Haarbüschel
am Körperende*

| Aktivitätszeit ☾ | Habitat 🦅 | Spannweite 3 – 4,5 cm |

Familie LYMANTRIIDAE	Art *Orygia leucostigma*	Autor Smith

ORYGIA LEUCOSTIGMA

Die Männchen dieser Art sind dunkel graubraun mit dunklen und hellen Querbändern auf den Vorderflügeln; die flügellosen Weibchen sind hellgrau.
Die Raupe ist bräunlichgelb mit langen federartigen Büscheln schwarzer und weißer Haare an Kopf und Hinterende. Sie frißt an Laubbäumen und Nadelbäumen und kann in Forsten zum Schädling werden.
• VERBREITUNG In weiten Teilen Nordamerikas.

NEARKTISCH

Auffälliger schwarzer Streifen nahe der Flügelaußenkante

♂

Kleiner weißer Fleck auf den Vorderflügeln

Aktivitätszeit ☾	Habitat ♟	Spannweite 2,5–4 cm

Familie LYMANTRIIDAE	Art *Leptocneria reducta*	Autor Walker

LEPTOCNERIA REDUCTA

Dieser beigefarbene bis hellbraune Falter mit spärlicher brauner Flügelzeichnung ist eine von zwei Arten einer auf Australien beschränkten Gattung. Artkennzeichen ist eine Reihe brauner Punkte an den Flügelaußenkanten. Die Hinterflügel des Männchens sind durchscheinend hellbeige mit einem hellbraunen Fleck nahe der Vorderkante.
Die Raupe ist behaart und frißt an Zedrachbaum *(Melia azedarach)* und anderen Bäumen in dicht besiedelten Gebieten.
• VERBREITUNG Von N-Queensland bis S-Neusüdwales.

Reihe angedeuteter dunkler Punkte entlang dem Vorderflügelrand

♂

INDO-AUSTRALISCH

Typischer dunkler Fleck auf den Hinterflügeln

Aktivitätszeit ☾	Habitat ♟ ⚏ ⚏	Spannweite 3–7 cm

Familie LYMANTRIIDAE	Art *Aroa discalis*	Autor Walker

AROA DISCALIS

Die Geschlechter dieses Falters sind völlig verschieden gefärbt: Die Männchen sind dunkel rotbraun mit großen helleren Flecken auf den Vorderflügeln und breiten orangen Bändern auf den Hinterflügeln. Die Weibchen sind viel heller, fast gelborange mit braunen Streifen auf den Vorderflügeln. Der Körper ist orange und schwarz geringelt.
Die Raupe ist behaart und dunkelbraun, sie frißt an verschiedenen Gräsern.
• VERBREITUNG Von Kenia und Zaire bis nach Angola, Mosambik und Südafrika.

Reihe schwarzer Punkte am Außenrand der Vorderflügel, besonders beim Weibchen

♂

⊕

AFROTROPISCH

Orange und schwarz gestreifte Hinterflügel

Aktivitätszeit ☾ ☼	Habitat ⚏ ⚏	Spannweite 3–4 cm

Familie LYMANTRIIDAE	Art *Lymantria monacha*	Autor Linné

NONNE

Weiße Vorderflügel mit zahlreichen querverlaufenden schwarzen Zickzacklinien und einfarbig graubraune Hinterflügel mit schwarzweiß gescheckten Außensäumen sind die Kennzeichen dieses Falters. Die Weibchen sind größer und haben längere Vorderflügel. Die Raupe ist behaart und grau mit schwarzen Flecken und Bändern auf dem Rücken. Sie frißt an Nadel- und Laubbäumen.

• VERBREITUNG Weit verbreitet von Europa bis nach Japan.

Männchen hat gefiederte Fühler

PALÄARKTISCH

♂

Schwarzgebänderter rosafarbener Hinterleib

Aktivitätszeit ☾	Habitat ♥	Spannweite 4–5 cm

Familie LYMANTRIIDAE	Art *Teia anartoides*	Autor Walker

TEIA ANARTOIDES

Männchen dieses Nachtfalters haben charakteristisch orangegelbe Innenflächen der Hinterflügel. Die Vorderflügel sind unregelmäßig braun und schwarz gebändert. Die Raupe ist behaart, hat einen rotbraunen Kopf und vier lange Borstenbüschel auf dem Rücken. Sie frißt an verschiedenen Laubbäumen und Sträuchern und kann in Obstplantagen zum Schädling werden.

• VERBREITUNG In Australien von Queensland bis nach Südaustralien und Tasmanien.

Auffällige braune Flügelzeichnung

INDO-AUSTRALISCH

♂

⊕

Leuchtend orange Hinterflügelflecken

Aktivitätszeit ☾	Habitat ♥	Spannweite 2,5–3 cm

Familie LYMANTRIIDAE	Art *Orgyia antiqua*	Autor Linné

SCHLEHENSPINNER ODER BÜRSTENBINDER

Die Männchen dieser Art sind kenntlich an ihren tief rotbraunen Vorderflügeln; die Weibchen sind fast flügellos und flugunfähig. Die Raupe ist behaart und dunkelgrau mit roten Punkten. Auf dem Rücken trägt sie vier Büschel gelber oder hellbrauner Borsten, die bei Berührung Hautreizungen hervorrufen können. Sie frißt an verschiedenen Bäumen und Büschen.

• VERBREITUNG Weit verbreitet in Europa, den gemäßigten Zonen Asiens, Sibirien und den USA.

Halbmondförmiger weißer Fleck

HOLARKTISCH

♂

⊕

Feine Fransen am Hinterflügelrand

Aktivitätszeit ☼	Habitat ♥	Spannweite 2–3 cm

Familie LYMANTRIIDAE	Art *Palasea albimacula*	Autor Wallengren

PALASEA ALBIMACULA

Typisches Artmerkmal dieses Falters ist ein un-regelmäßiges durchscheinendes Querband etwa in der Mitte des Vorderflügels. Die Hinterflügel sind durchscheinend gelblichbraun mit brauner Äderung.
Die Raupe ist behaart und orangebraun mit dunklerem Rücken und einem schwarzen Seitenstreifen. Sie frißt an *Commiphora*.
• VERBREITUNG Von Angola, Simbabwe und Mosambik bis Transvaal, Natal und zur Kap-provinz.

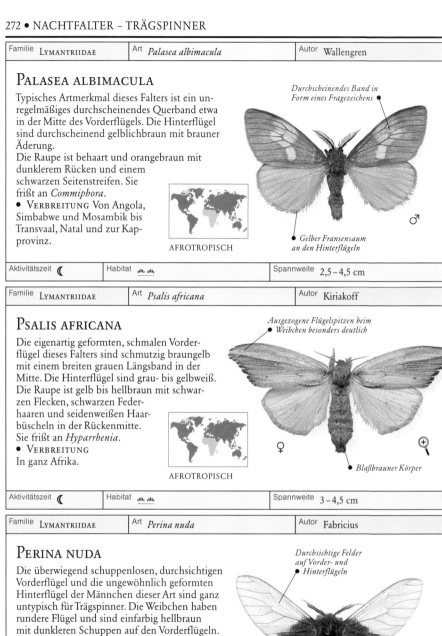

Durchscheinendes Band in Form eines Fragezeichens

♂

AFROTROPISCH

Gelber Fransensaum an den Hinterflügeln

Aktivitätszeit ☾	Habitat	Spannweite 2,5 – 4,5 cm

Familie LYMANTRIIDAE	Art *Psalis africana*	Autor Kiriakoff

PSALIS AFRICANA

Die eigenartig geformten, schmalen Vorder-flügel dieses Falters sind schmutzig braungelb mit einem breiten grauen Längsband in der Mitte. Die Hinterflügel sind grau- bis gelbweiß. Die Raupe ist gelb bis hellbraun mit schwar-zen Flecken, schwarzen Feder-haaren und seidenweißen Haar-büscheln in der Rückenmitte. Sie frißt an *Hyparrhenia*.
• VERBREITUNG
In ganz Afrika.

Ausgezogene Flügelspitzen beim Weibchen besonders deutlich

♀

⊕

AFROTROPISCH

Blaßbrauner Körper

Aktivitätszeit ☾	Habitat	Spannweite 3 – 4,5 cm

Familie LYMANTRIIDAE	Art *Perina nuda*	Autor Fabricius

PERINA NUDA

Die überwiegend schuppenlosen, durchsichtigen Vorderflügel und die ungewöhnlich geformten Hinterflügel der Männchen dieser Art sind ganz untypisch für Trägspinner. Die Weibchen haben rundere Flügel und sind einfarbig hellbraun mit dunkleren Schuppen auf den Vorderflügeln. Die Raupe hat zwei dichte schwarze Haarbüschel auf dem Rücken und grauschwarze Haarbüschel an den Seiten. Sie frißt an Feigen *(Ficus)*.
• VERBREITUNG Von Indien bis Birma, China und Taiwan.

Durchsichtige Felder auf Vorder- und Hinterflügeln

♂

INDO-AUSTRALISCH

Leuchtend hellrotes Haar-büschel am Körperende

Aktivitätszeit ☾	Habitat	Spannweite 3 – 4,5 cm

ARCTIIDAE

M IT WEIT ÜBER 10 000 Arten sind die weltweit verbreiteten Bärenspinner eine der größten Schmetterlingsfamilien. Ihren Verbreitungsschwerpunkt haben sie in den Tropen. Viele Arten tragen kontrastreiche Streifen- und Netzmuster in leuchtenden Warnfarben. Solche Arten sind teils selbst ungenießbar für Vögel, teils imitieren sie auch nur ungenießbare Arten. Die Arctiidae sind in der Mehrzahl mittelgroße Falter mit großen Flügeln und kräftigen Körpern, nur Arten der Unterfamilie Lithosiinae sind in der Regel kleiner und schlanker mit zarten Flügeln.

Die Raupen vieler Arctiidae fressen an Giftpflanzen, speichern deren Gifte im Körper und erlangen so Schutz vor Räubern. Viele Arten sind dicht mit langen Haaren bedeckt und haben der Familie ihren volkstümlichen Namen gegeben.

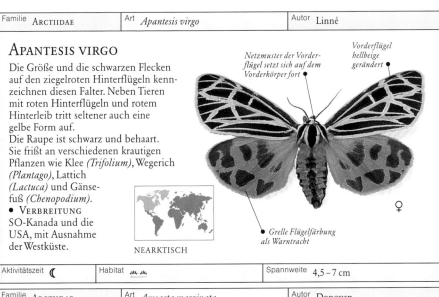

Familie ARCTIIDAE	Art *Apantesis virgo*	Autor Linné

APANTESIS VIRGO

Die Größe und die schwarzen Flecken auf den ziegelroten Hinterflügeln kennzeichnen diesen Falter. Neben Tieren mit roten Hinterflügeln und rotem Hinterleib tritt seltener auch eine gelbe Form auf.
Die Raupe ist schwarz und behaart. Sie frißt an verschiedenen krautigen Pflanzen wie Klee *(Trifolium)*, Wegerich *(Plantago)*, Lattich *(Lactuca)* und Gänsefuß *(Chenopodium)*.
• VERBREITUNG SO-Kanada und die USA, mit Ausnahme der Westküste.

NEARKTISCH

Netzmuster der Vorderflügel setzt sich auf dem Vorderkörper fort •
Vorderflügel hellbeige gerändert •
• *Grelle Flügelfärbung als Warntracht*
♀

Aktivitätszeit ☾	Habitat ᴬᴸᴸ ᴬᴸᴸ	Spannweite 4,5 – 7 cm

Familie ARCTIIDAE	Art *Amsacta marginata*	Autor Donovan

AMSACTA MARGINATA

Ein überaus graziös erscheinender Falter, der in seiner Färbung sehr variabel ist. Falter aus Nordaustralien haben weniger braune Flecken, während Tiere aus dem Süden oft große tiefbraune Flecken auf rosaweißem Flügelgrund tragen.
Die Raupe ist schwarz mit langen Haarbüscheln. Sie frißt an *Arctotheca calendula* und anderen Pflanzen.
• VERBREITUNG Von NW- bis S-Australien.

INDO-AUSTRALISCH

Charakteristische rote Vorderkante der Vorderflügel •
⊕
♂
Schwarz gebänderter Hinterkörper •
Lange, schmale Vorderflügel mit deutlicher Spitze •

Aktivitätszeit ☾	Habitat ⚘ ᴬᴸᴸ ᴬᴸᴸ	Spannweite 4 – 4,5 cm

Familie ARCTIIDAE	Art *Arctia caja*	Autor Linné

BRAUNER BÄR

Mit seinem weißen Netzmuster auf den tiefbraunen Vorderflügeln und den unregelmäßigen bläulichschwarzen Flecken auf den ziegelroten Hinterflügeln einer der auffallendsten und zudem häufigsten Nachtfalter in Europa. Die Zeichnung auf Vorder- und Hinterflügeln ist sehr variabel. Seltener tritt auch eine gelbe Form auf.

Die Raupe ist schwarz und wollig behaart mit rostroten Haaren an den ersten Körpersegmenten und auf der Unterseite. Sie frißt an vielen krautigen Pflanzen und Büschen.

• VERBREITUNG In ganz Europa und über die gemäßigten Regionen Asiens bis nach Japan häufig, seltener in Kanada und den N-USA.

HOLARKTISCH

RAUPE VON ARCTIA CAJA

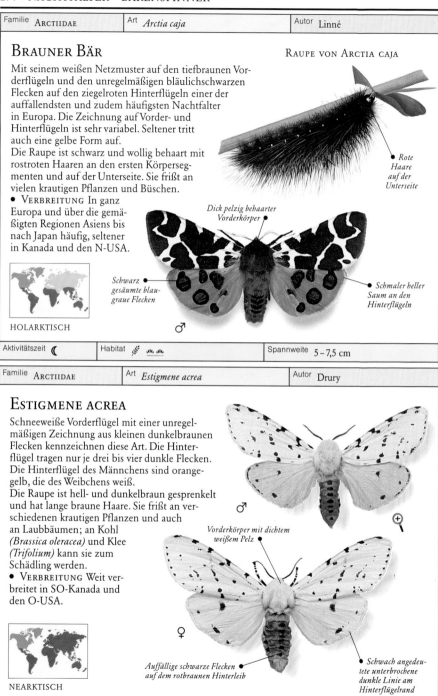

Rote Haare auf der Unterseite

Dick pelzig behaarter Vorderkörper

Schwarz gesäumte blaugraue Flecken

Schmaler heller Saum an den Hinterflügeln

♂

Aktivitätszeit ☾	Habitat	Spannweite 5–7,5 cm

Familie ARCTIIDAE	Art *Estigmene acrea*	Autor Drury

ESTIGMENE ACREA

Schneeweiße Vorderflügel mit einer unregelmäßigen Zeichnung aus kleinen dunkelbraunen Flecken kennzeichnen diese Art. Die Hinterflügel tragen nur je drei bis vier dunkle Flecken. Die Hinterflügel des Männchens sind orangegelb, die des Weibchens weiß.

Die Raupe ist hell- und dunkelbraun gesprenkelt und hat lange braune Haare. Sie frißt an verschiedenen krautigen Pflanzen und auch an Laubbäumen; an Kohl *(Brassica oleracea)* und Klee *(Trifolium)* kann sie zum Schädling werden.

• VERBREITUNG Weit verbreitet in SO-Kanada und den O-USA.

NEARKTISCH

♂

Vorderkörper mit dichtem weißem Pelz

♀

Auffällige schwarze Flecken auf dem rotbraunen Hinterleib

Schwach angedeutete unterbrochene dunkle Linie am Hinterflügelrand

Aktivitätszeit ☾	Habitat	Spannweite 4,5–7 cm

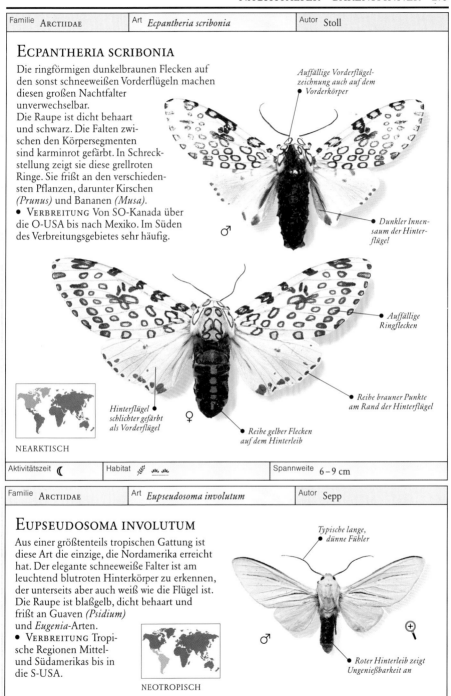

Familie ARCTIIDAE	Art *Ecpantheria scribonia*	Autor Stoll

ECPANTHERIA SCRIBONIA

Die ringförmigen dunkelbraunen Flecken auf den sonst schneeweißen Vorderflügeln machen diesen großen Nachtfalter unverwechselbar.
Die Raupe ist dicht behaart und schwarz. Die Falten zwischen den Körpersegmenten sind karminrot gefärbt. In Schreckstellung zeigt sie diese grellroten Ringe. Sie frißt an den verschiedensten Pflanzen, darunter Kirschen *(Prunus)* und Bananen *(Musa)*.
• VERBREITUNG Von SO-Kanada über die O-USA bis nach Mexiko. Im Süden des Verbreitungsgebietes sehr häufig.

Auffällige Vorderflügel-zeichnung auch auf dem Vorderkörper

Dunkler Innen-saum der Hinter-flügel

♂

♀

Auffällige Ringflecken

Reihe brauner Punkte am Rand der Hinterflügel

Hinterflügel schlichter gefärbt als Vorderflügel

Reihe gelber Flecken auf dem Hinterleib

NEARKTISCH

Aktivitätszeit ☾	Habitat	Spannweite 6 – 9 cm

Familie ARCTIIDAE	Art *Eupseudosoma involutum*	Autor Sepp

EUPSEUDOSOMA INVOLUTUM

Aus einer größtenteils tropischen Gattung ist diese Art die einzige, die Nordamerika erreicht hat. Der elegante schneeweiße Falter ist am leuchtend blutroten Hinterkörper zu erkennen, der unterseits aber auch weiß wie die Flügel ist. Die Raupe ist blaßgelb, dicht behaart und frißt an Guaven *(Psidium)* und *Eugenia*-Arten.
• VERBREITUNG Tropische Regionen Mittel- und Südamerikas bis in die S-USA.

Typische lange, dünne Fühler

♂

⊕

Roter Hinterleib zeigt Ungenießbarkeit an

NEOTROPISCH

Aktivitätszeit ☾	Habitat	Spannweite 3 – 4 cm

Familie	Art	Autor
ARCTIIDAE	*Hyphantria cunea*	Drury

AMERIKANISCHER WEBEBÄR

Neben der reinweißen Form dieses Falters treten solche mit braunen und schwarzen Flecken auf Vorder- und Hinterflügeln auf.
Die Raupe ist grün mit schwarzen Punkten und dicht bedeckt mit langen weißen Haaren.
Sie frißt an verschiedenen Laubbäumen und Sträuchern.

- VERBREITUNG In S-Kanada und den USA; auch eingeschleppt in Mitteleuropa und Japan.

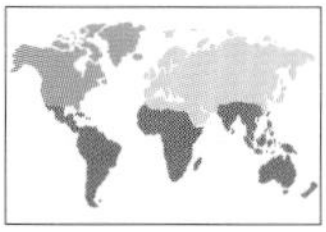

HOLARKTISCH

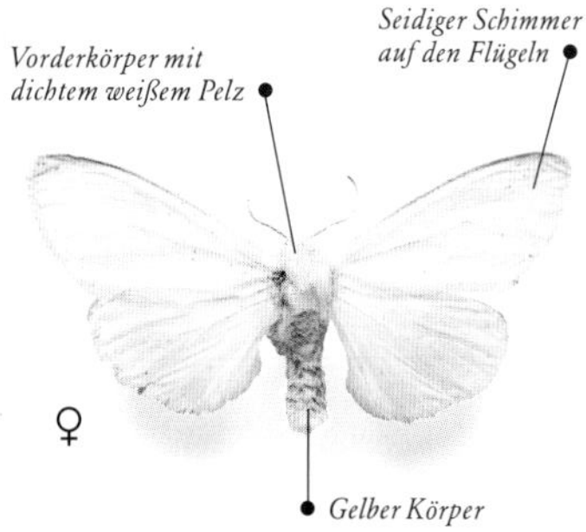
Vorderkörper mit dichtem weißem Pelz
Seidiger Schimmer auf den Flügeln
♀
Gelber Körper

Aktivitätszeit	Habitat	Spannweite
☾	🌳	2,5 – 4 cm

Familie	Art	Autor
ARCTIIDAE	*Lophocampa caryae*	Harris

LOPHOCAMPA CARYAE

Die glänzend goldbraun schimmernden Vorderflügel des Falters tragen ein auffälliges Muster aus schuppenfreien durchscheinenden Flecken.
Die Raupe ist hellgrau und trägt auf dem Rücken vereinzelte schwarze Haarbüschel.
Sie frißt an Hickory *(Carya)*, Walnuß *(Juglans)* und anderen Laubbäumen.

- VERBREITUNG Von S-Kanada über die USA bis nach Mittelamerika.

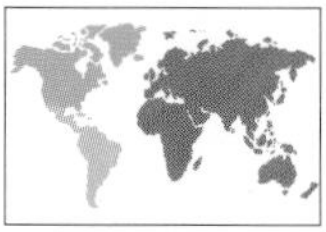

NEARKTISCH
NEOTROPISCH

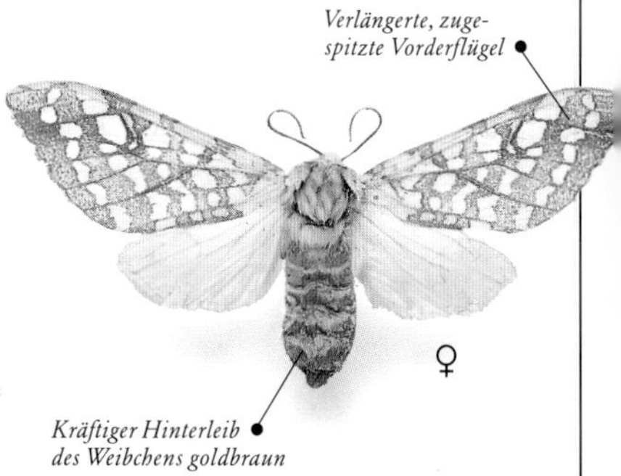
Verlängerte, zugespitzte Vorderflügel
♀
Kräftiger Hinterleib des Weibchens goldbraun

Aktivitätszeit	Habitat	Spannweite
☾	🌳	4 – 5,5 cm

Familie	Art	Autor
ARCTIIDAE	*Paracles laboulbeni*	Barnes

PARACLES LABOULBENI

Ein unscheinbarer Falter mit weißlichen, braun überlaufenen Vorderflügeln und helleren Hinterflügeln. Die Weibchen sind größer und einfarbig braungelb. Die Raupe ist schwarz und dicht behaart. Ungewöhnlicherweise lebt sie unter Wasser und kann gut schwimmen. In der dichten Behaarung fängt sich ein Luftpolster, das es ihr ermöglicht, unter Wasser zu atmen. Sie frißt an Wasserpflanzen der Gattung *Mayaca*.

- VERBREITUNG Tropisches Südamerika.

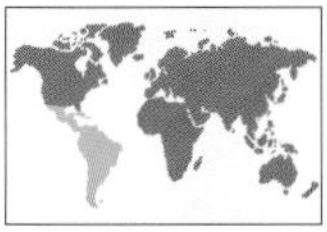

NEOTROPISCH

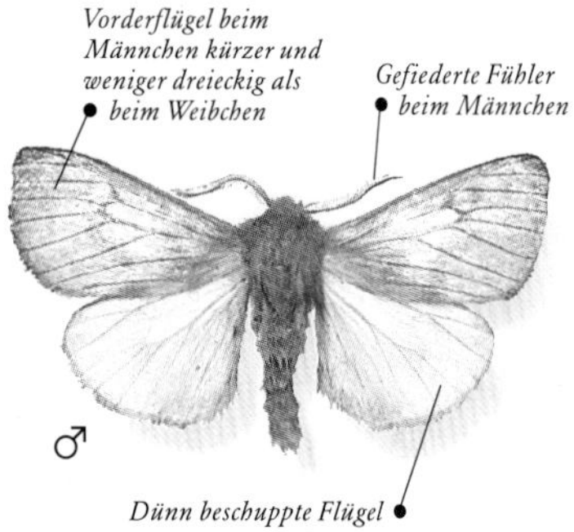
Vorderflügel beim Männchen kürzer und weniger dreieckig als beim Weibchen
Gefiederte Fühler beim Männchen
♂
Dünn beschuppte Flügel

Aktivitätszeit	Habitat	Spannweite
☾	Sumpf	3 – 4,5 cm

| Familie ARCTIIDAE | Art *Premolis semirufa* | Autor Walker |

PREMOLIS SEMIRUFA

Ein hübscher Falter mit gelb-braun gemusterten Vorderflügeln. Seine Hinterflügel und der Körper sind rosa überlaufen, eine Warnung vor seinem schlechten Geschmack.
Die Raupe ist dicht behaart; sie frißt an Gummibaum *(Hevea brasiliensis)*.
Bei der Gummiernte kann sie sehr lästig sein, da ihre Haare bei Berührung starke Hautreizungen hervorrufen.
• VERBREITUNG
Tropisches Südamerika.

NEOTROPISCH

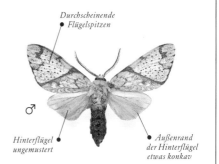

Durchscheinende Flügelspitzen

♂

Hinterflügel ungemustert

Außenrand der Hinterflügel etwas konkav

| Aktivitätszeit ☾ | Habitat 🌿 | Spannweite 4 – 6 cm |

| Familie ARCTIIDAE | Art *Phragmatobia fuliginosa* | Autor Linné |

ROST- ODER ZIMTBÄR

Braunrote Vorderflügel ohne auffällige Zeichnung und hellrote bis weinrote Hinterflügel mit einer Reihe unregelmäßiger schwarzer Flecken am Rand sind die Hauptmerkmale dieser Art. Die Vorderflügel können auch blaßrot oder gar nur graubraun sein.
Die Raupe ist braun und mit rostroten oder gelbbraunen Haaren. Sie frißt an vielen verschiedenen krautigen Pflanzen.
• VERBREITUNG
Europa, Nordafrika und Japan; auch in Kanada und den N-USA.

HOLARKTISCH

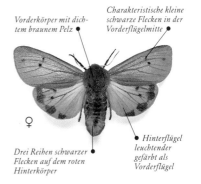

Vorderkörper mit dichtem braunem Pelz

Charakteristische kleine schwarze Flecken in der Vorderflügelmitte

♀

Drei Reihen schwarzer Flecken auf dem roten Hinterkörper

Hinterflügel leuchtender gefärbt als Vorderflügel

| Aktivitätszeit ☾ | Habitat | Spannweite 3 – 4 cm |

| Familie ARCTIIDAE | Art *Rhodogastria crokeri* | Autor Macleay |

RHODOGASTRIA CROKERI

Die braunen Vorderflügel dieses Falters sind ungewöhnlich lang und schmal, in der Mitte schuppenlos und transparent, am Grund gelb. Die Hinterflügel sind bräunlichweiß.
Die Raupe ist nicht bekannt. Die Raupen einiger verwandter Arten fressen an der Rebe *Gymnanthera nitida*, andere an Giftpflanzen. Möglicherweise ist die Raupe von *Rhodogastria* auch giftig.
• VERBREITUNG Von NW-Australien bis Queensland und N-Neusüdwales.

INDO-AUSTRALISCH

Auffällige schwarze Flecken auf dem Vorderkörper

Schwarze Fleckung des Vorderkörpers greift auf den Flügelgrund über

♀

Rote Warnfärbung des Körpers läßt auf Giftigkeit schließen

| Aktivitätszeit ☾ | Habitat | Spannweite 5,5 – 7 cm |

Familie ARCTIIDAE	Art *Pyrrharctia isabella*	Autor Smith

PYRRHARCTIA ISABELLA

Ein im Verbreitungsgebiet häufig anzutref-
fender Falter. Die Vorderflügel sind gelblichweiß bis braunorange, zuweilen mit etwas
dunklerer brauner Äderung. An den Außen-
kanten haben sie schwarze Flecken und
Punkte, vor allem an den Flügelspitzen.
Die Raupe ist dicht behaart, schwarz und hat
ein breites rotbraunes Querband an jedem
Körperende. Sie frißt an einer ganzen
Anzahl von Kräutern
und Laubbäumen.
• VERBREITUNG Weit
verbreitet in Kanada
und den USA.

NEARKTISCH

*Dunkle Flecken in der
Vorderflügelmitte*

♂

*Brauner
Vorderflügelbug*

*Hinterflügel beim
Weibchen rosafarben
überlaufen*

♀

*Körper in Warn-
farben gezeichnet*

Aktivitätszeit ☾	Habitat 🌳 🌿 🌿	Spannweite 4,5 – 7 cm

Familie ARCTIIDAE	Art *Spilosoma lubricipeda*	Autor Linné

WEISSE TIGERMOTTE

Vorder- und Hinterflügel dieses Falters sind schneeweiß,
manchmal elfenbeinweiß, die Vorderflügel mit kleinen
schwarzen Punkten, die bei einigen Varietäten auch
größer und deutlicher sein können, sogar zu Bändern
verschmelzen. Anderen Formen fehlen diese Flecken
völlig. Auf dem Hinterflügel können einzelne
schwarze Punkte auftreten.
Die Raupe ist dicht behaart und graubraun mit
einem orangen oder roten Rückenstreifen. Sie frißt
an vielen Kräutern. Sie bewegt sich sehr rasch,
daher der wissenschaftliche Name
lubricipeda, „gleitfüßig".
• VERBREITUNG Von Europa über
die gemäßigten Regionen Asiens
bis nach Japan.

RAUPE VON
SPILOSOMA LUBRICIPEDA

*Lebhaft roter
Rückenstreifen*

*Pelziger weißer
Vorderkörper*

PALÄARKTISCH

*Charakteristischer
schwarzer Fleck innen
auf den Hinterflügeln*

♂

*Körper mit auffälliger
Warnfärbung*

Aktivitätszeit ☾	Habitat 🌿 🌿	Spannweite 3 – 5 cm

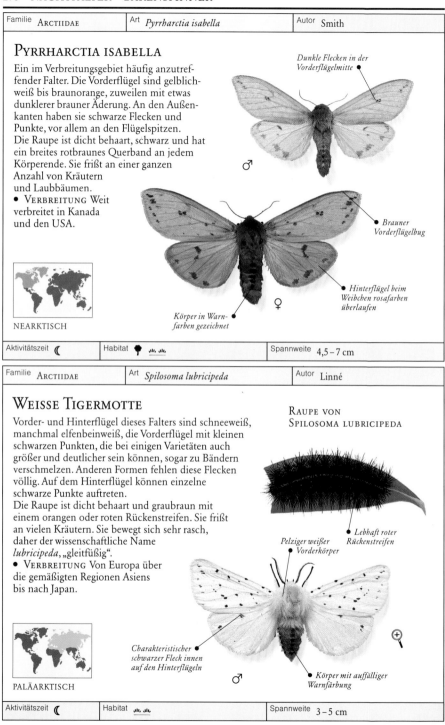

| Familie ARCTIIDAE | Art *Teracotona euprepia* | Autor Hampson |

TERACOTONA EUPREPIA

Die Vorderflügel dieses Nachtfalters sind gelblichweiß, braun geädert und haben einige
mehr oder weniger breite Querstreifen, die
auch völlig fehlen können. Die Hinterflügel
sind von einem satten Rosa.
Die Raupe ist unbekannt.
Sie soll an Tabak *(Nicotiana tabacum)* fressen.
• VERBREITUNG Von
Angola und Simbabwe
über Sambia bis nach
Mosambik.

Rote Hufeisen-
zeichnung auf dem
Vorderkörper •

♀

• Charakteristischer feiner dunkler
Strich auf den Hinterflügeln

AFROTROPISCH

| Aktivitätszeit ☾ | Habitat 〰 〰 | Spannweite 4 – 5,5 cm |

| Familie ARCTIIDAE | Art *Utetheisa pulchella* | Autor Linné |

(BUNTER) PUNKTBÄR

Ein hübscher, recht auffallend gefärbter Falter,
die Vorderflügel gelblichweiß mit einer lebhaften Zeichnung aus schwarzen und roten
Flecken. Die Hinterflügel sind weiß mit unregelmäßig begrenztem schwarzem Rand.
Die Raupe ist dicht behaart und grau mit orangen
Schrägstreifen an den Sei-
ten und weißen Längsstreifen. Sie frißt an Rauhblatt-
gewächsen *(Boraginaceae)*.
• VERBREITUNG Im
gesamten Mittelmeerraum,
nach Norden wandernd.

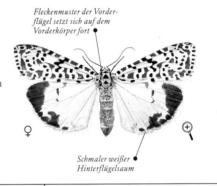

Fleckenmuster der Vorder-
flügel setzt sich auf dem
Vorderkörper fort •

♀

⊕

Schmaler weißer •
Hinterflügelsaum

PALÄARKTISCH

| Aktivitätszeit ☼ | Habitat 〰 〰 | Spannweite 3 – 4 cm |

| Familie ARCTIIDAE | Art *Utetheisa ornatrix* | Autor Linné |

UTETHEISA ORNATRIX

Ein auffallend schöner Falter, von der
Schwesterart *U. bella* an den überwiegend
weißen Hinterflügeln zu unterscheiden.
Die rosafarbenen Randbereiche der Vorderflügel können sehr verschieden breit sein.
Die Raupe ist dicht behaart; sie frißt an
verschiedenen Hülsen-
früchtlern (Leguminosae).
• VERBREITUNG Tropi-
sche Regionen Mittel-
und Südamerikas, im
Norden bis nach Florida.

Fleckenzeichnung auch
auf dem Vorderkörper •

⊕

♀

Rosafarbenes Dreieck •
an der Hinterflügelspitze

NEOTROPISCH

| Aktivitätszeit ☼ | Habitat 〰 〰 | Spannweite 3 – 4,5 cm |

Familie ARCTIIDAE	Art *Termessa sheperdi*	Autor Newman

TERMESSA SHEPERDI

Dieser attraktiv gezeichnete Falter ist eine von
zwölf Arten einer auf Australien beschränkten
Gattung. Die meisten Arten sind orange und
schwarz gefleckt. Die Hinterflügel sind tiefer
orangegelb mit großen schwarzen Flecken
am Rand.
Die Raupe und ihre Futterpflanzen sind unbekannt.
• VERBREITUNG
Neusüdwales und Victoria
in Australien.

INDO-AUSTRALISCH

*Orangegelbe, schwarz
gebänderte Vorderflügel*

♂

*Den schwarzen Flecken auf den
Hinterflügeln fehlt zuweilen der gebogene „Schwanz"*

Aktivitätszeit ☾	Habitat ⚘	Spannweite 3–4 cm

Familie ARCTIIDAE	Art *Eilema complana*	Autor Linné

FLECHTENSPINNER

Ein recht unscheinbarer Schmetterling mit sehr schmalen
hellgrauen, leuchtend goldgelb gesäumten Vorderflügeln.
Die Falter besuchen gern die Blüten von Disteln und
verwandten Pflanzen; sie sind dämmerungsaktiv.
Die Raupe ist dicht behaart, grau mit Reihen abwechselnd oranger und weißer Punkte auf dem
Rücken und jederseits einem
gelben Streifen. Sie frißt an
verschiedenen Flechten.
• VERBREITUNG Europa,
über die gemäßigten
Regionen Asiens bis nach
Sibirien und Nordamerika.

HOLARKTISCH

*Kopf und Hals
orange*

*Gelbe Vorderflügel-
kante bis zur Flügel-
spitze gleich breit*

♂

*Hinterkörper
mit gelber Spitze*

Aktivitätszeit ◑	Habitat ⚘ ⸴⸴⸴	Spannweite 3–4 cm

Familie ARCTIIDAE	Art *Lithosia quadra*	Autor Linné

VIERPUNKTBÄR

Der deutsche Name dieses Falters trifft eigentlich nur
auf das Weibchen zu, das auf den Vorderflügeln
je zwei verschieden große schwarze Flecken hat.
Die Vorderflügel der Männchen sind gelbgrau,
am Ansatz orange wie der Vorderkörper.
Die Raupe hat einen gelben Rückenstreifen mit
roten Punkten. Sie frißt an
Peltigera canina und anderen
Flechten.
• VERBREITUNG Weit ver-
breitet von Europa über die
gemäßigten Regionen Asiens
bis nach Japan.

PALÄARKTISCH

*Vorderflügel mit
grauem Außensaum*

♂

*Auffallend breite
Hinterflügel*

Aktivitätszeit ☾	Habitat ⚘	Spannweite 3–5,5 cm

Familie ARCTIIDAE	Art *Amphicallia bellatrix*	Autor Dalman

AMPHICALLIA BELLATRIX

Die Flügel dieses Nachtfalters sind leuchtend orange mit unregelmäßigen blauschwarzen, schwarz gesäumten Querbändern.
Die Raupe ist weiß mit rotem Kopf und schwarzen Querbändern und dicht grau behaart.
Sie frißt an *Crotalaria* und an Schmetterlingsblütlern (Leguminosae).
• VERBREITUNG Von Kenia bis Sambia, Mosambik und zur Kapprovinz.

Flügelzeichnung wird auf dem Vorderkörper fortgesetzt

♀

Charakteristisch gefleckter Hinterleib

AFROTROPISCH

Aktivitätszeit ☽	Habitat ▲ 🎋	Spannweite 5 – 7 cm

Familie ARCTIIDAE	Art *Nyctemera amica*	Autor White

NYCTEMERA AMICA

An den schwarzen Flügeln mit großen, unregelmäßigen weißen Flecken und dem schwarz-rot geringelten Hinterkörper, der auf Ungenießbarkeit hindeutet, ist diese Art leicht zu erkennen.
Beide Geschlechter sind gleich gefärbt, Weibchen sind kleiner als Männchen.
Die Raupe ist dicht behaart und schwarz mit roten Längsstreifen. Sie frißt an Kreuzkraut *(Senecio)*.
• VERBREITUNG Weit verbreitet in den meisten Teilen Australiens.

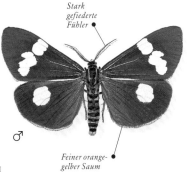

Stark gefiederte Fühler

♂

Feiner orangegelber Saum

INDO-AUSTRALISCH

Aktivitätszeit ☽ ☼	Habitat	Spannweite 4 – 4,5 cm

Familie ARCTIIDAE	Art *Callimorpha dominula*	Autor Linné

SCHÖNBÄR

Dieser Falter hat schwarze Vorderflügel mit grünlichem Anflug und unregelmäßigen, verschieden großen weißen und gelblichen Flecken, die auch viel kleiner sein können als hier im Bild.
Die Raupe ist schwarz mit dunklen Haarbüscheln und gelben Fleckenbändern auf Rücken und Seiten. Sie frißt an Beinwell *(Symphytum officinale)*, Ampfer *(Rumex)* und anderen Pflanzen.
• VERBREITUNG In ganz Europa und den gemäßigten Zonen Asiens häufig.

Flügelzeichnung wird auf dem Vorderkörper fortgesetzt

♂

Roter Hinterleib mit schwarzem Streifen

PALÄARKTISCH

Aktivitätszeit ☼	Habitat	Spannweite 4,5 – 5,5 cm

Familie ARCTIIDAE	Art *Euplagia quadripunctaria*	Autor Poda

RUSSISCHER BÄR ODER SPANISCHE FAHNE

Die Vorderflügel sind schwarz mit drei gelblichweißen Querbändern. Die Hinterflügel sind gewöhnlich rot – seltener gelb – mit je drei schwarzen Flecken. Die Raupe ist dunkelbraun und stoppelig gelbbraun behaart mit gelben Rücken- und Seitenstreifen. Sie frißt an vielen krautigen Pflanzen.
• VERBREITUNG Europa und gemäßigte Zonen Asiens.

Gegabelter Querstreifen auf den Vorderflügeln

PALÄARKTISCH

♀

Aktivitätszeit ☾ ☼	Habitat ♣ ⸙ ⸙	Spannweite 5–6 cm

Familie ARCTIIDAE	Art *Tyria jacobeae*	Autor Linné

BLUTBÄR

Diese Bärenspinnerart ist tagaktiv und wird häufig für einen Tagfalter gehalten. Die typische rote Zeichnung auf den Vorderflügeln ist unverkennbar. Die Hinterflügel sind in der Regel rot, es treten gelegentlich auch gelbe Formen auf. Die Raupe ist orangegelb mit schwarzen Ringen; sie frißt an Greis- oder Kreuzkraut *(Senecio)*.
• VERBREITUNG Weit verbreitet in Europa einschließlich der Britischen Inseln.

Dunkel grüngraue Vorderflügel

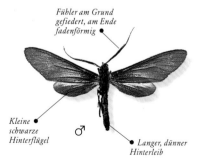

Glänzender schwarzer Körper

Schwarze Hinterflügelsäume

PALÄARKTISCH

♀

Aktivitätszeit ☼	Habitat ⸙ ⸙	Spannweite 3–4,5 cm

Familie ARCTIIDAE	Art *Antichloris viridis*	Autor Druce

ANTICHLORIS VIRIDIS

Dieser ungewöhnliche Nachtfalter hat ganz schmale metallisch blaugrün glänzende oder schwarze Vorderflügel. Bei vielen Exemplaren sind zwei kleine rote Büschel haarartiger Schuppen hinter dem Kopf sichtbar, vermutlich eine Warnfärbung. Die Raupe ist blaßgelb behaart. Sie frißt an Bananenblättern *(Musa)* und wird als Schädling angesehen.
• VERBREITUNG Süd- und Mittelamerika.

Fühler am Grund gefiedert, am Ende fadenförmig

Kleine schwarze Hinterflügel

Langer, dünner Hinterleib

♂

NEOTROPISCH

Aktivitätszeit ☼	Habitat ⸙	Spannweite 3–4 cm

Familie ARCTIIDAE	Art *Ctenucha virginica*	Autor Esper

CTENUCHA VIRGINICA

Von den unscheinbar braungrauen Flügeln dieser
Art hebt sich der metallisch blauschillernde
Hinterkörper ganz augenfällig ab. Die Flügel sind
sehr schmal, und beim Nektarsaugen an Blüten
gleicht der Falter einer Wespe.
Die Raupe ist meist grau, in der Färbung aber sehr
variabel, jedoch immer
gelb und schwarz behaart.
Sie frißt hauptsächlich
an Gräsern und Seggen.
• VERBREITUNG
Kanada und N-USA.

NEARKTISCH

Metallisches Blau bis
zu den Vorderflügel-
ansätzen •

• Kopf leuchtend orange

♂

• Flügel mit
weißem Saum

Aktivitätszeit ☾ ☼	Habitat	Spannweite 4 – 5 cm

Familie ARCTIIDAE	Art *Euchromia lethe*	Autor Fabricius

EUCHROMIA LETHE

Diese auffallend farbenprächtige, schmalflügelige
Art besitzt schwarze Flügel mit hell zitronen-
gelben und weißen durchscheinenden Mittel-
feldern und je einem kleinen metallisch blauen
Fleck auf schwarzem Grund in der Flügelmitte.
Der Körper ist lebhaft bunt geringelt.
Die Raupe dieser häufigen
Art ist unbekannt. Sie soll
an Windengewächsen
(Convolvulaceae) fressen.
• VERBREITUNG
W-Afrika und Kongo-
becken.

AFROTROPISCH

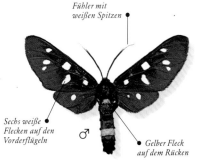

Kopf mit blauem
Punkt und orange-
rotem Halsband •

♂

• Körper glänzend
orange, schwarz, rot,
weiß und dunkel metal-
lisch blau geringelt

Aktivitätszeit ☼	Habitat	Spannweite 4 – 5 cm

Familie ARCTIIDAE	Art *Syntomis phegea*	Autor Linné

WEISSFLECKWIDDERCHEN

Dieser blauschwarze Nachtfalter hat weiß gefleckte
Vorder- und Hinterflügel. Mit seinen schmalen
Flügeln und dem gelben Ring am Hinterkörper
ähnelt der Falter den Zygaeniden; er gehört jedoch
nicht in diese Familie (vergleiche Seiten 288 – 290).
Die Raupe ist grau und dicht behaart.
Sie frißt an verschie-
nen krautigen Pflanzen.
• VERBREITUNG Von
Süd- und Mitteleuropa
bis nach Zentralasien.

PALÄARKTISCH

Fühler mit
weißen Spitzen •

Sechs weiße •
Flecken auf den
Vorderflügeln

♂

• Gelber Fleck
auf dem Rücken

Aktivitätszeit ☼	Habitat	Spannweite 3 – 4 cm

CASTNIIDAE

D IESE RELATIV kleine Familie ist mit ca. 200 Arten fast ausschließlich in den Tropen verbreitet, vor allem in Süd- und Mittelamerika. Die Falter sind in der Regel mittelgroß bis groß, kräftig und tagaktiv. Sie gleichen auch in den Farben eher den echten Tagfaltern. Die Vorderflügel tragen meist eine Tarnfärbung in matten, düsteren Braun- und Schwarztönen; die Hinterflügel dagegen sind zuweilen leuchtend gefärbt.

Ihre grellen Farben werden als Schreckreaktion bei Störung ganz plötzlich gezeigt und sollen mögliche Freßfeinde so verwirren, daß der Falter entkommen kann.

Die Raupen der Castniidae leben meist bohrend in lebenden Wurzeln und Pflanzenstengeln. Im Inneren ihrer Futterpflanzen verborgen, sind sie vor Feinden recht gut geschützt.

Familie CASTNIIDAE	Art *Castnia licus*	Autor Fabricius

CASTNIA LICUS

Ein in seiner Gestalt auffallend an einen Tagschmetterling erinnernder Nachtfalter, der auf den ersten Blick an dem diagonalen weißen Band auf den braunschwarzen Vorderflügeln zu erkennen ist. Die übrige Zeichnung auf den Vorderflügeln ist recht variabel. Die Hinterflügel tragen ebenfalls ein breites weißes Querband und haben eine Reihe großer ziegelroter Flecken entlang dem Außensaum.
Die Raupe ist weiß und madenähnlich. Sie bohrt in Zuckerrohr *(Saccharum officinarum)*. Etwa um die Jahrhundertwende wurde sie als Schädling auf Zuckerrohr entdeckt, inzwischen auch auf kultivierten Bananen *(Musa)*. Sie lebt wahrscheinlich auch bohrend in den Wurzeln verwandter Wildpflanzen.
• VERBREITUNG Sehr häufig in den tropischen Regionen Mittel- und Südamerikas, besonders in Zuckerrohr- und Bananenplantagen.

NEOTROPISCH

Typische Bohrerraupe •

Fühlerspitze verdickt und • *hakenförmig gekrümmt*

♀

• *Große Flügel machen diesen Falter zu einem kraftvollen Flieger*

RAUPE VON
CASTNIA LICUS

Aktivitätszeit ☀	Habitat 🌿 🦋	Spannweite 6–10 cm

Familie CASTNIIDAE	Art Divana diva	Autor Butler

DIVANA DIVA

Eine nur in Mittel- und Südamerika verbreitete Art, die durch ihre leuchtend gefärbten Hinterflügel auffällt. Die Vorderflügel, tiefbraun und goldbraun gebändert mit einigen helleren Flecken, bieten zusammengefaltet eine gute Tarnung und gleichen einem dürren Blatt. Die Hinterflügel sind nur oberseits leuchtend gefärbt, innen tief metallisch blauviolett mit je einem breiten schwarzen und orangeroten Band, ein gutes Beispiel für eine Schreckfärbung. Die Raupe und ihre Futterpflanzen sind nicht beschrieben.

• VERBREITUNG Weit verbreitet im tropischen Mittel- und Südamerika.

NEOTROPISCH

Charakteristische leicht geschweifte Flügel-spitzen

Auffällige weiße Flecken

Helles goldbraunes Band über die Vorder-flügel

Feiner schwarzer Hinterflügelsaum

Ziegelroter Außenrand der Hinterflügel

Hinterflügel leuchtend metallisch blauviolett

♀

Aktivitätszeit ☼	Habitat 🦋	Spannweite 6 – 9,5 cm

Familie CASTNIIDAE	Art Synemon parthenoides	Autor Felder

SYNEMON PARTHENOIDES

Ein Vertreter einer ausschließlich in Australien verbreiteten Gattung mit mehreren Arten. Die Vorderflügel sind graubraun und weiß, die Hinterflügel schwarzbraun mit roten Flecken. Die Raupe ist blaßrosa gefärbt. Sie lebt in den Horsten der Segge *Lepidosperma carphoides*.

• VERBREITUNG
Von Victoria bis nach Südaustralien.

Keulenförmig verdickte Fühler mit deutlicher Spitze

♂

INDO-AUSTRALISCH

Hinterflügelsaum unregelmäßig gefleckt

Aktivitätszeit ☼	Habitat 🌿	Spannweite 3 – 4,5 cm

SESIIDAE

D IE GLASFLÜGLER, mit über 1000 Arten eine große Schmetterlingsfamilie und weltweit verbreitet, sehen Wespen und Bienen ähnlicher als anderen Schmetterlingen. Sie sind meist mittelgroß und haben schmale, nahezu schuppenlose durchsichtige Flügel. Die Hinterbeine sind meist dicht behaart. Auch in ihrem Verhalten gleichen die Falter eher Wespen als Schmetterlingen und haben wie diese einen sehr schnellen, summenden Flügelschlag. Sie sind überwiegend tagaktiv und besuchen Blüten.

Die Raupen der Glasflügler leben zumeist in den Stielen und Sprossen ihrer Futterpflanzen – Bäumen, Sträuchern und krautigen Pflanzen. Einige Arten können als Schädlinge auftreten.

Familie SESIIDAE	Art *Sesia apiformis*	Autor Clerck

HORNISSENSCHWÄRMER

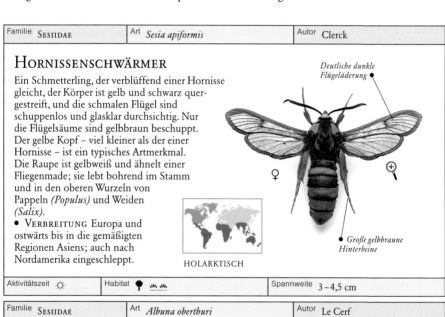

Ein Schmetterling, der verblüffend einer Hornisse gleicht, der Körper ist gelb und schwarz quergestreift, und die schmalen Flügel sind schuppenlos und glasklar durchsichtig. Nur die Flügelsäume sind gelbbraun beschuppt. Der gelbe Kopf – viel kleiner als der einer Hornisse – ist ein typisches Artmerkmal. Die Raupe ist gelbweiß und ähnelt einer Fliegenmade; sie lebt bohrend im Stamm und in den oberen Wurzeln von Pappeln *(Populus)* und Weiden *(Salix)*.
• VERBREITUNG Europa und ostwärts bis in die gemäßigten Regionen Asiens; auch nach Nordamerika eingeschleppt.

Deutliche dunkle Flügeläderung

♀

Große gelbbraune Hinterbeine

HOLARKTISCH

Aktivitätszeit ☼	Habitat ☙ ⸙ ⸙	Spannweite 3 – 4,5 cm

Familie SESIIDAE	Art *Albuna oberthuri*	Autor Le Cerf

ALBUNA OBERTHURI

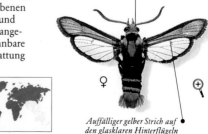

Ein wunderschöner kleiner Falter aus einer australischen Gattung mit nur 14 Arten. Die leuchtend goldfarbenen Vorderflügel mit schwarzem Saum, der goldgelb und schwarz geringelte Hinterkörper und auch ein orangerotes Haarbüschel am Körperende sind unverkennbare Artmerkmale. Wie viele andere Vertreter dieser Gattung fliegt der Falter schnell und vornehmlich in der prallen Sonne. Beim Männchen fehlen die goldgelben Schuppen auf den Vorderflügeln. Die Raupe ist unbekannt.
• VERBREITUNG Im Nordterritorium in Australien.

Kopf und Fühler goldgelb

♀

Auffälliger gelber Strich auf den glasklaren Hinterflügeln

INDO-AUSTRALISCH

Aktivitätszeit ☼ .	Habitat 🌴	Spannweite 2,5 – 3 cm

LIMACODIDAE

D IE LIMACODIDEN sind mit etwa 1 000 Arten weltweit verbreitet, mit einem Schwerpunkt in den Tropen. Die Familie umfaßt überwiegend kleine bis mittelgroße, wenig auffällig gefärbte Formen mit meist rundlichen Flügeln und reduzierten Mundwerkzeugen. Nur einige Arten sind leuchtend grün oder gelb gefärbt. Die Raupen der Asselspinner sind leicht zu erkennen. Sie haben keine Beine und ähneln in Aussehen und Fortbewegung Nacktschnecken. Darauf bezieht sich auch der wissenschaftliche Name, Limacodidae bedeutet nacktschneckenähnlich. Die Raupen tragen oft eine grellbunte Warntracht und werden von Vögeln als Beute abgelehnt; vielfach haben sie empfindlich nesselnde Haare. Eine Reihe von Arten frißt an Kulturpflanzen und kann erhebliche Schäden anrichten.

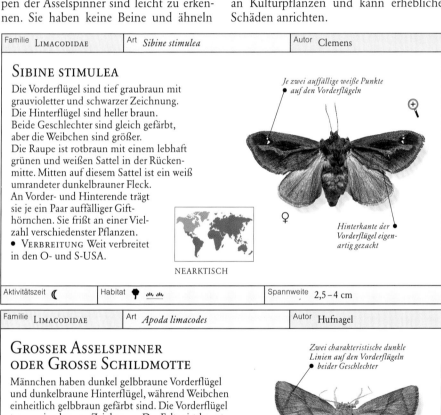

| Familie LIMACODIDAE | Art *Sibine stimulea* | Autor Clemens |

SIBINE STIMULEA

Die Vorderflügel sind tief graubraun mit grauvioletter und schwarzer Zeichnung. Die Hinterflügel sind heller braun. Beide Geschlechter sind gleich gefärbt, aber die Weibchen sind größer. Die Raupe ist rotbraun mit einem lebhaft grünen und weißen Sattel in der Rückenmitte. Mitten auf diesem Sattel ist ein weiß umrandeter dunkelbrauner Fleck. An Vorder- und Hinterende trägt sie je ein Paar auffälliger Gifthörnchen. Sie frißt an einer Vielzahl verschiedenster Pflanzen.
• VERBREITUNG Weit verbreitet in den O- und S-USA.

Je zwei auffällige weiße Punkte auf den Vorderflügeln

♀

Hinterkante der Vorderflügel eigenartig gezackt

NEARKTISCH

| Aktivitätszeit ☾ | Habitat | Spannweite 2,5 – 4 cm |

| Familie LIMACODIDAE | Art *Apoda limacodes* | Autor Hufnagel |

GROSSER ASSELSPINNER ODER GROSSE SCHILDMOTTE

Männchen haben dunkel gelbbraune Vorderflügel und dunkelbraune Hinterflügel, während Weibchen einheitlich gelbbraun gefärbt sind. Die Vorderflügel tragen eine braune Zeichnung. Der Falter ist hauptsächlich nachtaktiv; fliegt aber manchmal auch am Tag in den Wipfeln von Eichen. Die Raupe ist ungewöhnlich platt und hellgrün mit zwei gelben, rosarot punktierten Graten auf dem Rücken. Sie frißt an Eichen.
• VERBREITUNG Weit verbreitet in Süd- und Mitteleuropa.

Zwei charakteristische dunkle Linien auf den Vorderflügeln beider Geschlechter

♂

Plumper, pelzig behaarter Körper

PALÄARKTISCH

| Aktivitätszeit ☾ ☼ | Habitat | Spannweite 2,5 – 3 cm |

ZYGAENIDAE

DIE **W**IDDERCHEN sind mit etwa 800 Arten weltweit verbreitet und trotz ihrer meist geringen Größe in ihren grellen Farben unübersehbare Blütenbesucher. Die kleinen bis mittelgroßen Falter sind gewöhnlich tagaktiv; die meisten von ihnen sind giftig.

Die Gattung *Zygaena* umfaßt überwiegend schwarz-rote Arten, die auch Blutströpf-chen genannt werden, die Gattung *Adscita* grüne. Die große Mehrzahl der Zygaenidae hat wohlausgebildete Mundwerkzeuge. Die Fühler sind typischerweise an den Spitzen deutlich verdickt. Bei einer Reihe von Arten (*Himantopterus*, s. Seite 290) sind die Hinterflügel bis auf schmale, lange An-hänge rückgebildet. Die giftigen Raupen der Zygaenidae sind meist gedrungen und nacktschneckenähnlich.

Familie ZYGAENIDAE	Art *Zygaena ephialtes*	Autor Linné

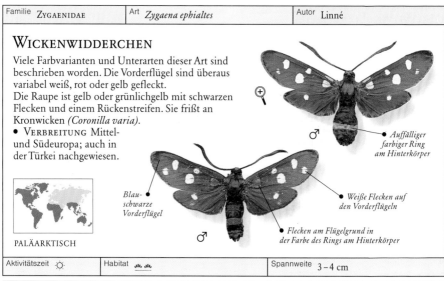

WICKENWIDDERCHEN

Viele Farbvarianten und Unterarten dieser Art sind beschrieben worden. Die Vorderflügel sind überaus variabel weiß, rot oder gelb gefleckt.
Die Raupe ist gelb oder grünlichgelb mit schwarzen Flecken und einem Rückenstreifen. Sie frißt an Kronwicken *(Coronilla varia)*.
• VERBREITUNG Mittel- und Südeuropa; auch in der Türkei nachgewiesen.

PALÄARKTISCH

Blau-schwarze Vorderflügel

♂

Auffälliger farbiger Ring am Hinterkörper

Weiße Flecken auf den Vorderflügeln

Flecken am Flügelgrund in der Farbe des Rings am Hinterkörper

Aktivitätszeit ☼	Habitat	Spannweite 3 – 4 cm

Familie ZYGAENIDAE	Art *Arniocera erythropyga*	Autor Wallengren

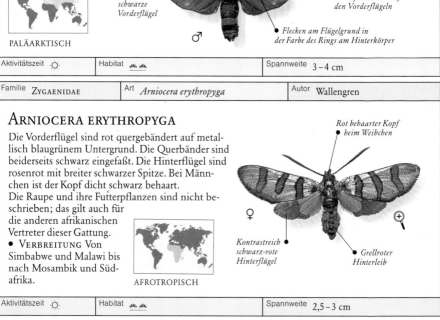

ARNIOCERA ERYTHROPYGA

Die Vorderflügel sind rot quergebändert auf metal-lisch blaugrünem Untergrund. Die Querbänder sind beiderseits schwarz eingefaßt. Die Hinterflügel sind rosenrot mit breiter schwarzer Spitze. Bei Männ-chen ist der Kopf schwarz behaart.
Die Raupe und ihre Futterpflanzen sind nicht be-schrieben; das gilt auch für die anderen afrikanischen Vertreter dieser Gattung.
• VERBREITUNG Von Simbabwe und Malawi bis nach Mosambik und Süd-afrika.

AFROTROPISCH

Rot behaarter Kopf beim Weibchen

♀

Kontrastreich schwarz-rote Hinterflügel

Grellroter Hinterleib

Aktivitätszeit ☼	Habitat	Spannweite 2,5 – 3 cm

Familie ZYGAENIDAE	Art *Zygaena occitanica*	Autor de Villers

ZYGAENA OCCITANICA

Eine ungewöhnlich kleine Zygaenidenart; sicheres Artmerkmal ist der halbmondförmige helle Fleck auf den Vorderflügelspitzen. Das Hinterende des Körpers ist kräftig ziegelrot. Die Raupe ist hellgrün mit gelben Flecken und schwarzen Punkten auf den Seiten. Sie frißt an verschiedenen Schmetterlingsblütlern.

• VERBREITUNG
S-Frankreich und Spanien; ähnliche Arten kommen in Mittel- und Osteuropa vor.

PALÄARKTISCH

Charakteristischer weißer
Kragen hinter dem Kopf

♀

Rote Hinterflügel
mit schwarzem Saum

Aktivitätszeit ☼	Habitat ⸱⸱⸱, ⸱⸱⸱,	Spannweite 3 – 4 cm

Familie ZYGAENIDAE	Art *Zygaena filipendulae*	Autor Linné

GEMEINES BLUTSTRÖPFCHEN

Charakteristisch für diese Art sind die sechs großen roten Flecken auf dem grünlichschwarzen Grund der Vorderflügel.
Die Raupe ist hellgrün mit gelben und schwarzen Flecken. Sie frißt an Hornklee *(Lotus corniculatus)* und verwandten Pflanzen (Leguminosae).

• VERBREITUNG In ganz Europa überall weit verbreitet.

PALÄARKTISCH

Kopf und Körper
ganz schwarz

♀

Leuchtende Farben
warnen vor der
Giftigkeit des Falters

Aktivitätszeit ☼	Habitat ⸱⸱⸱, ⸱⸱⸱,	Spannweite 2,5 – 4 cm

Familie ZYGAENIDAE	Art *Adscita statices*	Autor Linné

GRÜNWIDDERCHEN

Ein Vertreter einer ganzen Gruppe nahe verwandter Arten mit metallisch grünen Flügeln. Von ihren sehr ähnlichen Verwandten ist die Art an geringen Unterschieden in der Flügel- und Fühlerform zu unterscheiden.
Die Raupe ist hellgelb oder grünlichweiß mit einem rosa bis bräunlichen Anflug an den Körperseiten und braun behaarten Warzen. Sie frißt an Ampfer *(Rumex)*.

• VERBREITUNG Europa und gemäßigtes Asien.

PALÄARKTISCH

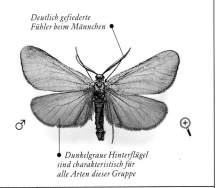

Deutlich gefiederte
Fühler beim Männchen

♂

Dunkelgraue Hinterflügel
sind charakteristisch für
alle Arten dieser Gruppe

Aktivitätszeit ☼	Habitat ⸱⸱⸱, ⸱⸱⸱,	Spannweite 2,5 – 3 cm

Familie ZYGAENIDAE	Art *Harrisina americana*	Autor Guérin

HARRISINA AMERICANA

Eine kleine, ganz untypische Zygaenide mit schlanken schwarzen Flügeln und einem langen schwarzen Körper. Haupterkennungsmerkmal ist ein orangeroter Kragen hinter dem Kopf. Die Raupe ist gelblichweiß mit schwarzen Punkten und dicht besetzt mit stark nesseln- den Haaren. Sie frißt an Wein- *(Vitis)* und Jung- fernreben *(Parthenocissus)*.
• VERBREITUNG Weit verbreitet in den O-USA.

Gefiederte Fühler beim Männchen

♂

Haarbüschel am Hinterende

Auffallend kleine Hinterflügel

NEARKTISCH

Aktivitätszeit ☼	Habitat	Spannweite 2 – 3 cm

Familie ZYGAENIDAE	Art *Campylotes desgodinsi*	Autor Oberthür

CAMPYLOTES DESGODINSI

Dieser herrliche und auffällige Falter gehört zu einer Gattung mit etwa 15 Arten, alle mit greller schwarz-rot-gelber Warntracht. Sie sind für Vögel offen- sichtlich ungenießbar, zum Teil wahr- scheinlich giftig. Die Raupe und ihre Futterpflanzen sind unbekannt.
• VERBREITUNG Von N-Indien und Tibet bis nach S-China und Borneo.

Lange und breite, fast rechteckige Vorderflügel

Dünne, schwach gefiederte Fühler

♂

INDO-AUSTRALISCH

Aktivitätszeit ☼	Habitat	Spannweite 5,5 – 7 cm

Familie ZYGAENIDAE	Art *Himantopterus dohertyi*	Autor Elwes

HIMANTOPTERUS DOHERTYI

Dieser kleine, ganz ungewöhnlich aussehende Nachtfalter gehört zu einer kleinen Gattung südostasiatischer Arten mit langen bandförmigen Hinterflügeln. Die abgebildete Art hat schwarze Vorderflügel, ihre zu langen Anhängen umge- wandelten Hinterflügel enden in merkwürdigen dreieckigen schwarzen Wimpeln. Aufgescheuchte Tiere lassen sich zur Erde fallen, ein Totstell- reflex als Schutzreak- tion. Ihr Flug ist langsam. Die Raupe lebt in Termitennestern.
• VERBREITUNG In ganz Indien und Malaysia.

Breit gefiederte Fühler

Schmale orange Basis der langen Hinterflügel

♂

Hinterleibsspitze orange

INDO-AUSTRALISCH

Aktivitätszeit ☼	Habitat	Spannweite 2 – 2,5 cm

COSSIDAE

D IE FAMILIE umfaßt etwa 500 Arten und sie ist weltweit verbreitet. Die Falter sind mittelgroß bis sehr groß und in der Regel unauffällig heller oder dunkler grau und braun, zuweilen aber mit kontrastreicher Streifen- oder Fleckenzeichnung. Die Raupen ernähren sich hauptsächlich von Holz und bohren in Baumstämmen und Wurzeln.

Holz ist proteinarm und nicht sehr nahrhaft, ein Grund dafür, daß der Entwicklungszyklus mancher Arten mehrere Jahre dauert.

Familie COSSIDAE	Art *Xyleutes strix*	Autor Linné

XYLEUTES STRIX

Dieser mächtige Nachtfalter mit etwas unförmigem Körper hat einen unverhältnismäßig kleinen Kopf mit relativ großen Augen. Die tarnfarbig graubraun und schwarz gezeichneten Flügel machen den Falter fast unsichtbar auf flechtenbewachsener Baumrinde. Die Weibchen haben eine in ausgestrecktem Zustand etwa 1 cm lange Legeröhre, die einem Giftstachel ähnlich sieht. Die Raupe und die Biologie dieser Art sind noch völlig unbekannt, aber die nah verwandte Art *Xyleutes leuconotus* hat eine käferlarvenartige weiße Raupe, die im Holz von *Sesbania grandiflora* bohrt.

• VERBREITUNG Von N-Indien und Sri Lanka bis nach Malaysia und Papua-Neuguinea.

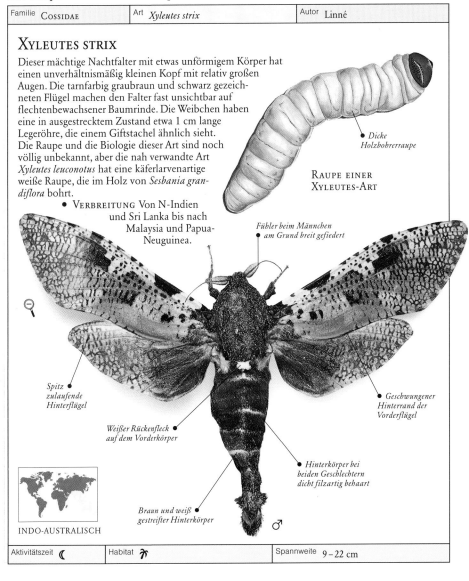

• Dicke
Holzbohrerraupe

RAUPE EINER
XYLEUTES-ART

Fühler beim Männchen •
am Grund breit gefiedert

Spitz •
zulaufende
Hinterflügel

Geschwungener •
Hinterrand der
Vorderflügel

Weißer Rückenfleck •
auf dem Vorderkörper

Hinterkörper bei •
beiden Geschlechtern
dicht filzartig behaart

Braun und weiß •
gestreifter Hinterkörper

♂

INDO-AUSTRALISCH

Aktivitätszeit ☾	Habitat 🜨	Spannweite 9 – 22 cm

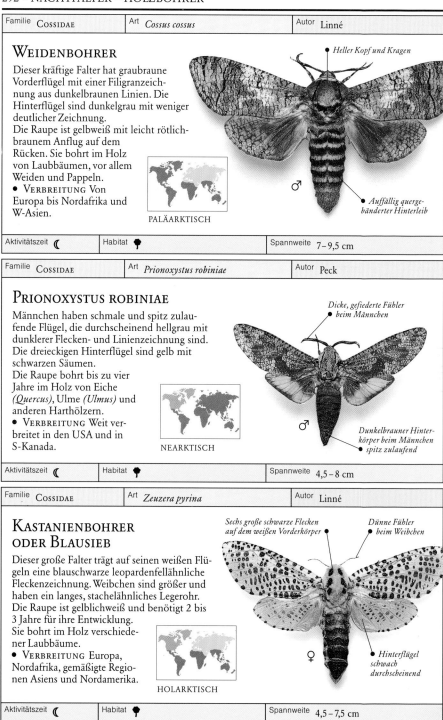

| Familie COSSIDAE | Art *Cossus cossus* | Autor Linné |

WEIDENBOHRER

Dieser kräftige Falter hat graubraune Vorderflügel mit einer Filigranzeichnung aus dunkelbraunen Linien. Die Hinterflügel sind dunkelgrau mit weniger deutlicher Zeichnung.
Die Raupe ist gelbweiß mit leicht rötlichbraunem Anflug auf dem Rücken. Sie bohrt im Holz von Laubbäumen, vor allem Weiden und Pappeln.
• VERBREITUNG Von Europa bis Nordafrika und W-Asien.

PALÄARKTISCH

Heller Kopf und Kragen

♂

Auffällig quergebänderter Hinterleib

| Aktivitätszeit ☾ | Habitat ⚲ | Spannweite 7–9,5 cm |

| Familie COSSIDAE | Art *Prionoxystus robiniae* | Autor Peck |

PRIONOXYSTUS ROBINIAE

Männchen haben schmale und spitz zulaufende Flügel, die durchscheinend hellgrau mit dunklerer Flecken- und Linienzeichnung sind. Die dreieckigen Hinterflügel sind gelb mit schwarzen Säumen.
Die Raupe bohrt bis zu vier Jahre im Holz von Eiche *(Quercus)*, Ulme *(Ulmus)* und anderen Harthölzern.
• VERBREITUNG Weit verbreitet in den USA und in S-Kanada.

NEARKTISCH

Dicke, gefiederte Fühler beim Männchen

♂

Dunkelbrauner Hinterkörper beim Männchen spitz zulaufend

| Aktivitätszeit ☾ | Habitat ⚲ | Spannweite 4,5–8 cm |

| Familie COSSIDAE | Art *Zeuzera pyrina* | Autor Linné |

KASTANIENBOHRER ODER BLAUSIEB

Dieser große Falter trägt auf seinen weißen Flügeln eine blauschwarze leopardenfellähnliche Fleckenzeichnung. Weibchen sind größer und haben ein langes, stachelähnliches Legerohr.
Die Raupe ist gelblichweiß und benötigt 2 bis 3 Jahre für ihre Entwicklung.
Sie bohrt im Holz verschiedener Laubbäume.
• VERBREITUNG Europa, Nordafrika, gemäßigte Regionen Asiens und Nordamerika.

HOLARKTISCH

Sechs große schwarze Flecken auf dem weißen Vorderkörper ●

Dünne Fühler beim Weibchen

♀

Hinterflügel schwach durchscheinend

| Aktivitätszeit ☾ | Habitat ⚲ | Spannweite 4,5–7,5 cm |

| Familie COSSIDAE | Art *Xyleutes eucalypti* | Autor Herrich-Schäffer |

XYLEUTES EUCALYPTI

Eine der ansehnlichsten und auffälligsten Arten dieser Gattung in Australien. Die Vorderflügel sind grau mit einer feinen schwarzen und braunen Filigranzeichnung. Die Hinterflügel, ebenfalls mit einem Filigranmuster, sind rostbraun. Der Rumpf ist weiß geringelt.
Die Raupe ist dick und weiß mit einem großen braunen Schild hinter dem Kopf auf dem Rücken; sie lebt im Holz von Akazienarten.
• VERBREITUNG In Neusüdwales und Queensland.

INDO-AUSTRALISCH

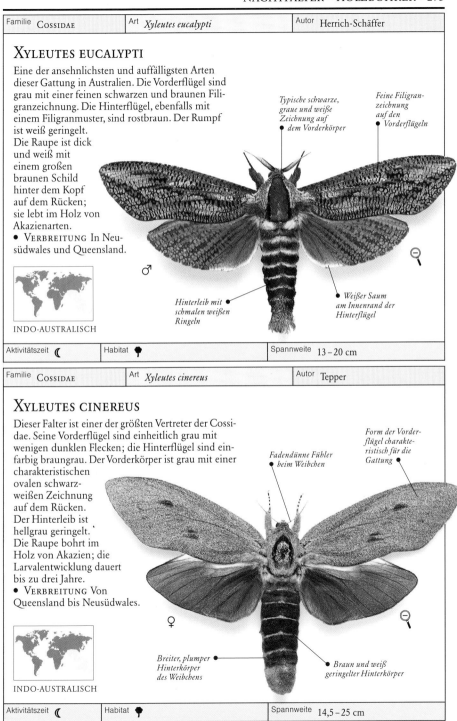

Typische schwarze, graue und weiße Zeichnung auf dem Vorderkörper

Feine Filigranzeichnung auf den Vorderflügeln

♂

Hinterleib mit schmalen weißen Ringeln

Weißer Saum am Innenrand der Hinterflügel

| Aktivitätszeit ☾ | Habitat ♠ | Spannweite 13 – 20 cm |

| Familie COSSIDAE | Art *Xyleutes cinereus* | Autor Tepper |

XYLEUTES CINEREUS

Dieser Falter ist einer der größten Vertreter der Cossidae. Seine Vorderflügel sind einheitlich grau mit wenigen dunklen Flecken; die Hinterflügel sind einfarbig braungrau. Der Vorderkörper ist grau mit einer charakteristischen ovalen schwarz-weißen Zeichnung auf dem Rücken. Der Hinterleib ist hellgrau geringelt.
Die Raupe bohrt im Holz von Akazien; die Larvalentwicklung dauert bis zu drei Jahre.
• VERBREITUNG Von Queensland bis Neusüdwales.

INDO-AUSTRALISCH

Fadendünne Fühler beim Weibchen

Form der Vorderflügel charakteristisch für die Gattung

♀

Breiter, plumper Hinterkörper des Weibchens

Braun und weiß geringelter Hinterkörper

| Aktivitätszeit ☾ | Habitat ♠ | Spannweite 14,5 – 25 cm |

HEPIALIDAE

IESE FAMILIE mit etwa 300 Arten zeichnet sich durch eine Reihe von Primitivmerkmalen aus, die sie von allen anderen Großschmetterlingen unterscheidet. An den Flügeln fehlt der übliche Koppelungsmechanismus; Vorder- und Hinterflügel werden durch einen lappenförmigen Fortsatz am Vorderflügel, der über den Hinterflügel greift, zusammengehalten. Ein auffälligeres Primitivmerkmal ist die Ähnlichkeit von Vorder- und Hinterflügeln hinsichtlich Form und Anordnung der Äderung.

Ganz kleine Formen findet man unter den Hepialidae ebenso wie auffallend große Falter. Die Familie ist zwar weltweit verbreitet, aber in Australien besonders stark vertreten. Dort kommen auch die größten Arten vor. Hepialidae sind dämmerungsaktiv.

Familie HEPIALIDAE	Art *Zelotypia stacyi*	Autor Scott

ZELOTYPIA STACYI

Dieser sehr große Falter ist zwar nicht besonders bunt gefärbt, aber die Vorderflügel zeigen doch eine ungewöhnlich reiche und schöne Zeichnung in zarten Brauntönen mit je einem hervorstechenden Augenfleck in der Flügelmitte. Die Hinterflügel sind einfarbig orange und an der Spitze fein braun meliert mit einem typischen Ringfleck. Beide Geschlechter sind gleich. Die Falter sind nur im Sommer anzutreffen.
Die Raupe ist gelbbraun mit dicken rostbraunen Schilden auf dem Rücken unmittelbar hinter dem Kopf und dahinter einer Reihe gelbweißer ovaler Flecken. Sie bohrt im Stamm und in den Ästen von *Eucalyptus saligna* und verwandten Bäumen. In Plantagen für die Zellstoffindustrie wird sie gelegentlich schädlich.
• VERBREITUNG In O-Australien von Queensland bis nach Neusüdwales.

INDO-AUSTRALISCH

Charakteristisch geschweifte Vorderflügelspitzen •

Die auffälligen Vorderbeine sehen wie bunt geringelte Pfeifenreiniger aus •

♂

Vorder- und Hinterflügel sehr ähnlich geformt •

Langer, dünner oranger Hinterleib •

• *Hinterflügel orange wie der Körper*

Kleiner brauner Fleck auf den ausgezogenen Hinterflügelspitzen •

Aktivitätszeit ☾	Habitat ⚲	Spannweite 19–25 cm

| Familie HEPIALIDAE | Art *Aenetus eximius* | Autor Scott |

AENETUS EXIMIUS

In Australien gibt es 15 Arten dieser Gattung. Nicht nur ihre stattliche Größe ist bemerkenswert, sondern auch der ungewöhnliche Farbunterschied zwischen den Geschlechtern. Männchen dieser Art haben blaß blaugrüne Vorderflügel und weiße Hinterflügel mit einem leichten grünen Anflug an der Hinterkante. Die Weibchen sind erheblich größer, ihre Flügel sind leuchtend gelbgrün mit einem schrägen Querband aus braunen Ringflecken mit weißem Zentrum. Hinterflügel und Hinterleib sind rosarot, die Spitze des Hinterkörpers aber leuchtend grün.

Die Raupe lebt auf *Waterhausia, Eucalyptus, Doryphora, Glochidion, Nothofagus* und *Dodonaea*. Die Raupen bohren in Ästen und im Stammholz und treiben ihre Bohrlöcher bis in die Hauptwurzel hinein. Manche Arten haben eine Entwicklungszeit von bis zu fünf Jahren.

• VERBREITUNG In Australien von Queensland bis nach Victoria und Tasmanien.

INDO-AUSTRALISCH

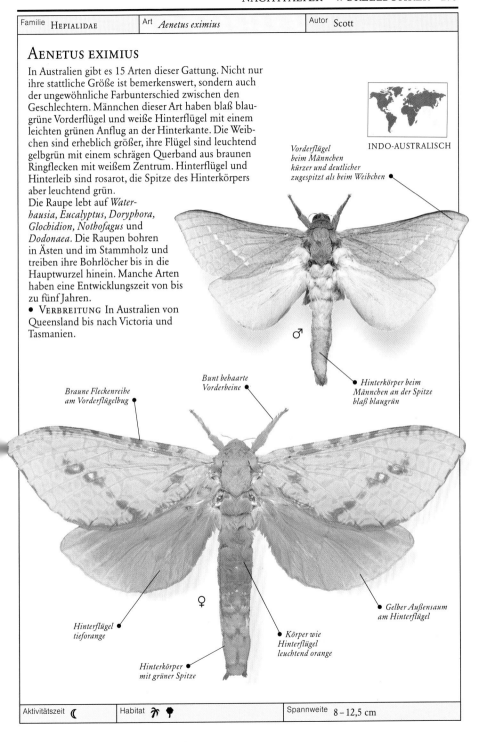

Vorderflügel beim Männchen kürzer und deutlicher zugespitzt als beim Weibchen

♂

Braune Fleckenreihe am Vorderflügelbug

Bunt behaarte Vorderbeine

Hinterkörper beim Männchen an der Spitze blaß blaugrün

♀

Hinterflügel tieforange

Hinterkörper mit grüner Spitze

Körper wie Hinterflügel leuchtend orange

Gelber Außensaum am Hinterflügel

| Aktivitätszeit ☾ | Habitat 🌾 🌷 | Spannweite 8 – 12,5 cm |

Familie HEPIALIDAE	Art *Leto venus*	Autor Stoll

LETO VENUS

Dies ist, wie schon der Name andeutet, einer der schönsten Hepiali-
den. Auf orangem bis rotbraunem Grund tragen die Vorderflügel eine
schöne Zeichnung aus silbergrauen Flecken, die Hinterflügel sind einfarbig lachsrot mit etwas dunklerer Äderung. Männchen haben auf
der Unterseite der Hinterflügel lange orangefarbene Haare.
Die Raupe und ihre Futterpflanzen sind nicht beschrieben; sie
soll im Holz von Keurboombäumen gefunden worden sein
und bohrt wahrscheinlich in der Schicht
zwischen Holz und Borke.
• VERBREITUNG Kommt nur in
der Kapprovinz in Südafrika vor.

AFROTROPISCH

*Auffällige silbergraue
Dreiecksflecken am Außen-
rand der Vorderflügel* •

♂

*Charakteristisch
zugespitzte Hinterflügel*

*Lachsrote
Hinterflügel*

Orangebrauner Körper

Aktivitätszeit ☾	Habitat ⚲	Spannweite 10 – 16 cm

Familie HEPIALIDAE	Art *Hepialus fusconebulosus*	Autor De Geer

HEPIALUS FUSCONEBULOSUS

Das braune und weiße Fleckenmuster auf den Vorderflügeln erinnert ein wenig an eine Landkarte.
Diese Zeichnung ist aber äußerst variabel, zuweilen
undeutlich und kaum sichtbar. Die Hinterflügel sind
rostbraun mit hellerem Saum. Beide Geschlechter
sind fast gleich gefärbt, die Weibchen in der Regel
mit etwas blasserer Zeichnung; sie sind zudem
größer als die Männchen.
Die Raupe ist gelbweiß mit hellbraunen Flecken.
Sie bohrt in den Wurzeln
von Adlerfarn *(Pteridium)*
und anderen Pflanzen.
• VERBREITUNG Ganz
Europa und die gemä-
ßigten Regionen Asiens.

PALÄARKTISCH

Kurze Fühler •

♂

*Pelzig
behaarter
brauner
Vorderkörper* •

*Schwach ausgeprägte
Scheckung am Außen-
rand der Hinterflügel* •

Aktivitätszeit ☾	Habitat ⸬ ⸬	Spannweite 3 – 5 cm

Familie HEPIALIDAE	Art *Hepialus humuli*	Autor Linné

HOPFENWURZELBOHRER ODER GEISTERMOTTE

Die silbergrauen Männchen wirken gespenstisch, wenn sie in der Dämmerung im Schwebeflug über ihrer Futterpflanze tanzen. Die Männchen einer nördlichen Form haben braune Flügel. Die Weibchen sind meist größer und haben hellgelbe Vorderflügel mit rosaroter oder rotbrauner Zeichnung.
Die Raupe ist gelblichweiß mit kleinen dunkelbraunen Flecken; sie frißt an den Wurzeln von Hopfen *(Humulus lupulus)*, Löwenzahn und anderen Pflanzen und kann als landwirtschaftlicher Schädling auftreten.
• VERBREITUNG Weit verbreitet in Europa und Asien.

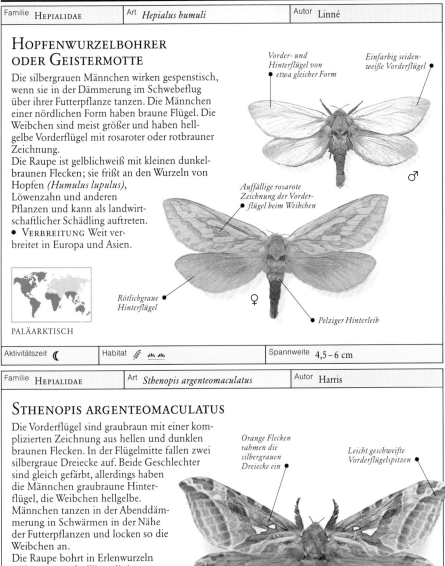

Vorder- und Hinterflügel von etwa gleicher Form

Einfarbig seidenweiße Vorderflügel

♂

Auffällige rosarote Zeichnung der Vorderflügel beim Weibchen

Rötlichgraue Hinterflügel

♀

Pelziger Hinterleib

PALÄARKTISCH

Aktivitätszeit ☾	Habitat	Spannweite 4,5 – 6 cm

Familie HEPIALIDAE	Art *Sthenopis argenteomaculatus*	Autor Harris

STHENOPIS ARGENTEOMACULATUS

Die Vorderflügel sind graubraun mit einer komplizierten Zeichnung aus hellen und dunklen braunen Flecken. In der Flügelmitte fallen zwei silbergraue Dreiecke auf. Beide Geschlechter sind gleich gefärbt, allerdings haben die Männchen graubraune Hinterflügel, die Weibchen hellgelbe.
Männchen tanzen in der Abenddämmerung in Schwärmen in der Nähe der Futterpflanzen und locken so die Weibchen an.
Die Raupe bohrt in Erlenwurzeln *(Alnus)* unter der Wasserlinie.
• VERBREITUNG Von S-Kanada bis Minnesota und Virginia in den USA.

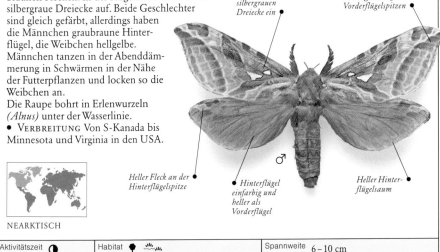

Orange Flecken rahmen die silbergrauen Dreiecke ein

Leicht geschweifte Vorderflügelspitzen

♂

Heller Fleck an der Hinterflügelspitze

Hinterflügel einfarbig und heller als Vorderflügel

Heller Hinterflügelsaum

NEARKTISCH

Aktivitätszeit ◑	Habitat	Spannweite 6 – 10 cm

GLOSSAR

Fachausdrücke wurden weitestgehend vermieden, jedoch war das nicht immer möglich. Unten sind einige solche Begriffe, die für den Gebrauch dieses Buches notwendig sind, zusammengestellt und einfach erklärt.

- **Augenflecken**
Runde Farbzeichnungen auf den Flügeln, die Augen vortäuschen sollen.
- **Cardenolid**
Ein Herzgift.
- **Duftschuppen**
Schuppen, die einen Sexuallockstoff freisetzen.
- **Endemisch**
In der Verbreitung auf ein bestimmtes Gebiet beschränkt.

- **Greifbeine**
Unechte Beine am Hinterleib der Raupe. Sie werden am letzten Segment Nachschieber genannt.
- **Kiefertaster**
Sinnesorgane am Mund, die mögliche Nahrungsquellen untersuchen.
- **Kokon**
Schutzhülle der Puppe, aus Seide gesponnen.

- **Melanotisch**
Schwarze oder dunkel pigmentierte Form einer Art aufgrund erhöhter Melanin-Produktion.
- **Mimikrygesellschaft**
Gruppe von giftigen und ungiftigen Arten, die zum Schutz vor Freßfeinden ein gemeinsames Warnmuster tragen.

Nützliche Adressen

Schmetterlingsgärten in Deutschland

Garten der Schmetterlinge in Friedrichsruh
Fürstliche von Bismarcksche Schloßgärtnerei
Am Schloßteich
21521 Friedrichsruh
Tel. (0 41 04) 60 37

Garten der Schmetterlinge in Bendorf-Sayn
Im Schloßpark
56170 Bendorf-Sayn
Tel. (0 26 22) 1 54 78

Alaris Schmetterlingspark
Zum Mühlenteich 2
21244 Buchholz i. d. Nordheide
Ortsteil Seppensen
Tel. (0 41 81) 36 48 11

Schmetterlingsgarten im Maximilianpark
Grenzweg 76
59071 Hamm i. Westf.
Tel. (0 23 81) 88 07 07

Das Paradies der Schmetterlinge
Vogelparadies Bad Rothenfelde
Sundernweg 26
49214 Bad Rothenfelde
Tel. (0 54 24) 14 40

Museen

Natur-Museum und Forschungsinstitut
Senckenberg
Senckenberganlage 25
60325 Frankfurt am Main

Forschungsinstitut und Museum
Alexander Koenig
Adenauerallee 150–184
53113 Bonn

Deutsche Entomologische Gesellschaft e.V.
Corrensplatz 1
14195 Berlin

Deutsche Gesellschaft
für angewandte Entomologie e.V.
Von-Melle-Park 10
20146 Hamburg

Register

DANKSAGUNG

Dieses Buch wäre ohne die Mithilfe verschiedener Personen und Institutionen nicht zustande gekommen. Die Aufnahmen der meisten Falter wurden am Natural History Museum in London gemacht. Für die Überlassung weiterer Exemplare zur Fotografie gilt der besondere Dank des Herausgebers:
Dr. Gerald Legg, The Booth Museum, Brighton;
Dr. M. Shaw und Dr. S. Holmes, National Museum of Scotland, Edinburgh;
Matthew Ward, der diese zusätzlichen Exemplare fotografierte.

Dorling Kindersley bedankt sich bei:
Caroline Church für die Gestaltung des Vorsatzpapiers; Alastair Wardle für die Landkarten auf den Seiten 26 – 35 und Salvo Tomaselli für die Miniaturkarten im ganzen Buch sowie Peter Howlett von Lemon Graphics für die Plazierung der Hinweiszeiger.

Damien Moore und Polly Boyd für ihre unschätzbare editorische Hilfe; Paul Dewhurst, Deborah Myatt Jane Johnson und Pauline Bayne für die grafische Gestaltung sowie Michael Allaby für die Zusammenstellung des Registers.

ABBILDUNGSNACHWEIS
l. = links; M. = Mitte; o. = oben; r. = rechts;
u. = unten
Oxford Sientific Films: S. 12 (u. r.), S. 8 (o. r.), S. 20 (M. r.), S. 26 (M. l.), S. 30 (M. r.), S. 32 (M. l.), S. 34 (M. l.)
Hutchinson Library: S. 30 (M. l.), S. 19 (o. l.; u. l.)
Natural Science Photographs: S. 11 (u. l.), S. 7 (M. r.)
Ardea London Ltd: S. 24 (u. l.)